财务管理专业核心课程系列教材

资产评估理论与实践

王 斌 主编

中国财经出版传媒集团
中国财政经济出版社

图书在版编目（CIP）数据

资产评估理论与实践/王斌主编. —北京：中国财政经济出版社，2017.1（2022.7重印）

财务管理专业核心课程系列教材

ISBN 978-7-5095-7192-7

Ⅰ.①资… Ⅱ.①王… Ⅲ.①资产评估-高等学校-教材 Ⅳ.①F20

中国版本图书馆 CIP 数据核字（2017）第 009952 号

责任编辑：樊清玉　　　　　责任校对：李　丽
封面设计：智点创意

中国财政经济出版社 出版

URL：http://ckfz.cfeph.cn
E-mail：ckfz@cfeph.cn

（版权所有　翻印必究）

社址：北京市海淀区阜成路甲 28 号　邮政编码：100142
营销中心电话：88190406
天猫网店：中国财政经济出版社旗舰店
网址：https://zgczjjcbs.tmall.com
北京财经印刷厂印刷　各地新华书店经销
880×1230 毫米　32 开　14.125 印张　380 000 字
2017 年 4 月第 1 版　2022 年 7 月北京第 2 次印刷
定价：49.00 元
ISBN 978-7-5095-7192-7/F·5767
（图书出现印装问题，本社负责调换）
本社质量投诉电话：010-88190744
打击盗版举报热线：010-88190492，QQ：634579818

本丛书受北京信息科技大学专业建设项目资助

财务管理专业核心课程系列教材
编 委 会

丛 书 主 编：葛新权
丛书副主编：王　斌　刘　春
编委会成员：王　斌　刘　春　王　晖　岳宝宏　段文军
　　　　　　　于生生

总序

财务管理是企业管理的一个重要组成部分,是根据财经法规制度,按照财务管理的原则,组织企业财务活动,处理财务关系的一项经济管理工作。财务管理在企业管理中处于核心的地位。

市场化和国际化程度的提高对企业财务管理人员也提出了新的挑战,要求财务管理人员不仅要掌握国内外的会计准则,熟悉投资、筹资及股利分配等一系列的财务管理活动,而且要熟知各种金融工具,要具备从事跨国财务活动相关的知识。

为更好地培养满足市场需求的财务管理人才,北京信息科技大学经济管理学院财务与投资系老师根据多年来财务管理专业的建设经验,在北京信息科技大学专业建设项目资助下,组织编写了这套财务管理类专业的核心教材。本系列教材包括:《财务管理》《财务管理案例分析》《财务分析》和《资产评估理论与实践》四本教材。本系列教材在编写过程中,以培养高级应用型财务管理人才为原则,在保证基础理论知识系统性的基础上,充分考虑到教材的实用性,体现应用型人才培养的需求。本系列教材突出三个方面的特点:

第一,优化财务管理核心课程结构,减少教材之间的内容重复。目前各个高校在人才培养过程中，普遍压缩了理论教学的课时，使得现有的人才培养方案中各门课程学时相对较少。因而就需要所选择的教材既要保证内容的完整，又要想办法精简内容，减少各门课程之间在内容上的重复。从而保证在有限的学时内，提高教学效率，使学生尽可能多地掌握有关财务管理的内容。

第二，理论与实践相结合，突出教材应用的实践性。本系列教材既重视财务理论的教学，同时为培养学生的财务管理的应用技能，在编写过程中，还注重引入了最新的财务管理案例。所选取的财务管理案例既有反映具体财务管理问题的案例，也有反映对财务管理理论综合应用方面的案例。

第三，注重教材的实用性。为夯实学生的理论基础，提高学生对财务管理理论的学习效果，我们在教材每章内容中，都精心选编了相应的案例或习题，供学生使用，也可以作为教师布置的作业使用。

北京信息科技大学经济管理学院具有悠久的财务管理专业的办学历史，财务管理专业学生一直广受社会用人单位的好评。目前财务管理专业下设两个培养方向：公司财务方向和证券与投资方向。自2009年财务管理专业纳入学校的一本招生专业起，学校加大了财务管理专业的建设力度。在财务管理专业的建设中，既重视理论教学的改革与优化，又重视实践教学的创新与完善。多年来我校财务管理专业学生的培养质量和社会声誉稳步上升，目前已经成为我校报考率和就业率最高的专业之一，有着非常好的就业质量和就业前景。

本系列教材作为我校财务管理专业建设的成果之一，希望能够为提高财务管理专业的学习效果而服务。在教材编写过程中，由于编者水平有限，教材势必存在着一些缺憾与不足，恳请各位专家、学者、同行和使用者批评指正，以便将来更好地完善教材。

感谢编写委员会全体教师的辛勤努力，并将此系列教材真诚地献给使用她们的学生们！

北京信息科技大学经济管理学院
葛新权
2013年9月

前言

资产评估在我国是随着经济体制改革特别是国有企业改革逐步发展起来的。20世纪80年代末期，随着我国国有资产产权交易制度的改革，国有资产产权交易的规模不断扩大，为防止国有资产产权交易过程中出现的国有资产流失，保证国有资产保值增值以及为评价国有企业经营者业绩提供一个可衡量的标准，在政府和市场的推动下，催生了我国的资产评估业。

凡是有资产交易的地方，客观上就存在对资产评估活动的需求。常见的资产评估行为往往伴随着资产转让、资产抵押、股权融资、企业并购等资产的运动而发生。资产评估的基本目的是为公平的市场交易提供价值尺度。目前我国存在着若干类评估师，如资产评估师、二手车鉴定评估师、房地产评估师、土地估价师等等，各类评估机构相关从业人员近8万人，各类评估机构数千家。应该说我国资产评估行业已初具规模。

由于我国资产评估行业产生于20世纪80年代末期，起步较晚，同时由于我国市场发育尚不充分，导致资产评估行业发展严重滞后。由于评估师职业类别较多，不同的评估师在其承揽业务的过程中，不可避免地存在着业务的交叉重叠。资产评估机构管理不规范、资产评估人员质量良莠不齐，影响了资产评估"价值尺度"功能的发挥，甚至严重干扰了市场经济秩序。

为了规范资产评估行为，保护资产评估当事人合法权益和公共利益，促进资产评估行业健康发展，维护社会主义市场经济秩序。由全国人民代表大会常务委员会于 2016 年 7 月 2 日通过了《中华人民共和国资产评估法》，并于 2016 年 12 月 1 日起实施。《评估法》的出台与实施为规范评估行业的管理，促进评估机构与评估人员更好地服务于各类资产交易提供了法律依据。

本书在借鉴资产评估的一般理论和评估实践的基础上，对资产评估的有关理论及方法作了较为全面的介绍。主要内容包括：资产评估的基本方法、机器设备评估、二手车评估、房地产评估、流动资产评估、无形资产评估、长期投资及递延资产评估、整体企业评估、资产评估报告、资产评估师职业道德等。为便于教师教学和学生学习，本书在每章之后都编写了复习题。本书可以作为经济管理类本科生教材，也可以作为广大资产评估行业从业人员的参考书。

本书在编写过程中，参阅了大量同行专家的成果资料，在此向他们致以最诚挚的谢意！也感谢龚勋、刘宝凤、王敏、刘程程等研究生的大力协助。

特别感谢中国财政经济出版社樊清玉老师为本书的出版所给予的无私帮助！

由于时间和水平有限，本书难免有疏漏和不足之处，恳请专家及读者予以批评指正。

王 斌

2017 年 3 月

目 录

第一章 资产评估概述 ……………… (1)

    第一节 资产评估的起源与发展 …… (1)
    第二节 资产评估的概念及要素 …… (8)
    第三节 资产评估的特点 ……………… (19)
    第四节 资产评估的原则 ……………… (22)
    第五节 资产评估在我国的发展 …… (25)
    复习题一 …………………………… (33)

第二章 资产评估方法 ……………… (39)

    第一节 市场比较法 …………………… (39)
    第二节 收益现值法 …………………… (49)
    第三节 重置成本法 …………………… (54)
    第四节 资产评估方法的选择 ……… (66)
    复习题二 …………………………… (70)

第三章 机器设备评估 ……………… (77)

    第一节 机器设备的概念 …………… (77)
    第二节 机器设备评估的特点 ……… (80)
    第三节 机器设备评估的市场比较
           法 …………………………… (82)

第四节　机器设备评估的重置成本法 ……………………（88）
第五节　机器设备评估的收益现值法 ………………………（108）
复习题三 ……………………………………………………………（109）

第四章　二手车评估 ………………………………………（114）

第一节　汽车的总体结构 …………………………………（115）
第二节　车辆识别代码（VIN）和汽车产品型号编制
　　　　规则 ……………………………………………（124）
第三节　二手车的手续检查 ………………………………（135）
第四节　二手车的技术状况鉴定 …………………………（144）
第五节　二手车评估的市场法 ……………………………（152）
第六节　二手车评估的收益法 ……………………………（157）
第七节　二手车评估的重置成本法 ………………………（162）
第八节　二手车评估中须注意的问题 ……………………（170）
复习题四 ……………………………………………………………（178）

第五章　房地产评估 ………………………………………（182）

第一节　房地产评估概述 …………………………………（182）
第二节　房地产评估的市场法 ……………………………（197）
第三节　房地产评估的收益法 ……………………………（203）
第四节　房地产评估的成本法 ……………………………（208）
第五节　假设开发法 ………………………………………（213）
第六节　路线价法 …………………………………………（216）
第七节　基准地价修正法 …………………………………（222）
第八节　在建工程评估 ……………………………………（224）
复习题五 ……………………………………………………………（227）

第六章　长期投资及递延资产的评估 (232)

- 第一节　长期投资的种类及特点 (232)
- 第二节　有价证券价值的评估 (235)
- 第三节　递延资产的评估 (246)
- 复习题六 (248)

第七章　流动资产评估 (254)

- 第一节　流动资产的类别与特点 (254)
- 第二节　流动资产评估的主要方法 (259)
- 第三节　产成品评估的方法 (264)
- 第四节　在制品评估的方法 (268)
- 第五节　债权类及货币类流动产品的评估 (274)
- 复习题七 (281)

第八章　无形资产评估 (287)

- 第一节　无形资产评估概述 (287)
- 第二节　收益法在无形资产评估中的应用 (303)
- 第三节　无形资产评估的成本法 (309)
- 第四节　专利权和非专利技术评估 (316)
- 第五节　商标权的评估 (328)
- 第六节　商誉的评估 (336)
- 复习题八 (342)

第九章　企业价值评估 (347)

- 第一节　企业价值评估的概述 (347)
- 第二节　企业整体资产评估的范围界定 (352)

第三节　企业价值评估的市场法 …………………………（354）
　第四节　企业价值评估的收益法 …………………………（356）
　第五节　企业价值评估的成本加和法 ……………………（363）
　复习题九 ……………………………………………………（365）

第十章　资产评估报告 ……………………………………（367）
　第一节　资产评估报告的基本概念和基本制度 …………（367）
　第二节　资产评估报告书的制作 …………………………（373）
　第三节　国外资产评估报告简介 …………………………（376）
　第四节　资产评估报告书的应用及披露 …………………（379）
　复习题十 ……………………………………………………（390）

第十一章　资产评估师职业道德 …………………………（392）
　第一节　资产评估师的风险 ………………………………（392）
　第二节　资产评估师道德准则 ……………………………（396）
　复习题十一 …………………………………………………（410）

附　　录 ……………………………………………………（414）
　中华人民共和国资产评估法 ………………………………（414）
　资产评估师职业资格制度暂行规定 ………………………（425）
　资产评估师职业资格考试实施办法 ………………………（429）
　复利现值系数表（PVIF 表） ………………………………（431）
　年金现值系数表（PVIFA 表） ……………………………（432）
　年金终值系数表（PVIFA 表） ……………………………（433）

参考文献 ……………………………………………………（434）

第一章 资产评估概述

资产评估是服务于市场交易的社会中介活动之一。科学、有序的资产评估可以为公平的市场交易提供价值尺度，随着市场经济的逐步发展，资产评估的服务范围也将进一步拓展。本章主要介绍资产评估的概念、组成要素以及资产评估的特点，并介绍资产评估的起源和发展历程。

第一节 资产评估的起源与发展

一、资产评估的形成

资产评估是商品经济发展到一定阶段的必然产物。随着市场经济的发展，要素市场和产权交易市场迅猛发展起来。资产评估，作为一种促进生产要素优化配置的经济行为和现代管理技术，在现代市场经济中正在起着不可或缺的作用。

资产评估有着深远的历史渊源，最一般意义上的资产评估，是以货币为尺度，对资产价值的估计或评定，也是对资产进行现时价格判断的一种行为。因而也可称为资产估价或资产估值。这种意义上的资产评估，是同商品经济的产生、发展相伴随的。资产评估大体上可以分为三大发展阶段：原始估价阶段、经验估价阶段和科学评估阶段。

（一）原始估价阶段

原始估价阶段是资产评估的最原始形式，产生于原始社会向奴隶制社会过渡的时期，是对资产交换价值偶然的、直观的评价。在原始社会后期，随着生产力的发展，人们的生产产品有了剩余，剩余产品的出现，使得交换成为可能。起初的产品交换主要出现在部落之间，交换的产品也以牲畜、粮食为主。随着私有制的出现，人们交换的物品范围也进一步扩大，交易的物品除了牲畜、粮食以外，还出现了土地等资产。为了实现交换的公平性，交易双方期望第三者出现，对交换的物品价值进行估价，以公平议价成交。这个从事估价活动的第三人，实际上扮演了类似现代评估师的角色。

一般来说，原始估计阶段具有以下几方面的特点：

1. 直观性。直观性，也称为非专业性，是指在资产评估过程中，没有借助其他测评手段，而仅仅依靠评估人员的直观感觉和偏好来进行评估。也就是说，评估人员并不具备专业评估手段和技能，而是由资产交易双方认可或一方指定的人员进行评估。

2. 简单性。简单性是指资产评估的方法相对简单，评估的过程完成迅速。因此，原始估价阶段的资产评估具有简洁明了、操作简单的特点。

3. 偶然性。偶然性是指资产评估是一种不经常发生的行为。在原始社会后期，由于生产力不发达，剩余产品的种类与数量都很少，资产交易并不经常地发生，这个时期的估价活动同牲畜的广泛交易、房地产的买卖和以物为抵债等经济行为直接相关联。但由于原始社会后期市场交易活动很少，估价活动并不经常发生。

4. 无偿性。无偿性是指资产交易双方无须支付评估人员的报酬。同时，在原始估价阶段，估价人员也无须对估价结果承担过错责任。

（二）经验估价阶段

经验估价阶段是以16世纪欧洲的安特卫普（现比利时）成立世界上第一个商品和证券交易所为标志的。15世纪末16世纪初，新大陆的发现大大推进了资本主义发展的进程。世界范围内的商品贸易急剧增加，商品交易量的增加和市场的扩大为资本主义手工工场的发展创造了市场和资本积累等条件，同时也极大地刺激了商业资本的发展。在这样的历史背景下，为适应资本主义初期商品和资本市场发展的需要，世界上第一个商品和证券交易所成立了。

商品和证券交易所的成立，使得资产的交易行为越来越频繁，为那些以提供商品或资本交易估价中介服务为主要工作的评估人员的增多提供了广阔的空间。这些评估人员由于长期从事资产交易估价服务，积累了较为丰富的估价经验，估价结果也往往容易被交易双方所接受。因此，资产交易双方都愿意委托他们进行评估。这时的评估已经不再是偶然的、个别的行为，而成为一种经常性的、专业性的评估活动。资产评估行业成为市场上不可缺少的、独立的、有特色的中介行业。

经验估价阶段的资产评估具有以下几个特点：

1. 经验性。评估价值由评估者以历史经验数据为依据，并结合自己的实践经验和知识来进行估价，主观随意性大。还缺乏专门的理论与方法作为指导。

2. 有偿性。与原始评估阶段不同，经验评估阶段的评估人员对资产评估业务进行的是有偿服务。

3. 责任性（法律性）。评估机构或人员对评估结果特别是对因欺诈行为和其他违法行为而产生的后果负有法律责任。

4. 准确性。它是指在经验估价阶段评估结果更为准确、可靠。但其程度取决于具体评估人员的个人道德素质和评估经验。

从严格意义上讲，资产评估的经验估价阶段，评估人员和评估机构的操作和执业更多的是"各自为战"，执业中更多的是依赖自己的经历、经验、专业和信誉。此时，虽然有一些资产评估的行业组织出现，但在全社会尚未形成统一、严谨和公认的评估执业规范，资产评估经验还未上升到理论的高度，资产评估还未形成学科体系。所以，此阶段的资产评估只能笼统地称为经验估价阶段。

（三）科学评估阶段

产业革命加速了资本主义经济的发展，生产要素市场日益发达，资产交易活动频繁，资产业务的社会化分工日益明显，推动了资产评估活动向职业化方向的发展。作为中介组织的资产评估机构也逐渐产生和发展起来，资产评估行业应运而生。公司化的资产评估机构和专业评估人员开始出现，评估人员不仅仅依靠自身所积累的经验来开展评估业务，而是把现代科学技术和管理方式引入资产评估工作中，用科学的方法和手段来对有关资产进行评估，评估理论与方法日趋成熟，行业管理逐渐规范，以专业评估机构和专职人员的出现为主要标志的科学评估体系逐渐形成。

一般认为，1792年英国测量师学会的成立是科学评估阶段的开始。英国测量师学会是现在的英国皇家特许测量师学会（The Royal Institution of Chartered Surveyors）的前身。是目前世界上影响力最大的评估行业专业组织之一，该组织于1881年由英国维多利亚女王授予"特许"状，并于1921年获得"皇家"荣誉。其后，1896年，由美国的穆思·约翰和杨·威廉在美国威斯康星州密尔沃基市创建了世界上最早的专业评估机构——美国评值公司（American Appraisal Company）。该公司目前仍然是国际上较有影响力的资产评估专业机构。

科学评估阶段资产评估的基本特征体现在：资产评估行业不断引入现代科学技术和先进管理方式，评估中针对不同评估对象采用科学、适用的方法与手段。当前资产评估已经进入到科学评估阶段。这一阶段资产评估的具体特点如下：

1. 资产评估机构公司化。资产评估机构是自负盈亏的独立法人，通过强大的评估实力和现代化的管理方式为资产交易双方提供优质服务，并以此促进自身进一步发展壮大。

2. 资产评估方法科学化。评估机构一方面积累了丰富的经验和知识，一方面培养了大量资深评估人员。评估人员将大量现代科学技术和方法应用于资产评估中，提高了评估的准确性和科学性。

3. 资产评估范围扩大化。资产评估业务范围扩大，不仅包括有形资产评估和无形资产评估，而且进一步细分为机器设备、房地产、流动资产、长期投资、资源性资产、企业价值评估等。

4. 资产评估人员专业化。资产评估机构集中了许多具有相当专业化水平的评估人员，对资产评估业务知识和理论都有相当程度的了解和掌握。

5. 资产评估工作规范化。各国资产评估行业开始制定统一的评估准则，对评估师的职业道德规范和评估工作程序做出明确具体的规定。

6. 资产评估结果法律化。资产评估机构和评估人员对资产评估结果要承担一定的法律责任，同时评估中各方当事人对资产评估结果也有一定的法律义务或者权利。

二、资产评估发展现状与趋势

人类社会进入 20 世纪以后，世界经济进入了高速发展阶段，特别是第二次世界大战后，西方一些资本主义国家的商品市场和资本市场得到了飞速发展。随着企业竞争的进一步加剧，企业间资本的交易行为也越来越频繁，为资产评估提供了广阔的发展空间。许多国家都成立了专门的评估机构，由专业评估人员开展评估工作；设立了专业资产评估协会或学会等组织，资产评估逐渐成为社会中一个独立完整的中介行业，在社会经济生活中发挥着不可替代的重要作用。随着资产评估的不断发展，资产评估作为一个独立的中介行业也逐渐被国际社会和各经济组织所认可。一些国际性评估组织也相继成立，为资产评估的国际化发展奠定了基础。

（一）发达国家资产评估发展的特点与发展趋势

资产评估是市场经济条件下资产交易活动的产物。市场经济越发达，资产交易越活跃，资产评估的业务范围和服务领域也就越开阔。发达国家中的与资产评估相关的业务正在不断扩展，这些国家的资产评估行业也得到了快速的发展，基本上反映了当今世界资产评估行业的发展水平。

1. 发达国家资产评估发展特点

综观市场经济发达国家资产评估的发展现状，集中体现出以下四个方面的特点：

（1）资产评估的主体公司化。随着资产评估机构的发展与规范化，资产评估机构发展成为自主经营、自负盈亏、产权明晰、管理科学的现代公司制企业。

（2）资产评估业务的多元化。从整个资产评估行业来看，评估业务涉及有形资产和无形资产的评估，包括了可辨认资产和不可辨认资产的评估，评估对象几乎囊括了各种各样的资产。

（3）资产评估从业人员的专业化和多层次化。资产评估行业的发展壮大，评估机构的公司化，使得资产评估从业人员的分工更为专业化和层次化。资产评估人员包括专业评估人员、项目管理人员和承揽业务的销售人员等。

（4）评估技术规程和职业操守规范化。市场经济发达国家中的英国、美国、澳大利亚等国家经过长期的努力都形成了本国相对统一的评估技术规范和职业操守，各类评估机构和人员都必须在统一的评估原则、技术规范和职业操守下执业。相对统一的评估技术规程和职业操守也为社会、市场及相关部门对评估行业实行监督、约束和管理提供了依据和参照。

2. 市场经济发达国家资产评估发展的趋势

从发展趋势来看，市场经济发达国家的资产评估正在向评估领域多元化、专业化和评估理念、认识及规范趋于统一两个方面进一步发展。评估领域多元化、专业化方面是指资产评估逐步从传统的房地产评估向企业价值评估、无形资产评估、税基评估、以财务报告为目的的评估等方面全面扩散，从为交易服务为主向为产权交易服务与非产权交易服务并重的方向发展。与资产评估分工细化和专业化的趋势相对应的是一些专业性强、具有专属领域特点的评估机构和专业评估师的应运而生，其特点是执业范围集中在某一专业技术领域，专业化程度高，专业技术服务水准较高。与此同时，相应的专业性评估规范不断涌现。评估理念、认识和规范趋于统一的趋势方向是指尽管资产评估分工进一步细化，相应的专业评估规范不断涌现。但是，各类专业的评估技术规范的内容和要求不再是各自完全独立，彼此互不联系，"各自为战"的局面。一个国家或地区，甚至是整个欧洲、北美或更大范围内的评估组织都在努力通过评估技术规范和职业操守的协调来引导各地、各评估专业组织中的评估人员的评估理念。评估理念、认识和规范趋同已经成为世界资产评估行业发展的趋势和潮流。

（二）资产评估体系

目前，资产评估发展较早的国家和地区有英国、美国、澳大利亚、加拿大、新西兰、日本、韩国、德国、法国及中国香港等，中国内地、俄罗斯及东欧国家起步虽然晚，但发展速度却非常快。综观世界各国资产评估业的发展，我们可以看到，国际资产评估业已基本上形成了两大体系。

一是以英国为代表的以传统不动产评估为主要内容的体系，强调以编制财务报告为目的的评估，在制定评估准则中侧重于采用市场价值概念，认为会计与评估密不可分，有关评估的法规也以规范不动产评估为主要内容，英国或原英联邦的国家大多采用这种评估体系。

二是以企业各项资产评估为主要内容的综合评估体系，其主要代表是美国，一些北美、南美及东欧国家的资产评估都倾向于综合评估，目前东欧及国际评估组织也颇倾向于综合评估。在采用综合评估体系的国家中，资产评估业务不仅包括房地产等不动产评估，还涉及大量的企业价值评估、无形资产评估等领域，资产评估的范围较广，相关的法规制度也具有综合性。在制定评估准则的过程中，侧重于采用最高、最佳的市场价值概念，认为会计与评估是两种独立的业务。

我国资产评估起步虽较晚，但由于我国资产评估主要是为经济体制改革中的国有资产保值进行服务的，因此，我国的资产评估从一开始就以企业评估为主要评估业务，属于综合评估类型。

国际上两大评估体系除了在评估目的、遵循的价值标准与评估内容上有差异外，两者在评估方法、评估师的分类及对其他国家的影响方面也存在差异。

在评估方面，英国评估体系认为有五种评估方法可以使用：直接资本比较法、投资法、剩余法、利润法和重置成本法。英国的房地产估价注重经验、艺术，在推算时很少采用数学模型。他们认为，在市场发达的情况下，直接根据市场信息估价更为可靠。与英国在评估中注重经验和艺术不同，美国注重技术（公式化）、计量及数学模型，即以投入产出模型来计算房地产的价值。他们认为用具体的数学模型来评估更为公平合理，因而要求对一宗评估业务尽量同时采用三种不同的方法，以便进行比较分析。

在评估方法方面，英国的资产评估师分为评估师和估价师两大类，后者是专门估算价值的，而前者还同时进行品质鉴定。美国的评估师分为内部评估师和外部评估师。两者一般都具有法定资格证书，但有时内部评估师由相关专家担任，并不一定是具有法定资格的评估师。在出具评估报告时，应指明是内部评估师还是外部评估师。

第二节
资产评估的概念及要素

一、资产的定义及种类

（一）资产的定义

资产是一个多角度、多层面的概念。会计学、经济学等不同学科对资产的内涵都有不同的解释。

1. 会计学中资产的定义

我国 2014 年修订颁布的《企业会计准则——基本准则》中对资

产的定义是:"资产是指企业过去的交易或者事项形成的、由企业拥有或者控制的、预期会给企业带来经济利益的资源。"

2. 经济学中资产的定义

资产在经济学中比会计学中更有广泛的含义。经济学中的资产是泛指一切资产,即一定时点的财富总量,由一定数量的物质材料和权利构成。从经济学的角度来看,资产具有效用性和稀缺性的特点。

3. 资产评估中资产的界定

资产评估中的资产或作为评估对象的资产,其内涵更接近于经济学中的资产,而其外延则包括有内在经济价值以及市场交换价值的所有实物和无形的权利。作为资产评估对象的资产具有以下基本特征:①资产必须是经济主体拥有或者控制的;②资产必须能以货币计量;③资产必须是能够给经济主体带来经济利益的资源,即有望给经济主体带来现金流入的资源。

目前,在国际评估界,由国际评估准则理事会(International Valuation Standards Committee,IVSC)制定和推广的《国际评估准则》(International Valuation Standards,IVS)是目前最具影响力的国际性评估专业准则。《国际评估准则》在讨论资产定义时强调资产的权利特征,认为:"在资产评估中,资产更多地被理解为是基于某项资产的各种权利的排列与组合"。

全国资产评估师考试用书对资产含义的界定是:资产是指"特定权利主体拥有或控制的并能给特定权利主体带来经济利益的资源"。

(二) 资产的种类

作为资产评估对象的资产,其存在形式是多种多样的,可按不同的标准进行分类。

1. 按资产的存在形态可将资产分为有形资产和无形资产

有形资产是指具有实物形态的资产,如机器设备、房屋建筑物、流动资产等。由于这类资产具有不同的功能和特征,通常具有较强的专业性,在评估时应根据资产的不同特点分别进行评估。

无形资产是指那些没有实物形态,但在很大程度上制约着企业物质产品生产能力和生产质量，直接影响企业经济效益的资产，主要包括专利权、商标权、非专利技术、土地使用权、特许权、商誉等。无形资产通常具有较强的综合性，其影响因素较为复杂，评估难度也较大。

2. 按资产是否具有综合获利能力将资产分为单项资产和整体资产

单项资产是指单台、单件的资产。如单台空调、单台机床等；整体资产是指由一组单项资产组成的具有获利能力的资产综合体，如一个具有正常经营活动能力的企业所有资产、一个独立的部门或者车间等。一般地，企业各单项资产之和并不一定等于企业的整体资产。在资产评估工作中，正确区分单项资产和整体资产便于合理安排评估人员，从而顺利完成资产评估任务。

3. 按资产能否独立存在将资产分为可确指的资产和不可确指的资产

可确指的资产是能独立存在的资产，前面所列示的有形资产和无形资产，除商誉以外都是可确指的资产；不可确指的资产是指不能脱离企业有形资产而单独存在的资产，如无形资产中的商誉。商誉是指企业基于地理位置优越、信誉卓著、生产经营出色、劳动效率高、历史悠久、经验丰富、技术先进等原因，所获得的投资收益率高于一般正常收益率所形成的超额收益资本化的结果。商誉是一种特殊的无形资产，它不能以独立的形式存在，通常表现为企业整体资产与单项资产之和的差额。

4. 按资产可否移动将资产分为动产和不动产

动产是指除不动产之外的所有有形的资产，如汽车、机器设备、存货。不动产是指土地和附着于土地上的房屋和建筑物等，如房屋、桥梁、烟囱、电视塔等。

5. 按资产与生产经营过程的关系不同，可将资产分为经营性资产和非经营性资产

经营性资产是指处于生产经营过程中的资产，如企业的机器设

备、生产厂房、交通工具等。经营性资产可以为资产拥有者带来直接的预期经济收益。经营性资产又可按照是否对盈利产生贡献分为有效资产和无效资产。区分有效资产和无效资产是开展资产评估工作的一项重要内容。非经营性资产是指用于非生产经营用途的资产,如政府机关用房、学校、公园等占用的资产。

6. 按资产的流动性分类,可以分为流动资产、长期投资、固定资产、无形资产及其他资产

目前我国的资产评估实务中,企业资产评估项目通常情况下是与企业会计报表相联系的,对资产的分类也可以按照会计报表中的分类方法,即按照资产的流动性将资产分为流动资产、长期投资、固定资产、无形资产及其他资产等。了解这些不同类型的资产,有利于合理地组织和顺利地完成企业整体资产评估项目,同时,也便于被评估单位在评估对象发生产权变动后根据评估结果进行会计账务处理。

二、资产评估的基本含义

资产评估是专业机构和人员按照国家法律法规和资产评估准则,根据特定目的,遵循评估原则和评估程序,选择适当的价值类型,运用科学方法,对资产价值进行分析、估算并发表专业意见的工作过程。该定义认为,资产评估本质上是对被评估资产在某一时点的价值进行评定和估算的过程。

三、资产评估要素

资产评估要素,包括评估主体、评估客体、评估依据、评估目的、评估原则、评估程序、价值类型和评估方法等。在现有评估理论中,这些评估要素都有特定的内涵和外延。不过,随着资产评估业务的拓展,这些评估要素的内涵和外延及各评估要素之间的关系,已经发生了一些新变化。

(一) 评估主体

资产评估的主体是专门从事资产评估的机构和人员,他们是开

展资产评估工作的主导者。资产评估机构都是获得资产评估资质的评估公司。资产评估人员则专指资产评估师。《国际评估准则》规定,评估师是拥有必要的资格、能力和经验,进行评估工作的个人。我国《资产评估准则——基本准则》所规定的资产评估师,是指经过国家统一考试或认定、取得执业资格,并依法登记的资产评估专业人员。

国外资产评估行业中有内部评估师（Internal Valuer）和外部评估师（External Valuer）或独立评估师（Independent Valuer）等概念。国际评估准则委员会在《国际评估准则》指出：内部评估师是受聘于拥有被评估资产的企业或为该企业编制财务报告的会计师事务所的评估师。外部评估师本人及其合伙人,与其客户、客户代理人及资产受让方均无实质联系。

在实践中,对资产进行评估的主体除了专门的资产评估机构和人员之外,还有分布在证券公司、财务公司、咨询公司、资产管理公司以及各企事业单位的资产管理部,甚至包括所有与资产价值有关或对其感兴趣的人员。

（二）评估客体

评估客体是被评估的各类资产,是资产评估的具体对象,主要包括整体企业、不动产、机器设备、无形资产、资源资产等。评估客体从广义上看似乎无所不包,但从狭义上看,并不是眼前所见之物均可成为资产评估业务中的评估对象。不仅如此,在我国资产评估师的实践中,还面临来自多方面的竞争：在企业价值评估方面,有来自证券分析师的竞争；在不动产评估方面,有来自房地产估价师和土地估价师的竞争；在机器设备评估方面,有来自二手车鉴定评估师的竞争,如果剔除这些有竞争对手的评估对象,专属于资产评估师的空间其实并不广阔。

（三）评估依据

评估依据是资产评估经济活动中需要遵循的法律、法规、经济行为文件、重大合同协议及计算过程中的各种取费标准和其他参考依据。

1. 法律、法规、规章和准则是最重要的评估依据

法律是全国人大及其常委会制定并以主席令的方式颁布的；法规是国务院制定并以国务院令的形式颁布的；规章是由国务院各部委制定并颁布的；准则是由中国资产评估协会制定并由财政部或中国资产评估协会颁布的。资产评估准则从2001年起陆续颁布，到目前逐渐形成了有中国特色的资产评估准则体系。为了规范资产评估行为，保护资产评估当事人合法权益和公共利益，促进资产评估行业健康发展，维护社会主义市场经济秩序。2016年我国出台了《中华人民共和国资产评估法》，这是资产评估界最重要的法律依据。除了评估法和评估准则以外，我国不同的行政管理部门也分别对各自领域的资产评估问题出台了相应的规章制度等对相关领域的资产评估实践进行规范。

2. 反映资产评估经济行为的文件

反映资产评估经济行为的文件包括有关证券管理部门对公司上市的有关批文、资产管理部门对公司与外方合作组建成立中外合资公司的有关批文等等。

3. 与被评估资产相关的重大合同协议

与被评估资产相关的重大合同协议包括产品的销售合同、技术转让协议、资产的租赁合同及使用合同等，上述有关文件会对被评估资产的价值产生影响。

4. 与被评估资产价值计算有关的取费标准和其他参考资料

与被评估资产价值计算有关的取费标准和其他参考资料包括房屋建筑物的造价标准、各种费率的取费标准、基准地价和行业协会颁发的有关信息等等。

不过，评估依据目前在我国并非形神兼备，众多资产评估业务往往只在评估程序上做到"守法"，而在评估方法上却"无法可守"，因为资产评估准则对评估方法的合理性没有也无法做出明确规定。在面临复杂评估因素的情况下，评估机构和资产评估师自身也无法确定

哪种评估方法最合理，正是因为这种不确定性因素的存在，导致了资产评估结果在资产管理决策方面所起的作用大打折扣。

（四）评估原则

评估原则是调节评估当事人各方关系、处理评估业务的行为规范，是开展资产评估工作应当遵循的最基本要求。资产评估原则包括工作原则和经济技术原则。工作原则是规范资产评估主体行为的准则，也是调节资产评估主体与委托人及资产业务有关权益当事人在资产评估中相互关系的准则，包括客观性原则、独立性原则、公正性原则和科学性原则。经济技术原则是资产评估理论的具体化，是资产评估执业过程中的技术规范和业务准则，为评估师在执业过程中的专业判断提供指南，包括预期收益原则、供求原则、替代原则、贡献原则和评估时点原则。

（五）评估程序

资产评估程序是资产评估机构和人员执行资产评估业务、形成资产评估结论所履行的系统性工作步骤。严格遵循评估程序是确保资产评估结果科学、合理和公正的保证，也是提高评估质量的内在要求。在当前评估环境下，正确履行评估程序是评估机构遵循评估工作原则的唯一刚性约束。至于其他要求，充其量是软约束，比如评估方法选择的合理性，怎样才合理？没有一个准绳。中国四大资产管理公司在处置1.4万亿元国有不良金融资产时，除了可考核其评估程序是否遵循有关评估法规之外，其他的都无法考核。

（六）评估目的

评估目的是资产评估对象即将发生的经济行为，是资产业务引发的经济行为对资产评估结果的要求或资产评估结果的具体用途。如资产保全、单项资产买卖、产权变动、房地产业务、融资业务、公平税负、企业清算及咨询服务等。评估目的在一定程度上决定和制约着资产评估的条件和对评估价值类型的选择。明确评估目的，对于科学合理地组织资产评估工作，提高资产评估工作的质量和效率具有重要的意义。评估目的涉及两类：一般目的和特定目的。前者是评估资产在评估时点的公允价值,它是评估目的的内涵;后者是资产业务对评估结果用途的具体要求,包括资产转让、企业兼并、企业出售等等,它是评估目的的外延。

根据我国现行制度规定和资产评估实践,资产评估的特定目的主要包括:

1. 资产转让

资产转让是指国有资产占有单位有偿转让其拥有的(非整体性)资产的经济行为。

2. 企业兼并

企业兼并是指一个企业以承担债务、购买、股份化和控股等形式有偿接收其他企业的产权,使被兼并方丧失法人资格或改变法人实体的经济行为。

3. 企业出售

企业出售是指独立核算的企业或企业内部的分厂、车间及其他整体资产产权出售的经济行为。

4. 企业联营

企业联营是指国内企业、单位之间以固定资产、流动资产、无形资产及其他资产投入组成各种形式的联合经营实体的经济行为。

5. 股份经营

股份经营是指资产占有单位实行股份制经营方式的行为,包括法人持股、内部职工持股、向社会发行不上市股票和上市股票。

6. 中外合资、合作

中外合资、合作是指我国企业和其他经济组织与外国企业和其他经济组织或个人在我国境内举办合资或合作经营企业的经济行为。

7. 企业清算

企业清算是指依据《中华人民共和国企业破产法》的规定,宣告企业破产,并进行清算;或依据国家有关规定对改组、合并、撤销法人资格的企业资产进行的清算;或企业按照合同、契约、协议规定终止经济活动结业清算的经济行为。

8. 担保

担保是指以本企业的资产为其他单位的经济行为担保,并承担连带责任的行为。担保通常包括抵押、质押、保证等。

9. 企业租赁

企业租赁是指企业在一定期限内,以收取租金的形式,将企业全部或部分资产的经营使用权转让给其他经营使用者的经济行为。

10. 债务重组

债务重组是指债权人按照其与债务人达成的协议或法院的裁决,同意债务人修改债务条件的事项。

(七)价值类型

资产评估中的价值类型是指资产评估结果的价值属性及其表现形式,评估是对资产评估价值质的规定性,即价值内涵,它对资产评估参数的选择具有一定的制约作用。资产评估价值由于其评估特定目的的不同,价值含义也不一样,表现为不同的价值类型。价值类型与资产评估价值不是两个相同的概念。任何一个评估结果都是质与量的统一。评估价值受评估目的的影响。资产评估价值作为资产评估结果,受价值类型、市场环境和技术参数共同影响,而市场环境和技术参数对评估价值的影响是由于评估方法运用形成的。通常情况下,评估价值类型可以有如下分类:

1. 依据是否为市场价值可分为市场价值和非市场价值。

2. 依据估价标准形式可分为重置成本、现行市价、收益现值和清算价格。

3. 依据评估假设可分为继续使用价值、公开市场价值和清算价值。

4. 依据资产业务的性质和评估的目的可分为转让价值、交易价值、投资价值、补偿价值、抵押价值、兼并价值、租赁价值、保全价值、清算价值和拍卖价值等。

(八)评估方法

评估方法是指评估工作中运用的、符合国家规定的、各种专门分析和确定资产评估价值的技术手段和途径。资产评估方法作为评估价值的技术手段，在资产评估中具有极其重要的地位和作用。《资产评估价值类型指导意见》第 16 条规定，评估方法是估计和判断市场价值和市场价值以外的价值类型评估结论的技术手段，某一种价值类型下的评估结论是可以通过一种或多种评估方法实现的。目前我国资产评估的主要方法有收益法、成本法、市场法。

（九）**评估假设**

资产评估在资产交易发生之前通过模拟市场对准备交易的资产在某一时点的价格所进行的估算。评估假设是资产评估得以进行的前提条件假设。由于评估资产的价值涉及评估对象本身的条件和状况、利用的方式和状态，涉及评估时面临的市场条件和交易条件等。所以，资产评估假设设定的条件也是多种多样的。按照评估假设设定条件约束的内容，可以将资产评估假设具体分为基本情景假设、市场条件假设、评估对象状况假设、环境假设、评估对象利用程度假设等。从评估假设设定条件的真实性程度的角度，我们又将评估假设划分为真实性条件假设（一般假设）、不确定性条件假设（特别假设）和非真实性条件假设（逆向假设）。

（十）**资产评估基准日**

资产评估是对资产某一时点的价值进行估算。这一时点通常以"日"来表示，被称作评估基准日，又称估价日期。资产评估基准日即资产评估的时间基准。它是确定资产状况和资产价值的基准时间，也是评估结论开始成立的一个特定时日。资产的价格随时间的变化而变化，不同的评估基准日将产生不同的评估结果。资产评估是为特定的经济行为服务的，选择的评估基准日应有利于评估结果能够有效地服务于评估目的，避免由于评估基准日选择不当给当事人造成不必要的损失。因此，选择何时作为评估基准日，取决于特定的评估目的。

一般来说，评估时采用的总是评估基准日的市场情况和价格标准，但资产的状态可能并非总是评估基准日的状态，这同样要由评估目的来决定。因此，在实际操作中应当结合评估目的，合理确定评估基准日和相应的资产状态，以便正确反映与评估目的相对应的评估价值。由于评估目的的不同，通常会有以下几种情况：

1. 当评估目的为资产转让、投资、改制、清算和经济评价等经济情形时，评估基准日一般选在现在，即评估目的实现之日，或在此之前不超过一年。评估时所依据的资产状况和市场情况均为评估基准日（现在）的状态，这种情况在目前的评估中比较普遍。

2. 当评估目的为解决法律纠纷或者对其他评估机构的评估结果进行仲裁而重新进行评估时，评估基准日一般为过去某一时点，被评估资产状况和市场情况亦均为评估基准日（过去）的状态。例如，在联营纠纷中，往往需要确定联营双方联营时投入资产的价值，以便计算投资比例，这时评估基准日通常为联营合同的签订日。

3. 当评估目的为确定过去状态资产现在的价值时，一般将评估基准日选定为现在某一时点。这时资产的状态为过去，市场情况则为现在。这种情况下的评估目的有火灾损失额的评估等。

4. 当评估目的为确定过去状态资产现在的价值时，如期货的评估，评估基准日为现在，市场情况亦为现在，而资产状态却是未来的。目前由于房地产预售比较普遍，这种情况下的评估项目将会越来越多。

5. 当评估目的为确定某项资产未来某一时点的市场价值时，评估基准日、资产状况和市场情况均为未来，这种情况一般包括资产价值预测、项目评估、可行性研究和投资决策等经济情形。从理论上讲，以抵押贷款为目的的评估，亦属于这一类，被评估抵押物的评估值应为抵押物在未来债务到期日这一时点的变现价值，即抵押物的预期价值。

从以上列举的几种情况可以看出，每种情况下资产评估所涉及的市场情况均为评估基准日时的市场情况，评估中所依据的各项法律、法规和采用的价值标准等，均应在评估基准日有效，而资产的状态可因评估目的的不同而定。

第三节

资产评估的特点

资产评估是资产交易等资产业务的中介环节,它是市场经济条件下资产交易和相关资产业务顺利进行的基础。这种以提供资产价值判断为主要内容的经济活动与其他经济活动相比,具有以下鲜明的特征:

一、市场性

资产评估是市场经济发展到一定阶段的产物,没有资产产权变动和资产交易的普遍进行,就不会有资产评估的存在。资产评估一般要估算的是资产的市场价值,因而资产评估专业人员必须凭借着自己对资产性质、功能等的认识以及市场经验,对特定条件下的资产价值进行估计和判断,评估结果是否客观需要接受市场价格的检验。资产评估结论要经得起市场的检验是判断资产评估活动是否合理、规范以及评估人员是否合格的根本标准。

二、系统性

对被评估资产的价值做出科学的估算和判断是一项系统的工程,必须用系统论的观点加以分析和开展工作。首先必须将被评估资产置于整个企业或整个行业中,必要时还要置于整个国家的范围进行分析和评价。因为,同样的资产在不同的企业、不同的行业、不同的国家可能发挥不同的作用,因而也就具有不同的价值;其次,必须对被评估资产相互之间的匹配问题进行系统考虑,主要是不同的有形资产、无形资产以及相互之间的匹配。因为,同样的有形资产与不同的其他有形资产匹配或与不同的无形资产匹配,可能发挥不同的作用,因而价值也可能会不同；此外，评估人员在评估工作过程中，也必须系统地收集、整理和分析被评估资产的相关资料，将影响资产价值的各种相关因素进行系统综合的考虑，在此基础上对评估结论做出系统的判断。

三、专业性

资产评估人员在对被评估资产价值做出专业判断的过程中，需要依据大量的数据资料，经过复杂细致的技术性处理和必要的计算，不具备相应的专业知识就难以完成评估工作。如在对厂房或有关建筑物进行评估时，需要对其进行测量，了解建筑构造、工程造价、使用磨损程度等情况，缺乏建筑专业基础知识则难以进行；对机器设备进行评估时，需要对被评估设备的有关技术性能、磨损程度、预计经济寿命等情况做出判断，这些都具有较强的专业技术性，不具备有关专业知识则难以得出客观的评估结果。

资产评估的专业性要求评估人员应当由具备一定专业知识的专业技术人员构成，如建筑、土地、机电设备、经济、财务等。此外，资产评估机构的专业化分工，使得资产评估活动也专业化了。

四、公正性

资产评估的公正性主要体现在资产评估是由交易双方以外的独立的第三者站在客观公正的立场上对被评估资产所作的价值判断。评估结果具有公正性。资产评估的结果与资产业务有关各方的经济利益密切相关，如果背离客观公正的基本要求，就会使得资产业务的一方或几方蒙受不必要的损失，资产评估就失去了其存在的前提。

公正性的表现有两点：

1. 资产评估按公允、法定的准则和规程进行，公允的行为规范和业务规范是公正性的技术基础。

2. 评估人员是与资产业务没有利害关系的第三者，这是公正性的组织基础。

资产评估的公正性要求评估人员必须站在公正的立场，采取独立、公正、客观、中立的态度，不屈服于任何外来的压力和任何一方的片面要求，客观、公正地作出价值判断。

对于资产评估机构而言，资产评估的公正性也是十分重要的，只有以客观公正的评估结果，为客户提供优质的服务，才能赢得客户的信任，逐步树立自己的品牌，评估机构才能不断得到发展，否则，必将逐步丧失信誉，丧失市场，最终走向破产。

五、咨询性

资产评估结论是评估人员在评估时点根据所能搜集到的数据资料，对资产价值所作出的主观推论和判断。不论评估人员的评估依据有多么充分，评估结论仍然是评估人员的一种主观判断，而不是客观事实。因此，资产评估不是一种给资产定价的社会经济活动，只是一种经济咨询或专家咨询活动。评估结果本身并没有强制执行的效力，评估人员只对评估结论的客观性负责，而不对资产交易价格的确定负责。评估结果只是为资产业务提供一个参考价值，最终的成交价格取决于当事人的决策动机、谈判地位和谈判技巧等因素。

六、责任性

责任性是指资产评估机构和评估人员对资产评估结果必须承担相应的法律责任。通常，在市场经济发达的国家，一起进行评估的评估人员要承担连带责任，这就要求评估人员必须具有良好的专业素质和职业道德，必须充分考虑一切影响评估的重要因素。资产评估人员必须在评估报告上签名并加盖所在评估机构的公章，评估结果方为有效。而评估结果一旦生效，评估人员和评估机构必须承担相应的法律责任。

第四节 资产评估的原则

资产评估原则是指人们在资产评估的反复实践和理论探索中,在对资产价格形成规律认识的基础上总结出来的,在评估活动中应当遵循的法则或标准。资产评估原则是规范资产评估行为和业务的准则,包括工作原则和经济技术原则。

一、资产评估的工作原则

资产评估的工作原则是指评估机构和评估人员在执业过程中应该遵循的基本原则,主要包括独立性原则、客观性原则、公正性原则和科学性原则。

1. 客观性原则。客观性原则指评估结果应有充分的事实依据,从实际出发,按照客观规律办事。一方面,评估结构在评估操作过程中,要以市场为参考,以现实为基础,预测、推算和逻辑运算等主观判断过程要建立在市场和现实的基础资料上,以求得资产价值的客观评估;另一方面,被评估单位对被评估的资产或债权等,必须提供真实、客观的情况,不能夸大也不能隐瞒,使评估人员能取得真实可靠的资料和数据。

2. 公正性原则。公正性原则是要求资产评估机构和评估人员必须以公正的态度进行评估。在执业过程中的各个环节中,应始终不偏不倚,公正地对待资产评估业务中的利益相关方。为了保证评估结果的公正性,评估机构应是独立的、公正性的社会中介机构,评估人员在评估过程中,必须以公正的态度收集有关数据和资料,并接受社会公众的监督。

3. 独立性原则。独立性原则是指评估机构应始终坚持第三者立场，不受资产业务当事人的利益所影响。评估机构应是独立的社会公正性机构，不能为资产业务中任何一方所拥有，也不能隶属于任何一方。遵循这一原则可以从组织上保证评估工作不受有关利益方的干扰和委托者意图的影响。一般地说，独立性是公正性的基础。

4. 科学性原则。科学性原则是指评估人员在资产评估过程中，必须根据特定的评估目的，选择适用的价值类型和科学的方法，制定科学的评估方案，使资产评估结果准确合理。在整个评估工作中必须把主观评价与客观测算、静态分析与动态分析、定性分析与定量分析相结合，使评估工作做到科学合理、真实可信。

二、资产评估的经济技术原则

虽然在资产评估的工作原则中，一再强调评估人员在对资产未来收益的预测和对市场信息资料的筛选过程中应采取客观、公正的态度，但由于资产评估本身既有精确计算的科学一面，也有艺术性的一面，而评估的艺术性是评估人员通过经验以及创造性的评估方案来体现的，因此，资产评估结果或多或少总存在一定的主观性。事实上，即使两个资质相同的评估师对同一项资产进行评估，其评估值也不可能完全相等。这就要求评估人员在具体操作过程中遵循资产的定价原则，或者说资产评估的经济技术原则，以保证评估结果相对公正、合理。

资产评估的经济技术原则是指在资产评估执业过程中进行具体技术处理的原则。它是在总结资产评估经验、国际惯例以及市场能够接受的评估准则的基础上形成的，主要包括：预期收益原则、替代原则、最佳效用原则、贡献原则。

1. 预期收益原则。预期收益原则是指进行资产评估时，资产的价值不是按照其过去形成的成本或购买价格决定，而是取决于资产能为控制者带来的经济效益。资产的市场价格主要取决于未来的有用性或获利能力，未来效用越大，评估值越大；反之，一项资产尽管在取得时花了很大的成本，但目前却无多大效用，则评估值不会高。预期原则要求在进行评估时，必须合理预测资产未来的获利能力和取得获利能力的有效期限。

2. 供求原则。经济学的供求原则是指假定在其他条件不变的情况下，商品的价格随着需求的增长而上升，随着供给的增加而下降的规律。尽管商品价格随着供求变化并不成固定比例变化，但变化的方向都带有规律性。供求规律对商品价格形成的作用力同样适用于资产价值的评估，评估人员在判断资产价值时也应充分考虑和依据供求原则。

3. 替代原则。替代原则是商品交换的普遍规律，即价格最低的同质商品对其他同质商品具有替代性。据此原理，资产评估的替代原则是指在评估中面对几种相同或相似资产的不同价格时，应取较低者为评估值，或者说评估值不应高于替代物的价格。这一原则要求评估人员从购买者的角度进行资产评估，因为资产评估值应是资产潜在购买者愿意支付的价格。

4. 贡献原则。贡献原则是指单项资产或资产的某一构成部分的价值，取决于它对其他相关的资产或资产整体价值的贡献，而不是孤立地根据其自身的价值来确定评估值；也可以根据当缺少它时，对相关资产或资产整体价值下降的影响程度来确定其评估值。

5. 评估时点原则。市场是不断变化的，资产的价值会随着市场条件的变化而不断变化，为了使资产评估得以操作，同时保证资产评估结果可以被市场检验，在资产评估时，必须假定市场条件固定在某一时点，即评估基准日。

资产评估的各项估价原则是相互联系、互为补充的有机整体，不能片面地强调某一方面而忽视另一方面。

第五节 资产评估在我国的发展

我国的资产评估萌芽于20世纪80年代末90年代初,伴随着市场经济的发展而壮大起来。短短10年即走过了其他国家用了100多年才完成的历史路程。它伴随着我国经济运行机制的转轨而产生,随着社会主义市场经济机制的确立而发展。无论经济交往、政府工作、法律事务或者社会活动都涉及资产评估活动。评估行业已成为市场经济不可或缺的部分,成为中介服务行业的重要组成部分。

一、我国资产评估行业的发展

(一)我国资产评估工作起步阶段

新中国成立后长期实行高度集中的计划经济体制,企业资产归根到底是国有资产,产权主体表现为单一的国家所有。因此,资产的转移都是通过国家计划调拨的方式进行。在这样的条件下,资产业务主要表现为少量的民间交易和规模有限的对外经济贸易,很难催生科学化、规范化的资产评估活动。

我国现代意义上的资产评估是随着对外开放、企业改革和社会主义市场经济的建立,在引进国外评估理论和方法的基础上发展起来的。20多年来,资产评估从无到有,业务范围、种类、数量日益扩大,资产评估管理水平日益提高,资产评估业也已经成为社会主义市场经济中一个重要的中介行业,对于促进社会主义市场经济发展,无疑发挥着日益重要的作用。

20世纪80年代末,随着我国社会主义市场经济的逐步形成,企业逐渐成为相对独立的经济实体,在这种情况下,企业的生产要素不再通过国家计划进行调拨,而是通过市场在企业之间进行交换、流动，企业通过联营、兼并、股份制改组、资产转让、交易等多种行为，来提高企业资产的运营效益。为了保障交易双方不受损害，保护国家资产不受流失，资产评估行业应运而生。

1989年，国家体改委、国家计委、财政部、原国家国有资产管理局共同发布了《关于出售国有小型企业产权的暂行办法》和《关于企业兼并的暂行办法》，明确规定："对被出售企业的资产（包括无形资产）要认真进行清查评估"；"对被出售企业的资产，一定要进行评估作价，并对全部债务予以核实。如果兼并方企业在兼并过程中转换为股份制企业，也要进行资产评估"。同年，原国有资产管理局发布了《关于在国有资产产权变化时必须进行资产评估的若干暂行规定》。1990年7月原国有资产管理局成立了资产评估中心，其职能是对全国国有资产的评估工作进行管理和监督。这些早期资产评估管理文件的发布和资产评估管理机构的成立，标志着我国资产评估工作正式起步。

资产评估中心成立以来便按照国务院和国有资产管理局的要求积极开展资产评估各项管理工作。一方面，进行评估理论方法研究；另一方面，积极制定资产评估法规和各项规章。1990年以后，省级国有资产管理部门陆续成立评估中心，管理地方的资产评估工作。至此，资产评估在全国全面开展起来。

（二）评估行业迅速发展阶段

1991年国务院第91号令发布了《国有资产评估管理办法》,《资产评估机构管理暂行办法》、《资产评估收费管理办法》等评估行业基本管理制度的起草和发布工作也陆续完成。这为建立国有资产评估项目管理制度、资产评估资格管理制度等提供了法律依据，推动了我国资产评估行业在初期阶段的快速发展，并对我国评估行业的发展发挥了长期指导作用。

1993年12月，中国资产评估协会成立，并于1995年代表我国资产评估行业加入国际评估准则委员会（IVSC）。中国资产评估协会的成立标志着中国资产评估行业已经开始成为一个独立的中介行业。

我国资产评估行业管理体制开始走上政府直接管理与行业自律管理相结合的道路。协会是一个行业自律性组织，目前，全国各省、自治区、直辖市和计划单列市基本都成立了资产评估协会，形成了比较完整的组织体系。

之所以说中国资产评估协会的成立标志着中国资产评估业管理由政府管理向自律管理过渡，是因为从其发展轨迹来看，首先是独立的资产评估协会与资产评估行政管理部门并存（1993年）；然后是资产评估协会与评估行政管理部门合二为一，即"两块牌子，一套人马"（1994年）；1998年国务院机构改革后，中国资产评估协会再次成为一个真正的行业自律组织。从理论上说，这无疑是一个历史性的进步。从中国资产评估协会的职能角度分析，尽管从构架上具有行业自律管理的特征，但在中国经济管理体制改革尚未完成的条件下，其行业自律管理的本质特征并没有真正具备。通过资产评估行业协会实现行业自律管理，不仅需要形式上的，更需要实质内容的变化。

1995年开始实行注册资产评估师制度，标志着中国资产评估业的管理由过去的重视机构管理、项目管理向注重资产评估人员管理转变。1998年6月1日开始实行注册资产评估师签字制度，使评估师的责权有机结合起来，进一步规范了评估行为。

（三）强化行业自律管理的新阶段

2001年12月31日，国务院办公厅转发了财政部《关于改革国有资产评估行政管理方式 加强资产评估监督管理工作意见的通知》（国办发〔2001〕102号），对国有资产评估管理方式重大改革，取消财政部门对国有资产评估项目的立项确认审批制度，实行财政部门的核准制或财政部门、集团公司及有关部门的备案制。之后财政部相继制定了《国有资产评估管理若干问题的规定》、《国有资产评估违法行为处罚办法》等配套改革文件。通过这些改革措施，评估项目的立项确认制度改为备案、核准制，加大了资产评估机构和注册资产评估师在资产评估行为中的责任。与此相适应，财政部将资产评估机构管理、资产评估准则制定等原先划归政府部门的行业管理职能移交给行业协会。这次重大改革不仅是国有资产评估管理的重大变化，同时也标志着我国资产评估行业的发展进入一个强化行业自律管理的新阶段。

2003年，国务院设立国有资产监督管理委员会。根据《国务院国有资产监督管理委员会主要职责内设机构和人员编制规定》，财政部有关国有资产管理的部分职能划归国资委。国资委作为国务院特设机构，以出资人的身份管理国有资产，包括负责监管所属企业资产评估项目的核准和备案。财政部则作为政府管理部门负责资产评估行业管理的完全分离，表明日益壮大的我国资产评估行业在形式和实质上都真正成为一个独立的中介行业。

2004年2月，财政部决定中国资产评估协会继续单独设立，并以财政部名义发布了《资产评估准则——基本准则》、《资产评估职业道德准则——基本准则》。根据国务院2003年第101号文件的要求，从2004年3月起财政部组织在全国范围内对资产评估行业进行全面检查，进一步推动了我国资产评估行业的健康发展。

2003年12月31日，国务院国有资产监督管理委员会和财政部联合发布《企业国有产权转让管理暂行方法》，对企业国有产权转让行为进行规范，其中明确规定在企业国有产权转让时，应当委托具有相关资质的资产评估机构依照国家有关规定进行资产评估。2005年8月25日，国务院国有资产监督管理委员会发布了《企业国有资产评估管理暂行办法》，对企业国有资产评估行为进行了进一步的规范。

2005年5月11日，财政部发布《资产评估机构审批管理办法》（财政部令第22号），这是新时期政府部门制定的资产评估行业的重要部门规章，对资产评估机构及其分支机构的设立、变更和终止等行为进行规范。

2004年以来，根据行政许可法等相关法律法规和国务院文件的规定，资产评估行业进一步完善行政管理和行业自律管理相结合的管理体制。注册资产评估师由中国注册资产评估协会实行自律管理。

2008年4月29日，财政部和证监会联合印发了《关于从事证券期货相关业务的资产评估机构有关管理问题的通知》（财企〔2008〕81号），对资产评估机构申请证券评估资格应当满足的条件和应当提交的材料及具有证券评估资格的资产评估机构后续监督等问题做了明确规定，不仅加强了资格的准入管理，还建立了"优胜劣汰"的退出机制。

2014年8月12日，国务院发布《关于取消和调整一批行政审批项目等事项的决定》（国发〔2014〕27号），取消了注册资产评估师等11项专业技术职业资格许可和认定事项。27号文是落实国务院第50次常务会议决定的简政放权事项之一。27号文决定取消注册资产评估师职业资格认定和许可事项，并非取消注册资产评估师职业资格，更不是取消资产评估行业，而是通过对职业资格管理方式的改革，赋予了行业协会更多的管理职能，进一步强化了行业自律管理。

2015年4月27日，人力资源社会保障部、财政部联合发布了《关于印发资产评估师职业资格制度暂行规定和资产评估师职业资格考试实施办法的通知》（人社部发〔2015〕43号），该《通知》以附件的形式发布了《资产评估师职业资格制度暂行规定》和《资产评估师职业资格考试实施办法》。按照上述《通知》要求，国家设立资产评估师水平评价类职业资格制度，面向全社会提供资产评估师能力水平评价服务，纳入全国专业技术人员职业资格证书制度统一规划；资产评估师职业资格实行考试的评价方式。通过资产评估师职业资格考试并取得职业资格证书的人员，表明其已具备从事资产评估专业岗位工作的职业能力和水平；中国资产评估协会具体承担资产评估师职业资格的评价与管理工作；中国资产评估协会负责资产评估师职业资格考试的组织和实施工作；组织成立资产评估师职业资格考试专家委员会，研究拟定资产评估师职业资格考试科目、考试大纲、考试试题和考试合格标准；中国资产评估协会负责资产评估师职业资格证书登记服务的具体工作。

2016年7月2日，第十二届全国人民代表大会常务委员会第二十一次会议通过了《中华人民共和国资产评估法》，该法的实施为规范资产评估行为,保护资产评估当事人合法权益和公共利益,促进资产评估行业健康发展,维护社会主义市场经济秩序提供了依据,充分表明我国资产评估进入了一个有法可依的新阶段。

二、我国资产评估机构的发展

在我国资产评估机构建立初期,资产评估行业主要依托会计专家的力量和会计师事务所。从1989年开始,一些会计师事务所、审计事务所、财务会计咨询公司,已开始为一些国有企业的改革和中外合资企业进行资产评估服务。

为了对从事资产评估事务工作的业务人员进行规范管理,1990年5月,原国有资产管理局制定了《资产评估机构管理暂行办法》,这是最早的一个关于资产评估机构的行政部门规章。该办法对资产评估机构必须具备的条件、人员的组成及要求、申请资产评估资格证书的程序、资产评估资格的管理以及资产评估机构在开展资产评估业务时应自觉遵守的工作规则等提出了明确的要求。同年9月,为使资产评估工作逐步规范化,保证评估工作的质量,又制定了《关于从严审批资产评估机构评估资格的通知》,对审批资产评估机构的评估资格提出了更为具体和严格的要求。

根据《资产评估机构管理暂行办法》和《关于从严审批资产评估机构评估资格的通知》两文件的要求,挂靠中央各部委的中华会计事务所等12家评估机构于1991年首批取得资产评估资格。这是中国资产评估机构的正式诞生。

1993年对《资产评估机构管理暂行办法》进行了重新修订。同年3月,原有国有资产管理局和中国证监会联合发布了《关于从事证券业务的资产评估机构资格确认的规定》,4月,中发国际资产评估公司等21家资产评估机构首批被确认为具有从事证券业资产评估的资格。

1998年政府机构改革后,根据当时在全国范围内开展的资产评估行业的清理整顿、脱钩改制的需要,财政部财产评估司修订并印发了《资产评估机构管理暂行方法》（财评字〔1999〕118号），随后又出台了《关于中介组织出资设立资产评估机构和资产评估机构设立分支机构的暂行规定的通知》（财评字〔1994〕564号）。此后，全国的资产评估机构在清理整顿的基础上进入了全面的脱轨改制阶段。脱轨，就是要切断中介机构与政府行政部门在财产、人事、管理等方面的联系，最大限度地减少政府部门对中介行业的行政干预，为中介机构独立、客观、公正执业创造有利的社会环境，同时促使中介机构提高风险意识，对自己的职业行为切实负起责任。改制，就是新设合伙人事务所或有限责任事务所，自主执业，自担风险。

从历史沿革来看，我国注册会计师行业的发展早于评估行业，在没有出现评估机构、注册资产评估师之前，从事评估行业的是会计师事务所和注册会计师。我国第一个拥有资产评估资格的是中华会计师事务所，而不是专营评估机构。由于该历史沿革的影响，会计师事务所兼营评估业务曾一度占据主流。

财评字〔1999〕118号文件规定，除专营资产评估机构外，兼营机构（咨询公司、会计师事务所等）也可以申请资产评估资格，从事资产评估业务，而且取得资产评估资格的条件大大低于专营资产评估机构。此后，专营机构和兼营机构一直并存发展。这种兼营资产评估机构市场准入条件的不平等，导致兼营机构增长过快，各地区专业兼营机构既做审计，又做评估，同时影响了审计和资产评估的独立性，不利于评估行业公平竞争，且存在部分法定代表人无注册资产评估师资格以及日常监管依旧薄弱等问题，严重影响资产评估机构执业质量和整个资产评估行业的公信力。2005年5月，财政部颁布《资产评估机构审批管理方法》，取消了原有规定中关于兼营机构从事资产评估业务的内容。

2008年4月，财政部发布的《财政部关于做好资产评估机构过渡期有关工作的通知》（财企〔2008〕43号）规定，2008年6月30日前，兼营资产评估业务的会计师事务所、咨询公司等中介机构必须通过分立、合并等方式转型，达到《资产评估机构审批管理方式》

规定的设立条件，否则将被撤回资产评估资格，这意味着在我国存在了16年的资产评估兼营行为被禁止，资产评估行业走向专营化时代。

2016年新颁布实施的《中华人民共和国资产评估法》第十五条指出，评估机构应当依法采用合伙或者公司形式，聘用评估专业人员开展评估业务。该法对评估人员资格以及评估机构的设立等问题都作出了规定。

三、我国资产评估准则体系

伴随着中国资产评估行业的发展壮大，我国资产评估准则体系的建设也取得了一系列的成就。

2001年财政部发布了评估准则中的《资产评估准则——无形资产》。2004年，财政部发布了《资产评估准则——基本准则》和《资产评估职业道德准则——基本准则》。两个基本准则体现了评估准则服务评估执业和维护社会公众利益的宗旨，明确了评估准则的定位。两个基本准则为其他准则项目的建设提供了基础和指引，同时授权中国资产评估协会制定和发布具体准则、评估指南和指导意见。

两个基本准则发布后，中国资产评估协会于2004年底和2005年初，相继发布《企业价值评估指导意见（执行）》和《金融不良资产评估指导意见（试行）》，以规范新兴业务领域，服务市场需求，得到社会的广泛认可。此前，2003年，中评协已发布《注册资产评估师关于评估对象法律权属指导意见》和《珠宝首饰评估指导意见》。这4项准则都属于指导意见层次。

2007年11月28日，财政部和中国资产评估协会联合举办了中国资产评估准则体系发布会，宣告了由包括8项新准则在内的15个资产评估准则组成的中国资产评估准则体系的建立。至此，财政部和中国资产评估协会共发布了15项评估准则。这些准则项目包括2个基本准则，7个具体准则，1个评估指南，5个指导意见；涵盖了评估执业程序的主要环节和评估业务的主要领域，标志着中国比较完整的资产评估准则体系初步建立，也标志着中国资产评估行业趋向成熟，预示着中国资产评估行业将进入一个新的发展时期。

复 习 题 一

一、单项选择题

1. 根据现行规章制度，各资产评估机构在从事资产评估工作时，应坚持（　　）。

   A. 真实性、科学性、可行性　　B. 独立性、客观性、科学性
   C. 统一领导、分级管理

2. 资产评估的价值类型决定于（　　）。

   A. 评估特定目的　　　　　　B. 评估方法
   C. 评估程序　　　　　　　　D. 评估原则

3. 下列原则中，（　　）是资产评估的经济原则。

   A. 客观性原则　　　　　　　B. 科学性原则
   C. 预期性原则　　　　　　　D. 专业性原则

4. 资产评估是通过对资产某一（　　）价值的估算，从而确定其价值的经济活动。

   A. 时期　　　　　　　　　　B. 时点
   C. 时区　　　　　　　　　　D. 阶段

5. 资产评估的工作原则是（　　）。

   A. 贡献原则　　　　　　　　B. 客观性原则
   C. 替代原则　　　　　　　　D. 激励原则

6. 不可确指的资产是指（　　）。

   A. 那些没有物质实体的某种特权
   B. 具有获利能力的资产综合体
   C. 不能独立于有形资产之外而独立存在的资产
   D. 除有形资产以外的所有资产

7. （　　）是不可确指的资产。

A. 商标 B. 机器设备
C. 商誉 D. 土地使用权

8. 标志着我国的国有资产评估制度基本建立的事件是（　　）。
   A. 20 世纪 80 年代末期我国出现了国有资产评估活动
   B. 1995 年 3 月我国资产评估协会加入国际资产评估准则委员会
   C. 1991 年 11 月国务院颁布第 91 号令（国有资产评估管理办法）
   D. 1995 年 5 月我国建立了注册资产评估师制度

9. 评估资产的（公开）市场价值所适用的最直接的假设前提是（　　）。
   A. 继续使用假设 B. 公开市场假设
   C. 清算假设 D. 会计主体假设

10. 资产评估的一般目的是评估资产的（　　）。
    A. 价格 B. 价值
    C. 公允价值 D. 公开市场价值

11. 资产评估的主体指的是（　　）。
    A. 评估机构和评估人员 B. 评估主管部门
    C. 交易的一方 D. 资产管理机构

12. 资产评估的客体是指（　　）。
    A. 中立的第三者 B. 投资者
    C. 被评估的资产 D. 评估机构

13. 资产评估基准期一般以（　　）为基准时点。
    A. 年 B. 月
    C. 日 D. 季度

14. 整体企业中的要素资产评估主要适用于（　　）原则。
    A. 贡献 B. 供求
    C. 替代 D. 变化

二、多项选择题

1. 资产评估是一项（　　）的经济活动。
   A. 社会性　　　　　　　　B. 政府性
   C. 公正性　　　　　　　　D. 行政性
   E. 超市场性

2. 在资产评估价值类型确定的情况下，资产评估方法选择具有（　　）。
   A. 多样性　　　　　　　　B. 替代性
   C. 唯一性　　　　　　　　D. 随意性

3. 根据我国现行制度规定，国有资产占有单位发生下列资产行为时应该评估，即（　　）。
   A. 股份经营　　　　　　　B. 企业兼并
   C. 抵押贷款　　　　　　　D. 固定资产足额补偿

4. 资产评估具有（　　）的特点。
   A. 现实性　　　　　　　　B. 咨询性
   C. 随机性　　　　　　　　D. 预测性

5. 按资产能否独立存在为标准分类，下列资产中属于可确指的资产是（　　）。
   A. 机器设备　　　　　　　B. 商誉和商标
   C. 专利权　　　　　　　　D. 人事管理权
   E. 土地使用权

6. 适用于资产评估的假设有（　　）。
   A. 清算　　　　　　　　　B. 继续使用
   C. 公开市场　　　　　　　D. 历史成本

7. （　　）是资产评估应遵循的工作原则。
   A. 客观性原则　　　　　　B. 替代性原则
   C. 独立性原则　　　　　　D. 预期原则

8. 属于必须进行资产评估的经济行为是（　　）。

A. 企业经营、产成品出售

B. 资产转让、企业清算

C. 中外合资、合作、股份经营

D. 企业兼并、企业联营、企业出售

E. 企业所有权与经营权分离

9. 属于同一种分类标准的资产是（   ）。

A. 有形资产、单项资产、不可确指的资产

B. 无形资产、固定资产、整体资产

C. 可确指的资产、不可确指的资产

D. 单项资产、整体资产

E. 有形资产、无形资产

10. 确定评估基准日的目的是（   ）。

A. 确定评估对象计价的时间

B. 确定评估机构的工作日程

C. 将动态下的企业资产固定为某一时期

D. 将动态下的企业资产固定为某一时点

11. 资产评估的经济技术原则是（   ）。

A. 贡献原则   B. 预期（收益）原则

C. 替代原则   D. 供求原则

E. 独立性原则

12. 资产评估特定目的在资产评估中的作用表现在（   ）。

A. 对评估结果的性质、价值类型起制约作用

B. 是资产评估活动的起点和目标

C. 影响评估人员对资产价值类型的选择

D. 是评估人员首先明确的一个基本事项

E. 是决定资产价值类型的唯一要素

13. 资产评估方法的选择取决于（   ）。

A. 评估的价值类型   B. 评估对象的状态

C. 可供利用的资料

三、判断题

1. 中国资产评估协会于 1993 年 12 月正式成立，标志着我国资产评估行业已逐步从政府直接管理向行业自律性管理过渡。（　）
2. 资产评估是一项国际性的社会经济活动。（　）
3. 资产评估通常是在资产产权发生变动之前，由专门的人员对资产的价值进行估价和判断。（　）
4. 公正性是资产评估存在和立足的根本。（　）
5. 资产评估是对资产特定时点及特定市场条件下的客观价值的估计值。（　）
6. 资产评估结论是专家的专业判断和专家意见，因此具有强制执行的效力，资产评估结论应该直接等于资产交易的价格。（　）
7. 资产评估是指对资产一定时期内的价值进行的评定估算。
（　）
8. 目前我国的资产评估基本上形成了以市场途径及其方法为主的评估技术特点。（　）
9. 从一般意义上讲，资产评估对象就是资产；泛指被特定主体拥有或控制的，能为其带来未来经济利益的经济资源。（　）
10. 资产评估的对象指的是被评估的资产，它是资产评估的主体。（　）
11. 资产评估的客体是被评估的资产。（　）
12. 资产评估必须由独立于企业以外的具有资产评估资格的社会中介机构完成。（　）
13. 作为评估对象的有形和无形资产，除商誉外，都是可确指的资产。（　）
14. 凡是具有具体实体形态的资产都是可辨认的资产，否则都是不可辨认的资产。（　）
15. 凡是对由多个单项资产组成的资产综合体的评估都是整体资产评估。（　）

16. 资产评估值是客观的,同一资产在既定的条件下应有唯一的评估结果。　　　　　　　　　　　　　　　　　　　　(　　)

17. 资产评估价值类型与资产评估方法是相同的,或者说,是同一事情的两种不同表示方式。　　　　　　　　　　　　(　　)

18. 同一资产在不同的评估目的下,评估值可能是不同的。
(　　)

19. 评估基准日实际上就是资产评估机构对资产开始进行评估的日期。　　　　　　　　　　　　　　　　　　　　　　　(　　)

20. 评估值是指产权变动时的成交价,委托单位必须按验证确认后的评估值成交。　　　　　　　　　　　　　　　　　(　　)

21. 预期收益原则是评估人员判断资产价值的一个最基本的原则。　　　　　　　　　　　　　　　　　　　　　　　　　(　　)

22. 资产评估人员与客户的关系是一种委托关系而不是代理关系。　　　　　　　　　　　　　　　　　　　　　　　　　(　　)

23. 资产评估是一种客观公正的具有专业水准的专家判断或专家意见。　　　　　　　　　　　　　　　　　　　　　　(　　)

24. 资产价值的高低主要取决于它能为其所有者或控制者带来的预期收益量的多少。　　　　　　　　　　　　　　　(　　)

25. 凡是使用收益法进行的评估都是整体资产评估。　(　　)

四、问答题

1. 怎样理解资产评估的市场性特点?
2. 怎样理解资产评估的公正性特点?
3. 什么是资产评估目的?评估目的在资产评估中有什么作用?
4. 资产评估主要有哪几种假设?它们在资产评估中有什么作用?
5. 资产评估包括哪些基本要素?
6. 什么是资产评估的工作原则?资产评估的经济技术原则有哪些?

第二章　资产评估方法

资产评估方法是实现评估资产价值的技术手段。按照分析原理与技术路线的不同，资产评估分为三种基本方法：市场比较法、收益现值法、重置成本法，三种方法的评估思路与适用范围各不相同。

第一节　市场比较法

一、市场比较法的概念和基本前提

（一）市场比较法的概念

市场比较法，简称市场法，是指利用市场上同样或类似资产的近期交易价格，经过直接比较或类似比较以计算被评估资产价值的评估技术方法的总称。

市场法的理论依据是替代原理，它的应用是基于市场经济体制的建立和发展、资产的市场化程度的基础之上的。市场法采用比较或类比的思路，任何资产都可以根据通过已经被市场检验了的同类资产的相关价格信息，来评定和估算自己本身的价值。这种方法很容易被当事人双方所理解和接纳，因为任何一个理性的投资者购买资产时，都不会支付高于市场上具有相同用途的替代品的成交价格。

（二）市场比较法的基本前提

在应用市场比较法进行资产评估时，必须具备以下两个条件：

1. 在一个活跃的公开市场上，市场上的成交价格基本可以反映市场行情。运用市场比较法需要有一个活跃的公开市场。公开市场是一个充分的市场，自愿和平等地交易，市场成交价格可以反映市场行情。在资产市场上，资产的交易越频繁，与被评估的资产相类似资产的价格越容易获得，也就越容易被交易双方所接受。

2. 被评估资产与其参照物的可比较的指标、技术参数等资料应该是可以搜集到的。事实上，与被评估资产完全相同的参照物是很难找到的，这就要求对参照物的各项参数、指标进行调整，以使其与被评估资产具有可比性。

二、市场比较法的基本程序

在运用市场比较法评估资产时，一般按照以下程序进行：

（一）选择参照物

选择参照物是运用市场比较法进行评估的重要环节，对参照物的要求最关键的就是可比性问题，包括功能、市场条件以及成交时间的可比性等；参照物的数量也是其中的一点要求，不论参照物与评估对象怎样相似，通常应至少选择三种参照物。因为运用市场比较法评估资产价值，被评估资产评估值的高低取决于参照物成交价格水平，而参照物成交价格又不仅仅是参照物功能自身的市场体现，同时还受买卖双方交易地位、交易动机、交易时限等因素的影响。为了避免某个参照物个别交易中的特殊因素和偶然因素对成交价格及评估值产生影响，运用市场途径评估资产时应尽量选择多个参照物。另外，选择的参照物的成交价格必须是正常的、真实的成交价格，如报价、拍卖底价、关联方交易价格等都不能视为成交价格。

（二）在评估对象和参照物之间选择比较因素

不论何种资产，影响其价值的因素基本相同，如资产的性质、市场条件等。但具体到每一种资产时，影响资产价值的因素各有侧重。

例如不动产主要受地理位置因素的影响，而机器设备则受技术水平影响。根据不同种类资产价值形成的特点，选择对资产价值影响较大的因素作为对比指标，在参照物与评估对象之间进行比较。

一般来讲，评估对象与参照物之间需要比较的因素包括以下几个方面：

1. 时间因素。时间因素指参照物的交易时间与评估基准日时间上的不一致所导致的差异。由于大多数资产的交易价格总是处于波动之中，不同时间条件下，资产的价格会有所不同，在评估时必须考虑时间差异。一般情况下，应当根据参照物价格变动指数将参照物实际成交价格调整为评估基准日交易价格。

2. 区域因素。区域因素是指参照物所在地区的条件与被评估资产所在地区的条件不同所导致的差异。一般情况下，应当把参照物所在地区的条件与被评估资产所在地区的条件进行对比，根据参照物成交价格，调整被评估资产的价格。区域因素对不动产的价格影响尤为突出。

3. 功能因素。功能因素是指参照物与被评估资产在功能上的差异对评估值的影响。一般可以通过功能系数法调整功能差异。功能因素对机械设备价格的影响尤为突出。

4. 成新率因素。成新率因素是指参照物与被评估资产在新旧程度方面的差异对评估值的影响。一般来讲，资产的成新率越大，资产的价值越高。在评估时，需要把参照物的成新率与被评估资产的成新率进行比较，根据参照物的成交价格，调整被评估资产的价格。

5. 交易情况。交易情况主要包括交易的市场条件和交易条件。市场条件主要是指参照物成交时的市场条件和评估时的市场条件，且他们均属于公开市场或非公开市场以及市场供求状况。通常情况下，市场供不应求时，价格偏高；供过于求时，价格偏低。市场条件上的差异对资产价值的影响很大。交易条件主要包括交易批量、交易动机、交易时间等。交易批量不同，交易对象的价格就可能会不同，交易动机对资产交易价格也会产生影响。在不同时间进行交易，交易价格也会有所不同。

6. 个别因素。个别因素主要包括资产的实体特征和质量。资产的实体特征主要是指资产的外观、结构、规格型号等。资产的质量主要是指资产本身建造或制造的工艺水平。

(三) 指标对比、量化差异

根据所选定的对比指标，在参照物及评估对象之间进行比较，并将两者的差异进行量化。例如，资产功能指标，参照物与评估对象尽管功能相同或相近，但是在生产能力及生产产品的质量方面，以及在资产运营过程中的能耗、物耗和人工消耗等方面都会有不同程度的差异，将参照物与评估对象对比指标之间的差异数量化、货币化是运用市场法的重要环节。

(四) 在各参照物成交价格的基础上调整已经量化的对比指标差异

市场法是以参照物的成交价格作为估算评估对象价值的基础。在此基础上将已经量化的参照物与评估对象对比指标差异进行调增或调减，就能得到以每个参照物为基础的评估对象的初审结果。初评结果的数量取决于所选择的参照物个数，一般选择了几个参照物就有几个初评结果。

(五) 综合分析确定评估结果

运用市场法通常应至少选择三种参照物，就是说在通常情况下，运用市场法评估的初评结果也在三个以上。按照资产评估的一般管理要求，正式的评估结果只能有一个，这就需要评估人员对若干初评结果进行综合分析，以确定最终的评估值，但这并没有明确规定，完全取决于评估人员对参照物的把握和对评估对象的认识，再加上评估经验。

三、市场比较法中具体评估方法

按照参照物与评估对象的相似程度，市场法分为直接比较法和间接比较法。

(一) 直接比较法

直接比较法是利用参照物的交易价格及参照物的某一基本特征直接与评估对象的同一基本特征进行比较，从而得到两者的基本特征修正系数或基本特征差异额，在参照物交易价格基础上进行修正而得到评估对象价值的一类方法。其基本计算公式为：

$$评估对象价值 = 参照物成交价格 \times \left(\frac{评估对象特征}{参照物特征} \right)$$

或：

$$评估对象价值 = 参照物合理成交价格$$

直接比较法包括但不限于以下具体评估方法：现行市价法、功能价值类比法、价格指数法、成新率价格调整法、市价折扣法等。

1. 现行市价法。当评估对象本身具有现行市场价格或与评估对象基本相同的参照物具有现行市场价格的时候，可以直接利用评估对象或参照物在评估基准日的现行市场价格。例如，批量生产的设备、汽车等可按同品牌、同型号、同规格、同厂家、同批量的设备、汽车等的现行市场价格作为评估价值。

2. 功能价值类比法。功能价值类比法适用于被评估资产与参照仅存在功能因素差异的情况。具体计算公式如下：

$$资产评估价值 = 参照物成交价格 \times (评估对象生产能力 \div 参照物生产能力)$$

【例2-1】被评估资产的年生产能力为80吨，参照资产的年生产能力为100吨，评估时参照资产的市场价格为10万元，试确定被评估资产价值。

解：被评估资产价值 $= 10 \times 80/100 = 8$（万元）

即被评估资产价值为8万元。

3. 价格指数法。价格指数法也称为价格指数调整法。价格指数法适用于被评估资产与参照物之间仅存在时间因素差异的情况，具体计算公式为：

$$资产评估价值 = 参照物成交价格 \times 价格指数$$

或：

资产评估价值 = 参照物成交价格 × (1 + 物价变动指数)

【例2-2】与被评估对象完全相同的参照资产一年前的成本价格为20万元，一年间该类资产的价格上升了5%，试计算该类资产的价值。

解：该类资产现在的价值 = 20 × (1 + 5%) = 21（万元）

即该类资产现在的价值为21万元。

4. 成新率价格调整法。成新率价格调整法适用于被评估资产与参照物仅存在成新率差异的情况，具体计算公式为：

资产评估价值 = 参照物成交价格 × (评估对象成新率 ÷ 参照物成新率)

其中，

资产的成新率 = 资产尚可使用年限 ÷ (资产已使用年限 + 资产尚可使用年限)

5. 市价折扣法。市价折扣法适用于被评估资产与参照物仅存在交易条件方面差异的情况。具体计算公式为：

资产评估价值 = 参照物成交价格 × (1 - 价格折扣率)

【例2-3】假定要评估某拟快速变现资产时，在评估时点与其完全相同的资产的正常变现价为10万元，经综合分析，他认为快速变现资产的折扣率应为30%，是评估该快速变现资产的价值。

解：快速变现资产价值 = 10 × (1 - 30%) = 7（万元）

即该拟快速变现资产的价值为7万元。

6. 成本市价法。成本市价法是以被评估资产的合理成本为基础，利用参照物的成本市价比例来估算被评估资产价值的方法，具体计算公式如下：

资产评估价值 = 评估对象现行合理成本 × (参照物成交价格 ÷ 参照物现行合理成本)

【例2-4】评估时点某市商品住宅的成本市价率为150%，已知被评估新住宅的现行合理成本为20万元，试确定其评估价值。

解：该商品住宅的评估价值 = 20 × 150% = 30（万元）

即该市商品住宅的评估价值为 30 万元。

7. 市盈率乘数法。市盈率乘数法是以参照物的市盈率为乘数，与被评估资产的收益额相乘来估算被评估资产价值的方法。市盈率方法适用于整体企业价值评估。具体计算公式为：

资产评估价值 = 评估对象年收益额 × 参照市盈率

【例 2 - 5】某被评估企业的年净利润为 2000 万元，评估时点资产市场上同类企业平均市盈率为 20 倍，试评估该企业的价值。

解：企业的价值 = 2000 × 20 = 40000（万元）

即该企业的价值为 40000 万元。

以上各种方法只是直接比较法中的一些常用的方法，市场法还包括许多具体的方法。

（二）类比调整法

类比调整法也叫市场售价类比法，是在公开市场上无法找到与被评估资产完全相同的参照物时，可选择若干个类似资产的交易案例作为参照物，通过分析比较评估对象与各个参照物交易案例的因素差异，并对参照物的价格进行差异调整，来确定被评估资产价值的方法。

类比调整法是市场法中最基本的评估方法，具有适应性强、应用广泛的特点。由于这种方法对参照物的要求不高，只要参照物与被评估资产大体相似就可以。

类比调整法具体计算公式为：

资产评估价值 = 参照物成交价 ± 功能因素调整值 ± 时间因素调整值 ± 区域因素调整值 ± 交易情况调整值 ± ……

或：

资产评估价值 = 参照物成交价 × 功能因素调整系数 × 时间因素调整系数 × 区域因素调整系数 × 交易情况调整系数 × ……

【例 2 - 6】估价对象为城市规划中属于住宅区域的一块空地，面积为 600 平方米，地形为长方形。要求评估该空地 2014 年 10 月的公平市场交易价格。

解：

（1）选择评估方法。该类型的土地交易有较多的实例，故采用市场法进行评估。

（2）搜集有关的评估材料。①搜集待估土地资料（略）；②搜集交易案例资料（详见表2-1）。

表 2-1　　　　　　　　交易案例情况表

影响因素	案例 A	案例 B	案例 C	案例 D	评估对象
座落	略	略	略	略	略
所在区域	临近	类似	类似	类似	一般区域
用地性质	住宅	住宅	住宅	住宅	住宅
土地类型	空地	空地	空地	空地	空地
交易日期	2014.4	2014.3	2013.10	2013.12	2014.10
总价	196 万元	312 万元	274 万元	378 万元	
单价	8700 元/平方米	8200 元/平方米	8550 元/平方米	8400 元/平方米	
面积	225 平方米	380 平方米	320 平方米	450 平方米	600 平方米
形状	长方形	长方形	长方形	略正方形	长方形
地势	平坦	平坦	平坦	平坦	平坦
地质	普通	普通	普通	普通	普通
基础设施	较好	完备	较好	很好	很好
交通状况	很好	较好	较好	较好	很好
正面路宽	8 米	6 米	8 米	8 米	8 米
容积率	6	5	6	6	6
剩余使用年限	35 年	30 年	35 年	30 年	30 年

第二章 资产评估方法

（3）进行交易情况修正。经分析，交易案例A、D为正常买卖，无须进行交易情况修正；交易案例B较正常买卖价格偏低2%；交易案例C较正常买卖价格偏低3%，因此各交易案例的交易情况修正率为：交易案例A为0；交易案例B为2%；交易案例C为3%；交易案例D为0。

（4）进行交易日期修正。根据调查，2013年10月以来土地价格平均每月上涨1%，因此各参照物交易案例的交易日期修正率为交易案例A为6%；交易案例B为7%；交易案例C为12%；交易案例D为10%。

（5）进行区域因素修正。交易案例A与待估土地处于同一地区，无须做区域因素修正。交易案例B、C、D的区域因素修正情况可参照表2-2来判断。

表2-2　　　　　　　　　区域因素比较

区域因素	案例B	案例C	案例D
自然条件	相同	相同	相同
社会环境	稍差	相同	相同
街道条件	相同	相同	相同
交通便捷度	稍差	稍好	相同
离车站的远近	稍远	稍近	相同
离市中心的远近	相同	稍近	相同
基础设施状况	稍差	相同	稍好
公共设施完备状况	相同	稍差	相同
环境污染状况	相同	相同	相同
周围环境及景观	相同	相同	相同
规划限制	相同	相同	相同
综合打分	88分	108分	100分

本次评估设定待估地块的区域因素值为 100 分，通过对表 2-2 中各种区域因素的对比分析，经综合评定打分，交易案例 B 所属地区为 88 分，交易案例 C 所属地区为 108 分，交易案例 D 所属地区为 100 分。

（6）进行个别因素修正。

①经比较分析，待估土地的面积较大，有利于充分利用，另外环境条件也比较好，故判定待估土地比各交易案例土地价格高 2%。

②土地使用年限因素的修正。交易案例 B、D 与待估土地的剩余使用年限相同，因此无须修正；交易案例 A、C 均须进行使用年限因素的调整，其修正系数如下（假定折现率为 8%）：

$$\text{年限修正系数} = [1 - 1 \div (1+8\%)^{30}] \div [1 - 1 \div (1+8\%)^{35}]$$
$$= 0.9006 \div 0.9324$$
$$= 0.9659$$

（7）计算待估土地的初步评估价值。

交易案例 A 修正后的单价为：

$$8700 \times \frac{100}{100} \times \frac{106}{100} \times \frac{100}{100} \times \frac{100}{98} \times 0.9659 \approx 9089 \text{（元／平方米）}$$

交易案例 B 修正后的单价为：

$$8200 \times \frac{100}{98} \times \frac{107}{100} \times \frac{100}{88} \times \frac{100}{98} \approx 10382 \text{（元／平方米）}$$

交易案例 C 修正后的单价为：

$$8550 \times \frac{100}{97} \times \frac{112}{100} \times \frac{100}{108} \times \frac{100}{98} \times 0.9659 \approx 9009 \text{（元／平方米）}$$

交易案例 D 修正后的单价为：

$$8400 \times \frac{100}{100} \times \frac{110}{100} \times \frac{100}{100} \times \frac{100}{98} \approx 9429 \text{（元／平方米）}$$

（8）采用简单算术平均法求取评估结果。

土地评估单价为：

$(9089 + 10382 + 9009 + 9429) \div 4 \approx 9821$（元／平方米）

土地评估总价为：$600 \times 9821 = 5892600$（万元）

四、市场比较法的评价

市场比较法是一种最简单有效的方法,因为评估过程中的资料直接来源于市场,同时又为即将发生的资产行为估价。但是,市场比较法的应用与市场经济的建立和发展、资产的市场化程度密切相关。在我国,市场比较法日益成为一种重要的资产评估方法。市场比较法作为资产评估方法中最简单最有效的方法,其优点表现在:(1)能够客观反映资产目前的市场情况,其评估的参数、指标直接从市场获得,评估值更能反映市场现实价格;(2)评估结果易于被各方面理解和接受。

市场比较法的缺点表现在:(1)需要有公开活跃的市场作为基础,有时因缺少可对比数据难以应用;(2)市场比较法不适用于专用机器设备和大部分的无形资产,以及受到地区、环境等严格限制的一些资产的评估。

第二节 收益现值法

一、收益现值法的概念和基本前提

(一)收益现值法的概念

收益现值法又叫收益法,是指通过估测被评估资产未来预期收益的现值来判断资产价值的各种评估方法的总称。它服从资产评估中将利求本的思路,即采用资本化和折现的途径及其方法来判断和估算资产价值。

收益现值法的理论依据是效用价值论,效用价值论认为,资产的价值由资产为其所有者带来的效用决定,资产的效用越大,资产的价值就越高。

从收益法的基本含义我们可以看出,收益法是资产评估的一种评估思路,而不是一种具体的评估方法。收益法包括很多具体的评估方法,只要符合收益法评估思路都可以作为收益法的评估方法。

(二) 收益现值法的基本前提

收益现值法涉及三个基本要素:一是被评估资产的预期收益;二是折现率或资本化率;三是被评估资产取得预期收益的持续时间。因此,能否清晰地把握上述三要素就成为能否运用收益法的基本前提。从这个意义上讲,应用收益法必须具备的前提条件是:

(1) 被评估资产的未来预期收益可以预测并可以用货币衡量;

(2) 资产拥有者获得预期收益所承担的风险也可以预测并可以用货币衡量;

(3) 被评估资产预期获利年限可以预测。

一般情况下,不能单独计算收益的资产、没有收益的资产以及收益很少且不稳定的资产都不宜采用收益法进行评估。

二、收益现值法的基本程序

(一) 收集与评估对象未来预期收益有关的资料

与评估对象未来预期收益有关的资料包括经营前景、市场形势、财务状况和经营风险等,这些资料是测算评估对象未来预期收益的基础。

(二) 分析测算评估对象未来预期收益

收益额是采用收益法评估资产价值的基本参数之一。资产评估中的收益额是资产未来预期收益额,而不是资产的历史收益额或现实收益额;是资产的客观收益,而不是资产的实际收益。因资产种类较多,不同种类资产的收益额表现形式也不完全相同,如企业的收益额通常表现为净利润或净现金流量,而不动产的收益额则通常表现为纯收益等。

（三）确定折现率或资本化率

折现率本质上是一种期望投资报酬率，是投资者在投资风险一定的情况下对投资所期望的回报率。折现率由无风险报酬率和风险报酬率组成。其中，无风险报酬率一般是指同期国库券利率；风险报酬率是指超过无风险报酬率以上部分的投资回报率。资本化率与折现率在本质上是相同的，都是将未来预期收益折算成现值的比率，但其在数值上并不一定是相等的，因为同一资产在未来长短不同时期所面临的风险不一定相等。人们习惯上把未来有限期预期收益折算成现值的比率称为折现率，而将未来永续性预期收益折算成现值的比率成为资本化率。

（四）确定估算对象的收益期限

资产的收益期限是指资产具有获利能力持续的时间，通常以年为时间单位。它由评估人员根据被评估资产自身效能及相关条件，以及有关法律、法规、契约、合同等加以确定。

（五）分析确定评估结果

根据收益现值法，用折现率或资本化率将评估对象的未来预期收益折算成现值，以确定最后的评估结果。

三、收益现值法中的主要技术方法

收益现值法的应用，实际上就是对被评估资产未来预期收益进行折现或资本化过程。为了方便学习和讲述，首先对字符代表含义做以下说明：

P——评估值；

t——年序号；

R_t——未来第 t 年的预期收益；

r——折现率或资本化率；

n——收益年期；

A——相等的年收益额，即年金。

（一）资产未来收益有期限的情况

1. 年收益额不相等的情况

$$P = \sum_{t=1}^{n} \frac{R_t}{(1+r)^t}$$

2. 年收益额相等的情况

$$P = \sum_{t=1}^{n} \frac{A}{(1+r)^t} = A \times \sum_{t=1}^{n} \frac{1}{(1+r)^t}$$

公式中，$\sum_{t=1}^{n} \frac{1}{(1+r)^t}$ 为年金现值计算公式，可以有两种形式：

（1）手工计算公式：$\sum_{t=1}^{n} \frac{1}{(1+r)^t} = \frac{1-(1+r)^{-n}}{r}$；

（2）通过查年金现值系数表计算公式：$\sum_{t=1}^{n} \frac{1}{(1+r)^t} = (P/A, r, n)$。

3. 分段法

分段法将年收益额人为地分成两段：第一段是前 n 年，每年的收益额不相等，需要分别预测；第二段是 N－n 年，且假定收益额相等，则计算公式为：

$$P = \sum_{t=1}^{n} \frac{R_t}{(1+r)^t} + \frac{A}{r(1+r)^n} \times \left[1 - \frac{1}{(1+r)^{N-n}}\right]$$

公式说明：第一段前 n 年每年收益不相等，将每年的收益额分别折现再求和。后面第二段是从第 n＋1 年开始一直到第 N 年，第二段每年收益相等，通过 A/r 折现后到第 n＋1 年的年初，而第 n＋1 年的年初，即第 n 年的年末，所以要按第 n 年折现。

（二）资产未来收益无限期的情况

收益无限期的情况主要分为以下两种情形。

1. 未来收益相等的情况

P = A/r

2. 分段法

根据第二段未来每年的收益情况，分段法可采用两种具体形式。

（1）第二段未来每年收益都相等的情况

$$P = \sum_{t=1}^{n} \frac{R_t}{(1+r)^t} + \frac{A}{r'(1+r)^n}$$

（2）第二段未来每年收益成固定比例增长的情况

$$P = \sum_{t=1}^{n} \frac{R_t}{(1+r)^t} + \frac{R_n(1+g)}{r'-g} \times \frac{1}{(1+r)^n}$$

【例 2-7】预计某企业未来 5 年的净现金流分别为 15 万元、13 万元、12 万元、14 万元、15 万元，假定该企业可以永续经营下去，且从第 6 年起以后各年收益均为 15 万元，折现率和资本化率都为 10%，试确定该企业永续经营情况下的价值。

解：该企业价值 $= \dfrac{15}{(1+10\%)} + \dfrac{13}{(1+10\%)^2} + \dfrac{12}{(1+10\%)^3 \times 10\%}$

$\qquad + \dfrac{14}{(1+10\%)^4} + \dfrac{15}{(1+10\%)^5} + \dfrac{15}{(1+10\%)^5}$

$= 15 \times 0.9091 + 13 \times 0.8264 + 12 \times 0.7513 + 14 \times 0.6830 + 15 \times 0.6209 + 15/10\% \times 0.6209$

$= 145.4$（万元）

四、收益现值法的优缺点

收益现值法的优点表现在：（1）能真实和较准确地反映企业本金化的价值；（2）与投资决策相结合，应用此法评估的资产价值易于为买卖双方所接受。采用收益法评估资产的缺点是：（1）预期收益额预测难度较大，受较强的主观判断和未来不可预测因素的影响；（2）在评估中适用范围较小，一般适用企业整体资产和可预测未来收益的单项资产评估。

第三节 重置成本法

一、重置成本法的概念和基本前提

(一) 重置成本法的概念

重置成本法也叫成本法,是指先估测被评估资产的重置成本,然后估测被评估资产业已存在的各种贬值、受损因素,并将其从重置成本中扣除而得到被评估资产价值的评估方法。

重置成本法的理论依据是劳动价值论。劳动价值论认为资产的价值由凝结在资产中的物化劳动和活劳动决定,也就是说资产的价值是由其生产成本决定的,即成本越高,价值就越大。重置成本法是以被评估资产的重置价值为基础,扣除从资产的形成并开始投入使用至评估基准日这段时间内的各种损耗,以得到被评估资产价值的一种评估方法。

(二) 重置成本法的基本前提

重置成本法的应用必须满足如下的三个基本前提条件:

1. 被评估资产处于持续使用状态或被假定处于持续使用状态。同时,被评估资产必须是可再生的或可复制的。如土地、矿藏等不可再生资源的评估一般不适用于重置成本法。

2. 必须具备可利用的真实的历史资料。成本法的应用是建立在历史资料基础上的,许多信息资料、指标需要通过历史资料获得。因此,要求能够收集到可利用的历史资料,而且必须注意这些资料的真实性和准确性。

3. 形成资产价值的成本耗费是必需的。成本耗费是形成资产价值的基础,但耗费包括有效耗费和无效耗费。采用成本法评估资产,先要确定这些耗费是必需的，而且应体现社会或行业平均水平，而不是个别情况。

二、重置成本法的操作程序及各项指标的估算

（一）重置成本法的操作程序

重置成本法是从成本取得和成本构成的角度对被评估资本的价值进行分析和判断的，具体计算公式如下：

资产评估价值 = 重置成本 − 实体性贬值 − 功能性贬值 − 经济性贬值

或　资产评估价值 = 重置成本 × 成新率 − 功能性贬值 − 经济性贬值

其中，成新率是指反映资产新旧程度的比率。成本法的计算公式为正确运用成本法评估资产提供了思路，评估操作中，重要的是依此思路确定各项技术经济指标。一般来说，对于基本能够正常使用的资产，其成新率不能低于15%，评估值不能低于重置成本的15%。

运用成本法进行资产评估时，一般按照下列资产评估程序进行：

1. 运用被评估资产的相关资料及数据，计算其重置成本；
2. 确定被评估资产的使用年限；
3. 确定被估算资产的各种损耗或贬值；
4. 确定被评估资产的价值。

（二）重置成本法各项指标的估算

1. 重置成本及其估算

（1）重置成本的含义。简单地说，资产的重置成本就是资产的现行再取得成本。具体来说，重置成本又分为复原重置成本和更新重置成本两种。

①复原重置成本是指采用与评估对象相同的材料、建筑或制造标准、设计、规格及技术等，以现时价格水平重新购建与评估对象相同的全新资产所发生的费用。

②更新重置成本是指采用新型材料、现代建筑或制造标准、新型

设计、规格和技术等,以现行价格水平购建与评估对象具有同等功能的全新资产所需的费用。

在选择重置成本时,在同时可获得复原重置成本和更新重置成本的情况下,应选择更新重置成本;在无更新重置成本时可采用复原重置成本。一般来说,复原重置成本大于更新重置成本,但由此导致的功能性损耗也大。之所以要选择更新重置成本,一方面随着科学技术的进步、劳动生产率的提高,新工艺、新设计被社会普遍接受;另一方面,新型设计、工艺制造的资产无论从其使用性能,还是成本耗用方面,都会优于旧的资产。

更新重置成本和复原重置成本采用的都是资产的现时价格(现行价格)和费用标准来核算成本的,他们的不同之处在于资产在技术、设计、标准方面的差异。对于某些资产,其设计、消耗、格式几十年不变,其更新重置成本与复原重置成本是一样的。应当注意的是,无论是更新重置成本还是复原重置成本,资产本身的功能不变。例如,在评估一幢砖混结构房屋时,就不能以框架结构的房屋作为更新重置成本。

(2) 重置成本的估算方法。

①重置核算法。重置核算法,是指按资产成本的构成,把以现行市价计算的全部构建支出计入成本的形式,将总成本分为直接成本和间接成本来估算重置成本的一种方法。

直接成本是指直接可以构成资产成本的支出部分,如房屋建筑物的基础、墙体、屋面、内装修等项目;机器设备类资产的设备购价、安装调试费、运杂费、人工费等项目。直接成本应按现实价格逐项加总。

间接成本是指为建造、购买资产而发生的管理费、总体设计制图等项支出。实际工作中,间接成本可以通过下列方法计算。

Ⅰ.按人工成本比例法计算。即按每一元人工成本应分摊间接成本的比率来计算间接成本的方法。计算公式为:

间接成本 = 人工成本总额 × 成本分配率

其中：

成本分配率 = 间接成本额/人工成本额 × 100%

Ⅱ. 按单位价格法计算。计算公式为：

间接成本 = 工作量（按工日或工时）× 单位价格/工日或工时

Ⅲ. 按直接成本百分率法计算。计算公式为：

间接成本 = 直接成本 × 间接成本占直接成本百分率

有些固定资产的重置成本还可以直接从有关资料中取得，如机械设备、运输车辆等。

【例 2-8】重新构建一台设备，现行市场价格每台 5 万元，运杂费 1000 元，直接安装成本 800 元，其中原材料 300 元，人工成本 500 元，据统计分析，安装成本中的间接成本为每人工成本的 0.8 倍，试计算机器设备的重置成本。

解：直接成本应该包括买价、运杂费和安装成本，

即直接成本 = 50000 + 1000 + 800 = 51800（元）

间接成本为每人工成本的 0.8 倍，所以，间接成本 = 500 × 0.8 = 400（元）

重置成本 = 直接成本 + 间接成本 = 51800 + 400 = 52200（元）

重置核算法能比较真实地计算出评估资产的重置成本价值，但工作量大，而且忽视了资产的实用性。

②价格指数法。价格指数法是利用与资产有关的价格变动指数，将被估资产的历史成本（账面价值）调整为重置成本的一种方法，其计算如下：

重置成本 = 资产的账面原值 × （1 + 价格变动指数）

或　重置成本 = 资产的账面价值 × 价格指数

公式中，价格指数可以是定基价格指数或环比价格指数。

定基价格指数是评估时点的价格指数与资产构建时点的价格指数之比，具体计算公式如下：

定基价格指数 = （评估时点价格指数 ÷ 资产构建时的价格指数）× 100%

【例 2-9】 一项被评估资产为 2009 年构建,账面原值为 100000 元,2013 年对该资产进行评估,已知 2009 年和 2013 年该类资产定基物价指数分别为 100% 和 150%。则被评估资产的重置成本为:

被评估资产重置成本 = 100000 × (150%/100%)
　　　　　　　　　= 150000 (元)

或:

被评估资产重置成本 = 100000 × (1 + 50%) = 150000 (元)

上例中采用的是定基物价指数。在评估实践中,也可以采用环比物价指数来计算评估资产的重置成本。采用环比物价指数的计算公式为:

资产重置成本 = 资产历史成本 × $(1 + a_1\%)(1 + a_2\%)(1 + a_3\%)$ $\cdots(1 + a_n\%)$

公式中,$a_n\%$ 表示后期与前期相比物价上涨的幅度,n 表示期数。

重置核算法和价格指数法是估算重置成本较常用的方法,两者的区别如下:价格指数法估算的重置成本仅考虑了价格变动因素,因而确定的是复原重置成本,而重置核算法既考虑了价格因素,也考虑了生产技术进步和劳动生产率的变化因素,因而可以估算复原重置成本和更新重置成本。

③功能系数法。功能系数法是通过调整参照物与被评估资产的功能差异,以获得被评估资产的重置成本的方法。根据资产的成本(价值)与功能之间的函数关系不同,功能系数法又具体分为功能价值法和规模经济效益指数法。

Ⅰ. 功能价值法。功能价值法也称生产能力比例法。该方法适用于资产的成本(价值)与功能之间存在线性关系的情况,功能越大,成本越高,即功能与成本之间成同方向同比例的变化。该方法通过寻找一个与被评估资产相同或相似的资产为参照物,根据参照资产的重置成本及参照物与被评估资产生产能力的比例,估算被评估资产的重

置成本,具体计算公式如下:

被评估资产的重置成本 = (被评估资产的年产量/参照物的年产量) × 参照物的重置成本

【例 2 – 10】某企业重置一台全新的机械设备,价格为 10 万元,年产量为 10000 件,现知该机械设备的年产量为 9000 件,试确定其重置成本。

解:该机械设备的重置成本 = (9000/10000) × 10 = 9 (万元)
即该机械设备的重置成本为 9 万元。

Ⅱ. 规模经济效益指数法。规模经济效益指数法适用于资产的成本(价值)与功能之间存在指数关系的情况。这时资产的成本与功能只是成同方向变化,而不成同比例变化,即当功能增加一倍时,其成本不一定增加一倍,这是规模经济效益作用的结果,具体计算公式如下:

被评估资产的重置成本 = 参照物的重置成本 × (被评估资产的产量 ÷ 参照物产量)^x

公式中,x 为经验数据,称为规模经济效益指数。美国的这个经验数据在 0.4 ~ 1 之间,我国目前为止尚没有统一的规定。

④统计分析方法。评估人员应用成本法评估企业整体资产和某同一类型的价值低、数量多的资产时,为了节约时间,简化评估业务,可以使用统计分析方法,具体操作如下:

Ⅰ. 按照一定的标准对全部资产进行分类;

Ⅱ. 在各类资产中抽样选择适量的、有代表性的资产,并计算其重置成本;

Ⅲ. 计算分类资产的调整系数 K;

$$K = \frac{\sum 某类抽样资产的重置成本}{\sum 某类抽样资产的历史成本}$$

其中,历史成本可以查找企业的会计记录。

【例 2 – 11】对某企业某类通用设备进行评估,经抽样选择具有代表性的通用设备 5 台,估算其重置资本之和为 30 万元,而这 5 台具有代表性的通用设备历史成本之和为 20 万元,该类通用设备账面历史成本之和为 500 万元。则该类通用设备的重置成本为多少?

解:调整系数 $K = 30/20 = 1.5$

则该类通用设备的重置成本 $= 500 \times 1.5 = 750$(万元)

即该类通用设备的重置成本为 750 万元。

2. 实体性贬值及其估算

(1) 实体性贬值的含义。资产的实体性贬值也叫有形损耗,是指资产由于使用及自然力作用导致的资产物理性能的损耗或下降而引起的资产价值损失。通常采用相对数——实体性贬值率表示资产的实体性贬值,实体性贬值的判断对资产的价值的影响较大。

(2) 实体性贬值的估算方法。

①观察法。观察法也叫成新率法,它是指由具有专业知识和丰富经验的工程技术人员对被评估资产的实体各主要部位进行技术鉴定,并综合分析资产的设计、制造、使用、磨损、维护、修理、大修理、改造情况和物理寿命等因素,将评估对象与其全新状态相比较,考察由于使用磨损和自然损耗对资产的功能、使用效率带来的影响,判断被评估资产的实体性贬值率或成新率,从而估算实体性贬值。

具体计算公式如下:

资产实体性贬值 = 重置成本 × (1 - 成新率)

公式中,成新率 = 1 - 实体性贬值率

②使用年限法。使用年限法是利用被评估资产的实际已使用年限与其总使用年限的比值来判断其实体贬值率(程度),进而估测资产的实体性贬值。具体计算公式如下:

资产的实体性贬值 = (重置成本 - 预计残值) × (实际已使用年限/总使用年限)

公式说明：

Ⅰ．预计残值是指对被评估资产进行清理报废时净收回的金额。在资产评估实务中，通常只考虑数额较大的残值，数额较小的残值可以忽略不计；

Ⅱ．总使用年限指的是实际已使用年限与尚可使用年限之和，具体计算公式如下：

总使用年限 = 实际已使用年限 + 尚可使用年限

资产的使用年限与资产在使用中的符合程度及日常的维修保养有关，因此须将资产的名义已使用年限转化为实际已使用年限。资产的名义已使用年限是从资产的购进使用到评估时的年限，可以通过会计资料查取；资产的实际已使用年限则可以通过名义已使用年限和资产利用率来调整，具体计算公式如下：

实际已使用年限 = 名义已使用年限 × 资产利用率

资产利用率 = 截至评估基准日资产累计实际利用时间 ÷ 截至评估基准日资产累计法定利用时间 × 100%

当资产利用率 > 1 时，表示资产超负荷运转，资产实际已使用年限比名义已使用年限要长；

当资产利用率 = 1 时，表示资产满负荷运转，资产实际已使用年限等于名义已使用年限；

当资产利用率 < 1 时，表示开工不足，资产实际已使用年限小于名义已使用年限。

【例 2 - 12】某资产于 2004 年 9 月购进，于 2014 年 9 月进行评估。根据资产技术指标，在正常使用情况下，该资产每天应工作 8 小时，而实际每天工作 7 小时。试计算该资产利用率。

解：资产利用率 = 10 × 360 × 7 / (10 × 360 × 8) × 100% = 87.5%

即该资产利用率为 87.5%。

3. 功能性贬值及其估算

（1）功能性贬值的含义。功能性贬值是指由于技术进步引起的资产功能上相对落后而造成的资产价值的损失。它包括由于新工艺、新材料和新技术的采用,而使原有资产的建造成本超过现行建造成本的超支额(即超额投资成本),以及原有资产超过体现技术进步的同类资产的运营成本的超支额(即超额运营成本)。超额运营成本主要表现在材耗、能耗和功耗的增加,废品率的上升,等级的下降等方面。

(2) 功能性贬值的估算方法。

①超额运营成本形成的功能性贬值的估算可以按下列步骤进行:

第一,将被评估资产的年运营成本与功能相同但性能更好的新资产的年运营成本进行比较。

第二,计算两者的差异,确定净超额运营成本。由于企业支付的运营成本是从税前扣除的,企业支付的超额运营成本会引致税前利润额下降,所得税额降低,从而使得企业实际负担的净运营成本低于其实际支付额。因此,净超额运营成本是超额运营成本扣除其抵减的所得税以后的余额。

第三,估计被评估资产的剩余寿命。

第四,以适当的折现率将被评估资产在剩余寿命内每年的超额运营成本折现,这些折现值之和就是被评估资产的功能性贬值,计算公式为:

被评估资产功能性贬值额 = Σ (被评估资产年净超额运营成本 × 折现系数)

②超额投资成本形成的功能性贬值的估算还可以通过超额投资成本的估算进行,即超额投资成本可视同为功能性贬值,计算公式为:

功能性贬值 = 复原重置成本 − 更新重置成本

【例 2 − 13】华东公司的评估人员对某机械设备进行评估时得知,技术先进的设备比原有的陈旧设备生产效率高,且节约工资费用。有关资料及结果详见表 2 − 3。

第二章 资产评估方法

表 2-3 华东公司机械设备有关资料及计算结果

项目	技术先进设备	技术陈旧设备
月产量（台）	10000	10000
单件工资（元）	1.50	2.00
月工资成本（元）	15000	20000
月差异额（元）		20000 - 15000 = 5000
年工资成本超支额（元）		5000 × 12 = 60000
减：所得税（元）（税率25%）		15000
扣除所得税后年净超额工资（元）		45000
资产剩余使用年限（年）		5
假定折现率10%，5年年金折现系数		3.7908
功能性贬值额（元）		170586

通过表 2-3 中新老设备的对比，除了生产效率影响工资超额支出外，还可能有原材料消耗、能源消耗等超额外支出，计算其功能性贬值时都应逐一考虑。

此外，实际评估工作中，也可能存在功能性溢价的情况。当评估对象的功能明显优于参照资产的功能时，评估对象就可能存在着功能性溢价。

4. 经济性贬值及其估算

（1）经济性贬值的含义。经济性贬值是由于资产的外部环境变化而导致的资产价值的损失，而并非资产本身的原因。引起外部环境变化的原因主要有宏观经济的衰退导致的社会总需求不足；国家产业政策的调整；国家环保政策的实施；经济地理位置的变化等。

就其表现形式而言，资产的经济性贬值主要表现为运营中的资产利用率下降,甚至闲置,并由此引起资产的运营收益减少。

(2)经济性贬值的估算方法。

①资产利用率下降导致的经济性贬值:

经济性贬值率 = [1 - (资产预计可被利用的生产能力/资产原设计生产能力)^x] ×100%

式中,x 为功能价值指数,实践中多采用经验数据,数值一般在 0.6~0.7 之间。

经济性贬值额 = (重置成本 - 实体性贬值 - 功能性贬值) × 经济性贬值率

②收益减少导致的经济性贬值:

经济性贬值额 = $\dfrac{\text{资产年收益损失额}}{} $ × (1 - 所得税税率) × (P/A,r,n)

式中,(P/A,r,n)为年金现值系数。

【例 2-14】 某被估生产线的重置成本为 20 万元,成新率为 80%,由于能耗量大形成的功能性贬值为 6 万元,该生产线的设计生产能力为年产 20000 台,因市场需求结构变化,在未来可使用年限内,每年产量估计要减少 6000 台,根据上述条件,试求该生产线的经济性贬值额。

解:经济性贬值率 = [1 - (14000/20000)$^{0.6}$] ×100%

≈19.27%

则经济性贬值额 = (20×80% - 6) ×19.27% ≈1.927(万元)

即该生产线的经济性贬值额为 1.927 万元。

需要注意的是,并不是所有的资产都存在经济性贬值,一般能单独计算收益的资产,如整体资产,要考虑经济性贬值;单个资产在有形损耗的实际使用年限上已经考虑了经济性贬值,所以就不用再考虑了,否则会导致重复计算。另外,当外部经济环境有利于资产的功能和效用发挥时,也可能存在经济性溢价。

5. 成新率及其估算

(1)成新率的含义。成新率反映评估对象的现行价值与其全新状态重置价值的比率。在成新率分析计算过程中,应充分考虑资产的设计、制造、实际使用、修理、大修、改造情况,以及设计使用年限、物理寿命、现有性能、运行状态和技术进步等因素的影响。

(2)成新率的估算方法。通常,成新率的估算方法有观察法、使用年限法和修复费用法三种。

①观察法。即由具有专业知识和丰富经验的工程技术人员对资产实体各主要部位进行技术鉴定,以确定被评估资产的成新率。与前面提到的实体性贬值确定中所谓的实体性成新率不同,这一成新率是在综合考虑资产实体性贬值、功能性贬值和经济性贬值等基础上确定的,而不只是考虑使用磨损和自然损耗的影响。

②使用年限法。即根据资产预计尚可使用年限预期总使用年限的比率确定成新率,计算公式为:

成新率 = [预计尚可使用年限/(实际已使用年限 + 预计尚可使用年限)] ×100%

③修复费用法。即通过估算资产恢复原有全新功能所需要的修复费用占该资产的重置成本(再生产价值)的百分比确定,计算公式为:

成新率 = 1 - (修复费用/重置成本) ×100%

三、重置成本法的优缺点

一般来讲,重置成本法的应用没有严格的前提条件,当不能使用市场比较法和收益现值法评估资产的价值时,可以广泛运用重置成本法。重置成本法的优点主要表现在:(1)较充分地考虑了资产的损耗,评估结果更趋公平合理;(2)适用于单项资产和特定用途资产的评估;(3)当不能使用市场比较法和收益现值法时,可以使用重置成本法。重置成本法的缺点主要表现在:(1)工作量大;(2)以历史资料为依据,必须考虑这种假设的可行性;(3)经济性贬值不易全面、准确计算。

第四节 资产评估方法的选择

一、资产评估方法之间的关系

资产评估的市场比较法、收益现值法和重置成本法共同构成了资产评估的基本方法体系,三种方法之间既有联系又存在区别。正确认识资产评估方法之间的内在联系和各自的特点,对于评估方法的选择,具有十分重要的意义。

(一) 资产评估方法之间的联系

市场比较法、收益现值法和重置成本法这三种资产评估方法,各有特点,同时又存在内在联系。在资产评估中,由于评估目的、适用的价值类型、评估对象、可搜集到的数据信息资料以及主要经济技术参数等不同,应该选择恰当的评估方法。但这些评估方法都只是一种手段,共同目标都是获得客观的、令人信服的资产评估值。

1. 从理论上讲,成本法也是一种历史资产与现实资产相比较的方法,通过评估对象与现实功能相同资产的比较,确定被评估资产的重置成本,并依据评估对象的使用年限、强度、技术性能等确定其各种损耗值,从而确定被评估资产的价值。

2. 收益现值法中的重要指标——折现率,也常用于市场比较法和成本重置法中,市场比较法中分析和调整参照物价格与被评估资产价值的差异因素时,如土地使用年限的修正系数,用到折现的方法。重置成本法中对功能性贬值的确定采用折现的方法。

3. 收益现值法的运用需要结合市场比较法。根据资产所能带来的预期收益的高低来确定资产的评估值,从理论上讲这是最科学合理的方法,但是预期收益额预测的难度较大。解决这一问题的方式是寻找参照物，然后将参照物的有关数据指标有比较地运用到评估对象上，确定评估对象的收益现值。将收益现值法与市场比较法结合起来使用评估资产的价值，在市场经济发达的国家应用相当普遍。

（二）资产评估方法之间的区别

资产评估过程中市场法和成本法往往容易混淆。了解各种资产评估方法之间的区别，具有重要的理论和现实意义。下面介绍一下资产评估方法之间的区别。

1. 重置成本法和收益现值法的区别

重置成本法和收益现值法的区别在于，重置成本法的应用是建立在历史资料基础上的，比如实体性贬值的确定是依据评估对象的已使用年限和使用强度；而功能性贬值是由于评估对象的技术相对落后造成的，需要比较原有的旧资产与功能相同但性能更好的新资产来确定贬值额。与重置成本法相比较的收益现值法，多考虑和侧重的是评估对象未来能给其控制者带来多少收益。运用收益现值法进行资产评估，涉及三个主要的指标：收益额、折现率或本金化率和受益期限。收益额是指资产使用带来的未来收益期望值，而不是资产的历史收益额或现实收益额；折现率是投资者在对投资风险基本了解的情况下对投资所期望的回报率；收益期限是根据资产的损耗情况及未来获利情况等确定。所以，收益现值法的评估指标是基于对未来的分析。

2. 市场比较法和重置成本法的区别

市场比较法与重置成本法的区别主要表现在：

（1）受市场条件制约的程度不同。市场比较法的运用十分强调市场化的程度，需要以发达的资产市场为前提，且资产变现要受市场条件的制约；重置成本法是从买者角度参照市场价格，市场条件对重置成本法的制约相对较弱。

（2）评估依据不同。重置成本法中的一些计算必须以原始成本和原始资料为依据；市场比较法的运用与资产的原始成本没有直接联系。

(3) 评估值所含的内容不同。重置成本不仅包括该项资产的自身价格（构建价格），还包括该项资产的安装调试费、运杂费等；市场比较法估损的资产价值是资产的独立价格。

(4) 资料的获得和指标的确定有着不同的思路。重置成本法是按被评估资产的现时重置成本扣减其各项损耗来确定被评估资产的评估值，所以只需要有一个新建类似项目做参照即可；运用市场比较法评估资产价值时，被评估资产的评估值高低在很大程度上取决于参照物成交价格水平，而参照物成交价又不仅仅是参照物自身功能的市场体现，还受买卖双方交易动机、交易地位、交易期限等因素的影响。为了避免某个参照物在个别交易中的特殊因素对成交价格及评估值的影响，运用市场比较法时通常应选择三个或三个以上的可比参照物。

3. 市场比较法和收益现值法的区别

市场比较法和收益现值法区别主要在于，市场比较法需要从一个发育成熟、公平活跃的资产市场中寻找到若干数量的交易实例，收集到参照物资产的交易信息资料和资产实例特征、功能用途、地理位置等方面的信息资料，其评估原理简单，评估过程直接反映资产的市场状态，评估结果容易被认可和接受。而收益现值法中的任何参数的确定都具有人的主观性，因为预期收益、折现率和预期年限都是不可知的参数，某些风险因素更是难以预料，但是这些参数在评估资产价值时必须明确，否则收益现值法就不能使用。确定参数的方式便是在市场中寻求参照物，通过选择参照物进一步计量其收益折现率及预期年限，然后将这些参照物数据有比较地运用到评估对象上，从而确定资产的价值，其评估过程中人为因素较大。

二、资产评估方法的选择

资产评估方法选择包含了三个层面的选择过程：评估技术思路的选择；具体评估技术方法；经济技术参数的选择。三个层面的内容都需要考虑。

评估方法的选择要关注以下因素：

1. 评估方法的选择要与评估目的、评估时的市场条件、被评估对象在评估过程中所处的状态以及由此所决定的资产评估价值类型相适应。资产评估目的解决为什么要进行资产评估问题，这是进行资产评估时首先要考虑的问题。一般来说，资产评估目的会影响评估假设、评估范围和评估对象的确定，从而影响评估方法的确定。因此，资产评估目的制约着资产评估方法的选择。

2. 评估方法的选择受评估对象的类型、理化状态等因素的制约。由于不同的评估方法是从不同的途径评估资产的价值，因此评估时应根据被评估资产是单项资产还是整体资产，是有形资产还是无形资产，是通用性资产还是专用性资产，是可以复制的劳动创造的资产还是不可复制的资源性资产。一般来说，整体资产、无形资产和不可复制的资源性资产可以考虑选择收益现值法和市场比较法；通用性的单项有形资产可以选择市场比较法；专用性资产、可以复制的劳动创造的资产可以选择重置成本法进行评估。

3. 评估方法的选择受能否收集到运用各种评估方法所需的数据资料及主要经济技术参数的制约。每种评估方法都需要有相应的大量数据资料，如果短时间内不能收集到这些资料或者收集有很大困难，则只能选择其他的替代方法进行评估。如无货币收益的公益性资产、微利亏损企业、收益无规律难以预测的资产以及风险报酬率无法确定的资产，则不能运用收益法评估，但可以考虑选择重置成本法。

4. 资产评估方法人员在选择和运用评估方法时，如果条件允许，应该考虑三种基本评估方法在具体评估项目中的适用性。

总之，在评估方法的选择过程中，应注意因地制宜和因事制宜，不可机械地按某种模式或某种顺序进行选择。不论选择哪种评估方法进行评估，都应保证评估目的、评估时所依据的各种假设和条件与评估所使用的各种参数数据及其评估结果在性质和逻辑上的一致。

复习题二

一、单项选择题

1. 采用市场法评估资产价值时，需要以类似或相同资产为参照物，选择的参照物应该是（　　）。

   A. 全新资产
   B. 旧资产
   C. 与被评估资产的成新率相同的资产
   D. 全新资产，也可以是旧资产

2. 已知资产的价值与功能之间存在线性关系，重置全新机器设备一台，其价值为5万元，年产量为500件，现知被评估资产年产量为400件，其重置成本应为（　　）。

   A. 4万元　　　　　　　　　B. 5万元
   C. 4万~5万元之间　　　　　D. 无法确定

3. 某被评估资产2005年购建，账面原值10万元，账面净值2万元，2015年进行评估，已知2005年和2015年该类资产定基物价指数分别为130%和180%，由此确定该资产的重置完全成本为（　　）。

   A. 138460元　　　　　　　B. 27692元
   C. 80000元　　　　　　　　D. 180000元

4. 选择重置成本时，在同时可得复原重置成本和更新重置成本的情况下，应选用（　　）。

   A. 复原重置成本　　　　　　B. 更新重置成本
   C. 任选一种

5. 收益法中所用收益指的是（　　）。

   A. 未来预期收益　　　　　　B. 评估基准日收益
   C. 被评估资产前若干年平均收益

6. 以对被评估的机器设备进行模拟重置，按现行技术条件下的设计、工艺、材料、标准、价格和费用水平进行核算，这样求得的成本称为（　　）。

  A. 更新重置成本   B. 复原重置成本

  C. 完全复原成本   D. 实际重置成本

7. 用市场法进行资产评估时，应当参照相同或者类似的（　　）评定重估价值

  A. 重置成本   B. 市场价格

  C. 清算价格   D. 收益现值

8. 由于外部环境而不是资产本身或内部因素所引起的达不到原有设计获利能力而导致的贬值，是（　　）。

  A. 实体性贬值   B. 功能性贬值

  C. 经济性贬值

9. 收益法应用中收益额的选择，必须是（　　）。

  A. 净利润   B. 现金流量

  C. 利润总额   D. 口径上与折现率一致

10. 政府实施新的经济政策或发布新的法规限制了某些资产的使用，造成资产价值降低，这是一种（　　）。

  A. 功能性贬值   B. 经济性贬值

  C. 实体性贬值   D. 非评估考虑因素

11. 收益法中的折现率一般应包括（　　）。

  A. 资产收益率和行业平均收益率

  B. 超额收益率和通货膨胀率

  C. 银行贴现率

  D. 无风险利率、风险报酬率和通货膨胀率

12. 折现率本质上是（　　）。

  A. 平均收益率   B. 无风险报酬率

  C. 超额收益率   D. 个别收益率

13. 某资产可以持续使用，年收益额为50万元，适用本金化率

为 20%，则其评估值为（　　）。

　　A. 200 万元　　　　　　　B. 250 万元

　　C. 300 万元　　　　　　　D. 350 万元

14. 一项科学技术进步较快的资产，采用物价指数法往往会比采用重置核算法估算的重置成本（　　）。

　　A. 高　　　　　　　　　　B. 低

　　C. 相等

15. 重置全新机器设备一台，其价值为 5 万元，年产量为 500 件，现知被评估资产年产量为 400 件，其重置成本应为（　　）。

　　A. 4 万元　　　　　　　　B. 5 万元

　　C. 4 万~5 万元　　　　　　D. 无法确定

16. 资产评估时，成新率确定的损耗基础与折旧年限（　　）。

　　A. 相同　　　　　　　　　B. 不同

　　C. 有差异

17. 用市场法评估资产价值时，可以作为参照物的资产应该是（　　）。

　　A. 全新资产

　　B. 旧资产

　　C. 与被评估资产相同或相似的资产

　　D. 全新资产，也可以是旧资产

18. 某资产年金收益额为 8500 元，剩余使用年限为 20 年，假定折现率为 10%，其评估值最有可能为（　　）。

　　A. 85000 元　　　　　　　B. 72366 元

　　C. 12631 元　　　　　　　D. 12369 元

19. 资产评估三大方法中的方法是指（　　）。

　　A. 一种方法

　　B. 多种评估方法的集合

　　C. 一条评估思路

　　D. 一条评估思路与实现该思路的各种评估方法的总称

E. 无法确定

20. 某被评估资产 1980 年购建，账面原值为 10 万元，账面净值为 2 万元，1990 年进行评估，已知 1980 年和 1990 年该类资产定基物价指数分别为 130% 和 180%，由此确定该资产的重置完全成本为（　　）。

A. 138460 元　　　　　　B. 27692 元
C. 80000 元　　　　　　　D. 180000 元

二、判断题

1. 市场法是根据替代原则，采用比较和类比的思路及其方法来估测资产价值的评估技术规程。任何一个理性的投资者在购置某项资产时，他所支付的价格不会高于市场上具有相同用途的替代品的现行市价。（　　）

2. 资产及其交易活动的可比性要求参照物成交的时间与评估基准日间隔时间不宜过长，主要是为了减少调整时间因素对资产价值影响的难度。（　　）

3. 收益现值是指为获得该项资产以取得预期收益的权利所支付的货币总额。（　　）

4. 凡是能够带来未来收益的资产，都可以收益法评估。（　　）

5. 运用收益法评估资产的价值，所确定的收益额应该是资产实际收益。（　　）

6. 被企业不合理使用的土地，收益水平很低，因此评估值也一定很低。（　　）

7. 资产在全新状态下，其重置成本和历史成本是相等的。（　　）

8. 更新重置成本是指被评估资产的功能变化（更新）后的重置成本。（　　）

9. 评估方法的科学性，不仅在于方法本身，更重要的是评估方法必须严格与评估的价值类型相匹配。（　　）

10. 评估对象的特点是选择评估方法的唯一依据。（   ）

三、问答题

1. 运用市场法的优缺点有哪些？
2. 运用成本法要经过哪些程序？成本法在应用中有哪些优缺点？
3. 市场法和成本法的主要区别在哪里？

四、计算题

1. 评估对象为某企业 2013 年购进的一条生产线，账面原值为 150 万元，2016 年进行评估。经调查分析确定，该生产线的价格每年比上一年增长 10%，专业人员勘察估算认为，该资产还能使用 6 年，又知目前市场上已出现功能更先进的资产，并被普遍运用，新设备与评估对象相比，可节省人员 3 人，每人的月工资水平为 2000 元，此外，由于市场竞争的加剧，使该生产线开工不足，由此而造成收益损失额每年为 20 万元，（该企业所得税率为 25%，假定折现率为 10%）。要求根据上述资料，采用成本法对该资产进行评估。

2. 某企业将某项资产与国外企业合资，要求对该资产进行评估。具体资料如下：该资产账面原值 270 万元，净值 108 万元，按财务制度规定，该资产折旧年限为 30 年，已计折旧年限 20 年。经调查分析确定：按现在市场材料价格和工资费用水平，新建造相同构造的资产的全部费用支出为 480 万元。经查询原始资料和企业记录，该资产截至评估基准日的法定利用时间为 57600 小时，实际累计利用时间为 50400 小时。经专业人员勘察估算，该资产还能使用 8 年。又知该资产由于设计不合理，造成耗电量大，维修费用高，与现在同类标准资产比较，每年多支出营运成本 3 万元（该企业所得税率为 25%，假定折现率为 10%）。

根据上述资料，采用成本法对该资产进行评估。

3. 有一宗土地，出让年限为 40 年，资本化率为 6%，预计未来

5年的纯收益分别为30万元、32万元、35万元、33万元、38万元，从第六年开始，大约稳定保持在40万元左右，试用收益法评估该宗土地价格。

4. 某企业预计未来5年的预期收益额为10万元、11万元、12万元、12万元、13万元，并从第六年开始，企业的年收益额将维持在15万元水平上，假定本金化率为10%，试估测该企业持续经营条件下的企业价值。

附： 资产评估三大方法比较

方法 要素	市场比较法	收益现值法	重置成本法
含义	利用市场上同样或类似资产的近期交易价格，经过直接比较或类比分析	通过估测资产未来预期收益的现值	首先估测资产的重置成本，再估测贬损因素
原理 （科学性）	根据替代原则，因为任何一个正常的投资者在购置某项资产时所愿支付的价格不会高于市场上具有相同用途的替代品的现行市价	任何理性投资者所愿支付价格不会高于所购资产在未来带来的回报即收益额	任何潜在投资者所愿支付价格不会超过该项资产的现行构建成本
基本前提	1. 有活跃的公开市场； 2. 公开市场上有可比的资产及其交易活动	1. 未来收益及风险可预测并可货币衡量； 2. 获利年限可预测	1. （假定）处于继续使用状态； 2. 历史资料； 3. 形成价值的耗费是必需的

续表

方法 要素	市场比较法	收益现值法	重置成本法
具体方法	1. 直接比较法 2. 类比调整法 {市场售价类比法、功能价值法、价格指数法、成新率价格法市价折扣法、成本市价法、市盈率乘数法}	(参考年金现值的计算方法，是关于 A、n、r 的函数关系，根据年金是否永续、收益等差/等比递增/减各自对应公式)	1. 重置核算法、价格指数法、规模经济效益指数法、统计分析法 2. 观测法、使用年限法……
优点	直观简洁，便于操作，适用性强，应用广泛	根据预期收益评估价值容易被资产业务各方接受	比较充分地考虑了资产的损耗，评估结果更趋于公平合理
缺点	可比性要求高，对信息质量要求高，不适用于专用设备和无形资产，易受到地区、环境等严格限制	A、n、r 不易估计	如科技进步较快的资产，采用价格指数法往往偏高
联系	评估方法是实现评估目的的手段，客观的评估值不会因为评估人员所选用的方法不同而出现截然不同的结果，而应该趋同，其相互验证提供理论根据。		
区别	不同角度，要求具备各自相应的信息基础，评估结论也都从某一角度反映资产价值。由于评估的特定目的的不同、市场条件差别等，需要评估的资产价值类型也有区别，也造成了效率上和直接程度上的差别。		

第三章 机器设备评估

机器设备是制造业企业重要的资产，机器设备种类多而复杂。做好机器设备的价值评估，对于了解企业整体的价值有重要的意义。本章主要介绍机器设备的概念、特点与分类；机器设备评估的特点；运用重置成本法对机器设备进行评估；运用市场比较法和收益现值法对机器设备进行评估。

第一节 机器设备的概念

一、机器设备的含义及特点

（一）机器设备的含义

从技术的角度讲，机器设备是指由金属或其他材料组成，由若干零部件装配起来，在一种或几种动力驱动下，能够完成生产、加工、运行等功能或效用的装置。不同的机器设备，构造的零部件不相同，功能、作用也不一样。典型的机器设备主要是由动力部分、功能执行部分以及传动和控制部分组成。

我国的评估准则中对机器设备的定义是：机器设备是指人类利用机械原理及其他科学原理制造的、特定主体拥有或控制的有形资产，包括机器、仪器、器械、装置、附属的特殊建筑物等资产。

资产评估准则对机器设备的解释强调了它的资产属性,这个定义具有更高的概括性,但它没有技术的角度解释的那么直观,我们可以结合不同的定义来理解资产评估中的机器设备。根据具体情况,将机器设备与房屋建筑物、存货等其他资产区分开来。

(二)机器设备的特点

1. 作为主要的劳动手段,具有单位价值高、使用期限长的特点。大部分机器设备都属于固定资产。评估价值不仅受到实体性损耗的影响,还会受到功能性贬值及经济性贬值的影响,这就要求评估人员在评估时持更严谨、严格的态度,充分认识被评估机器设备功能的适用性和可能的风险性。

2. 机器设备的工程技术性强、专业门类多,存在于各个行业,各专业门类的机器设备也千差万别,同一品种的机器设备,如果型号不同、设计制造的年代不同、制造厂家不同,都会有先进程度的差别。虽然机器设备本身属于有形资产的范畴,但往往具有较高的技术含量,隐含着一定的无形资产的价值,评估时也应该充分考虑其技术性,技术性含量越高,其价值就越大。

3. 机器设备属于动产,相对于固定资产中的房屋、建筑物来说,具有可移动性的特点,其评估价值的高低与其所处的地域没有直接关系。

4. 机器设备的价值补偿和实物补偿不同时进行。机器设备属于固定资产,其价值补偿是通过分期提取折旧抵减收益来实现的,而其实物补偿则是在机器设备寿命终结更换新设备或通过对原有设备改造、翻新一次性完成的。因此,在评估中,不能单纯依据设备价值的转移程度来确定成新率,还应该注意机器设备的维修情况、使用情况以及保养情况。

5. 机器设备的更新换代速度比较快。对于政策规定的高能耗、低效能、污染大的机器设备,尽管实体成新程度高,但仍应按低值甚至按报废处理。

二、机器设备的分类

机器设备种类繁多，分类方法十分复杂。对机器设备进行评估时必须首先全面了解设备的分类构成，这样便于对评估方法和技巧的选取。

1. 按固定资产分类标准可分为通用设备如锅炉及原动机等；专用设备如探矿、采矿、选矿等设备；交通运输设备如铁路运输设备等；电器设备如电机、变压器等；电子产品及通信设备如雷达和无线电导航设备等；仪器仪表、计量标准器具及量具、衡器等。

目前国内大部分企业的固定资产管理已采用上述分类方法，评估机构提供的机器设备明细清单也必须符合上述分类要求，因此，这种分类方法是资产评估中使用的最基本的分类方法。

2. 按现行的会计制度规定可分为生产经营用机器设备，指直接为生产经营服务的机器设备；非生产经营用机器设备，指在企业所属的福利部门、教育部分等非生产部门使用的设备；租出机器设备，指企业出租给其他单位使用的机器设备；未使用机器设备，指企业尚未投入使用的新设备、库存的正常周转用设备、正在修理改造尚未投入使用的机器设备等；不需用机器设备，指已不适合本单位使用，待处理的机器设备；融资租赁机器设备，指企业以融资租赁方式租入使用的机器设备。

3. 按机器设备的组合程度可分为单台设备、机组和成套设备。单台设备，即以独立形态存在、可以单独发挥作用或以单台的形式进行销售的机器设备；机组，即将若干台不同功用的设备匹配组合，以完成某种生产工艺活动，这种有单机组合而成的复合型设备则称为机组；成套设备，由若干不同设备按生产工艺过程，从材料到各工序制造加工，直至成产品，包装入库，一次排序联结，形成一个完成产品全部或主要生产过程的机器体系，称为生产线。生产线的整套机器设备，统称为成套设备。

4. 按机器设备的取得方式可分为自制设备和外购设备。其中，外购设备又可以分为国内购置和国外引进设备。

关于机器设备的分类方式还有许多种,在此不再全部列举。但是上述分类并不是独立的,分类之间可以有不同程度的关联。例如,外购的设备可能是通用设备,也可能是专用设备,还可能是进口设备或国内购买设备。不同的分类标准对选择何种方法、考虑哪些因素,及如何提供评估报告和附表等,都具有较大影响。评估人员可以根据资产评估工作和企业管理的需要,灵活进行分类处理。

第二节
机器设备评估的特点

机器设备评估是指资产评估师依据相关法律、法规和资产评估准则,对单独的机器设备或者作为企业资产组成部分的机器设备的价值进行分析、估算并发表专业意见的行为和过程。机器设备本身的特点,决定了机器设备评估的特点。一般来说,机器设备评估具有以下特点:

一、一般以单台、单件作为评估对象,评估工作量大

机器设备单位价值高、规格型号多、情况差异大、种类繁多、性能与用途各不相同,价值属性复杂,所以不能对其进行简单汇总相加。对数量多、单位价值低的同类设备可以按照分类标准进行评价,但必须逐台、逐件核实数量,防止遗漏和重复;对于不可细分的机组、成套设备,应以整体作为评估对象。成套设备的价值,不仅仅是单台设备的简单相加,评估时,应注意资产之间的有机联系对价值的影响。

二、以技术检测为基础

机器设备本身具有较强的工程技术特点，技术含量较高，涉及的专业面又比较广泛，且在其有效生命期内价值的变动较为复杂。技术检测是判断机械设备技术含量的基本手段，通过技术检测手段判断机器设备的新旧程度及其价值。

三、需要考虑各种损耗对评估价值带来的影响

机器设备单位价值较大，使用年限长，贬值因素比较复杂，除实体性贬值以外，往往还存在功能性贬值和经济性贬值。技术的更新换代，国家有关的能源、环保政策，市场经济状况等都可能影响机器设备的评估值。这需要评估人员对其有关损耗的情况做出正确的判断。

四、注意与土地、房屋建筑物的不可分割性

机器设备与土地、房屋建筑物以及构筑物有不可分离的必然联系，在评估时必须要明确区分，以防止漏评和重评。比如电梯、水、电、气、通信设备等，还比如大型机器设备的构筑物基础，一般情况下，简易的基础可以包含在机器设备的价值中评估，大型的构筑物基础作为单独的构筑物评估。

五、多种评估方法并用

机械设备品种繁多，规格型号各异，且各类设备的单项价值、使用时间、性能等差别较大；对同一设备，必要时也可选用几种不同的方法进行评估，以验证评估结果的准确程度，所以，在评估实践中不可能采用单一的计价方法。

第三节
机器设备评估的市场比较法

机器设备评估的市场比较法也称市场法,是通过分析最近市场上和被评估设备类似的设备的成交价格,并对被评估对象和参照物设备之间的差异进行调整,以此确定被评估设备价值的方法。

用市场比较法估算设备的评估值简便易行,由于该方法直接以市场价格为基础,充分反映了机器设备的现行市场评价,因此其评估价值具有较强的可靠性和说服力,该方法在市场经济发达的国家十分流行。

一、市场比较法的适用范围和前提条件

机器设备评估的市场比较法主要是对机器设备变现价格的评估,而不适用于机器设备的原地续用价格的评估。变现价格与原地续用价格的不同,不仅在于价格构成项目的不同,更主要的是受市场因素的影响程度不同。评估结果是否有效,最终要靠市场来检验,因此,运用市场比较法必须满足以下前提条件。

(一) 要有一个充分发达且十分活跃的机器设备公开交易市场

这是运用市场估价的基本前提。市场比较法的评估依据来源于市场。公开市场是指市场上有自愿的买者和卖者,他们之间进行的交易是平等的,这样形成的市场成交价格基本上是公允的。以此价格作为评估价值的参考值,易为评估有关各方接受。

(二) 能找到与被评估机器设备相同或类似的参照物

能找到与被评估机器设备相同或类似的参照物是决定市场法成功运用的关键。参照物与被评估机器设备在规格、型号、用途、性能、新旧程度方面应具有可比性,而且在交易背景、交易时间、交易目

的、交易数量、付款方式等交易条件方面也要大致相同。同时，在选取参照物的过程中，要特别注意这些附加条件的影响。

二、运用市场比较法评估机器设备的基本步骤

运用市场比较法评估机器设备包括以下五个基本步骤：

1. 对评估对象进行鉴定，收集有关评估机器设备的基本资料。评估人员通过鉴定被评估设备，获得设备的规格型号、制造厂家、出厂日期、使用期限、安装情况、随机附件及设备性能、结构和新旧情况以及现时技术状况等，为市场数据的收集和参照物的选择做好准备。

2. 进行市场调查，选取市场参照物。评估人员在选择市场参照物时，应注意参照物的时间性、地域性、可比性。参照物应选择交易时间尽可能接近评估基准日，并且尽可能与评估对象在同一地区。另外，评估对象与参照物应具有较强的可比性，实体状态方面比较接近。评估人员在进行市场调查时，要注意了解交易条件、交易背景等因素。在条件允许的情况下，最好选择多个参照物，并且参照物的条件应与被评估设备尽量接近，以增强评估结果的准确性和可靠性。

3. 对比分析差异因素，调整差异。尽管评估人员在选择市场参照物时，尽量做到被评估对象与市场参照物比较接近。但是，被评估对象与参照物差异总还存在。评估人员必须对影响评估对象价值的因素进行分析、比较，确定差异调整量。

4. 计算评估价值。在分析比较的基础上，对参照物的市场交易价格进行修正，确定评估价值。

5. 确定评估误差率并计算评估价值的取值区间。此外，由于采用市场法评估的仅仅是设备的购买价格，一般不包括运杂费、安装调试费等，所以在评估设备的在用续用价格时，还要在购买价的基础上加上必要的相关费用。

三、运用市场比较法评估机器设备时的比较因素

比较因素,是指可能影响机器设备市场价值的因素。运用市场比较法对机器设备进行评估时,为了提高评估效果,需要对影响机器设备价值的有关因素进行分析比较,以确定机器设备价值的差异调整量。比较因素是一个指标体系,它能够全面反映影响价值的因素,一般来讲,机器设备的比较因素可分为个别因素、交易因素、地域因素和时间因素四大类。

(一) 个别因素

机器设备的个别因素一般指反映设备在结构、形状、尺寸、性能、生产能力、安装、质量、经济性等方面差异的因素。不同的设备,差异因素也不同。在评估中,常用于描述设备的指标一般包括:

1. 规格型号。评估人员应选择相同规格型号的市场参照物。

2. 制造厂家。不同的制造厂家所生产设备的制造品质是不同的,市场售价也存在较大差异,评估人员应选择同一厂家生产的设备作为参照物。

3. 使用年限。机器设备的制造年代对售价影响较大,参照物应尽量选择与评估对象同年代制造的设备。

4. 安装方式。机器设备的安装方式会对设备的出售价格产生影响,两台相同的机器设备,均拟出售异地使用,其中一台已拆卸完毕并运至买方使用的目的地,另一台机器设备未拆卸,设备的拆卸、运输费用由买方支付,那么两台设备的出售价格是不同的。

5. 附件。相同机器设备的附件可能各不相同,有些机器设备的附件占整机价值量比例很大,评估人员应对参照物和评估对象的附件情况进行比较。

6. 实体状态。机器设备的实体状态对售价影响很大,相同制造厂家,相同出厂日期的机器设备,由于使用环境、负荷、操作人员的水平等因素不同,设备的实体状态差异较大,评估人员应对被评估对象的参照物的实体状态进行比较。

(二) 交易因素

机器设备的交易因素,是指交易的动机、背景对价格的影响。主要包括以下三个方面:

1. 市场状况。主要指市场的供求关系。评估人员在使用市场比较法时,首先应了解被评估的机器设备目前是买方市场还是卖方市场,并确定它可能对于机器设备价值的影响。

2. 交易的动机及背景。不同的交易动机和交易背景都会对设备的出售价格产生影响。比如,以清偿、快速变现或带有一定优惠条件的出售,其售价往往低于正常的交易价格。

3. 交易数量。购买设备的交易数量也是影响设备售价的一个重要因素。一般来说,成批的购买价格一般要低于单台购买的价格。

(三) 时间因素

不同交易时间的市场供求关系、物价水平等都会不同,评估人员应选择与评估基准日最接近的交易案例,并对参照物的时间影响因素进行调整。

(四) 地域因素

由于不同地区市场供求条件等因素的不同,设备的交易价格也会受到影响,评估参照物应尽可能与评估对象在同一地区。如评估对象与参照物存在地区差异,则需要调整。

四、运用市场比较法评估机器设备的具体方法

运用市场比较法评估机器设备是通过市场参照物进行价值调整完成的,常用的调整方法有三种:直接比较法、市价折余法、相似类比法。

(一) 直接比较法

直接比较法是根据与被评估对象基本相同的市场参照物,通过直接比较来确定被评估对象的价值。此方法运用的前提是市场上有与被评估设备相同且已经成交的参照物交易数据和资料,同时与被评估设备相同的参照物指的是参照物的规格、型号、结构、性能、制造商、

出厂年代、成新率等方面与被评估设备几乎一样，需要调整的项目较少。也就是说，这种方法是根据与评估对象基本相同的市场参照物，通过直接比较来确定评估对象的价值。

可用以下公式表示：

$V = V' + \Delta_i$

以上公式中，V——评估值；V'——参照物的市场价值；Δ_i——差异调整

使用直接比较法的前提是评估对象与市场参照物基本相同，需要调整的项目较少，差异不大，并且差异对价值的影响可以直接确定。所以，直接比较法比较简单，对市场的反映较为客观，能较为准确地反映设备的市场价值。如果被评估设备与参照物之间存在差异，就要求这种差异必须是很小的，价值量的调整也应该很小且容易直接确定，否则无法使用直接比较法。

【例3-1】在评估一辆汽车时，评估人员在旧车市场上找到一辆车作为参照物，该汽车生产厂家、型号、出厂日期、附属装置、行驶里程等方面与被评估车辆基本相同。区别在于：（1）参照物的前大灯已破损，若更换需支付300元费用；（2）被评估汽车加装了一套音响，价值为1500元。若该参照物的市场销售价格为80000元，则该评估对象的价值为：

$V = V' + \Delta_i = 80000 + 300 + 1500 = 81800$ （元）

（二）市价折余法

市价折余法是指通过对大量市场交易数据的统计分析，利用与被评估设备相同或相似设备的全新价格，根据被评估设备的现实状态，凭借对市场行情的把握和以往的经验，对全新设备价格进行打折估算出被评估设备价值的方法。比如，评估师在评估A公司生产的6米直径的双柱式车床，但是市场上没有相同的或相似的参照物，只有其他厂家生产的8米和12米直径的立式车床。统计数据表明，与评估对象使用年限相同的设备售价都是重置成本的55%~60%，那么可以认为，评估对象的售价也应该是其重置成本的55%~60%。

（三）相似类比法

相似类比法是通过比较分析相似的市场参照物与被评估设备的可比因素差异，并对这些因素逐项进行调整，由此确定被评估设备的价值。这种方法是在无法获得基本相同的市场参照物的情况下，以相似的参照物作为分析调整的基础。数学表达式：

评估价值 = 参照物的交易价格 ± 被评估设备与参照物差异额

因为类比对象与被评估设备之间总存在一定的差异，因此在运用类比法时，通常需要选取若干有代表性的相似资产作为参照物，有助于提高评估的准确性。

被评估设备与参照物之间的差异因素比较及量化调整方法如下：

1. 实体状态的比较和调整

评估人员应对被评估设备与参照物的厂家、规格型号及结构、使用年限、技术状态及磨损情况等进行分析。在评估时应尽量选择同厂家的产品作为参照物。如果无法找到同厂家生产的设备作为参照物，应将生产厂家、品牌、质量等对交易价格的影响因素进行量化，并对这些因素进行调整。机器设备规格型号及结构上的差异会集中到设备的功能和性能的差异上。运用功能经济效益指数法和超额运营成本折现法等方法可以对被评估机器设备与参照物在结构、规格型号、性能等方面的差异进行量化和调整。通过估算成新率，在取得被评估设备和参照物的成新率数据后，以参照物的交易价格乘以被评估设备与参照物的成新率之商，即可得到两个设备新旧程度的差异量。

2. 交易时间和地域差异的比较和调整

在选择参照物是，应尽可能选择评估基准日的成交案例，以免对销售时间差异进行调整。但一般说来，参照物的交易时间在评估基准日之前，参照物交易日的价格与评估基准日设备交易价格会有所不同，这时可采用同类设备的物价指数法对交易时间差异进行调整。在其他条件相同的情况下，由于地理位置的差异，会造成设备的交易价格不同，因此参照物应尽可能与被评估对象在同一地区，如果被评估对象与参照物存在地区差异，则需要作出调整。在地域上，尽可能与评估对象在同一地区。

3. 交易情况差异的比较和调整

机器设备的交易价格会受到供求关系、交易数量、交易动机与背景、付款方式等交易情况的影响。一般来说，如果供小于求，价格必然要高，反之，价格就会降低；购买设备的交易数量也是影响设备售价的一个重要因素，只销售一台设备与同时销售多台设备相比，价格也会不一样；不同的交易动机、交易背景都会对设备的出售价格产生影响，如某设备以清偿、快速变现或一定优惠条件出售，其售价往往低于正常的交易价格；另外一次性付款和分期付款销售的价格也不相同。因此，应对上述因素进行分析，对由于上述因素引起的价格偏高或偏低情况进行量化和调整。

4. 安装方式差异的比较和调整

设备的安装方式会对设备的出售价格产生影响。两台相同的机器设备，一台已拆卸完毕并运至买方使用的目的地，另一台机器设备未拆卸出售，两台设备的出售价格是不同的。评估时需要对该因素进行调整。

这种方法与直接比较法相比更主观，在对比较因素进行分析的基础上，需要做更多的调整。

第四节
机器设备评估的重置成本法

重置成本法是机器设备评估中最常用的一种评估方法，是通过估算被评估机器设备的重置成本和各种贬值，用重置成本扣减各种贬值作为资产评估价值的方法。由于成本法全面考虑了资产的重置成本，又较充分地考虑了被评估资产已存在的各种贬值因素，所以在机器设备评估中得到了广泛的应用，它是机器设备评估中最常使用的方法之一。

机器设备的重置成本法的计算公式为:

机器设备评估价值 = 机器设备重置成本 – 实体性贬值 – 功能性贬值 – 经济性贬值

用成新率综合反映各种贬值因素的计算公式:

机器设备评估值 = 机器设备重置成本 × 成新率

一、机器设备重置成本的测算

机器设备的重置成本包括购置或购建设备所发生的必要的、合理的直接成本、间接成本和因资金占用所发生的资金成本、合理利润、相关税费等。机器设备的重置成本可以分为两种,评估时应确定重置成本的内涵。复原重置成本是指按现行的价格购进一台与评估机器设备实际上完全相同的全新资产所需的成本。更新重置成本,是指按现时价格以新的技术水平、新的设计、制造工艺、标准或更新的材料生产或购置一台在功能上与被评估机器设备完全相同的新设备所需要的成本。

机器设备的重置成本包括重新购进设备的直接成本和间接费用。直接成本由基础费用和其他费用两部分构成。基础费用包括购置价或建造成本,其他费用是指设备的运杂费、安装调试费、必要的配套装置等,间接成本通常是指为购置、建造设备而发生的管理费用、总体设计制图费、资金成本、人员培训费等。

由于设备取得的方式和渠道以及重置对象不同,其重置成本构成也不完全一样。下面按照设备取得的方式不同,分别介绍外购设备、自制专用设备等各类设备重置成本的确定。

(一)外购设备重置成本的确定

外购设备就其重置成本构成的大项来说,主要包括:设备自身的购置价格、运杂费和安装调试费。外购设备又包括外购国产设备和进口设备两种,进口设备的重置成本除上述三项以外还包括设备进口时的有关税费,如关税、银行手续费等。

外购设备是指企业购进的由厂家直接生产的各种通用设备及专用设备。可根据不同的情况采取如下三种方法确定该类设备的重置成本。

1. 重置核算法

该方法适合在生产和销售的机器设备的重置成本的估算,是指按被评估机器设备的成本构成,以现行市价为标准再加上合理的运杂费、安装调试费及其他费用估测被评估机器设备的重置成本。该方法适用于能够取得设备现行购置价格的机器设备。

国内设备市价资料的取得,可以采取直接向制造商或者销售商询价,也可以从商家的价格表、正式出版的价格资料、广告、计算机网络公开的价格信息等渠道获取。但是,通过各种渠道获得市场价格信息可能与设备的真实价格有一定的差异。由于市场价格的多样性,在同等条件下,评估人员应该选择可能获得的最低售价。如果设备安装调试周期较长,则需要考虑设备购置所占用的资金成本,设备的资金成本用购置设备所花费的全部资金总额乘以现行相应期限的银行贷款利率计算。

设备的运杂费一般可以根据设备的重量、体积、运输距离、运输方式确定,计费标准可以向有关运输部分查询得到。评估人员可以通过逐项估算基础和安装工程的人工费、材料费、机械费等确定设备的基础费、安装费。对于一些大型工业企业,由于设备数量较多,为了提高工作效率,评估人员有时按机器设备购置价的一定比例来计算设备的运杂费、基础费、安装费。

进口设备重置成本的确定方法与外购国产设备基本相同,只是进口设备重置成本的构成比国产设备复杂一些。评估人员对进口设备进行评估时,经常要根据设备现行报价计算重置成本。比较常见的几种包括装运港交货的价格条件:如FOB,即离岸价是对外贸易中的一种结算价格,是指离开港口的价格,包括离开港口前的各种成本费用;不包括离开港口后的运输、关税、保险等费用(由货运业主向买方索取),意味着买方从此时起,应负担一切费用和货物灭失及损坏的风险；CIF，即到岸价，指离岸价加海运费加海运保险费的价格后的一切风险仍由买方负担。另外，进口设备从属费用包括国外运费、国外运输保险费、进口关税、消费税、增值税、银行财务费、外贸手续费、海关监管手续费、车辆购置税等。对于能够获取进口设备的离岸价（FOB）或到岸价（CIF）的，可采用重置核算法来确定进口设备的重置成本。进口设备因交货地点不同，分别采取离岸价（FOB）和到岸价（CIF）。评估时应采用到岸价，如获取到离岸价时，应将离岸价调整为到岸价。

（1）外购单台不需安装的国产设备：

重置成本 = 全新设备基准日的公开市场成交价格 + 运杂费
       = 全新设备基准日的公开市场成交价格 × (1 + 运杂费率)

（2）外购单台不需要安装的进口设备重置成本：

重置成本 = (FOB 价格 + 途中保险费 + 国外运杂费) × 评估基准日外汇汇率 + 进口关税 + 增值税 + 海关监管手续费 + 银行及外贸手续费 + 国内运杂费
       = CIF 价格 × 评估基准日外汇汇率 + 进口关税 + 增值税 + 海关监管手续费 + 银行及外贸手续费 + 国内运杂费

其中：途中保险费 = （货价 + 国外运杂费）× 保险费率

关税 = 到岸价 × 关税税率

消费税 = （关税完税价 + 关税）× 消费税税率

增值税 = （关税完税价 + 关税 + 消费税）× 增值税税率

（3）外购单台需要安装的国产设备：

重置成本 = 全新设备基准日的公开市场成交价格 + 运杂费 + 安装调试费
       = 全新设备基准日的公开市场成交价格 × (1 + 运杂费率 + 安装调试费率)

【例 3 - 2】某企业 2010 年购建的一台设备，账面原值 135000 元，2016 年进行评估，经市场询价，设备的市场价为 136000 元，运杂费 600 元，安装调试费 1200 元，计算该设备的重置成本：

136000 + 600 + 120 = 137800（元）

(4) 外购单台需要安装的进口设备重置成本：

重置成本 = 单台未安装的进口设备重置成本 + 安装调试费

【例 3-3】 某评估机构受托对一套从美国进口的设备进行评估，评估人员经过调查了解到，现在该设备从美国进口的离岸价格（FOB）为 500000 美元，境外运杂费率为 5%，途中保险费率为 0.4%，该设备现行进口关税税率为 12%，增值税税率为 17%，有关手续费约占 CIF 价格的 0.6%，国内运杂费及安装调试费需 20000 元人民币。评估基准日美元同人民币的比价为 1：6.80，则进口设备重置成本计算：

境外运杂费 = 500000 × 5% = 25000（美元）

途中保险费 =（500000 + 25000）× 0.4% = 2100（美元）

到岸价（CIF）= 500000 + 25000 + 2100 = 527100（美元）

到岸价（人民币）= 527100 × 6.80 = 3584280（元）

进口关税 = 3584280 × 10% = 358428（元）

增值税 =（3584280 + 358428）× 17% = 670260.36（元）

有关手续费 = 3584280 × 0.6% = 21505.68（元）

进口设备重置成本 = 3584280 + 358428 + 670260.36 + 21505.687

+ 20000

= 4654474.04（元）

(5) 外购成套需安装设备。成套设备重置成本的估算除包括机组购置成本、运杂费、安装费、设备的基础费以外，还包括一些其他费用。对于这种成套设备，重置成本可先评估单台设备成本，再计算求和。但是，在实际操作中，由于机组中设备较多，一些属于整体性的费用就不一定能够计入单台设备的成本中，如整体的安装调试费、资金成本等，这些费用应考虑进去。如果是大型连续生产系统，以整体方式估算成套设备的重置成本。设备的运杂费率、安装费率各个行业均有相应规定，评估人员可参阅相关行业的预算定额标准。进口设备的收费标准也可参阅进出口公司的收费标准。

重置成本 = 单台未安装进口设备重置成本总和 + 单台未安装国产设备重置成本总和 + 机器重置成本 + 安装工程费 + 工程监理费 + 软件重置成本 + 设计费 + 贷款利息

（6）外购国产车辆：

车辆重置成本 = 现车销售价格 + 车辆购置税 + 牌照费

【例 3 - 4】对某企业的一辆小轿车进行评估，经市场调查，该轿车全新车辆现行市场销售价格为 200000 元，车辆购置税 20000 元，牌照费 200 元，则该轿车的重置成本为：

200000 + 20000 + 200 = 220200 （元）

（7）进口车辆重置成本：

进口车辆重置成本 = 车辆价格（CIF）+ 进口关税 + 消费税 + 增值税 + 国内运杂费 + 车辆购置税 + 牌照费

其中：进口关税 = 车辆价格（CIF）× 进口关税

消费税 = [车辆价格（CIF）+ 进口关税] ÷ （1 - 消费税税率）× 消费税税率

进口增值税 = [车辆价格（CIF）+ 进口关税 + 消费税] × 增值税税率

车辆购置税 = [车辆价格（CIF）+ 进口关税 + 消费税 + 增值税] × 车辆购置税率

2. 规模经济效益指数法

对于无法取得现行购置价或建造费用的设备，如果能找到现有同类设备的市价、建造费用，或市价、建造费用加运杂费和安装调试费，就可以用规模经济效益指数法。该方法是根据被评估机器设备的具体情况，寻找现有同类设备的市价、建造费用，加上合理的运杂费和安装调试费得到同类设备的现行重置成本，然后根据该同类设备与被评估设备的生产能力与价格的比例关系来确定被评估机器设别的重置成本。

被评估机器设备重置成本 = 参照物机器设备的重置成本 × （被

评估机器设备的生产能力/参照物机器设备的生产能力)^x

公式中的 x 是统计得到的数据，为规模经济效益指数。当 x = 1，评估的机器设备的价格与生产能力呈线性关系；当 x > 1，机器设备的生产能力与设备价格呈非线性关系，设备的价格上涨速度大于设备生产能力的上涨速度；当 x < 1，机器设备的生产能力与设备价格呈非线性关系，设备价格的上涨速度小于设备生产能力的上涨速度。美国在 0.4~1 之间，在机器设备评估中常取 0.6~0.8。

这种方法并非适用于所有机器设备，对于某些特定的加工设备可能比较合适，如化工设备、石油设备等，但用它来评估机床、汽车类的设备则不太合适。

使用这种方法的前提条件是：设备的生产能力与价格存在一定的比例关系。通过对不同类型设备大量的统计数据进行分析，发现有些设备的生产能力与设备价格的对应关系非常明显，x 值的离散性很小，对这类设备用规模经济效益指数计算设备价格是比较可靠的。有些设备的 x 值随生产能力的变化而变化。有些机器设备，生产能力与设备价格的对应关系不明确，x 值的离散性很大，对于这类设备就不宜采用规模经济效益指数法来进行评估。该方法适用于无法取得设备现行购置价格，但能取得同类设备的现行重置成本时，可采取规模经济效益指数法确定被评估机器设备的重置成本。

【例 3-5】某被评估公司重置全新机器设备一台，价值为 6 万元，年产量为 600 件，现知被评估机器设备年产量为 400 件，设备规模经济效益指数为 0.8，求其重置成本：

$(400/600)^{0.8} \times 6 = 4.3$（万元）

3. 物价指数法

该方法以被评估机器设备的历史成本为基础，根据同类机器设备的物价变动指数，按现行价格水平计算重置成本。

对于既无法取得设备现行购置价格或建造成本，也无法取得同类设备重置成本的，可采用物价指数法确定被评估机器设备的重置成

本。但对于技术进步速度较快、技术进步对价格影响较大的设备,不宜采用物价指数法。公式为:

重置成本=设备的原始成本×(评估基准日的定基物价指数/设备构建时的定基物价指数)

或 重置成本=设备的原始成本×过去某一时点至基准日环比物价指数

当无法查询进口设备的现行 FOB 价格或 CIF 价格时,但可以获取国外替代设备的现行 FOB 或 CIF 价格的,可采用规模经济效益指数法评估进口设备的重置成本。该方法同前面介绍的采取规模经济效益指数法确定外购国内机器设备重置成本的方法基本相同。需说明的是,国外替代设备的购进成本或重置成本应和基准期日相一致,否则应通过价格因素和汇率因素的调整,调整为评估基准期日的价格;另外,在计算中还应该注意国外替代设备购进成本或重置成本的构成是否与被评估对象重置成本的构成相一致,如果不一致应该进行必要的调整。如没有国外替代产品的现行 FOB 和 CIF 价格的,可利用国内替代设备的现行市价或重置成本推算被评估进口设备的重置成本。

对于无法取得设备现行 FOB 价格或 CIF 价格,也无法获取国外替代设备的现行 FOB 或 CIF 价格的,可采用物价指数法评估进口机器设备的重置成本。该方法是以被评估机器设备的账面原值为基础,通过对汇率、价格、关税税率及其他税费率等变化因素的调整,来确定被评估进口设备的重置成本的。需要说明的是运用物价指数法调整计算进口设备重置成本时,其价格变动指数应使用设备生产国的价格变动指数,而不是国内的价格变动指数,但国内的进口关税税率变动率、增值税、消费税及其他费用变动率可按国内现行的数据测算。

重置成本=账面原值中的到岸价值/进口时的外汇汇率×进口设备生产国同类资产价格变动指数×评估基准日外汇汇率×(1+现行进口关税税率)×(1+其他税费率)+账面原值中支付人民币部分价格×国内同类资产价格变动指数

该公式是假定进口设备的到岸价格全部以外汇支付,其余均用人民币支付。如实际情况与此假设不符,应进行调整。

在运用物价指数法对进口设备重置成本进行估测时,应尽量将支付外汇部分与支付人民币部分,或者说将受设备生产国物价变动的影响部分与受国内价格变动影响部分分开,分别运用设备生产国的价格变动指数与国内价格变动指数进行调整,不应该综合采用国内或设备生产国的价格变动指数一揽子调整。

实际上,不但设备生产国设备出口时的同类资产价格指数不易获取,而且评估时点的同类资产的价格指数也不易取得。所以,实际运用公式时,可以用进口设备生产国在设备出口时的价格水平为基期价格水平,再根据设备生产国从基期到评估时点的价格变化率,将生产国出口设备价值从原值调整为现值。

【例3-6】某被评设备 2000 年购进,账面原值 10 万元,2007 年进行评估,2000 年和 2007 年定基物价指数分别为 109.6 和 143.2,2000 年和 2007 年环比物价指数分别为 119.7%,109.5%,106.3%,101.6%,98.1%,97%,97%,则按两种物价指数计算只计购置费的重置成本。

用定基物价指数计算:

$100000 \times (143.2/109.6) = 130657$(元)

用环比物价指数计算:

$100000 \times (119.7\% \times 109.5\% \times 106.3\% \times 101.6\% \times 98.1\% \times 97\% \times 97\%) = 130661.5$(元)

在使用物价指数法时,评估人员应注意以下问题:

(1)设备的历史成本是计算设备成本的基础。评估人员应注意审查历史成本的真实性,因为在设备使用过程中,账面历史成本可能进行了调整,当前的账面价值可能已不能反映真实的历史成本。

(2)在使用物价指数法评估机器设备时,评估人员应使用分类产品物价指数,避免使用综合物价指数。评估的该类设备数量越多,样本数量越大,整体误差将越小。如果评估的是单台设备,评估人员应慎重使用这种方法。

(3) 设备的历史成本一般还包括运杂费、安装费、基础费以及其他费用。这些费用的物价变动指数与设备价格变动指数往往是不同的，应分别计算。

(4) 用物价指数法计算进口设备的重置成本，应使用进口设备的分类物价指数，并且要注意外汇汇率和关税税率变动的影响。

(二) 自制设备的重置成本的确定

自制设备通常是根据单位自身的特定需要，自行设计并建造或委托加工建造的设备。

自制设备重置成本估测中通常的做法是采用重置核算法，该方法根据机器设备建造时所消耗的材料、工时及其他费用，按现行价格或费用标准计算设备现行的建造费用及安装调试费用，然后再加上合理的利息、利润来确定被评估机器设备的重置成本。

自制设备可分为标准设备和非标准设备。对于标准设备的重置成本应参考专业生产厂家的标准设备价格，即现行市场价格定价，运用替代原则确定自制标准设备的重置成本。但由于自制的标准设备其质量一般不会高于专业生产厂家所生产的标准设备的质量，故其重置全价应低于市场价格。

二、实体性贬值的估算

机器设备的实体性贬值也称有形损耗贬值，是由于使用中的磨损和暴露在自然环境中的侵蚀，造成的机器设备实体形态损耗引起的贬值。设备在使用过程中，由于零部件受到摩擦、撞击、震动等，使得零部件产生磨损；设备运行过程中的冲击、振动也使得材料的内部缺陷不断扩展；另外，设备受自然界中酸碱物质、雨水、高温等的侵蚀，也会出现腐蚀、生锈、老化、变质的现象。这样就使得设备的使用功能逐步下降，故障率不断上升，精度逐渐降低，维修费用不断上升，直至设备完全丧失使用价值。设备实体性贬值的程度可以用设备的价值损失与重置成本的比率来反映，称为实体性贬值率。全新设备的实体性贬值率为 0，完全报废设备的实体性贬值率为 100%。计算公式为：

实体性贬值 = 设备重置成本 × 实体性贬值率
　　　　　= 设备重置成本 × (1 - 成新率)

上述公式中的成新率是指实体性成新率，是用来反映设备实体性贬值程度的指标。实体性贬值的具体计算方法有观察法、使用年限法、修复费用法。

(一) 观察法

设备的磨损一般会引起一些宏观症状的变化。观察法是指评估人员通过现场观察，查阅设备历史资料，或借助检测工具，检查判断设备的使用情况、使用精度、故障率、磨损情况、维修保养情况、工作负荷等，对所获得的信息进行分析、归纳、综合，依据经验判断设备的磨损程度及贬值率。在不具备测试条件的情况下，这是最常使用的方法，大型设备可以采用专家会议的方式。采用观察法估算设备实体性贬值率或成新率时，要观察和收集一下信息：(1) 设备的现时技术状况；(2) 设备的实际已使用时间；(3) 设备的正常负荷率；(4) 设备的维修保养状况；(5) 设备的原始制造质量；(6) 设备的重大故障（事故）经历；(7) 设备的大修、技改情况；(8) 设备的工作环境和条件；(9) 设备的外观和完整性。见表 3-1。

需要说明的是，在实际判断机器设备的实体性贬值率或成新率时，评估人员还必须与操作人员、维修人员、设备管理人员沟通，听取其介绍和评价，加深对设备的了解。在此基础上，结合机器设备成新率评估参考表，进行综合分析。对于重要的、精美的、成套的设备或生产线等，应专门聘请有关专家进行估算。对大型设备，为了避免个人主观判断的误差，可采用德尔菲法或模糊综合判断法。

表 3-1　　　　　　　　实体性贬值率参考表

设备状态		实体性贬值率（%）
全新	全新，刚刚安装，尚未使用，资产状态极佳	0~5
很好	很新，只轻微使用过，无须更换任何部件或进行任何修理	10~15
良好	半新资产，但经过维修或更新，处于极佳状态	20~25
一般	旧资产，需要进行某些修理或更换一些零部件，如轴承之类	40~60
尚可	处于可运行状况的旧资产，需要大量维修或更换零部件，如电机等	65~80
不良	需要大修理的旧资产，如更换运动机件或主要结构件	85~90
报废	除了基本材料的废品回收价值外，没有希望以其他方式出售	97.5~100

注：美国评估协会使用的实体性贬值率参考表。

（二）使用年限法

年限法是从使用寿命角度来估算贬值的，也称为寿命比率法。它是建立在整个使用寿命期内，被评估的机器设备的实体性贬值率与其已使用年限成正比，并且呈线性关系的假设基础上的。其计算公式为：

实体性贬值率＝已使用年限/总使用年限

＝已使用年限/（已使用年限＋尚可使用年限）

机器设备的已使用年限与尚可使用年限之和为设备的总使用年限，即机器设备的使用寿命。机器设备的使用寿命是指从开始使用到淘汰的整个过程，通常可以分为物理寿命、技术寿命和经济寿命。机器设备的物理寿命是指机器设备从开始使用到报废为止经历的时间。机器设备的物理寿命的长短，主要取决于机器设备的自身质量与运行过程中的使用、保养和正常维修情况。机器设备的技术寿命是指机器设备从开始使用到技术过时所经历的时间。机器设备的技术寿命在很大程度上取决于社会技术进步和技术更新的速度和周期。机器设备的经济寿命是指机器设备从开始使用到因经济上不合算而停止使用所经历的时间。所谓经济上不合算,是指维持机器设备的继续使用所需要的维持费用大于机器设备继续使用所带来的收益。经济寿命与机器设备本身的物理性能以及物理寿命、技术进步速度、设备使用的外部环境的变化等因素有直接的联系。

当采用机器设备总使用年限估算设备的成新率或实体性贬值率时,通常首选机器设备的经济寿命作为其总使用年限,这是国际上资产评估业常用的做法,但这并不排除把机器设备的物理寿命和技术寿命作为机器设备总使用年限的可能性。我们应根据设备评估的总体思路和总体要求,在保证机器设备评估值的各经济技术参数前后一致、协调的前提下,将机器设备的物理寿命或技术寿命作为设备的总使用寿命。

1. 简单年限法

简单年限法是假定机器设备的投资是一次完成的,没有进行更新改造和追加投资等。

(1) 机器设备已使用年限的确定。机器设备已使用年限是以设备的正常使用为前提的,指机器设备实际的服役年限。根据设备在使用中负荷程度及日常维护保养差别的影响,已使用年限可分为名义已使用年限和实际已使用年限。名义已使用年限指会计记录记载的资产已提折旧的年限;实际已使用年限指资产在使用中实际磨损的年限,这就要求在运用已使用年限参数时,应充分注意设备的实际已使用时间和实际使用强度。

在进行机器设备评估时,设备的申报材料往往是以财务数据为准的。会计上的折旧年限综合考虑了机器设备的经济寿命、物理寿命、技术寿命、企业的承受能力以及国家税收状况等因素。已计提折旧年限并不完全等同于估测实体性贬值率中的设备已使用年限,所以,在使用已计提折旧年限作为设备已使用年限求贬值率时,一定要注意已计提折旧年限与设备的实体损耗程度和评估总体思路是否吻合,考虑机器设备的使用班次、使用强度和维修保养水平,据实估测其实际已使用年限。

（2）机器设备尚可使用年限的确定。机器设备尚可使用年限又称剩余寿命,是指从评估基准日开始到机器设备停止使用所经历的时间。如果机器设备总寿命年限已确定,尚可使用年限就是总寿命年限扣除已使用年限的余额。机器设备的尚可使用年限受到已使用年限、使用状况、维修保养状况以及运行环境的影响,评估人员应全面分析考虑,以便合理确定机器设备的尚可使用年限。确定尚可使用年限通常有以下几种方法。

a. 折旧年限法：是指根据《企业会计准则》,按照各自所处行业和自身情况确定的折旧年限,扣除已使用年限即为机器设备的尚可使用年限。它综合考虑了机器设备物理使用寿命、技术进步因素、企业承受能力以及国家税收状况等因素确定的。从理论上讲,折旧年限并不等同于机器设备的总寿命年限,机器设备已折旧年限并不一定能全面反映机器设备的磨损程度。因此,采用此法求取机器设备尚可使用年限时,一定要注意折旧年限与机器设备的经济寿命、已折旧年限与设备的实际损耗程度是否吻合,并注明使用前提和使用条件。对于国家明文规定限期淘汰禁止超期使用的设备,不论设备的现时技术状态如何,其尚可使用年限不能超过国家规定禁止使用的日期。其基本计算公式为：

机器设备尚可使用年限 = 折旧年限 - 已使用年限

b. 退役年限法：根据企业已退役的机器设备使用寿命年限的记录,按加权平均法确定机器设备的平均寿命年限,并以此作为评估机器设备的总寿命年限,扣除已使用年限后即可得尚可使用年限。该方法的运用前提是企业机器设备报废资料记录比较完整,被评估机器设备与已退役的机器设备使用负荷程度、维修保养以及运行环境等基本一致。

c. 预期年限法：要求应用工程技术手段现场检测设备的各项性

能指标，确定设备的磨损程度，并向现场操作人员和设备管理人员调查，了解设备的使用状况、维修保养状况，凭专业知识判断确定尚可使用年限。对于评估人员来讲，在进行专业判断时，往往需要用到一些设备技术鉴定理论。

2. 综合年限法

（1）综合已使用年限的确定。一台机器设备由于分次投资、更新改造追加投资等情况，使不同部件的已使用年限不同，要确定整个设备的已使用年限，应按各部件重置成本的构成作权重，对各部件不同的已使用年限进行加权平均，确定已使用年限。各部件已使用年限的确定同简单年限法下机器设备已使用年限的确定原理一致。

（2）综合尚可使用年限的确定。与已使用年限可能长短不同一样，机器设备不同构成部分的剩余寿命，即尚可使用年限也可能有长有短。评估时，评估人员应按重置成本对各部件不同的尚可使用年限进行加权平均，来计算被评估机器设备的综合尚可使用年限。各部件的尚可使用年限的确定同简单年限法一样。

简单年限法是假定机器设备的投资是一次完成的，没有更新改造和追加投资等情况的发生，许多机器设备在某一时间的实际情况确实如此。综合年限法根据机器设备投资是分次完成、机器设备进行过更新改造和追加投资，以及机器设备的不同构成部分的剩余寿命不相同等一些情况，经综合分析判断，并采用加权平均计算法，确定被评估机器设备的已使用年限和尚可使用年限。综合年限法与简单年限法所使用的原理一样，不同的是，前者考虑了机器设备投资可能是分次完成的，也可能进行了更新或追加投资，同时还要考虑设备的不同构成部分的剩余寿命可能不相等的情况。

（三）修复费用法

修复费用法是假设设备所发生的实体性损耗是可以补偿的，则设备的实体性贬值就应该等于补偿实体性损耗所发生的费用。所用的补偿手段一般是通过修理或更换损坏部分。机器设备按照是否可修复一般分为两类，一类是可修复的机器设备，另一类是不可修复的机器设备。使用这种方法要注意区分可补偿性损耗和不可补偿性损耗。可补偿性损耗，是指可以用经济上可行的方法修复的损耗。有些损耗尽管也是可以修复的，但是从经济上来讲是不划算的。对这种损耗不可用修复费用的方法来测定损耗，而应该采用前述观察法或年限法确定实体性贬值，这两部分之和就是被评估设备的全部实体性贬值。其计算公式为：

实体性贬值 = (可修复实体性贬值 + 不可修复实体性贬值) / 设备复原重置成本

【例 3 – 7】对某企业的一车床进行评估。该车床已使用 5 年，预计还可使用 15 年。经现场观察，现在需要更换其控制系统及一部管道，才能使用。经过市场调查得知，更换这些部件需投资 200000 元。该车床的复原重置成本为 1000000 元，现在用修复费用法估算该车床的实体性贬值率。

可修复实体性贬值 = 20000 元

不可修复实体性贬值率 = 5 / (5 + 15) = 25%

不可修复复原重置成本 = 1000000 – 200000 = 800000 (元)

不可修复实体性贬值 = 800000 × 25% = 200000 (元)

车床的实体性贬值率 = (200000 + 200000) / 1000000 = 40%

上述三种估算实体性贬值的方法，简单易行，在机器设备评估中得到广泛应用。但需要说明的是，具体选择哪种方法，应根据获取支撑每种方法的信息资料的多少以及评估人员的专业知识和经验等来加以选取。另外，在估算实体性贬值是否包含功能性贬值和经济性贬值的因素时，不要将已经考虑了的功能性贬值和经济性贬值再重复计算。

三、功能性贬值的估算

机器设备的功能性贬值是由于无形磨损（技术进步）的结果而引起的资产贬值。它包括两个方面，即由于超额投资成本造成的功能性贬值和超额运营成本造成的功能性贬值。设备的功能性贬值一般多发生在新兴产业、高技术产业及进口设备上。

评估人员在估算机器设备的功能性贬值前，应该对已经确定的重置成本和实体性贬值进行分析，看其是否已经扣除了功能性贬值的因素。如果已经扣除了，就不要重复计算；如果未扣除，并且功能性贬值存在，则应采取相应的方法估算，不可漏评。事实上，采用价格指数法确定的设备重置成本中包含了功能性贬值因素；采用功能价值法确定的设备重置成本已经扣除了功能性贬值；采用年限法确定成新率，没有扣除功能性贬值因素；而采用修复费用法可能扣除了全部或部分功能性贬值。

（一）对由超额投资成本造成的功能性贬值的估算

由于技术进步，新技术、新材料、新工艺不断出现，使购进新设备比老设备的投资成本降低，从而形成原有设备的功能性贬值。

由超额投资成本造成的功能性贬值等于设备的复原重置成本与更新重置成本之间的差额，即：

功能性贬值 = 设备复原重置成本 - 设备更新重置成本

在评估中，如果使用的是复原重置成本，则应考虑是否存在超额投资成本造成的功能性贬值，如果估算的重置成本是更新重置成本，这种贬值因素则已经考虑在内了，这时不需考虑超额投资成本引起的功能性贬值。

（二）对由于超额运营成本形成的功能性贬值的估算

由于科学技术的进步，新制造的设备能耗低、效能高，在人力、物力等运营费用方面都比原有设备更少，致使新设备在运营费用上低于原有的设备，从而引起原有设备的功能性贬值。具体表现为原有设备完成相同生产任务，消耗相对增加，形成了一部分超额运营成本。

分析研究设备的超额运营成本，应考虑下列因素：新设备与老设备相比，生产效率是否提高；维修保养费用是否降低；材料消耗是否降低；能源消耗是否降低；操作工作数量是否降低等。超额运营成本形成的功能性贬值就是设备在未来使用过程中超额运营成本的现值。通常可按下列步骤估算：

1. 分析比较被评估机器设备的超额运营成本因素
2. 确定被评估设备的尚可使用年限，计算每年的超额运营成本
3. 计算净超额运营成本
4. 确定折现率，计算超额运营成本的折现值

【例 3 – 8】某评估对象是一台机器设备，年正常运转能耗为 15000 元，需 5 名操作人员。目前同类新式生产设备，年正常运转完成同样生产任务能耗为 9000 元，只需操作人员 2 名。假定在运营成本的其他项目支出方面大致相同，操作人员每人平均年工资福利费约为 10000 元。被评估机器设备预计尚可使用 2 年，所得税税率为 25%，适用的折现率为 10%。试估算该生产设备的功能性贬值。

（1）计算被评估机器设备的年超额运营成本：

能耗年超额运营成本 = 15000 – 9000 = 6000（元）

人工年超额运营成本 = （5 – 2）×1000 = 3000（元）

（2）计算被评估机器设备每年的超额运营成本净额：

年超额运营成本净额 = （6000 + 3000）×（1 – 25%）
　　　　　　　　　= 27000（元）

（3）计算机器设备的功能性贬值（即超额运营成本的折现值）：

功能性贬值 = 27000 × （P/A, 10%, 2）= 46588.5（元）

四、经济性贬值的估算

机器设备的经济性贬值是由于外部因素引起的，导致企业价值的损失，与机器设备本身无关，与企业也无关。由于市场竞争的加剧，产品需求减少，导致设备开工不足，生产能力相对过剩；原材料、能源等提价，造成成本提高，而生产的产品售价没有相应提高；国家有关能源、环境保护等限制或削弱产权的法律、法规使产品生产成本提高或者使设备强制报废，缩短了设备

的正常使用寿命等。

由于是企业外部所带来的,在评估基准日,这个损失是确实存在的,所以就要进行测算。设备经济性贬值的估算主要是以评估基准日以后是否闲置停用或利用不足为依据。计算经济性贬值的对象包括:生产线或机组、大型重要设备等。对小型单台设备、季节性使用设备、辅助生产设备通常不单独计算经济性贬值;对于评估基准日后不再继续使用或无继续使用价值的机器设备,也不专门测算其经济性贬值。

机器设备的经济性贬值可以通过以下方式估算。

(一) 因设备利用率下降造成的经济性贬值的估算

当机器设备因外部因素影响出现开工不足、设备相对闲置,其价值也就低于能充分利用时的价值,从而出现经济性贬值。对于设备利用率下降造成的经济性贬值,可通过比较设备目前实际的使用生产能力和设计生产能力,以百分比的形式计算设备的经济性贬值率,然后再用设备的重置成本扣减实体性贬值和功能性贬值后的数额乘以设备的经济性贬值率得出设备的经济性贬值额。其数学计算公式为:

经济性贬值率 = $[1 - (实际使用生产能力/额定生产能力)^x] \times 100\%$

经济性贬值额 = (重置成本 - 实体性贬值 - 功能性贬值) × 经济性贬值率

上列公式中 x 为规模经济指数,它的取值范围为 0.4—1,对机器设备评估,其取值范围一般在 0.6—0.7。

【例 3 - 9】 某冰箱专用生产线,原设计生产能力为 5000 台/年。目前设备状态良好,技术也比较先进,但由于市场竞争激烈,使该生产线开工不足,现在生产线的实际年产量为 2500 台。这类设备的规模经济效益指数为 0.65,求该生产线的经济性贬值率。

$[1 - (2500/5000)^{0.65}] \times 100\% = 36.27\%$

(二) 因收益减少造成的经济性贬值的估算

虽然设备的生产负荷并未降低,但由于企业外部因素的变化,出现材料涨价带来的生产成本提高得不到补偿,或是竞争必须使产品降价销售等情况时,可能使设备创造的收益减少,使用价值降低,进而引起经济性贬值。如果由于外界因素变化,使造成的收益减少额能够直接测算出来的话,可直接按设备持续使用期间每年的收益损失额折现累加得到设备的经济性贬值额。其计算公式为:

经济性贬值 = 设备年收益损失额 × (1 - 所得税税率) × (P/A, r, n)

式中:(P/A, r, n) 为年金现值系数

【例 3 - 10】某家电生产厂家,其家电生产线年生产能力为 10 万台,由于市场竞争加剧,该厂家电销售量锐减,企业不得不将生产量减至年产 7 万台 (销售价格及其他条件未变)。这种局面在今后很长一段时间均难以改变,试估测该生产线的经济性贬值率。

$[1 - (70000/100000)^{0.6}] \times 100\% = 19\%$

(三) 因受环境保护限制使设备使用寿命缩短而造成的经济性贬值的估算

随着环境保护法规越来越严格,国家的有关政策对产生污染和高能耗的设备使用年限进行了限制,造成经济性贬值,而且还对产生污染的设备处以罚金,或必须花费一笔费用对设备进行改造,这样也增加了运营成本,造成了设备的经济性贬值。因此,在被评估设备产生受环境保护法管制的污染时,必须考虑法规对评估设备价值的影响,否则评估结果不能全面反映被评估设备的价值。

在实际评估工作中,机器设备的经济性贬值和功能性贬值有时是可以单独估测的,有时不能单独估测。这主要取决于在设备的重置成本和成新率测算中考虑了哪些因素。所以,在具体运用重置成本法评估机器设备时,应时刻注意这一点,避免重复扣减贬值因素,以及漏评贬值因素。

第五节
机器设备评估的收益现值法

机器设备的价值评估也可以使用收益现值法,即对机器设备未来产生的净利润或净现金流量按一定的折现率折为现值,作为被评估资产的价值。

一、收益现值法的适用范围

1. 能够单独确定资产的未来获利能力、净利润或净现金流量,即该机器设备必须具备独立收益能力并可以量化。就单项机器设备而言,大部分不具有独立获利能力,因此对单项设备的评估一般不采用收益法。对于自成体系的成套设备、生产线以及可以单独作业的车辆等设备特别是租赁的设备则可以采用收益评估。

2. 能确定合理的折现率,也就是说与机器设备预期收入相对应的风险是可以度量的。

机器设备评估的收益现值法是在未来收益折现的基础上来衡量资产的价值,能充分地反映机器设备的各种贬值因素。作为一种补充方法,可以用来确定设备的功能性贬值和经济性贬值,也可以用来分析企业是否存在无形资产。

二、收益现值法的基本公式

$$P = \sum_{t=1}^{n} \frac{R_t}{(1+r)^t}$$

其中 P—评估值,R_t—年纯收益,n—收益年限,r—折现率。

【例 3-11】某企业有一辆运输货车,预计尚可使用 5 年,每年的预期收益分别是 10000 元、8000 元、6000 元、4000 元、2000 元,预计折现率为 10%。试估算该货车的评估价值。

该货车的评估价值 = 10000/（1 + 10%）+ 8000/（1 + 10%）^{2} + 6000/（1 + 10%）^{3} + 4000/（1 + 10%）^{4} + 2000/（1 + 10%）^{5} = 24183.8（元）

三、收益现值法的优缺点

采用收益现值法对机器设备进行评估，其主要优点在于它充分考虑了资产的各种贬值因素，并且由于是用未来收益来衡量资产的价值，其结果较容易被投资者所接受。但是，它也存在明显的局限性，由于大多数机器设备所预测的现金流量是由包括房屋、机器设备在内的固定资产、流动资产、土地、无形资产等整体资产带来的，很难量化到单台机器设备上。预测未来收益和确定折现率的主观因素较大，两者直接影响评估结果的准确性和可信性。在运用收益法评估机器设备时，应注意收益期限不能是无限期；要考虑设备的技术含量、技术进步是否有提前淘汰被评估设备的可能性。

复 习 题 三

一、单项选择题

1. 机器设备重置成本中的直接费用包括（   ）。
   A. 各种管理费用　　　　　　B. 安装调试费用
   C. 人员培训费用　　　　　　D. 总体设计费用
2. 物价指数法一般只能用于确定设备的（   ）。
   A. 更新重置成本　　　　　　B. 可修复部分实体性贬值
   C. 净价　　　　　　　　　　D. 设置复原重置成本
3. 机器设备的经济寿命是指（   ）。
   A. 从评估基准日到设备继续使用在经济上不合算的时间
   B. 机器设备从使用到运营成本过高而被淘汰的时间

C. 机器设备从使用到报废为止的时间

D. 机器设备从使用到出现了新的技术性能更好的设备而被淘汰的时间

4. 进口设备的外贸手续费的计费基数是（　　）。

A. FOB + 关税　　　　　　　B. CIF + 关税

C. CIF　　　　　　　　　　　D. CIF + 增值税

5. 设备成新率是指（　　）。

A. 设备综合性陈旧贬值率的倒数

B. 设备有形损耗率的倒数

C. 设备有形损耗率与 1 的差率

D. 设备现实状态与设备重置成本的比率

6. 某国有企业被估设备的超额运营成本额为 1 万元，剩余使用年限为 3 年，假设折现率为 10%，该设备的功能性贬值额最接近于（　　）万元。

A. 2.5　　　　　　　　　　　B. 0.91

C. 1.67　　　　　　　　　　　D. 2

7. 按成本法评估设备的重置成本，当被估对象已不再生产时，评估应采用（　　）。

A. 替代型设备的价格

B. 按被估设备的账面价值

C. 采用现行市价法

D. 参照替代设备价格采用类比法估测

8. 计算重置成本时，不应计入的费用是（　　）。

A. 维修费用　　　　　　　　B. 构建费用

C. 安装费用　　　　　　　　D. 调试费用

9. 进口设备的到岸价是指（　　）。

A. 设备的离岸价 + 进口关税

B. 设备的离岸价 + 海外运杂费 + 进口关税

C. 设备的离岸价 + 海外运杂费 + 境外保险费

D. 设备的离岸价 + 境外保险费

10. 政府实施新的经济政策或发布新的法规限制了某些资产的使用，造成资产价值降低，这是一种（　　）。
   A. 功能性贬值　　　　　　B. 经济性贬值
   C. 实体性贬值　　　　　　D. 非评估考虑因素

11. 被评估机组为3年前购置，账面价值为20万元人民币，评估时该机组已不再生产，已被新型机组所取代。经调查评估时其他企业购置新型同类机组为30万元人民币，被评估机组因功能落后其贬值额约占新型机组取得价格的20%，被评估机组尚可使用7年，预计每年超额运营成本为10000元（其他费用忽略不计）。

（1）被评估机组的现实全新价格最有可能为（　　）。
   A. 30万元　　　　　　　　B. 29万元
   C. 23万元　　　　　　　　D. 24万元

（2）被评估机组的评估值为（　　）。
   A. 168000元　　　　　　　B. 135382万元
   C. 210000万元　　　　　　D. 177382万元

12. 某台被估资产1978年购建，其账面原值为10万元，当时该类设备定基物价指数为120%，1990年对该设备进行评估，当年定基物价指数为180%，则该台设备的重置全价为（　　）万元。
   A. 10　　　　　　　　　　B. 18
   C. 12　　　　　　　　　　D. 15

二、判断题

1. 机器设备的已提折旧年限就是机器设备的已使用年限。
（　　）
2. 已提完折旧的设备的成新率为零。（　　）
3. 利用物价指数法评估设备的重置成本是有一定局限性的。
（　　）
4. 进口设备的FOB价格加上途中保险费等于进口设备的CIP价

格。 （ ）

  5. 各种机器设备原始成本的费用构成都是相同的。（ ）

  6. 技术检测是机器设备评估的基础。（ ）

  7. 只要设备的利用率下降，设备就一定存在经济性贬值。

（ ）

  8. 以设备的更新重置成本作为评估的基础，可以不考虑设备因有超额投资成本形成的功能性贬值。（ ）

  9. 运用市场比较法对机器设备进行评估时，不需要对影响机器设备价值的有关因素进行分析与比较。（ ）

  10. 在运用收益法进行机器设备评估时，既可假设机器设备的收益期限是有限期，也可以假设机器设备的受益期限是无限期。

（ ）

三、问答题

1. 什么是机器设备？机器设备有何特点？
2. 机器设备评估有何特点？
3. 机器设备评估的方法有哪些？

四、计算与分析题

1. 评估生产线，其年设计生产能力为 10000 吨，评估时，由于受到政策调整因素影响，产品销售市场不景气，如不降价销售产品，企业必须减产至年产 6000 吨，或每吨降价 100 元以保持设备设计生产能力的正常发挥。政策调整预计会持续 3 年，该企业正常投资报酬率为 10%，生产线的规模经济效益指数为 0.6。要求：计算生产线的经济性贬值率及经济性贬值额（企业所得税税率为 25%）。

2. 被评估对象为生产一种化工原料的设备，经市场调查，参照物选定为生产相同产品的另一设备，该类设备的规模效益指数为 0.65。参照物为全新设备，购置时间为 2 个月前。经分析，评估时价格上升了5%，其他比较如表3-2所示：

表3-2

比较因素	参照物	被评估对象
市场价格（万元）	75	
生产工人定员（人）	40	35
生产工人平均工资（万元/年）	0.48	0.48
尚可使用年限（年）	20	15
生产量（万吨/年）	2	2.5
成新率（%）	100	80

运用市场比较法计算被评估对象的价值。

3. 某租赁设备，年租金300000元，为设备支出的总费用为5000元/年，经过检测该设备的收益期为12年，折现率为15%，试估算该设备的价值。

第四章 二手车评估

　　汽车也是企业和居民的一项重要的资产,随着我国汽车拥有量的增加,二手车交易量也迅速攀升。因此作为服务于二手车市场交易活动的二手车评估业务也发展迅速,成为资产评估中的一个新兴业务。本章主要介绍了汽车的总体结构、车辆识别代号编制规则、车辆手续检查、车辆技术状况鉴定以及车辆的评估方法。通过本章的学习,学生应该掌握汽车的基本结构、主要手续、技术鉴定的方法以及价值计算的基本方法。

　　二手车评估属动产评估,它和一般的资产评估有着较大的区别,如单位价值较大、不同的车型价格截然不同、政策性强、价值损耗快、技术更新速度也远大于一般的机器设备等。随着经济的持续快速发展,我国汽车保有量也迅速上升,二手车资产存量总额在整个国民经济总量中占有重要的份额。因此,二手车鉴定评估直接关系到车辆交易双方的切身利益,也是二手车原有价值重置和现实价值形成确定的过程,是国家税收、司法裁决、金融抵押、保险核赔、资产转移的主要依据。

　　近年来我国二手车市场发展迅速,现已成为一个极具活力的朝阳产业。据有关部门统计,2015 年全国二手车市场累计交易量 941.71 万辆,累计交易额 5535.40 亿元;其中,12 月当月交易量为 101.68 万辆,环比上升 20.13%;12 月当月交易额为 611.19 亿元,环比上升 21.51%。2015 年,新车销量约 2459.76 万辆,二手车交易量占新车销量比重约 38.27%。2016 年 1~10 月全国二手车市场累计交易量

827.70万辆，累计同比增长9.57%。根据欧美国家汽车市场的经验，二手车交易量在一定阶段将超过新车的交易量。欧美国家新车销售量与二手车交易量的比例一般为3∶7，而我国目前在汽车交易量中，二手车交易量所占的比例明显偏低。随着二手车限迁政策的放开，2017年二手车交易量有望突破千万大关，我国二手车有着巨大的增长空间。随着二手车交易量的不断增加，如何对这部分资产进行科学的鉴定评估，从而为二手车交易提供一个公平、合理的价值尺度，对于资产交易各方来说都是非常重要的问题。

第一节 汽车的总体结构

一、汽车的组成

汽车通常由发动机、底盘、车身、电气设备四个部分组成。

（一）发动机

汽车发动机是将汽车燃料的化学能转变成机械能的一个机器。大多数汽车都采用往复活塞式内燃机，它一般是由曲柄连杆机构、配气机构、燃料供给系统、冷却系统、润滑系统、点火系统（汽油发动机）、起动系统等部分组成。

（二）底盘

汽车底盘接受发动机的动力，将发动机的旋转运动转变成汽车的水平运动，并保证汽车按照驾驶员的操纵正常行驶。底盘由传动系统、行驶系统、转向系统、制动系统等部分组成。

传动系统是指将发动机的动能传递到车轮上的全部动力传动装置，并能实现动力的接通与切断、起步、变速、倒车等功能。它由离合器、变速器、传动轴、驱动桥等部件组成。

行驶系统将汽车各组成、部件连接成一个整体，支撑整车，并将旋转运动的动力系统转变成汽车的直线运动，实现汽车的平顺行驶。它由车架、车桥、车轮和悬架等部件构成。

转向系统用来控制汽车的行驶方向。它由转向盘、转向器和转向传动机构组成。

制动系统用来控制行驶中的汽车按照需要降低速度、停止行驶和在坡道上驻车。它由制动控制部分、制动传动部分、制动器等部件组成。一般汽车制动系统至少有两套各自独立的制动装置，即行车制动装置和驻车制动装置。

（三）车身

汽车的车身是驾驶员工作的场所，也是装载乘客和货物的场所。车身应为驾驶员提供方便的操作条件，并为乘客提供舒适安全的环境或保证货物完好无损。

（四）电气设备

汽车的电气设备用于汽车发动机的起动、点火、照明、灯光信号及仪表等监控装置。我国汽车电器系统的电压均采用12V或24V，负极搭铁。汽车的电气设备包括电源组、发动机起动系统、点火系统、照明装置、信号装置、仪表以及各种电器设备，其中各种电器设备包括如微处理机、卫星导航系统、各种人工智能装置等，这些设备显著地提高了汽车的性能。

图4-1为轿车的总体结构，图4-2为货车的总体结构。

二、汽车的主要分类

经国家质量监督检验检疫总局批准，汽车分类的两个新国标GB/T 3730.1—2001和GB/T 15089—2001已于2001年7月3日发布，2002年3月1日正式实施。GB/T 15089—2001主要用于型式认证，是型式认证各技术法规适用范围的依据；GB/T 3730.1—2001是通用性分类，适用于一般概念、统计、牌照、保险、政府政策和管理的依据。

第四章 二手车评估

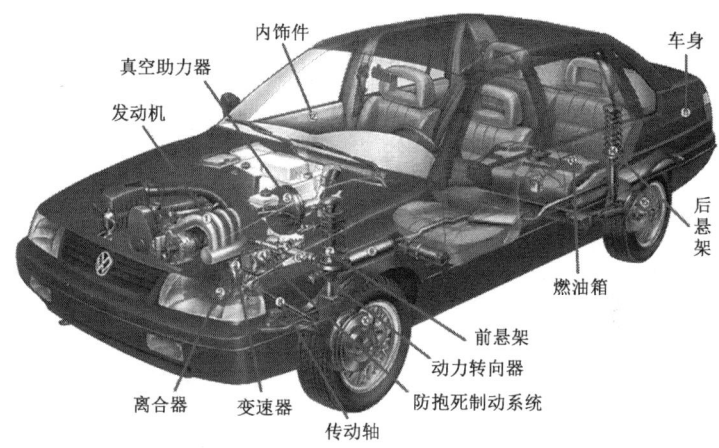

图4-1 轿车的总体结构

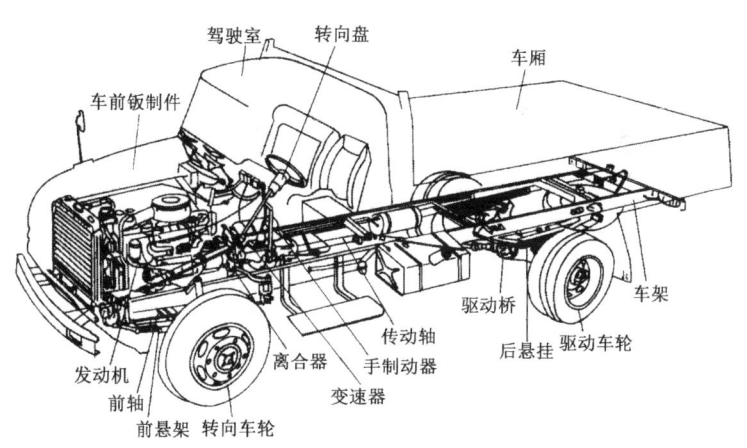

图4-2 货车的总体结构

新的国家标准《汽车和挂车类型的术语和定义》(GB/T 3730.1 - 2001)将汽车定义为:汽车是指由动力驱动,具有四个或四个以上车轮的非轨道承载的车辆,主要用于:(1) 载运人员和/或货物;(2) 牵引载运人员和/或货物的车辆;(3) 特殊用途。

新的汽车分类标准参照国际惯例,将之前的载货汽车、客车、轿车三大类，改为乘用车、商用车两大类，在按用途划分的基础上，建立了乘用车和商用车概念，尤其是在轿车的划分上改革较大，解决了管理和分类的矛盾，是和国际接轨的标准，具有重要的意义。

（一）乘用车

所谓乘用车，是指在其设计和技术特性上主要用于载运乘客及其随身行李和/或临时物品的汽车，包括驾驶员座位在内最多不超过9个座位。它也可牵引一辆挂车。乘用车按照其结构特点以及用途又包括：普通乘用车、活顶乘用车、高级乘用车、小型乘用车、敞篷车、舱背乘用车、旅行车、多用途乘用车、短头乘用车、越野乘用车、专用乘用车、旅居车、防弹车、救护车、殡仪车等。其中前六种就是我们所说的轿车。乘用车具体分类方式和定义如表4-1所示。

表4-1　　　　　　　　乘用车的类型和定义

	乘用车类型	定义
1	普通乘用车	车身：封闭式，侧窗中柱有或无 车顶（顶盖）：固定式，硬顶。有的顶盖一部分可以开启 座位：4个或4个以上座位，至少两排。后座椅可折叠或移动，以形成装载空间 车门：2个或4个侧门，可有一后开启门
2	活顶乘用车	车身：具有固定侧围框架的可开启式车身 车顶（顶盖）：车顶为硬顶或软顶，至少有两个位置：（1）封闭；（2）开启或拆除。可开启式车身可以通过使用一个或数个硬顶部件和/或合拢软顶将开启的车身关闭 座位：4个或4个以上座位，至少两排 车门：2个或4个侧门 车窗：4个或4个以上侧窗

续表

乘用车类型		定义
3	高级乘用车	车身：封闭式。前后座之间可以设有隔板 车顶（顶盖）：固定式，硬顶。有的顶盖一部分可以开启 座位：4个或4个以上座位，至少两排。后排座椅前可安装折叠式座椅 车门：4个或6个侧门，也可有一个后开启门 车窗：6个或6个以上侧窗
4	小型乘用车	车身：封闭式，通常后部空间较小 车顶（顶盖）：固定式，硬顶。有的顶盖一部分可以开启 座位：2个或2个以上的座位，至少一排 车门：2个侧门，也可有一个后开启门 车窗：2个或2个以上侧窗
5	敞篷车	车身：可开启式 车顶（顶盖）：车顶可为软顶或硬顶，至少有两个位置：第一个位置遮覆车身；第二个位置车顶卷收或可拆除 座位：2个或2个以上的座位，至少一排 车门：2个或4个侧门 车窗：2个或2个以上侧窗
6	舱背乘用车	车身：封闭式，侧窗中柱可有可无 车顶（顶盖）：固定式，硬顶。有的顶盖一部分可以开启 座位：4个或4个以上座位，至少两排。后座椅可折叠或可移动，以形成一个装载空间 车门：2个或4个侧门，车身后部有一仓门

续表

	乘用车类型	定义
7	旅行车	车身：封闭式。车尾外形按可提供较大的内部空间 车顶（顶盖）：固定式，硬顶。有的顶盖一部分可以开启 座位：4个或4个以上座位，至少两排。座椅的一排或多排可拆除，或装有向前翻倒的座椅靠背，以提供装载平台 车门：2个或4个侧门，并有一后开启门 车窗：4个或4个以侧窗
8	多用途乘用车	上述1~7车辆以外的，只有单一车室载运乘客及其行李或物品的乘用车。但是，如果这种车辆同时具有下列两个条件，则不属于乘用车： (1)除驾驶员以外的座位数不超过6个；只要车辆具有可使用的座椅安装点，就应算"座位"存在 (2) M - (m + n × 68) > n × 68 式中，M为最大设计总质量；m为整车整备质量与一位驾驶员质量之和；n为除驾驶员以外的座位数
9	短头乘用车	一种乘用车，它一半以上的发动机长度位于车辆前风窗玻璃最前点以后，并且方向盘的中心位于车辆总长的前四分之一部分内
10	越野乘用车	在其设计上所有车轮同时驱动（包括一个驱动轴可以脱开的车辆），或其几何特性（接近角、离去角、纵向通过角、最小离地间隙）、技术特性（驱动轴数、差速锁止机构或其他型式机构）和它的性能（爬坡度）允许在非道路上行驶的一种乘用车
11	专用乘用车	旅居车	旅居车是一种至少具有下列生活设施结构的乘用车： (1)座椅和桌子； (2)睡具，可由座椅转换而来； (3)炊事设施；(4)储藏设施
		防弹车	用于保护所运送的乘员和/或物品并符合装甲防弹要求的乘用车

续表

乘用车类型		定义
11 专用乘用车	救护车	用于运送病人或伤员并为此目的配有专用设备的乘用车
	殡仪车	用于运送死者并为此目的而配有专用设备的乘用车

说明：

（1）专用乘用车是指运载乘员或物品并完成特定功能的乘用车，它具备完成特定功能所需的特殊车身和/或装备；

（2）普通乘用车、活顶乘用车、高级乘用车、小型乘用车、敞篷车、舱背乘用车等6种乘用车俗称轿车。

（二）商用车

商用车辆是指在设计和技术特性上用于运送人员和货物的汽车，并且可以牵引挂车。乘用车不包括在内。商用车辆可分为客车、半挂牵引车与货车三大类，具体包括小型客车、城市客车、长途客车、旅游客车、铰接客车、无轨电车、越野客车、专用客车、半挂牵引车、普通货车、多用途货车、全挂牵引车、越野货车、专用作业车、专用货车等。

1. 客车

客车是指在设计和技术特性上用于载运乘客及其随身行李的商用车辆，包括驾驶员座位在内座位数超过9座。客车有单层的或双层的，也可牵引一挂车。客车分为8大类，如表4-2所示。

表4-2　　　　　客车的类型和定义

	客车类型	定义
1	小型客车	用于载运乘客，除驾驶员座位外，座位数不超过16座的客车
2	城市客车	一种为城市内运输而设计和装备的客车。这种车辆设有座椅及站立乘客的位置，并有足够的空间供频繁停站时乘客上下车走动用

续表

	客车类型	定义
3	长途客车	一种为城间运输而设计和装备的客车。这种车辆没有专供乘客站立的位置,但在其通道内可载运短途站立的乘客
4	旅游客车	一种为旅游而设计和装备的客车。这种车辆的布置要确保乘客的舒适性,不载运站立的乘客
5	铰接客车	一种由两节刚性车厢铰接组成的客车。在这种车辆上,两节车厢是相通的,乘客可通过铰接部分在两节车厢之间自由走动。这种车辆可以按小型客车、城市客车、长途客车和旅游客车进行装备。两节刚性车厢永久联结,只有在工厂车间使用专用的设施才能将其拆开
6	无轨电车	一种经架线由电力驱动的客车。这种电车可指定用作多种用途,并按城市客车、长途客车和铰接客车进行装备
7	越野客车	在其设计上所有车轮同时驱动(包括一个驱动轴可以脱开的车辆)或其几何特性(接近角、离去角、纵向通过角,最小离地间隙)、技术特性(驱动轴数、差速锁止机构或其他型式机构)和它的性能(爬坡度)允许在非道路上行驶的一种车辆
8	专用客车	在其设计和技术特性上只适用于需经特殊布置安排后才能载运人员的车辆

2. 半挂牵引车

半挂牵引车是指装备有特殊装置用于牵引半挂车的商用车辆。

3. 货车

货车是指一种主要为载运货物而设计和装备的商用车辆,能否牵引一挂车均可。货车分为 8 种类型,其定义如表 4-3 所示。

表 4-3　　　　　　　　　　货车的分类与定义

	货车	定义
1	普通货车	一种在敞开（平板式）或封闭（厢式）载货空间内载运货物的货车
2	多用途货车	在其设计和结构上主要用于载运货物，但在驾驶员座椅后带有固定或折叠式座椅，可运载3个以上的乘客的货车
3	全挂牵引车	一种牵引牵引杆式挂车的货车。它本身可在附属的载运平台上运载货物
4	越野货车	在其设计上所有车轮同时驱动（包括一个驱动轴可以脱开的车辆）或其几何特性（接近角、离去角、纵向通过角，最小离地间隙）、技术特性（驱动轴数、差速锁止机构或其他型式的机构）和它的性能（爬坡度）允许在坏路上行驶的一种车辆
5	专用作业车	在其设计和技术特性上用于特殊工作的货车。例如：消防车、救险车、垃圾车、应急车、街道清洗车、扫雪车、清洁车等
6	专用货车	在其设计和技术特性上用于运输特殊物品的货车。例如：罐式车、乘用车运输车、集装箱运输车等
7	低速货车	即"原四轮农用运输车"，最高设计车速小于70km/h的，具有四个车轮的货车
8	三轮汽车	即原"三轮农用运输车"，最高设计车速小于等于50km/h的，具有三个车轮的货车

第二节

车辆识别代码（VIN）和汽车产品型号编制规则

一、车辆识别代码（VIN）

（一）车辆识别代码（VIN）编码的作用

现在世界各国汽车公司生产的汽车大部分都使用了 VIN（Vehicle Identification Number）车辆识别代码编码。"VIN 车辆识别代码编码"由一组字母和阿拉伯数字组成，共 17 位，又称 17 位识别代码编码。它是识别一辆汽车不可缺少的工具。

VIN 的每位代码代表着汽车的某一方面信息参数。按照识别代码编码顺序，从 VIN 中可以识别出该车的生产国家、制造公司或生产厂家、车辆类型、品牌名称、车型系列、车身型式、发动机型号、车型年款（属哪年生产的年款型车）、安全防护装置型号、检验数字、装配工厂名称和出厂顺序号码等等。

17 位代码编码经过排列组合的结果可以使车型在生产 30 年之内不会发生重号现象，就像我们的身份证号码一样，不会产生重号错认，故又称为"汽车身份证"。因为现在生产的汽车车型采用年限在逐渐缩短，一般 8~12 年就淘汰，不再生产，所以 17 位识别代码编码已足够使用。

各国政府及各汽车公司对本国或本公司生产的汽车的 17 位识别代码编码都有具体规定。各国的技术法规一般只规定车辆识别代码的基本要求，如其应由 17 位代码编码组成，字母和数字的尺寸、书写形式、排列位置和安装位置都有相应规定，并且应保证 30 年内不会重号，除对个别符号的含义有硬性规定外，其他不作硬性规定，而由生产厂家自行规定其代表的含义。各国有关车辆识别代码的技术法规各有差异，也有共同之处，如美国法规定为车辆识别代码的第9位必须是工厂检查数字，而 EEC（欧洲共同体）指令将17位代码编码分成三组（VMI、VDS、VIS），只对每一组的含义范围作了规定；识别代码编码的位置美国规定应安装在仪表板左侧，在车外透过挡风玻璃可以清楚地看到而便于检查，而 EEC 规定识别代码编码应安装在汽车右侧的底盘车架上或标写在厂家铭牌上等。

汽车研究及管理部门也有相应规定的标准，各国机动车管理部门办理牌照时可以将其输入计算机存储，以备需要时调用，如：处理交通事故、保险索赔、查获被盗车辆、报案等等。有的国家规定没有17位识别代码编码的汽车不准进口，有的国家客户在买车时没有17位识别代码编码就不购买，因此没有 VIN 识别代码编码的汽车是卖不出去的。

由于汽车修理逐步实行计算机管理和故障分析诊断，在各种测试仪表和维修设备中都存储有17位识别代码编码 VIN 的数据，以作为修理的依据。17位识别代码编码在汽车配件经营管理上也起着重要作用，在查找零件目录中汽车零件号之前，首先要确认17位识别代码编码的车型年款，否则会产生误购、错装等现象。

利用 VIN 数据规定还可以鉴别出拼装车、走私车，因为拼装的进口汽车一般是不按 VIN 规定进行组装的。

VIN 识别代码编码一般以标牌的形式，装贴在汽车的不同部位（图4-3）。

（二）车辆识别代码的基本内容

车辆识别代码由三个部分组成：第一部分，世界制造厂识别代码（WMI）；第二部分，车辆说明部分（VDS）；第三部分，车辆指示部分（VIS）。

对年产量大于500辆的车辆制造厂，车辆识别代码的第一部分为世界制造厂识别代码（WMI）；第二部分为车辆说明部分（VDS）；第三部分为车辆指示部分（VIS）（如图4-4所示）。

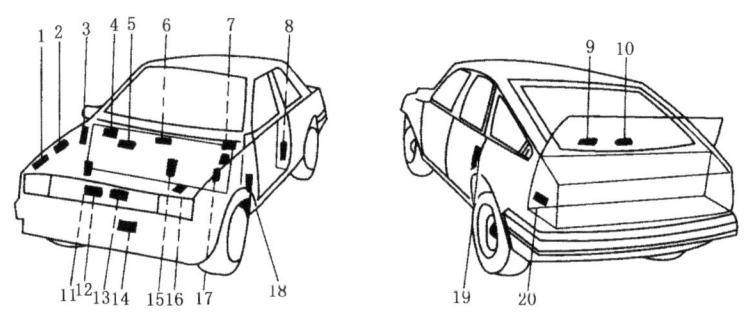

图 4-3 VIN 识别代码装贴在各种车型中的位置
1~20 为 VIN 可能装贴的位置

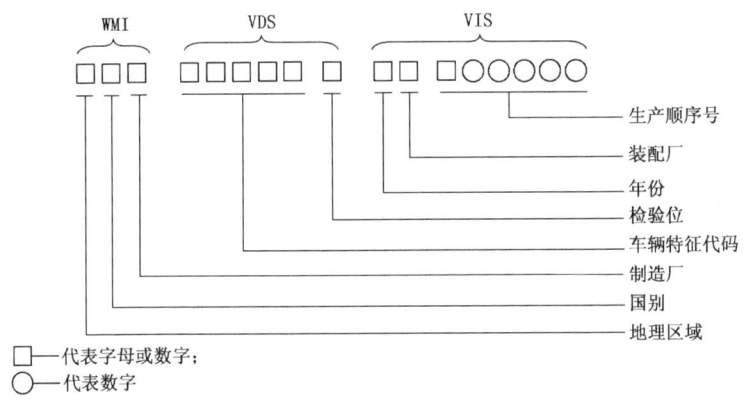

图 4-4 车辆识别代码（一）

对年产量少于 500 辆的车辆制造厂，车辆识别代码的第一部分为世界制造厂识别代码（WMI）；第二部分为车辆说明部分（VDS）；第三部分的第三、四、五位与第一部分的三位字码一起构成世界制造厂识别代码（WMI），其余五位为车辆指示部分（VIS）（如图 4-5 所示）。

1. 第一部分——世界制造厂识别代码

世界制造厂识别代码必须经过申请、批准和备案后方能使用。

（1）世界制造厂识别代码的第一位字码是标明一个地理区域的

第四章 二手车评估

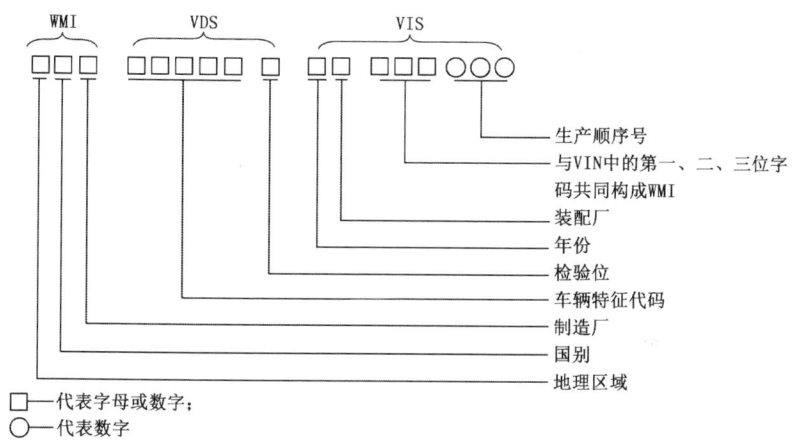

图4-5 车辆识别代码(二)

字母或数字;第二位是标明一个特定地区内的一个国家的字母或数字。第一、二位字码的组合将能保证国家识别标志的唯一性。第三位字码是标明某个特定的制造厂的字母或数字。第一、二、三位字码的组合能保证制造厂识别标志的唯一性。

(2)对于年产量≥500辆的制造厂,世界制造识别代码由以上所述的三位字码组成。对于年产量<500辆的制造厂,世界制造厂识别代码的第三位字码为数字9。此时车辆指示部分的第三、四、五位字码将与第一部分的三位字码作为世界制造厂识别代码。

2. 第二部分——车辆说明部分

车辆说明部分由六位字码组成,如果制造厂不用其中的一位或几位字码,应在该位置填入制造厂选定的字母或数字占位。此部分应能识别车辆的一般特性,其代码顺序由制造厂决定。

3. 第三部分——车辆指示部分

车辆指示部分由八位字码组成,其最后四位字码应是数字。

(1)第一位字码指示年份,年份代码按表4-4规定使用(30年循环一次)。

表 4 - 4　　　　　　　标示年份的字码

年份	代码	年份	代码	年份	代码
1991	M	2001	1	2011	B
1992	N	2002	2	2012	C
1993	P	2003	3	2013	D
1994	R	2004	4	2014	E
1995	S	2005	5	2015	F
1996	T	2006	6	2016	G
1997	V	2007	7	2017	H
1998	W	2008	8	2018	J
1999	X	2009	9	2019	K
2000	Y	2010	A	2020	L

(2) 第二位字码可用来指示装配厂，若无装配厂，制造厂可规定其他的内容。

(3) 如果制造厂生产的某种类型的车辆年产量≥500辆，第三至第八位字码表示生产顺序号；如果制造厂的年产量＜500辆，则此部分的第三、四、五位字码应与第一部分的三位字码一起来表示一个车辆制造厂。

(三) 车辆识别代码的基本要求

国家标准《道路车辆识别代码（VIN）》（GB16735-2004）对VIN车辆识别代码进行了详细规定，其基本要求如下：

(1) 每一辆汽车、挂车、摩托车和轻便摩托车都必须具有车辆识别代码。

(2) 在30年内生产任何车辆的识别代码不得相同。

(3) 车辆识别代码应尽量标示在车辆右侧的前半部分易于看到

且能防止磨损或替换的车辆结构件上。

（4）9人座或9人座以下的车辆和最大总质量小于或等于3.5t的载货汽车的车辆识别代码应永久地标示在仪表板上靠近风窗立柱的位置，在白天不需移动任何部件从车外能够分辨出车辆识别代码。

（5）车辆识别代码的字码在任何情况下都应是字迹清楚、坚固耐久和不易替换的。车辆识别代码的字码高度：若直接打印在车辆结构件上，则字高应不小于7 mm，深度应不小于0.3 mm；其他情况字高应不小于4 mm。

（6）车辆识别代码仅能采用9个阿拉伯数字和21个大写英文字母：1、2、3、4、5、6、7、8、9、A、B、C、D、E、F、G、H、J、K、L、M、N、P、R、S、T、V、W、X、Y（字母I、O、Q、U、Z不能使用）。

（7）车辆识别代码标示在车辆或标牌上时，应尽量标示在一行，此时可不使用分隔符。特殊情况下，由于技术原因必须标示在两行时，两行之间不应有空行，每行的开始与终止处应选用一个分隔符。

（8）车辆识别代码在文件上标示时应标示在一行，不允许有空隔，不允许使用分隔符。

（9）车辆识别代码还应标示在产品标牌上（两轮摩托车和轻便摩托车可除外）。

（10）车辆识别代码可采用人工可读码形式或机器可读的条码形式进行标示，若采用条码，应符合国家标准《车辆识别代码条码标签》（GB/T18410 - 2001）的要求。

二、汽车产品型号

1988年我国颁布了《汽车产品型号编制规则》（GB9417 - 88），该标准规定了编制各类汽车产品型号的术语及构成，适用于新设计定型的各类汽车和半挂车，不包括军事特种车辆（如装甲车、水陆两用车等）。

(一) 汽车产品型号的构成

汽车的产品型号由企业名称代码、车辆类别代码、主参数代码、产品序号组成,必要时附加企业自定代码,如图 4-6 所示。

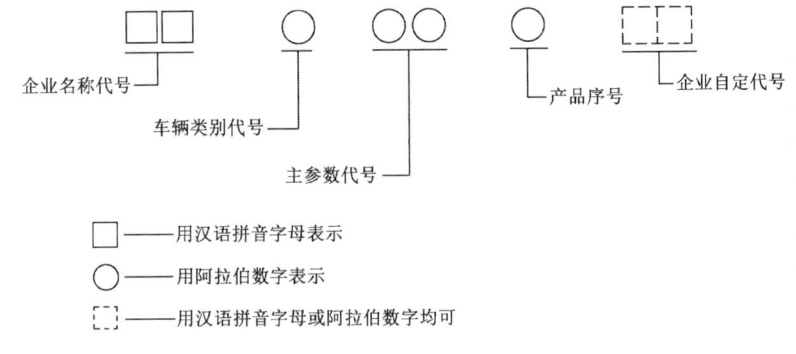

图 4-6 汽车产品型号的构成

为了避免与数字混淆,不应采用汉语拼音字母中的"I"和"O"。对于专用汽车及专用半挂车还应增加专用汽车分类代码,如图 4-7 所示。

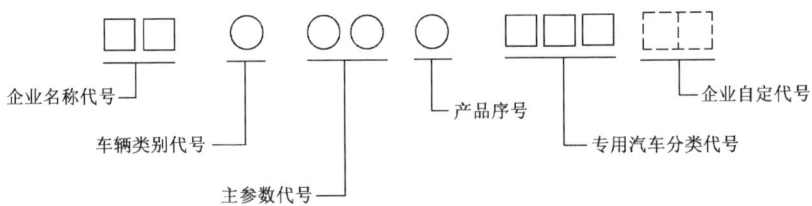

图 4-7 专用汽车及专用半挂车的专用汽车分类代码

(二) 基本内容

1. 企业名称代码

企业名称代码位于产品型号的第一部分,用代表企业名称的两个或三个汉语拼音字母表示。

2. 车辆类别代码

各类汽车的类别代码位于产品型号的第二部分,用一位阿拉伯数字表示，按表 4-5 规定。

表 4-5　　　　　　各类汽车类别代码

车辆种类	载货汽车	越野汽车	自卸汽车	牵引汽车	专用汽车	客车	轿车	半挂车及专用半挂车
车辆类别代码	1	2	3	4	5	6	7	9

3. 主参数代码

各类汽车的主参数代码位于产品型号的第三部分，用两位阿拉伯数字表示。

（1）载货汽车、越野汽车、自卸汽车、牵引汽车、专用汽车与半挂车的主参数代码为车辆的总质量（t）。牵引汽车的总质量包括牵引座上的最大总质量。当总质量在100t以上时，允许用三位数字表示。

（2）客车及客车半挂车的主参数代码为车辆长度（m）。当车辆长度小于10m时，应精确到小数点后一位，并以长度（m）值的十倍数值表示。

（3）轿车的主参数代码为发动机排量（L）。应精确到小数点后一位，并以其值的十倍数值表示。

（4）主参数的数字修约按《数字修约规则》的规定。主参数不足规定位数时，在参数前以"0"占位。

4. 产品序号

各类汽车的产品序号位于产品型号的第四部分，用阿拉伯数字表示，数字由0、1、2……依次使用。当车辆主参数有变化，大于10%时，应改变主参数代码，若因为数字修约而主参数代码不变时，则应改变其产品序号。

5. 专用汽车分类代码

专用汽车分类代码位于产品型号的第五部分，用反映车辆结构和用途特征的三个汉语拼音表示。结构特征代码按表 4-6 的规定，用途特征代码另行规定。

表 4-6　　　　　专用汽车结构特征代码

结构类型	厢式汽车	罐式汽车	专用自卸汽车	特种结构汽车	起重举升汽车	仓栅式汽车
结构特征代码	X	G	Z	T	J	C

6. 企业自定代码

企业自定代码位于产品型号的最后部分，同一种汽车结构略有变化而需要区别时，例如：汽油、柴油发动机，长、短轴距，单、双排驾驶室，平、凸头驾驶室，左、右置方向盘等，可用汉语拼音字母和阿拉伯数字表示，位数也由企业自定。供用户选装的零部件（如暖风装置、收音机、地毯、绞盘等）不属结构特征变化，应不给予企业自定代码。

（三）产品型号示例

1. EQ1141

EQ 代表生产企业名称为中国第二汽车制造厂，第一个 1 代表汽车类型为载货汽车，后面的 14 代表主参数为总质量 14t，最后的 1 代表生产序号为 1。

2. XMQ6122

XMQ 代表厦门金龙旅行车制造有限公司，6 代表汽车类型为客车，12 代表主参数为车长 12m，2 代表生产序号为 2。

3. VF7160GIF

VF 代表生产企业名称为一汽大众汽车有限公司，7 代表汽车类型为轿车，16 代表主参数为排量为 1.6L，0 为生产序号代表捷达车，G 代表发动机为每缸 5 气门，I 代表发动机为电子喷射式，F 代表第三代车身。

三、汽车标牌

汽车标牌必须遵守国家标准《道路车辆 产品标牌》（GB/T 18411-2001）的规定。

（一）尺寸

汽车标牌的尺寸可由制造厂根据产品的具体形式及固定位置确定，应满足明显、清晰易于识别阅读的要求。

（二）标牌的位置

（1）每一辆车都应有标牌。标牌应位于汽车右侧；如受结构限制，亦可放在便于接近和观察的其他位置。例如：半承载式车身、非承载式车身结构的汽车在右纵梁上；一厢式车身在车身内部右侧；两厢式车身、三厢式车身的汽车在发动机舱内右侧。

（2）标牌的位置应是不易磨损、替换、遮蔽的部位。

（3）标牌的固定位置应在产品说明书中标明。

（三）标牌的固定

（1）标牌应永久地固定在不易拆除或更换的汽车结构件上，例如：车架、底盘或其他类似的结构件上。

（2）标牌应牢固地、永久地固定，不易损坏不能拆卸。应保证标牌不能完整地拆下移作他处使用。

（四）标牌的内容

1. 规定区的内容要求

（1）标示出汽车制造厂厂标、商标或品牌的文字或图案。

（2）标示出汽车制造厂合法的名称全称及备案的世界制造厂识别代号（WMI）。

（3）如果车辆通过了型式认证，标示出型式认证编号。

（4）标示出进行备案了的车辆识别代号（VIN）。

（5）应标示出汽车制造厂编制的汽车的产品型号。

（6）应标示出发动机型号、最大净功率或排量。

（7）应标示出汽车的主要参数：

①对于载货汽车应标示出最大设计总质量、最大设计装载质量、座位数；

②对于客车应标示出最大设计总质量、额定载客人数；

③对于乘用车应标示出最大设计总质量、座位数；

④对于半挂牵引车应标示牵引座最大设计静载荷、牵引销孔直径、最大设计牵引质量；

⑤对于特种车应标示出能够反映出其主要功能的技术参数；

⑥对于非完整车辆应标示出整备质量、最大设计总质量；

⑦对于半挂车应标示牵引销直径、作用在牵引车上的最大设计静载荷、最大设计总质量、外形尺寸（长宽高）；

⑧对于半挂车应标示作用在连接装置上的最大设计静载荷、外形尺寸（长宽高）。

（8）应标示出汽车产品的生产序号。

（9）应至少标示出汽车产品的生产年月。

2. 自由区的内容要求

对非完整车辆标牌的自由区提出了内容要求，而对完整车辆未提出要求。

（五）其他要求

（1）标牌上所用的汉字及阿拉数字、罗马字母的字高应不小于4mm。若将标牌内容直接打印在汽车部件上，则打印字高不小于7mm。

（2）出口汽车的标牌，可将汉字与外文并列标注，亦可根据使用国的要求制作标牌。

典型的汽车标牌型式如图4-8所示。

第四章 二手车评估

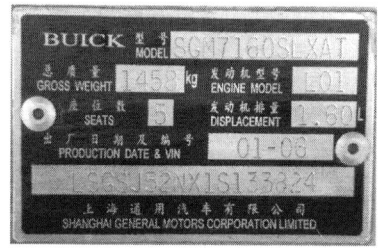 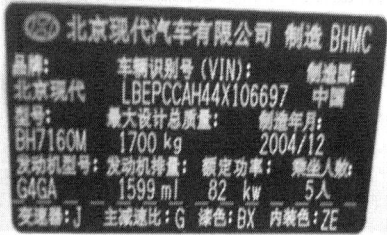

上海通用公司的标牌　　　　　　北京现代公司的标牌

图 4-8　典型的汽车标牌型式

第三节

二手车的手续检查

一、二手车评估的特点

汽车是一类重要的资产，国家对汽车的管理也较为严格。无论是新车还是二手车，只要上路行驶，就必须按照国家有关的法律、法规办理各种有效证件以及缴纳各种税费，这些证件和所缴纳的税费凭证就是汽车上路行驶的必备手续，因此对二手车进行评估时，履行对车辆有关手续的检查是评估师首先应该执行的工作之一。

二手车自身有着这样几个特点：（1）其单位价值大、使用时间长；（2）和房地产一样，有权属登记，其使用管理严格，税费附加值较高；（3）其使用强度、使用条件和维护保养水平差异较大，并有较高的技术含量。

由于二手车有其自身特点，从而决定了二手车鉴定评估的主要特点如下：

（一）二手车鉴定评估以技术鉴定为基础

由于机动车本身具有较强的工程技术特点，其技术含量较高。机动车在长期的使用中，由于机件的摩擦和自然力的作用，它处于不断磨损的过程中。随着使用里程和使用年数的增加，车辆实体的有形损耗和无形损耗加剧，其损耗程度的大小因使用强度、使用条件、维修保养等水平差异很大。因此，评定车辆实物和价值状况，往往需要通过技术检测等技术手段来鉴定其损耗程度。

（二）二手车鉴定评估都以单台为评估对象

由于二手车单位价值相差比较大、规格型号多、车辆结构差异很大。为了保证评估质量，对于单位价值大的车辆，一般都是分整车、分部件逐台、逐件地进行鉴定评估，为了简化鉴定评估工作程序，节省时间，对于以产权转让为目的，单位价值小的车辆，也不排除采取"提篮作价"的评估方式。

（三）二手车鉴定评估要考虑其手续构成的价值

由于国家对车辆实行"户籍"管理，使用税费附加值高。因此，对二手车进行鉴定评估时，除了估算其实体价值以外，还要考虑由"户籍"管理手续和各种使用税费构成的价值。

所以对二手车进行评估，手续检查和技术鉴定是我们确定汽车价值的必要前提。

二、二手车评估的手续检查

汽车的手续是指汽车上路行驶，按照国家法规和地方法规应该办理的各项有效证件和应该交纳的各项税费凭证。二手汽车的价值包括车辆实体本身的有形价值和各项手续构成的价值，只有手续齐全，才能发挥汽车的实际效用，才能办理正常的过户、转籍。没有合法手续的汽车不是评估师的评估对象。二手汽车的手续包括：

（一）机动车来历凭证

按照 2008 年 4 月中华人民共和国公安部修订后的《机动车登记规定》（公安部令第 102 号），合法的机动车来历分为以下几种：

（1）在国内购买的机动车，其来历凭证是全国统一的机动车销售发票或者二手车交易发票。在国外购买的机动车，其来历凭证是该

车销售单位开具的销售发票及其翻译文本;

（2）人民法院调解、裁定或者判决转移的机动车，其来历凭证是人民法院出具的已经生效的《调解书》、《裁定书》或者《判决书》以及相应的《协助执行通知书》；

（3）仲裁机构仲裁裁决转移的机动车，其来历凭证是《仲裁裁决书》和人民法院出具的《协助执行通知书》；

（4）继承、赠予、中奖和协议抵偿债务的机动车，其来历凭证是继承、赠予、中奖和协议抵偿债务的相关文书和公证机关出具的《公证书》；

（5）资产重组或者资产整体买卖中包含的机动车，其来历凭证是资产主管部门的批准文件；

（6）国家机关统一采购并调拨到下属单位未注册登记的机动车，其来历凭证是全国统一的机动车销售发票和该部门出具的调拨证明；

（7）国家机关已注册登记并调拨到下属单位的机动车，其来历凭证是该部门出具的调拨证明；

（8）经公安机关破案发还的被盗抢且已向原机动车所有人理赔完毕的机动车，其来历凭证是保险公司出具的《权益转让证明书》；

（9）更换发动机、车身、车架的来历凭证，是销售单位开具的发票或者修理单位开具的发票。

在二手汽车的评估中，可以根据汽车的具体情况，查验相应的来历凭证。

（二）机动车行驶证

《机动车行驶证》是由公安车辆管理机关依法对汽车进行注册登记核发的证件，它是机动车取得合法行驶权的凭证。《中华人民共和国道路交通管理条例》第十七条规定，机动车行驶证是汽车上路行驶必需的证件，《中华人民共和国机动车登记管理办法》规定机动车行驶证是旧汽车过户、转籍必不可少的证件。《机动车行驶证》样式如图4-9所示。

```
            中华人民共和国机动车行驶证
     号牌号码_____    车辆类型_____
     车  主_____
     住  址_____
     发动机号_____    车架号_____
                  厂牌型号_____
     发证机关章    总质量_____千克  核定载质量_____千克
                  核定载客_____人  驾驶室前排共乘_____人
                  登记日期____年____月  发证日期____年____月____日
```

```
           中华人民共和国机动车行驶证副页
     号牌号码_____    车辆类型_____
     车  主_____
     检  验_____
              _____
              _____
              _____
              _____
              _____
```

图 4-9　机动车行驶证

《中华人民共和国机动车行驶证证件》（GA37-92）规定，为了防止伪造，行驶证塑封套上有用紫光灯可识别的不规则的与行驶证卡片上图形相同的暗记，并且行驶证上按要求粘贴车辆彩色照片，因此机动车行驶证识伪办法：一是查看识伪标记；二是查看汽车彩照与实物是否相符；三是将行驶证纸质、印刷质量、字体、字号与车辆管理机关核发的行驶证进行比对，对有怀疑的行驶证可去发证的公安车辆管理机关核实。最常见的伪造是行驶证副页上的检验合格章，车辆没有按规定时间到车辆管理机关去办理检验手续，却私刻公章私自加盖检验合格章。现在许多地方采用电脑打印检验合格至××年×月并加盖检验合格章的办法来增加防伪能力。车辆管理机关规定超过两年未检验的汽车按报废处理。汽车评估人员要对副页上的检验合格章，即行驶证的有效期特别重视。

（三）机动车登记证书

根据 2001 年 10 月 1 日起实施的《中华人民共和国机动车登记办法》，在我国境内道路上行驶的机动车，应当按规定经机动车登记机构办理登记，核发机动车号牌、《机动车行驶证》和《机动车登记证书》。

机动车所有人申请办理机动车各项登记业务时均应出具《机动车登记证书》；当登记信息发生变动时，机动车所有人应当及时到车辆管理所办理相关手续；当机动车所有权转移时，原机动车所有人应当将《机动车登记证书》随车交给现机动车所有人。现在，《机动车登记证书》还可以作为有效资产证明，到银行办理抵押贷款。

《机动车登记证书》同时也是机动车的"户口本"，所有机动车的详细信息及机动车所有人的资料都记载在上面，证书上所记载的原始信息发生变化时，机动车所有人应携证到车管所作变更登记。这样，"户口本"上就有机动车从"生"到"死"的一套完整记录。

公安车辆管理部门是《机动车登记证书》的核发单位。凡 2001 年 10 月 1 日之后新购机动车，都随车办好了证书，凡 2001 年 10 月 1 日之前购车未办领《机动车登记证书》的机动车所有者，必须补办《机动车登记证书》。

《机动车登记证书》是汽车评估人员必须认真查验的手续，与《机动车行驶证》相比，《机动车登记证书》的内容更详细，一些评估参数必须从《机动车登记证书》获取，如使用性质的确定等。《机动车登记证书》的样示图 4-10 所示。

机动车登记证书编号：xxxxxxxxxxxx

注册登记摘要信息栏

I	1. 机动车所有人/身份证明名称/号码			
	2. 登记机关		3. 登记日期	4. 机动车登记编号

过户、转入登记摘要信息栏

II	机动车所有人/身份证明名称/号码			
	登记机关		登记日期	机动车登记编号
III	机动车所有人/身份证明名称/号码			
	登记机关		登记日期	机动车登记编号
IV	机动车所有人/身份证明名称/号码			
	登记机关		登记日期	机动车登记编号
V	机动车所有人/身份证明名称/号码			
	登记机关		登记日期	机动车登记编号
VI	机动车所有人/身份证明名称/号码			
	登记机关		登记日期	机动车登记编号
VII	机动车所有人/身份证明名称/号码			
	登记机关		登记日期	机动车登记编号

第 1 页

注册登记机动车信息栏

5. 车辆类型		6. 车辆品牌	
7. 车辆型号		8. 车身颜色	
9. 车辆识别代号/车架号		10. 国产/进口	
11. 发动机号		12. 发动机型号	

续表

13. 燃料种类		14. 排量/功率	ML/KW
15. 制造厂名称		16. 转向形式	
17. 轮距	前　　后　　mm	18. 轮胎数	
19. 轮胎规格		20. 钢板弹簧片	后轴　　片
21. 轴距	mm	22. 轴数	
23. 外廓尺寸	长　　宽　　高　　mm	33. 发证机关章	
24 货厢内部尺寸	长　　宽　　高　　mm		
25. 总质量	kg	26. 核定载质量	kg
27. 核定载客	人	28. 准牵引总质量	kg
29. 驾驶室载客	人	30. 使用性质	34. 发证日期
31. 车辆获得方式		32. 车辆出厂日期	

第 2 页

图 4 – 10　机动车登记证书

（四）汽车号牌

汽车号牌是由公安车辆管理机关依法对汽车进行注册登记核发的号牌，它和机动车行驶证一同核发，其号码与行驶证应该一致。它是汽车取得合法行驶权的标志。中华人民共和国道路交通管理条例规定第十七条规定，号牌不得转借、涂改、伪造。

违法者常以非法加工等手段伪造汽车号牌。1993 年 5 月 13 日公安部令第 13 号《机动车号牌生产管理办法》规定，机动车号牌实行准产管理制度，凡生产号牌的企业，必须申请号牌准产证，经省级公安交通主管部门综合评审，对符合条件的企业发给《机动车号牌准产证》，其号牌质量必须达到 GA36 – 92 标准。号牌上加有防伪合格标记。因此，汽车号牌的识伪方法：一是看号牌的防伪标记；二是看油漆是否含反光材料。对有怀疑的号牌可去发号牌的公安车辆管理机关核实。

（五）车辆购置税

车辆购置税是由车辆购置附加费演变而来的，国务院于1985年4月2日发文，决定对所有购置车辆的单位和个人，包括国家机关和单位一律征收车辆购附加费，其目的是切实解决发展公路运输事业与国家财力紧张的突出矛盾，将车辆购置附加费作为我国公路建设的一项长期稳定的资金来源。车辆购置附加费由交通部门负责征收工作。2000年10月22日，中华人民共和国国务院令（第294号）《中华人民共和国车辆购置税暂行条例》规定，自2001年1月1日起，车辆购置附加费改成车辆购置税，由国家税务局征收，资金的使用由交通部门按照国家有关规定统一安排使用，车辆购置税的征收标准，是按车辆计税价的10%计征。在取消消费税后，它是购买汽车后最大的一项费用。

按照国家规定车辆购置税的征收和免征范围如下：

1. 车辆购置税的征收范围

汽车、摩托车、电车、挂车、农用运输车。具体征收范围依照《中华人民共和国车辆购置税暂行条例》所附《车辆购置税征收范围表》执行。

2. 车辆购置税的免税、减税，按下列规定执行

（1）外国驻华使馆、领事馆和国际组织驻华机构及其外交人员自用的车辆，免税；

（2）中国人民解放军和中国人民武装警察部队列入军队武器装备订货计划的车辆，免税；

（3）设有固定装置的非运输车辆，免税；

（4）有国务院规定予以免税或者减税的其他情形的，按照规定免税或者减税。

当然，虽然《中华人民共和国车辆购置税暂行条例》规定车辆购置税是按照计税价的10%计算，但实际上国家有时候也会做短期调整，如2009年为促进汽车消费，抵御金融危机对车市的负面影响，国家规定凡2009年1月1日~12月31日期间购买的，排量在1.6L

以下的轿车，按照10%的税率减半征收。因此在评估时，需要及时了解国家有关车辆的税收调整标准，这对于提高评估结果的准确性也是非常重要的。

（六）车船使用税

2006年12月29日，国务院发布了《中华人民共和国车船税暂行条例》，规定自2007年1月1日起在全国统一征收车船税。根据规定，在中华人民共和国境内，车辆、船舶（以下简称车船）的所有人或者管理人为车船税的纳税人，应当依照本条例的规定缴纳车船税。

车船的适用税额，依照《车船税税目税额表》执行，如表4-7所示。

表4-7 《车船税税目税额表》

税 目		计税标准	每年税额	税目注释
一、载客汽车	大型客车	每辆	480元至660元	包括电车
	中型客车		420元至660元	
	小型客车		360元至660元	
	微型客车		60元至480元	
二、载货汽车		自重每吨	16元至120元	包括半挂牵引车和挂车以及客货两用汽车
三、三轮汽车和低速货车		自重每吨	24元至120元	
四、摩托车		每辆	36元至180元	
五、专项作业车和轮式专用机械车		自重每吨	16元至120元	

国务院财政部门、税务主管部门可以根据实际情况，在《车船税税目税额表》规定的税目范围和税额幅度内，划分子税目，并明

确车辆的子税目税额幅度和船舶的具体适用税额。车辆的具体适用税额由省、自治区、直辖市人民政府在规定的子税目税额幅度内确定。

下列车辆免纳车船使用税：(1) 非机动车辆；(2) 拖拉机；(3) 军队、武警专用的车辆；(4) 警用车；(5) 依照我国有关法律和我国缔结或者参加的国际条约的规定应当予以免税的外国驻华使馆、领事馆和国际组织驻华机构及其有关人员的车辆。

车船税按年申报缴纳。具体申报纳税期限由省、自治区、直辖市人民政府确定。车船的所有人或者管理人未缴纳车船税的，使用人应当代为缴纳车船税。从事机动车交通事故责任强制保险业务的保险机构为机动车车船税的扣缴义务人，应当依法代收代缴车船税。

(七) 汽车保险费

汽车保险中的第三者责任保险是我国绝大多数地区强制实行的保险险种，汽车没有投保第三者责任保险，新汽车公安车辆管理机关不发牌证，每年的汽车检验不能通过。所以作为一种强制险种，第三者责任险是汽车使用过程中必备的手续之一。

汽车保险的险种很多，自 2003 年 1 月 1 日起，全国绝大多数地区的汽车保险的险种和费率都已放开，一辆汽车根据不同的使用者、不同的驾驶人员、不同的保险公司、不同的险种等，保险费差距很大，从数百元至数万元不等。对汽车的评估值有着一定的影响。

第四节　二手车的技术状况鉴定

二手车的评估价值是否合理，关键是对该车的技术状况的鉴定是否准确。单从对车辆的行驶里程和使用年限去评估该车的价值，而没有从其使用强度、使用条件、操作的合理性、定期维护保养全面去衡量，就不能准确地评估该车的实际价值。

汽车在使用过程中，随着行驶里程和使用年限的增加，汽车的零部件中的金属材料和非金属材料将分别产生松动、磨损、疲劳、变形、老化等损坏，因而导致汽车技术状况变坏，使用性能下降，表现在动力性能下降，经济性能和工作可靠性变坏；车身的漆层剥落锈蚀、车容不整。所以对汽车技术状况的鉴定是旧机动车评估的重要环节，反映机动车实际价值的关键环节。

汽车是高科技产品，技术含量高，结构复杂、组成汽车的零部件繁多，每一件零件的损坏都会影响汽车的使用功能；鉴定评估人员一定要具备汽车方面的专业知识，要能熟悉机械原理方面的知识，汽车的构造原理与技术使用的知识，这样才能较准确地鉴定汽车的技术状况。

汽车技术状况的鉴定方法有三种，即静态检查、动态检查和仪表检查。

一、静态检查

静态检查是检查人员对车辆的外观、车辆的型号、年款、配置、识伪的检查，从而判断该车的来源、车辆的使用条件及使用情况、保养维护的情况。

（一）识伪的检查

对汽车的识伪检查就是判断汽车是正品还是"水货"。

在对汽车识伪检查时可以从以下几个方面进行：

（1）查看车辆识别码或根据该车的出厂年代与《机动车行驶证》的登记日期是否相符（因有些地方用出厂年款已经好久的车通过不正当的渠道登记为近期上牌入户的车），从中判别该车是不是正当渠道的和实际的使用时间。

（2）看外观。检查车身是否有重新焗漆的痕迹，尤其是车身顶部下沿一圈要特别仔细观察（因为非法走私的相当部分都是割顶车），那些有曲线部分的按合部有没有加工过的痕迹。另外还可以用手从顶部开始向下触摸,如经过再加工处理,手感就不那么平整光滑,注意车门和机头盖板同车身的接合部口缝是否一致、整齐,间隙是否过大等。

(3) 看内装饰。内饰板是否平整,表面是否干净,尤其是后压条边沿部分要特别仔细检查。车顶部隔热板有没有弄脏的迹印。

(4) 打开机头盖板察看线、管路布置是否有条理,发动机和其他零部件是否有重新拆装过的痕迹,有无旧的零部件等等。

(二) 外观检查

主要是对车身外壳、装饰件、车容车况的检查(特别要检查是否曾翻新、复型过,有没有出现过较严重的交通事故的修复)。查对证件手续、查看型号编码等。

1. 目测检查

(1) 查看车辆的基本概况,技术参数,核对《行驶证》的登记资料。

(2) 检查车身的外观状况。检查顺序从车的前部开始,一般按以下方法进行。

①检查车身是否发生碰撞受损。站在车的前部一角望尾部,观察车身各接缝,如出现不直,缝隙大小不一,线条弯曲,装饰条有脱落或新旧不一,说明该车可能出现过事故或修理过。

②检查车门是否平衡,周边是否有间隙,密封胶条是否硬化。

③检查车身金属锈蚀程度。主要检查亦子板、窗框、前挡框、水槽、底板等。如锈蚀严重,说明该车较旧。

④检查油漆脱落情况。查看排气管、镶条、窗框四周和轮胎等处是否有多余油漆。用一块磁铁沿车身周围移动,如遇到突然减少磁力的地方,就是局部补了灰,做了油漆的地方。当用手敲击车身时,如敲击声沉闷,则说明车身补灰做漆。

(3) 检查车厢内部。

①查看座位的新旧程度,车顶的内篷是否开裂,地毡或胶板是否残旧,车厢内部是否污秽发霉。

②揭开地毡或胶板，查看车厢底板是否有潮湿或生锈的痕迹。

③打开行李箱，看盖边防水胶边是否损坏脱落，行李箱是否漏水，是否锈蚀，是否有烧焊的痕迹。

④查看玻璃升降器是否灵活。

⑤查看仪表盘是否原装，仪表盘底部有没有更改过电线的痕迹。

⑥离合器踏板和制动踏板的踏脚胶是否磨损过度。

⑦坐在车上试试所有踏板有没有弹性。离合器踏板应该有少许空间，同时留心听听踏下踏板时有没有异声发出。

（4）发动机的检查。

①观察发动机的外部状况，判断车辆维护保养的情况。

②看分火盖上的电线，有没有机油？有没有爆裂的痕迹？电池两接线柱应没有白粉（硫酸盐）附贴在上面，电池壳应干爽，绝对没有裂痕。

③看气缸盖外有没有油迹漏出，小量则不成大问题，但如大量油迹，则表示可能机油上盆，或气缸垫坏了。

④检查发动机机油量。拿出机油量度尺看看机油是否混浊不堪或起水泡，并且注意油的高度，如高度可能表示烧了气缸垫，水箱水混入了曲轴箱内；油的高度太低，则可能机油上盆，与汽油一并被烧掉，意味着迟早要大修。用手试试机油的黏性，看看有没有沙砾，颜色应以深黄为最佳。

⑤揭开水箱盖，如水箱内的水全是黄色锈水，或水箱外有锈水漏出的痕迹，则要特别注意。看看风扇皮带是否松紧合理。水箱的上下两条胶喉应用力捏压一下，看看有没有裂痕。检查水箱盖关闭后是否紧密，胶垫是否有松脱。

（5）检查附属装置，如刮水器、音响、仪表、反光镜、加热器、灯具、转向信号、喷水装置、空调设备等是否破损、残缺；并对附属装置进行动态检验。

（6）车辆底部检查。将车辆开进地沟或上举升器的工位上进行检查。

①检查车底漏水、漏油、漏气、锈蚀程度与车体上部检查的是否相符,是否有焊接痕迹。

②检查车辆转向节臂、转向横直拉杆及球销有无裂纹和损伤,球销是否松旷,连接是否牢固可靠。

③检查车辆车架是否有弯、扭、裂、断、锈蚀等损伤;螺栓、铆钉是否齐全、紧固。

④检查、车辆前后桥是否有变形、裂纹。

⑤检查车辆钢板弹簧是否有裂纹、断片和缺片现象,其中心螺栓和U型螺栓是否紧固;减振器是否漏油,减振弹簧是否有裂纹等。

⑥检查车辆传动轴中间轴承、万向节是否有裂纹和松旷现象。

2. 用常用量具检查

首先目测检查,如发现有严重的横向或纵向歪斜等现象。用高度尺(或钢卷尺)、水平尺检测是否超过规定值。同时检查车架和车身是否变形,悬架是否裂断或刚度下降。

(1) 车轮轮胎的检查。

①轮胎的检查方法。轮胎的磨损、破裂和割伤无须仪器检测,凭简单的深度尺、钢直尺加外观检测便可。

②技术条件要求。轮胎的磨损:轿车轮胎胎冠上花纹浓度在磨损后应不少于1.6mm,其他车辆轮胎胎冠上花纹的浓度不得少于3.2mm;轮胎的胎面和胎壁上不得有长度超过2.5cm、深度足以暴露出轮胎帘布层的破裂和割伤。

(2) 车轮的横向和径向摆动理的检测。

①检查方法。顶起前桥,用百分表触点触到轮胎前端胎冠外侧,用手前后摆动轮胎,测其横向摆动量。将百分表移至轮胎上方,使触点触到胎冠中部,然后用撬杆往上撬动轮胎,测其径向摆动量。

②技术条件要求。车轮横向和径向摆动量,小型汽车不大于5mm,其他车辆不大于8mm。

二、动态检查

机动车的动态检查是指车辆路试检查。路试的主要目的在于在一定的条件下,通过机动车各种工况,如发动机起动、怠速、起步、加速、匀速、滑行、强制减速、紧急制动,从低速挡到高速挡,从高速挡到低速挡的行驶,检查汽车的操纵性能、制动性能、滑行性能、加速性能、噪声和废气排放情况,以鉴定二手车的技术状况。

(一) 机动车路试的准备工作

在前面的静态检查中,应该说完成了路试的准备工作,即检查机油、冷却水、制动踏板、离合器踏板、转向盘及其自由行程、轮胎气压等等,路试准备工作就绪,即可发动了。

(二) 发动机启动和无负荷时工况检查

1. 检查起动性

发动机起动时,看起动是否容易,起动机是否良好。一般起动不应超过 2~3 次,每次起动时间不超过 5~10s。

2. 无负荷时的工况检查

(1) 发动机起动后,使其怠速运转,然后到车头前听听有没有运转杂音,如有杂音,说明机件磨损过大;看看车头运转是否平稳,车头越静、越稳越好。

(2) 检查加速的灵敏性。待水温、油温正常后,用手拨动节气门,由怠速状态猛然加速,看发动机转速是否可以由低速到高速灵活反应;然后由加速状态猛松节气门,看是否怠速熄火。

(3) 检查发动机窜油、窜气情况。方法是打开机油口的盖子,慢慢加油,若窜气严重,用肉眼就可以看出。若窜气不严重,可用一张白纸,放在离加机油口 5cm 左右的地方,然后加油,若窜油、窜气,白纸上会有油迹,严重时油迹大。

(4) 检查排气颜色。正常的汽油机在工作时排出的气体应是无色。柴油机带负荷动转时,排气烟色一般为淡灰色,负荷略重时,则可为深灰色。如果排色烟色为蓝色,且有臭味说明窜机油,气缸内有机油燃烧。若机油油面正常,是活塞、活塞环与气缸壁磨损过甚,间隙过大或气缸进气不畅,致使机油吸入燃烧室;如果排气管冒黑烟,是混合器过浓,点火时刻过时等原因;冒白烟,即燃油中含有水分或气缸垫坏,柴油机的供油时间太迟也会冒白烟。

(三) 路试检查

(1) 检查离合器。起步时看离合器是否平稳接合,分离彻底,是否发抖、发响。

(2) 检查制动性能。车辆起步上路,用20km/h的车速行驶,试验转向盘是否灵活、可靠,再作一次紧急制动,检查制动是否可靠,再以50km/h的车速行驶,迅速将制动踏板踩到底,车辆是否立即减速、停车,有无制动跑偏、甩尾现象。

(3) 检查车辆的操作稳定性。在宽敞的路段,作左右圈转向盘,看转向是否灵活、轻便,有无回正力矩;撒手方向,看是否跑偏;高速行驶时,是否有跑偏、摆振现象。

(4) 检查变速器。从起步到高速加挡,再由高速到低速减挡,看变速器换挡是否灵活、是否乱挡、跳挡,是否发生异响。

(5) 车辆由原地起步,加速至60km/h左右,感觉有没有振抖,如果有,可能前悬架或车轮有问题,或者传动轴弯曲。

(6) 路试中,在40km/h时突然抬起加速踏板,接着猛然加油,看主减速器是否发出特别大的声响,如果发响,说明主减速器磨损严重。

(7) 检查动力性能。由原地起步后,作加速行驶,如果猛踩加速踏板,看提速是否快;作高速行驶时,估计是否能够达到原设计最高车速,不能达到,估计一下差距大不大,车辆行驶是否平稳是否发生异响,作爬坡试验,看车辆行驶是否有力。如果提速慢,最高车速与原设计差距大,上坡无力,则说明车辆动力性能差。

(8) 检查机械传动效率作滑行试验。在平坦的路面上,将机动车运行到 50km/h 时，踏下离合器，将变速器挂空挡滑行，根据滑行距离估计机动车各传动系传动效率是否高。

（四）动态试验后的检查

1. 检查各部件温度

（1）检查油、水温度。检查冷却水温度、机油齿油温度（正常水温不应超过 90℃，机油温度不应高于 95℃，齿轮油温不应高于 85℃）。

（2）检查运动机件过热情况。查看制动鼓、轮毂、变速器壳、传动轴、中间轴轴承、驱动桥壳（特别是减速器壳）等，不应有过热现象。

2. 检查"四漏"现象

（1）检查车辆的气、电泄漏情况。

（2）检查漏水情况。在发动机运转及停车时，水箱、水泵、缸体、缸盖、暖风装置及所有连接部位均不得有明显渗、漏水现象。

（3）检查漏油情况。机动车连续行驶距离不小 10km，停车 5min 后观察，不得有明显渗漏油现象。

三、仪器检测

对于车辆的静态检查和动态检查时对车辆总体上所做的一般性检查，要对车辆如发动机功率、燃油的经济性、污染物的排放等作出精确的判断，需要借助于仪器进行检验。

（1）发动机功率检测，发动机的功率是发动机的动力性能的重要指标。发动机功率检测采用无负荷测功和有负荷测功，用测功仪测得。

（2）气缸密封性能检测，用气缸压力表测得各气缸的压力大小，可以表明曲柄连杆机构和配气机构的（密封性）技术状况。

（3）制动性能检测，可采用室内滚筒制动试验台。

（4）汽车排放污物检测，汽车污染物可用汽车排放分析仪进行检测。

(5) 前轮定位检测，前轮定位是使汽车具有稳定的直线行驶能力和自动回正作用，并具有转向轻便及减小汽车在行驶过程中轮胎和转向机构的磨损，用测滑试验台检测。

(6) 灯光检测可用屏幕检测法和前照灯检测仪检测。

总之，通过对汽车的静态检查、动态检查和仪器检查之后，评估师就可以对被评估的车辆的技术状况作出较为客观的判断，有时候还需要把技术状况鉴定的结果采用不同的方法进行量化处理，以便把技术状况对汽车评估价值的影响反映出来。

第五节 二手车评估的市场法

由于汽车是一种标准化的产品，同时我国汽车保有量增长迅速，带动了二手车交易量的上升。2016年中国二手车交易额突破千万辆大关，达到1039.07万辆。二手车市场分布在全国各地，交易也非常活跃，交易的车型和交易量都很大，交易价格日益透明，并且国内还出现了专门提供汽车交易数据的一些数据服务机构，这为利用市场法评估二手车提供了良好的条件。

市场法，是指通过比较被评估车辆与最近售出类似车辆的异同，并将类似车辆的市场价格进行调整，从而确定被评估车辆价值的一种评估方法。

一、市场法评估二手车的基本思路

这种方法的评估思路是：通过市场调查选择一个或几个与评估车辆相同或类似的车辆作为参照物，分析参照物车辆的构造、功能、性能、新旧程度、地区差别、交易条件及成交价格等，并与被评估车辆一一对照比较，分析比较两者的差异，然后把这些差异对价格的影响程度进行量化,根据量化结果对参照物车辆的价格进行调整,以调整后的参照物车辆的价格作为被评估车辆的评估价值。

二、应用市场法评估二手车的前提条件

在选择使用市场法评估二手车时,一定要注意这种方法的使用前提,即必须同时满足下列两个条件才可以选用。

(1) 需要有一个充分发育、活跃的二手车交易市场,能够寻找到合适的参照物车辆。在二手车交易市场上,二手车交易越频繁,交易的车型越多,与被评估相类似的车辆价格就越容易被获得。

(2) 参照物及其与被评估车辆有可比较的指标、技术参数等资料是可收集到的,并且价值影响因素明确,可以量化。

运用市场法,需要人们找到与被评估车辆相同或相类似的参照车辆,并且要求参照是近期的,可比较的。所谓近期,是指参照车辆交易时间与车辆评估基准日相差时间相近,最好在一个季度之内。所谓可比,是指车辆在规格、型号、结构、功能、性能、新旧程度及交易条件等方面不相上下。

三、采用市场法评估的步骤

1. 考察鉴定被评估车辆

收集被评估车辆的资料,包括车辆的类别、名称、型号、注册登记日期、已使用年限、累计行驶里程、车身颜色等。了解车辆的用途、目前的使用情况,并对车辆的性能、新旧程度等作必要的技术鉴定,以获得被评估车辆的主要参数,为市场数据资料的搜集及参照物的选择提供依据。

2. 选择参照物

按照可比性原则选取参照物。车辆的可比性因素主要包括:类别、型号、用途、结构、性能、配置、新旧程度、车身颜色、成交数量、成交时间、付款方式等。为减小由于参照物车辆选择的不同而对评估值带来的影响,在车辆评估中,参照物的选择一般应在两个或两

个以上。

3. 对被评估车辆和参照物之间的差异进行比较、量化和调整

对被评估车辆与参照物之间的各种可比因素，尽可能地予以量化、调整。具体包括：

（1）销售时间差异的量化。在选择参照物时，应尽可能地选择在评估基准日成交的案例，以免去销售时间允许的量化步骤。若参照物的交易时间在评估基准日之前，可采用指数调整法将销售时间差异量化并予以调整。

（2）车辆性能差异的量化。车辆性能差异的具体表现是车辆营运成本的差异。通过测算超额营运成本的方法将性能方面的差异量化。

（3）新旧程度差异的量化。被评估车辆与参照物在新旧程度上不一定完全一致，参照物也未必是全新的。这就要求评估人员对被评估车辆与参照物的新旧程度的差异进行量化。差异额 = 参照物价格 × （被评估车辆成新率 - 参照物成新率）

（4）销售数量、付款方式差异的量化。销售数量大小、采用何种付款方式均会对车辆的成交单价产生影响。对销售数量差异的调整采用未来收益的折现方法解决；对付款方式差异的调整，被评估车辆通常是以一次性付款方式为假定前提，若参照物采用分期付款方式，则可按当期银行利率将各期分期付款额折现累加，即可得到一次性付款总额。

4. 汇总各因素差异量化值，求出车辆的评估值

对上述各差异因素量化值进行汇总，给出车辆的评估值。以数学表达式表示为：

被评估车辆的价值 = 参照物市场 ± Σ 差异额

或　被评估车辆的价值 = 参照物市场 × 差异调整系数

用市场法进行评估，了解市场情况是很重要的，并且要全面了解，了解的情况越多，评估的准确性越高，这是市价法评估的关键。

运用市场法收购二手车的贸易企业一般要建立各类二手车技术、

交易参数的数据库，以提高评估效率。

用市场法评估已包含了该车辆的各种贬值因素，包括有形损耗的贬值，功能性贬值和经济性贬值。因而用市场法评估不需要再专门计算功能性贬值和经济性贬值。

由于二手车市场价格容易受到新车市场销售价格的影响，因而运用市场法可以更好地反映出汽车市场价格的及时变化，评估结果能够客观反映被评估车辆目前的市场情况，评估过程中有关参数、指标，直接从市场获得，因而评估结果往往比较接近车辆的成交价格，在车辆的评估实务中，市场法也是最为常用的方法。

四、市场法的应用

市场法要求评估人员经验丰富，熟悉车辆的评估鉴定程序、鉴定方法和市场交易情况，特别地，还可以借助于一些机构发布的二手车交易价格等数据库方便地获取评估所需要的计算资料。因而市场法评估时间很短，评估效率较高。特别适合应用于成批收购、鉴定和典当的场合。

下面我们以某捷达车为例，说明市场法的计算过程。

【例 4 – 1】被评估车辆及参照物的有关情况如表 4 – 8 所示，要求用市场法评估被评估车辆（捷达车）的价值。

表 4 – 8　　　　参照物及被评估车辆有关参数的比较

序号	技术经济参数	参照物 I	参照物 II	被评估车辆
1	车辆型号	捷达 FV7160CL	捷达 FV7160CIX	捷达 FV7160GIX
2	销售条件	公开市场	公开市场	公开市场
3	交易时间	2013 年 12 月	2014 年 6 月	2014 年 6 月
4	使用年限	15 年	15 年	15 年
5	初次登记年月	2008 年 6 月	2008 年 6 月	2008 年 12 月

续表

序号	技术经济参数	参照物Ⅰ	参照物Ⅱ	被评估车辆
6	已使用时间	5年6个月	6年	5年6个月
7	成新率	53%	48%	50%
8	交易数量	1	1	1
9	付款方式	现款	现款	现款
10	地点	北京	北京	北京
11	物价指数	1	1.03	1.03
12	价格	5.0万元	5.5万元	求评估值

1. 以参照物Ⅰ为参照物作各项差异量化和调整

（1）结构性能差异量化与调整。参照物Ⅰ车身为老式车身，被评估物为新式改脸车身，评估基准时点该项结构价格差异为0.8万元；参照物Ⅰ发动机为化油器式两气门发动机，被评估物发动机为电喷式五气门发动机。评估基准时点该项结构价格差异为0.6万元。该项调整数为：（0.8+0.6）×60% =0.84万元。

（2）销售时间差异量化与调整。参照物Ⅰ成交时物价指数为1，被评估物评估时物价指数为1.03，该项调整系数为：1.03/1 =1.03。

（3）新旧程度差异量化与调整。该项调整数为：5.0×（50% -53%）= -0.15万元。销售数量和付款方式无差异。评估值 = （5.0 +0.84 -0.15）×1.03 =5.86万元.

2. 以参照物Ⅱ为参照物作各项差异量化和调整

（1）结构性能差异量化与调整。参照物Ⅱ发动机为电喷两阀发动机，被评估物为电喷五阀发动机。评估基准时点该项结构价格差异为0.3万元。该项调整数为：0.3×60% =0.18万元。

（2）新旧程度差异量化与调整。该项调整数为：5.5×（50% -48%）=0.11万元。

销售时间、数量和付款方式无差异。

评估值 = 5.5 + 0.18 + 0.11 = 5.79 万元。

综合参照物Ⅰ和参照物Ⅱ，被评估物评估值 = (5.86 + 5.79)/2 = 5.825 ≈ 5.8 万元。

在选用市场法时，为简化计算，并且提高评估结果的准确性程度，应该注意要尽可能地选择相似程度比较高，情况相近的车辆作为参照物车辆。

第六节
二手车评估的收益法

汽车作为一种重要的交通工具，不仅可以用于消费，也可以用于生产经营。从生产经营者的角度来说，其购买车辆的行为是一种投资行为，即购买、使用车辆的目的是为了获利。这时候，作为被评估对象的车辆就成为一个具有单独获利能力的整体资产，可以从收益的角度来评估这种用途的车辆的价值。

在日常生活中，较为常见的用于经营用途的车辆主要有线路车、出租车、用于租赁之用的客车、各类工程作业车等。

一、应用收益法时须注意的问题

收益法是将被评估的车辆在剩余寿命期内预期净收益，折现为评估基准日的现值，以此来确定车辆价值的一种评估方法。现值即为车辆的评估值，现值的确定依赖于未来预期净收益。

从原理上讲，收益现值法是基于这样的事实，即人们之所以占有某车辆，主要是考虑这辆车能为自己带来一定的收益。如果某车辆的预期收益小，车辆的价值就不可能高；反之车辆的价值肯定就高。投资者投资购买车辆时，一般要进行可行性分析，其预计的内部收益率只有在超过评估时的折现率时才肯支付货币额来购买车辆。应该注意的是,运用收益现值法进行评估时,是以车辆投入使用后连续获利为基础的。在二手车交易中,人们购买的目的往往不是在于车辆本身,而是车辆获利的能力。也就是说收益法主要适用于投资经营用车辆的评估,对于其他用途的车辆如家庭轿车、公务用车等均不适用。

二、收益法的计算公式

运用收益法来评估车辆的价值反映了这样一层含义:即通过收益法把车辆所有者或经营者期望的未来每期净收益进行折现,未来净收益的折现值之和就是被评估车辆的投资价值,也就是从投资角度进行评价的评估价值。

在具体计算时,可以选用以下公式:

当被评估车辆未来预期净收益每期不等时,评估价值为:

$$P = \sum_{t=1}^{n} \frac{A_t}{(1+i)^t}$$

$$P = A_1 \times (折现系数1) + A_2 \times (折现系数2) + A_3 \times (折现系数3) + \cdots\cdots + A_n \times (折现系数 n)$$

$$= A_1 \times (P/F, i, 1) + A_2 \times (P/F, i, 2) + A_3 \times (P/F, i, 3) + \cdots\cdots + A_n \times (P/F, i, n)$$

$$= A_1 \times \frac{1}{(1+i)^1} + A_2 \times \frac{1}{(1+i)^2} + A_3 \times \frac{1}{(1+i)^3} + \cdots\cdots + A_n \times \frac{1}{(1+i)^n}$$

$$= \sum_{t=1}^{n} \frac{A_t}{(1+i)^t}$$

当被评估车辆预期每期净收益相等时,即 $A_1 = A_2 = A_3 = \cdots\cdots = A_n = A$ 时,

$$P = A \times \sum_{t=1}^{n} \frac{1}{(1+i)^t} = A \times \frac{(1+i)^n - 1}{i \times (1+i)^n} = A \times (P/A, i, n)$$

(P/A,i,n)——年金现值系数

(P/F,i,n)——复利终值系数

i——折现率

n——未来净收益的可持续年限

三、收益法中各评估参数的确定

应用收益法计算被评估车辆的价值，关键是确定三个指标，即每期预期净收益、预期净收益可持续期限以及折现率。

1. 预期净收益额的确定

收益法运用中，预期净收益额的确定是关键。预期净收益额是指由被评估车辆在使用过程中根据预期收入与预期费用配比后所形成的预期收益扣除应纳税费以后的净余额。

对于预期净收益额的确定应把握两点：

（1）预期净收益额指的是车辆使用带来的未来净收益期望值，是通过预测分析获得的。无论对于所有者还是购买者，判断某车辆是否有价值，首先应判断该车辆是否会带来收益。对其收益的判断，不仅仅是看现在的收益能力，更重要的是预测未来的收益能力。

（2）计算预期净收益额的指标，一般以年为每期，计算出预期收入和预期支出，得出预期收益，然后再减去企业所得税，即为预期净收益。即：预期收益 = 预期收入 - 预期支出；预期净收益 = 预期收益 - 所得税。

2. 预期净收益可持续期限

预期净收益可持续期限是指投资车辆未来可带来预期净收益的可持续时间的长短。在实际计算中，一般可以车辆的剩余使用寿命来计算，即从评估基准日到车辆到达报废的年限。如果剩余使用寿命期估计过长，就会高估车辆的价值；反之，则会低估车辆的价值。因此，必须根据车辆的实际状况对剩余寿命作出正确的评定。对于各类汽车来说，该参数按《汽车报废标准》确定是很方便的。

汽车报废标准是鉴定评估人员对二手车进行鉴定评估最主要的法律依据之一。

汽车报废标准中有两个指标，一个是汽车累计行驶的总里程数；另一个是规定的使用年限，这两个指标中，汽车只要达到其中的一个指标，汽车就应作报废处理。

我国《汽车报废标准》对有关车辆的强制报废年限主要有以下规定：

（1）一般非营运9座以下（含9座）的载客汽车，使用年限15年；

（2）旅游载客汽车和9座以上的非营运载客汽车为10年；

（3）载货汽车（不带拖挂）规定为10年；

（4）出租汽车为8年；

（5）带拖挂的载货车、矿山专用汽车，规定使用年限为8年，不考虑延长报废年限。

3. 折现率的确定

折现率是将未来预期收益折算成现值的比率。它是一种特定条件下的收益率，说明车辆取得该项收益的收益率水平。收益率越高，意味着单位资产的增值率越高，在收益一定的情况下，所有者拥有资产价值越低。

在计量折现率时必须考虑风险因素的影响，否则，就可能过高地估计车辆的价值。一般来说，折现率应包括无风险报酬率和风险报酬率两方面的风险因素。即，折现率＝无风险报酬率＋风险报酬率

在评估实务中，折现率指标一般可通过调查获得，即相当于投资某种使用用途的车辆的平均投资报酬率。

四、收益现值法应用举例

【例4-2】企业拟将一辆全顺11座旅行客车转让，某工商户欲将此车购置做载客营运，按国家规定该车剩余使用年限为3年，经市

第四章 二手车评估

场调查及预测，3年内该车各年的预期净收益为：第一年10000元，第二年8000元，第三年6000元。试评估该车的价值。(已知折现率为10%)

分析：本题采用收益现值法评估

由于每年预期净收益不同，应采用如下公式计算：

$$P = \frac{A_1}{1+i} + \frac{A_2}{(1+i)^2} + \frac{A_3}{(1+i)^3}$$

按上述公式计算出该车价值为：

$$P = \frac{10000}{1+0.1} + \frac{8000}{(1+0.1)^2} + \frac{6000}{(1+0.1)^3}$$

$$= 9090.9 + 6611.6 + 4507.9$$

$$= 20201.4 \text{（元）}$$

【例4-3】 一货车（不带拖挂），评估时剩余使用年限尚有7年，经市场调查和预测，该车每年可给企业带来预期收入6万元，而年投入运营成本为3万元，企业所得税率为25%，平均投资报酬率为10%，试评估该车价值。

分析：

（1）根据已知条件，采用收益现值法评估该车及线路价值；

（2）该车已使用7年，规定使用年限为10年；

（3）该车为企业带来的年预期收益为：

$A_0 = 6 - 3 = 3$（万元）

（4）税后净收益为：

$A = A_0 \times (1 - 25\%) = 3 \times (1 - 25\%) = 2.25$（万元）

（5）该车剩余使用年限7年；

（6）该车评估值：

$$P = A \cdot \frac{(1+i)^n - 1}{i \times (1+i)^n} = 2.25 \times \frac{(1+0.1)^3 - 1}{0.1 \times (1+0.1)^3}$$

$$= 2.25 \times 2.4868 = 4.59 \text{（万元）}$$

第七节 二手车评估的重置成本法

根据资产评估理论,在二手车鉴定评估中根据不同情况可以选择市场法、重置成本法和收益法对被评估车辆在评估基准日的价值进行评定和估算。而在二手车鉴定评估实务中,重置成本法由于可操作性强,评估依据较充分而被广大评估师选用。这一节我们就来介绍一下重置成本法。

一、重置成本法的基本思路

重置成本法是指在现时状态下重新购置一辆与被评估车辆完全相同或相似的车辆并使之处于在用状态所花费的代价(即重置成本),减去被评估车辆所发生的实际贬值以后的余额作为被评估车辆评估价值的一种方法。这种方法是从购买者角度对车辆的价值作出的判定,故也称为"买方"价值。其基本的计算公式可以表述为:

被评估车辆的评估价值 = 重置成本 − 实体性贬值 − 功能性贬值 − 经济性贬值 (1)

或 被评估车辆的评估价值 = 重置成本 × 综合成新率 (2)

重置成本法的理论依据是:任何一个精明的投资者,在购买某项资产时,他所愿意支付的代价绝对不会超过具有同等效用大小的全新资产的最低成本。

二、重置成本法中有关指标的内涵

这里分别对上述公式中有关指标的内涵进行界定。公式(1)涉及以下四个指标:

重置成本：这里的重置成本应该指的被评估车辆的复原重置成本，是指重新购置一辆与被评估车辆完全相同的新车辆并使之处于全新状态所花费的代价，很显然它不仅包含了车辆的购买价格，而且包含了使车辆处于在用状态所支出的有关的税费。评估师在采用公式（1）的时候，一定搞清楚复原重置成本与更新重置成本的区别。更新重置成本是指采用新的材料、新的标准或新的设计和工艺等生产与被评估车辆具有相同功能的新车辆并使之处于在用状态所花费的代价，它与复原重置成本的重要的区别之处是更新重置成本往往是在技术进步的情况下所对应的一种购置成本，它本身已经考虑并剔除了技术进步所产生的功能性贬值。从复原重置成本与更新重置成本的区别中可以看出，公式（1）中的重置成本很显然指的是复原重置成本。如果评估师在采集被评估车辆的重置成本时，得到的是更新重新成本，则应用公式（1）的时候，公式（1）应该变换为：

被评估车辆的评估价值＝更新重置成本－实体性贬值－经济性贬值 (3)

否则就有可能因为重复计算了功能性贬值而导致评估价值的低估。

实体性贬值：是指被评估车辆由于自然的或使用的过程中所产生的车辆实体上的磨损而导致的贬值，如轮胎的磨损、车身的锈蚀、机件的磨损等均属于实体性贬值。

功能性贬值：是指由于技术进步的原因所导致的贬值。在实务中这种贬值表现可表现为超额运营成本或超额投资成本。

经济性贬值：是指由于市场变化的原因而导致被评估车辆的营运收益下降而引起的车辆价值的减少。如某营运的线路车，由于客运市场竞争激烈或出现类似"非典"因素而导致该类线路车未来的收益大幅度下滑，这种收益的降低在评估中就表现为经济性贬值。

在采用公式（2）时，仅涉及两个指标，一个是重置成本，另一个是综合成新率。同样重置成本也有复原重置成本和更新重置成本之分。综合成新率是指综合地考虑了二手车各类贬值因素的成新率。但要注意该公式中综合成新率与前面的重置成本内涵之间的对应关系。如果采集到的是更新重置成本，则综合成新率指的是综合地考虑了车辆的实体性贬值和经济性贬值后的车辆的成新度。

三、重置成本法中有关指标的计算

在理论上，公式（1）和公式（2）都是可行的计算方法。但在实际工作中，由于公式（1）涉及的指标多而且在功能性贬值和经济性贬值的计算中需要对有关指标如运营成本增加额、收益的减少额进行预测，在一定程度上增加了公式（1）使用的难度。而公式（2）由于涉及指标少，计算相对简单而在实践中经常被采用。下面主要针对公式（2）中的两个关键指标：重置成本和综合成新率指标的计算方法进行探讨。

关于重置成本的计算，在资产评估理论中重置成本是从生产的角度进行定义的。但在二手车鉴定评估中，由于信息不对称，我们不可能从生产角度来衡量一辆车的重置代价，但可以以买者身份看在市场中直接购置与被评估车辆完全相同或相类似的全新车辆的成本加上使之处于在用状态所花费的全部代价。汽车在使用过程中的税费构成是比较复杂的，有牌照费、车辆购置税、保险费、车船使用税等。除了车辆（新车销售价格）的购买成本以外，上述税费到底哪些应该计入到重置成本中？哪些不适宜计入？我们提出一个原则，即凡属于一次性支付的终生性费用应该计入到重置成本中，而把年度性费用作为评估结果的调整项目，根据"谁收益，谁支付"的原则由买卖双方按比例分摊。按照这个原则，车辆的购买价格、牌照费、车辆购置税属于一次性支付的终生性费用，应该计入到车辆的重置成本中，而保险费、车辆使用税等年度性费用应该作为评估结果的调整项目来处理。

这样，重置成本的计算公式如下：

重置成本 = 新车的销售价格 + 车辆购置税 + 牌照费

公式中新车的销售价格是指经销商卖给客户的裸车价格（含增值税），而车辆购置税是以不含增值税的新车销售价格的 10% 来收取的。即

$$车辆购置税 = \frac{新车的销售价格}{1 + 增值税税率} \times 车辆购置税税率$$

$$= \frac{新车的销售价格}{1 + 17\%} \times 10\%$$

在实务中，由于很多地方车辆牌照费数额较小，对整车价值的影响很小，通常也可以忽略不计。但在类似于上海这些地方，由于实行汽车总量控制，车牌照的市场价格较高，价格甚至达到 10 万元左右，在这种条件下，由于车牌照可以脱离车辆而单独转让，所以在评估车辆的时候，可以把车牌照与车辆本身分开评估，此时车辆评估价值计算公式中的重置成本也不再考虑牌照费这一项目。

公式（2）中的另一个关键指标——综合成新率的计算方法有多种，综合成新率必须考虑影响车辆价值大小的多种因素，因此很多教材在计算公式（2）中的成新率时，只简单地使用年限法（成新率 = 1 - 车辆已使用年限/车辆的报废年限）或部件成新率（仅考虑车辆实体上的新旧程度），这都是比较片面的做法，势必导致评估结果误差较大。由于车辆成新率受到技术状况、维修保养情况、工作条件、工作性质、品牌等多个因素的影响，在计算综合成新率，应该综合地考虑这些因素对车辆成新率的影响。建议采用综合分析法或加权平均成新率法来计算车辆的综合成新率：

$$综合成新率 = \left(1 - \frac{车辆已使用年限}{车辆报废年限}\right) \times 综合调整系数 \times 100\%$$

其中综合调整系数（综合分析法）可采用表 4-9 计算：

表 4-9　　　　　　　　车辆综合调整系数

影响因素	因素分级	调整系数	权重（%）
技术状况	好	1.0	30
	较好	0.9	
	一般	0.8	
	较差	0.7	
	差	0.6	
维护保养	好	1.0	25
	较好	0.9	
	一般	0.8	
	较差	0.7	
制造质量	进口车	1.0	20
	国产名牌车	0.9	
	进口非名牌车	0.8	
	走私罚没车 国产非名牌车	0.7	
工作性质	私用	1.0	15
	公务、商务	0.7	
	营运	0.5	
工作条件	较好	1.0	10
	一般	0.8	
	较差	0.6	

加权平均成新率法是综合地考虑了车辆的年限成新率、行驶里程

成新率和技术鉴定成新率的综合成新率,各因素的权重由评估师根据各因素对整车成新率的影响程度作经验判定。

综合成新率 = 年限成新率 × α + 行驶里程成新率 × β + 技术鉴定成新率 × γ

其中,α + β + γ = 1。

公式中年限成新率,就是名义上的日历成新率,即按照使用时间的长短计算出的成新率,不考虑车辆实体上的损耗状态。行驶里程成新率可以根据《汽车报废标准》中规定的各种车型的报废里程数以及车辆在评估基准日里程表显示的累积行驶里程进行计算。即:行驶里程成新率 = 累积行驶里程/报废行驶里程;而技术鉴定成新率则需要根据各组成部件的价值权重以及各组成部件的新旧状态鉴定得出。技术鉴定成新率的具体计算可参考表 4 - 10。

表 4 - 10　　　　　　　技术鉴定成新率估算明细表

序号	总成部件	权重（%）			成新率（%）	加权成新率（%）
		轿车	客车	货车		
1	发动机及离合器总成	25	28	25		
2	变速器及转动轴总成	12	10	15		
3	前桥及转向器前悬总成	9	10	15		
4	后桥及后悬架总成	9	10	15		
5	制动系统	6	5	5		
6	车架总成	0	5	6		
7	车身总成	28	22	9		
8	电器仪表系统	7	6	5		
9	轮胎	4	4	5		
	合　计	100	100	100		

经过技术鉴定,根据各总成部件的成新率,计算得出反映车辆整体新旧程度的技术鉴定成新率,即有:

$$技术鉴定成新率 = \sum_{i=1}^{n} 加权成新率$$

$$= \sum_{i=1}^{n} (各组成部件权重 \times 各组成部件的成新率)$$

四、应用举例

【例 4 – 4】现有某品牌家用轿车一辆,初次登记日为 2014 年 11 月,2016 年 11 月欲对外转让,该车累计行驶里程 4.1 万公里。经检查,该车左前侧有轻微剐蹭,右侧反光镜也有剐蹭,常规液体需补充,维护不令人满意,换挡过程比较迟钝,技术状况一般,工作条件一般。已知评估基准日新车市场销售价格为 19 万元,适用的车辆购置税率为 10%,牌照费及其他费用忽略不计算。试评估该车的价值。

分析:

(1) 车辆购置税 = 新车市场销售价格/(1 + 增值税税率)× 车辆购置税率

　　　　　　 = 19/(1 + 17%)× 10%

　　　　　　 = 1.62(万元)

(2) 车辆的重置成本 = 新车的销售价格 + 车辆的购置税

　　　　　　　　 = 19 + 1.62

　　　　　　　　 = 20.62(万元)

(3) 计算综合成新率,首先计算综合调整系数:

该车技术状况一般,调整系数取 0.8,权重为 30%

维修保养较差,调整系数取 0.7,权重为 25%

制造质量属国产名牌,调整系数取 0.9,权重为 20%

工作性质为私用,调整系数取 1.0,权重为 15%

工作条件一般,调整系数取 0.8,权重为 10%

则综合调整系数 = 0.8 × 30% + 0.7 × 25% + 0.9 × 20% + 1.0 ×

$$15\% + 0.8 \times 10\%$$
$$= 82.5\%$$
综合成新率 = (1 - 2/15) × 82.5%
$$= 71.5\%$$
（4）车辆的评估价值 = 重置成本 × 综合成新率
$$= 20.62 \times 71.5\%$$
$$= 14.74 （万元）$$

【例4-5】天通公司2010年2月花40万元购置一辆国产中型客车供班车使用，2016年2月欲在本地二手车市场交易，评估人员检查后发现：该车尾气排放达标，维修保养情况一般，路试情况一般。车辆累计行驶里程达25万公里。经过技术鉴定，鉴定人员认为该车发动机及离合器总成的成新率为40%（28%，表示本总成对整体成新率的影响程度，后略）；变速器及转动轴总成成新率为60%（10%）；前桥及转向器前悬总成成新率为50%（10%）；后桥及后悬架总成成新率为30%（10%）；制动系统成新率为60%（5%）；车架总成成新率为46%（5%）；车身总成成新率为50%（22%）；电器仪表系统成新率为40%（6%）；轮胎成新率为40%（4%）。已知该种车辆现行重置成本为32万元。根据以上鉴定资料，试对该车进行评估。

分析：采用重置成本法计算，由于题目假定重置成本为32万元，故只需计算综合成新率即可，车辆成新率的计算可以使用加权平均成新率（综合成新率）的计算方法。计算如下：

（1）计算年限成新率，由于车辆为非营运国产中型客车，故其规定使用年限为10年。年限成新率 = 1 - (6/10) = 4/10 = 40%

（2）该客车规定行驶里程为50万公里，行驶里程成新率 = 1 - (25/50) = 25/50 = 50%

（3）计算技术鉴定成新率，技术鉴定成新率
$$= 28\% \times 40\% + 10\% \times 60\% + 10\% \times 50\% + 10\% \times 30\% + 5\% \times 60\% + 5\% \times 46\% + 50\% \times 22\% + 6\% \times 40\% + 4\% \times 40\%$$

= 45.5%

（4）计算综合成新率。综合成新率 = 60% × 40% + 20% × 50% + 20% × 45.5% = 43.1%

（5）计算评估值。评估值 = 32 × 43.1% = 13.80（万元）

在资产评估理论中，有关机动车辆评估的内容很少，导致在二手车鉴定评估实务中，对一些指标的内涵和计算方法尚存在一些问题。在重置成本法的使用中，按照上述方法所界定的指标内涵和计算方法进行评估，可以有效地避免产生重复计算或漏算的现象。

同时成新率指标由于考虑了较多影响因素，在一定程度上也提高了评估结论的可靠性。

第八节
二手车评估中须注意的问题

2002 年 11 月由原国家经济贸易委员会、原劳动和社会保障部联合发布《关于规范二手车鉴定评估工作的通知》（国经贸贸易〔2002〕825 号），首次提出"开展专业二手车鉴定评估机构与二手车交易市场分离试点"工作，标志着我国二手车鉴定评估正在成为一个独立的新行业。到目前为止，我国二手车鉴定评估机构直接从业人员已经超过上万人，独立的二手车鉴定评估机构接近 800 家。二手车鉴定评估机构的设立，为净化二手车市场，促进二手车公平交易，防止国有资产大量流失都发挥着非常重要的作用。然而，由于二手车鉴定评估行业发展起步较晚，从业人员的素质良莠不齐，很多评估机构在提供二手车价值评估服务的过程中出现了不少问题，若解决不好，势必影响评估机构的生存和发展。在二手车鉴定评估中，须注意解决好以下问题：

一、证照、税费检查的问题

二手车要顺利交易,除了技术状况要满足《机动车运行安全技术条件》(GB7259-2004)外,还要求手续要齐全有效,也就是要求欲交易的二手车证照齐全,税费缴清。二手车交易涉及的主要证件有:车辆的来历凭证、机动车登记证书、行驶证、车辆购置税证、道路运输证(用于经营用途的客运和货运车辆)、准运证(海归人士从海外携带回国的车辆)、买卖双方的身份证明等;涉及的主要税费主要有:车船使用税、客货运附加费、车辆保险费(第三者责任强制险必须缴纳)。二手车评估人员必须严格核查被评估车辆的各种证照、手续,不得有任何遗漏,同时要对证件的真伪具有识别能力,否则容易给单位及当事人带来经济损失。如2015年10月,一客户将一辆别克凯越带到某市一家典当行要求予以典当,典当行委托二手车评估机构对该车辆进行评估,以便确定典当价格。经过评估后,该车辆马上成交。该客户办完手续后从典当行取走四万元现金,约定10天后归还,并付清了10天的利息,然而10天后典当行见客户未来取车,立即联系本人,发现手机已关闭,没过几天,该车真正的车主找上门来,要求归还车辆。原来该车辆是从私人处租来的,租用了一段时间采用移花接木手段,用自己的照片做了一张与车主身份证内容一致的假身份证,从典当行骗钱后逃之夭夭,而评估机构对此也要承担一定的连带责任。这个案例发生的原因是因为二手车评估师和典当行没有认真地鉴别证件的真伪造成的,作为二手车评估人员在鉴定评估过程中应该对车辆证件严格把关,让不法分子无机可乘。如果对证件有疑虑,可以及时到车管所和公安派出所进行查询,以确保车辆的证件是真实、合法的,对于拖欠费用、以及因违反交通规则欠缴罚款的车辆,一定要核实其所欠费用,要求补齐欠费或作为车辆价值的减项来处理。

二、充分考虑汽车报废年限的增加对二手车评估价值的影响

随着国家对汽车报废标准的多次调整，非营运机动车的使用年限有所延长，未来甚至有可能取消对非营运车辆报废年限的限制，车辆只要检测合格，就可以继续使用。如对一辆私用轿车进行评估，该车已经使用了13年，但车辆技术状况、维修保养情况都很好，未来延长使用是没有任何问题的。在这种情况下，如果仍然用15年的报废年限来计算车辆的成新率，就会大大低估该车的价值。评估人员在对这种车辆进行评估时，就应该对成新率的计算方法进行适当地调整，可以采用增加尚可使用年限的方法计算成新率。如根据车辆的技术状况预测车辆总可使用年限为20年来计算成新率，就会比仍然采用15年的报废期限，评估结果的精确度高一些。

三、区别不同税费对车辆价值的影响程度

机动车的税费构成是比较复杂的，与评估计算直接相关的税费主要有车辆购置税、车船使用税、保险费、牌照费。这些税和费的性质是不同的，有些是一次性支付、车辆终身有效的费用，如车辆购置税和牌照费；有些费用则属于每年都需要缴纳的年度性费用，如车船使用税和保险费等。评估中对这些费用的处理方法是不同的，在使用重置成本法时，如对一次性的、终身性的费用，记入重置成本进行计算；而对于那些年度性费用，则根据"谁受益、谁支付"的原则由买卖双方按受益期限长短比例分摊，由买方分摊的年度性费用可以作为二手车评估结果的调整项目来处理。

四、充分考虑油耗成本和修理成本对评估价值的影响

一般地，对于新车来说，相同配置的同类车辆，排量越大，价格越高。同等配置的新车，手动挡配置要比自动挡或手自一体配置的价格要低，通常价格相差1万元左右。在采用重置成本法时，对于新车成本较高的车辆，计算得到的评估价值也较高。然而在二手车市场中

价格的表现并非如此。对于大排量车，消费者往往首先考虑的是油耗成本，这必然会影响到大排量车的市场需求，使其在二手车市场中由于难以变现而导致价格较低。同样对于自动挡配置的车辆也是如此，在使用了若干年后，自动挡因为其设计精密度高，磨损后其修理成本也高。在实践中，我们经常会碰到，自动挡的变速器出现故障后，花了很多成本修理好了，但时间不久又出现了同类的故障，这不是修理的问题，而是自动挡变速器经拆封修理后，其精密度无法达到原厂的要求所导致的。这种现象也容易导致自动挡的车辆不如手动挡的二手车那么受欢迎。

另外，在二手车市场上，我们还经常发现进口车的保值率远不如大多数国产车辆的保值率高。这其中最重要的原因也是因为进口车的维修成本大大高于国产车辆的缘故。在实际评估时，评估师应充分估计到车辆未来可能发生的超额油耗成本和维修成本对目前车辆实体价值的影响。对于高油耗、高维修成本的车辆，相对而言，其贬值程度也较高。

五、对于事故车，要充分考虑无形损耗的影响

在评估实践中，经常会碰到事故车的评估。事故车通常分为三种情况：（1）碰撞车。经过严重碰撞或撞击的车辆称为碰撞车，符合下列条件的二手车都称之为事故碰撞车：车架大梁弯曲变形；水箱和水箱框架挫损伤后修复的；车前后叶子板被切割或更换的；车门及其下边框门柱变形修复或更换的；在事故中整车翻滚，车身变形凹陷，断裂修复的，这类车修复后虽能行驶，但各焊接点容易腐蚀，使用寿命会大大降低；（2）泡水车。是指车辆不管时间的长短曾泡在水线超过发动机盖、达到前挡风玻璃下沿的车辆。泡水车绝大部分电气设备、仪表均被水浸泡，难以清洁，残留的水会对密封产生腐蚀作用，危害发动机气缸内部，造成锈蚀，危害极大。评估师应严格检查，防止把泡水车销售给不知情的消费者；（3）过火车辆。无论是自燃还是外燃，只要发动机舱或乘员舱发生严重火烧，面积较大，机损严重，就属于过火车辆。过火后的车辆机件很难修复，评估师稍加留意就可以辨认出过火车。过火严重的车辆修复困难，应做报废处理。评估师应该严格把关，坚决杜绝以次充好，蒙骗消费者的事件发生。

对于各类事故车辆，无论其修复程度如何，都会对其价值产生负面影响，评估师在对其价值进行估算时，要充分考虑车辆事故给二手车带来的无形贬值，并根据事故对车辆本身安全、技术状况等的影响程度，判断事故对车辆贬值的影响程度。

六、对私人租赁车的评估

我们周边有一些人会购买一辆或更多的车辆用来私下出租（或租赁），俗称"黄鱼车"。这些车在使用性质上属非营运，而实际上属租赁车。车主一般租赁了一两年后就会把车卖掉，重新更换。由于其租赁的隐蔽性，评估检查的难度较大，这些车辆如果流通到市场以非营运的价格卖给消费者，十分不公平。对这类车辆，评估师应重点检查其内饰。一般说来，家庭用车其内饰和外观成色基本上是同步的。应认真检查车辆的方向盘、真皮座套、排挡杆防尘套的磨损情况、离合器与刹车踏板上橡胶的磨损程度等，如果磨损较大说明使用频率高，如果这类车使用年限较少、里程表读数较小，但其内饰陈旧不堪，基本上可以断定为私人租赁车。评估师应考虑其真正的使用强度，综合调整系数中使用性质的权重分配不能参照非营运车辆。

七、处于初期磨损阶段和营运退役的二手车价值的评估

经常有一些车主在买了新车以后连磨合期未过就因为车型、排量、配置或"面子"问题需要更换车辆。有的车甚至连第一次保养时间都没到。对这类车进行评估时，如果采用常用的重置成本—综合分析法来计算的话，势必高估车辆的价格，评估结果与市场价格甚至相差很大。在实际评估中，建议采用重置成本—折扣率法来计算，往往效果比较好。评估计算公式为：

$$评估价值 = 重置成本 \times 成新率 \times (1 - 折扣率) \qquad (4)$$

折扣率的大小由评估师根据新车上牌后在二手车市场上的贬值程度来确定。

对营运退役的车辆进行评估时，也会出现采用重置成本—综合分析法评估导致评估结果虚高的现象。在出租车"营转非"上表现得尤为明显。近几年我国道路建设发展很快，道路条件的改善以及车主对车辆的维修保养较好，使得很多出租车在营运四年下线后（许多出租公司为实现利润最大化，一般选择在出租车营运四年左右开始更新车辆），除了里程表较多外，有的车况还相当好，八十万公里无大修属平常。如果使用综合成新率法计算的话，由于工作性质的权重只占15%，这样用重置成本—综合分析法计算出来的评估价值也会高出市场很多。如一辆桑塔纳出租车营运四年后下线，该车车况良好，维护较好，属于国产名牌，在城市从事出租营运，在计算成新率时先计算综合调整系数，综合调整系数 = 车况系数 × 30% + 维护系数 × 25% + 制造质量系数 × 20% + 工作性质系数 × 15% + 工作条件系数 × 10% = 75%。那么成新率为（1 - 4/8）× 75% = 0.375，桑塔纳重置成本为9万元，则评估价值 = 9 × 0.375 = 3.375 万元，这与市场价格相比显然偏高。所以对营运退役的车，在计算时应有所变通，对这类车由于其使用年限刚好是非营运车辆的一半左右，所有在对成新率的计算中，可以再打一个 40% ~ 60% 的折扣率，也相当于在评估公式（4）中，折扣率约取 40% ~ 60% 来计算评估价值。按照这种折扣的方法，若取折扣率为 40% 的话，上述车辆的评估价值为：9 × 0.375 × （1 - 40%）= 2.025 万元。这样得出的结果更接近于市场价格。

八、综合考虑品牌、地域、车身颜色等多种因素对二手车价值的影响

在学习了资产评估理论以及专业的二手车评估理论后，很多评估师在实践中发现如果硬搬教科书提供的理论计算公式进行评估，评估出的价值常常与二手车的市场价值大相径庭，难以为公平的市场价值提供价值尺度。其原因在于在二手车市场中影响二手车价值的因素是多方面的，除了一般计算公式中已经包含的重置成本、成新率、各种税费因素外，其他因素如汽车的品牌、交易的地域、车辆的交易次数（转手次数）、同种车辆的市场份额甚至车身颜色等都会对车辆的评估价值产生明显影响，这些因素如果在评估中不加以体现的话，势必导致评估结果与实际的市场价值相背离。以车身颜色为例，统计表明，从1995年到2000年间，德国的汽车市场销售新车颜色比例发生了明显的变化：人们越来越喜欢买银灰色的汽车，从1995年的10%，上升到2000年的33%；红色汽车则越来越不受欢迎，1995年为22%，到2000年只为8%；蓝色汽车的销售比例则基本保持不变，占24%左右；黑色汽车的销售比例也呈上升趋势，占到18%左右。这种情况传导到二手车市场上，可以想象其结果是在其他因素不变的情况下，颜色越受欢迎的二手车，其价值也相对较高，反之则相反。再比如品牌因素对二手车价值的影响程度就更不可忽视。以德国旧车市场为例，从表4-11可以看出，不同品牌的车辆其各年的新车价值损失百分比是不一样的，如在使用一年后，中级别车辆平均价值损失比为26.8%。但价值损失最高的可以达到40.1%（Daewoo Leganza），而价值损失最低的只有14.1%（BMW 3er-Reihe）。在价值评估中，如果不考虑品牌这一因素对二手车价值的影响，评估的误差之大是可想而知的。

表4-11　德国汽车旧车市场行情（新车价值损失百分比）　　单位:%

汽车价值的损失市场行情是买车时要考虑的一个极为重要因素。人人都希望今后还能卖个好价钱。下表列出新车用过一到五年时市场卖价对照原价所损失的百分比。标题栏中是该类的平均值。就是说，基本上所有车到了五年后只值原价的一半。

	1年	2年	3年	4年	5年
中级别	26.8	32.5	38.9	45.7	52.8
Mercedes C - Klasse	14.3	19.3	25.5	32.0	39.1
BMW 3er - Reihe	14.1	19.0	25.5	32.3	39.3

续表

	1 年	2 年	3 年	4 年	5 年
Audi A4	20.7	26.2	32.6	38.9	44.6
Skoda Octavia	21.8	26.6	32.0	38.9	46.1
Alfa 156	24.1	29.7	35.7	42.9	50.7
Opel Vectra	30.4	35.8	42.4	48.7	56.1
Chrysler Neon	30.4	37.1	44.5	51.7	57.9
Daewoo Leganza	40.1	44.4	49.9	56.8	64.0
Kia Clarus	37.1	43.4	50.4	58.4	64.4
Ford Mondeo	39.2	46.8	55.3	62.7	70.4

注：本表仅以中级别的车辆为例。

九、注意对特殊事项的揭示

随着电子技术的发展，我们的城市交通道路基本实现了电子监控，俗成"电子警察"。"电子警察"的出现给交通管理带来了方便，机动车特别是小轿车的违法行为常常在不知不觉中被监控探头记录下来，闯红灯、超速、违法停车、不按规定道路行驶等是违法行为的主流。细心的评估师应对被评估车辆的非现场执法的违法行为予以核查。不仅要查本地区的，还要查高速公路和外地区的。由于目前各地的交通管理系统还没有完全联网，高速公路和外地区"电子警察"记录的违法行为，车辆在本地区年检过户还能通过。但是各地区的交通管理部门通常会进行几次专项整治行动，查处外地区车辆在本地的"电子警察"记录的违法行为。所以评估人员应仔细核查有关记录。如果发现有这类问题，在评估报告书应该特别说明，予以揭示，以免在车辆过户后带来不必要的麻烦和损失。再比如对于处于"抵押"或有"担保"责任的车辆，也应该在评估报告中揭示，以提醒报告的使用者注意，同时也可以较大程度上规避评估机构和评估师的执业风险。

二手车的价值评估是对经济活动中所涉及的二手车所进行的一种评值服务，是一项重要的市场中介活动。由于二手车车型复杂，车辆的技术状况千差万别，市场价格波动频繁，使二手车价值评估成为一项难度较大的工作，它是科学性与艺术性的统一，但只要大家在实践中不断地努力、探索，熟练掌握各种机动车价值损耗的规律，充分考虑各种影响价值的因素，那么我们就必然能够走出"评估混沌"的怪圈，为客户提供高质量的评值服务，赢得客户的信赖。

复 习 题 四

一、单项选择题

1. 车辆现行市价是指（   ）。
   A. 现在市场上新车价格　　B. 车辆在公平市场上售卖的价格
   C. 车辆拍卖价格　　　　　D. 车辆的收购价格

2. 从折现率本身来说，它是一种特定条件下的收益率，一般来说在收益一定的情况下（   ）。
   A. 收益率越高，车辆评估值越高
   B. 收益率越高，车辆评估值越低
   C. 收益率越低，车辆评估值越低
   D. 收益率与评估值无关

3. 机动车的收益现值是指（   ）。
   A. 机动车现时能够收益的大小
   B. 以适当的折现率将机动车未来的预期获利折成现值
   C. 机动车未来预期获利的多少
   D. 以适当的利率把机动车现时的收益折成将来的收益值

4. 某车辆使用一段时间后闲置露天库场停放，使得车身板金件锈蚀严重，橡胶件老化而导致的价值损耗为机动车的（　　）。
A. 实体性贬值　　　　　　B. 功能性贬值
C. 经济性贬值　　　　　　D. 实体性贬值和经济性贬值

5. 由于技术的进步，出现了新的性能更优的车辆，致使原有车辆相对新车型的贬值称机动车的（　　）。
A. 实体性贬值　　　　　　B. 功能性贬值
C. 经济性贬值　　　　　　D. 功能性贬值加经济性贬值

6. 某市更新一批出租车，决定以优惠政策扶持地方产品，淘汰比地方产品档次较低的车辆，因此使得剩余使用寿命在3年以上的淘汰车辆贬值，这种贬值属于（　　）。
A. 实体性贬值　　　　　　B. 功能性贬值
C. 经济性贬值　　　　　　D. 功能性贬值加经济性贬值

7. 一辆矿山作业车，已使用了3.5年，采用使用年限法估算此车的成新率是（　　）。
A. 43.75%　　　　　　　　B. 56.25%
C. 65.35%　　　　　　　　D. 75.15%

二、多项选择题

1. 市场法评估二手车的程序包括（　　）。
A. 收集资料，明确评估对象　B. 选择并确定参照物车辆
C. 分析比较差异因素　　　　D. 计算评估价值

2. 二手车的重置成本包括（　　）。
A. 新车的市场销售价格　　　B. 车辆购置税
C. 车船使用税　　　　　　　D. 保险费

3. 二手车的手续检查主要有（　　）。
A. 机动车登记证书　　　　　B. 汽车行驶证
C. 车船使用税　　　　　　　D. 养路费

4. 对于在市场中找不到参照物的二手车，可能的评估方法是（　　）。

A. 市场法　　　　　　　B. 重置成本法
C. 收益法　　　　　　　D. 清算价格法
5. 二手车评估的特点是（　　）。
A. 属于单项资产评估　　B. 评估有很大的随意性
C. 以技术鉴定为基础　　D. 要考虑手续费价值

三、判断题

1. 运用现行市价法，重要的是要能够找到与评估车辆完全相同的参照物。　　　　　　　　　　　　　　　　　　　　（　　）
2. 在评估中，一般用更新重置成本作为重置成本全价，即被认为已考虑功能性贬值。　　　　　　　　　　　　　　　（　　）
3. 我们认为，国家规定缴纳的车辆购置税属于汽车的无形损耗。
　　　　　　　　　　　　　　　　　　　　　　　　　（　　）
4. 在确定重置成本时，不仅要考虑生产和销售环节的税费，还应考虑使用环节征收的税费。　　　　　　　　　　　　（　　）
5. 二手车的收益现值是该车辆投入使用后取得收益的总和。
　　　　　　　　　　　　　　　　　　　　　　　　　（　　）
6. 用综合分析法确定成新率时，综合调整系数取值时，一般不超过 1。　　　　　　　　　　　　　　　　　　　　　　（　　）

四、问答题

1. 汽车有哪些组成部分？
2. 汽车的技术鉴定包括哪些内容？
3. VIN 的编码规则是怎样的？
4. 汽车的手续主要有哪些？
5. 市场法评估二手车价值的思路。
6. 收益法评估二手车价值的思路。
7. 重置成本法评估二手车价值时，如何计算二手车的成新率？

五、计算题

1. 某人欲转让一辆旅行客车（19座以上），该车系北京—承德线路长途客车，车主欲将车与线路运营权一同对外转让，线路经营权年限与车的报废年限相同。已知该线路车于2011年9月登记注册并投入运营，经市场调查，投资于该线路车的投资回报率为15%，预期年营运收入20万元，年营运成本6万元，假定适用的所得税率为25%，试评估该车（含线路）于2016年9月的价值。

2. 某市汽车租赁公司一辆富康出租车，初次登记日为2012年4月，2016年4月欲将此出租车对外转让。现已知该款全新富康车辆的市场销售价为6.68万元，该车常年工作在市区或市郊，工作繁忙，工作条件一般；经外观检查日常维护、保修状况较差；技术状况较差。试用综合分析法评估该车辆的价值。

3. 凯旋公司2008年2月花40万元购置一辆国产中型客车供班车使用，2013年2月欲在本地二手车市场交易，评估人员检查后发现：该车尾气排放达标，维修保养情况一般，路试情况一般。车辆累计行驶里程达30万公里。经过技术鉴定，鉴定人员认为该车发动机及离合器总成的成新率为40%（28%，表示权重，后略）；变速器及转动轴总成成新率为60%（10%）；前桥及转向器前悬总成成新率为50%（10%）；后桥及后悬架总成成新率为30%（10%）；制动系统成新率为60%（5%）；车架总成成新率为46%（5%）；车身总成成新率为50%（22%）；电器仪表系统成新率为40%（6%）；轮胎成新率为40%（4%）。已知该种车辆现行重置成本为35万元。试根据以上鉴定资料，评估该车的价值。

第五章 房地产评估

房地产评估是目前评估机构一种重要的业务活动，随着房地产交易量的逐步增加，房地产评估业务量不断攀升。房地产评估价值是课税以及金融机构确定贷款额大小的依据之一。本章主要介绍了房地产的概念、特点、评估的原则、房地产价格的影响因素以及房地产评估的主要方法等。

第一节 房地产评估概述

一、房地产及其特性

房地产是土地和房屋及其权属的总成。也有人认为房地产是指土地、建筑物和其他地上定着物及它们所附带的各种权利。《中华人民共和国城市房地产管理法》规定："房地产转让、抵押时，房屋的所有权和该房屋占用范围内的土地使用权同时转让、抵押"。但同时，也不能排除其他原因而单独评估土地和房屋建筑物的可能性。由此可以看出，房屋和建筑物的存在必须以土地作为其物质载体，任何房屋、建筑物都不能离开土地而存在；同时，土地的区位决定了房屋建筑物的位置，直接影响到房地产的价格。因此，在对房地产进行评估时，通常评估房地产的整体价值。在某种特殊情况下，也可以分别对房产的价值和地产的价值进行评估。

如上所述，房地产从构成上包括房产、地产及其统一。由于房地产依附于土地存在，其特征必然在很大程度上源于土地的特征。因此，要想做好房地产的评估工作，就必须了解地产和房地产的特征。

（一）地产的特性

土地的特性可以分为土地的自然特性和土地的经济特性。

1. 土地的自然特性

（1）土地位置的固定性。土地位置的固定性是指土地不随土地产权的流动而改变其空间的位置。它不像其他资产一样可以随便移动，例如，机器设备、耐用消费品，当购买者通过交易获得其产权时，便可以将实物带走，而地产却不具有这一特性，它不能随权利、价值的变动而改变其位置。正是由于这个特性，衍生了土地的其他特性，如区域性、质量差异性等，同时也决定了土地价格具有明显的地域性特征。由于土地位置的固定性，其交易必须以相关的法律制度予以强制确认，否则就会因其权利与土地实物的空间错位，影响正常的市场交易秩序。

（2）土地资源的不可再生性。土地是自然的产物，是一种自然资源，并且是非再生性自然资源，就其整体而言既不会增加，也不可能再生，因而土地具有独占性和有限性。土地自然的利用只有科学合理，才能供人类永续利用。

（3）土地质量的差异性。地球表面地形、地貌、气候、温度、海拔高度等方面的千差万别使得每一块土地都有别于其他的土地，不仅受自然环境的影响，还要受周围人文环境的影响。土地的这种严格的个体差异性导致了它不可能像其他商品一样在某种程度上具有完全的可替代性。土地位置的不同，造成了土地之间存在自然差异，这种自然差异造成了不同位置的土地之间在使用价值或效用方面存在或大或小的差异，也就导致了土地极差地租的产生。

（4）土地效用的永续性。同其他类型的资产相比，土地的使用价值具有持久性的特点。只要人们注意合理使用，土地会持续地发挥作用，其生产力或利用价值永不会消失，故又称永续性和恒久性。但是，人类若滥用，则会导致土地质量的变化，土地的沙漠化可能会急剧地缩短土地的使用年限。

2. 土地的经济特性

（1）土地经济供给的稀缺性。所谓土地经济供给的稀缺性，主要是指某一地区某种用途的土地供不应求，产生供求矛盾，形成稀缺的经济资源。土地经济供给的稀缺性，与土地总量的有限性、土地位置的固定性、土地质量的差异性等有关。随着人口的不断增加，人们对生活空间的要求越来越高，对土地的需求越来越大，土地的稀缺性越来越突出。土地经济供给的稀缺性客观上要求人们集约用地。

（2）土地用途的多样性。多数土地可以用作不同的用途，既可以作为农业用地，也可以用作工业用地，还可以作为其他如商业、办公、居住、道路等用途。同时，不同的用途又可以选择不同的利用方式。例如，居住用地，可以建平房，也可以建多层楼房或高楼大厦。正是土地用途的这种广泛性，使得对土地的利用具有选择性、计划性。土地用途的多样性特点客观上要求在房地产评估中需要确定土地的最佳用途。

（3）社会经济位置的可变性。土地的自然地理位置虽然固定不变，但人类的活动会改变某一块土地的社会经济位置。当周围环境、城市规划、交通条件等多种因素发生变化时，土地的社会经济位置就会发生变化。对于城市土地来说，城市土地区位随着城市的发展、城市规划及基础设施的建设，特别是交通的发展而变化，因此，合理的城市规划和交通建设能促进房地产业的发展，从而创造更多更优的区位。

（4）土地产权的可垄断性。由于我国土地归国家和集体所有，任何单位和个人只拥有土地的使用权，国家在出让土地使用权时限定使用年限，这便是垄断土地所有权的体现。土地的所有权和使用权都可以垄断。由于土地具有可垄断性，因此，在土地所有权或使用权让渡时，就必然要求实现其垄断利益，在经济上获得收益。

（5）保值增值性。由于土地供给总量的有限，随着社会生产力的发展及人口的增长，对土地资产的需求日益增加，土地的价格必然呈上涨趋势，因此土地作为一种稀缺资源具有保值增值的特性。

（二）房地产的特性

房地产的特性是土地和建筑物各自特性的综合，其特性主要体现在以下几个方面：

1. 位置的固定性及区域性

由于房屋固着于土地上，因此房地产的相对位置是固定不变的。房地产的位置固定派生出了房地产的区域性和个别性，即地球上没有完全相同的房地产，即使有两宗房地产的地上建筑物设计、结构和功能等相同，但因土地位置的差异，也会造成价格的差异。房地产位置的固定性，决定了任何一宗房地产只能就地开发、利用或消费，而且要受制于其所在的空间环境（邻里和区域经济）。因此，房地产市场只能是一个区域性的市场（一般是以一个城市为一个市场），不存在全国性市场。房地产的供求状况、价格水平和价格走势等都是当地的，存在着区域之间的差异。

2. 使用的长期性

由于土地可以永续利用，建筑物也是耐用品，使用年限可达数十年甚至长达上百年，使用期间即使是房屋变旧或受损，也可以通过不断的翻修来延长使用期。

3. 投资的大量性

房地产的生产和经营要经过一系列过程，包括：取得土地使用权、土地开发、建筑设计和施工、房地产销售等，这些过程所需的资金数量往往都很大，每平方米建筑面积的开发成本少则数百元，多则数千元，甚至在万元以上。这样使得房地产的市场交易价格也往往大于其他生产要素或消费品的市场交易价格，例如，在北京、上海这样的一线城市，购买一套商品住宅房一般需要上百万，而一幢商品办公楼的价格则往往在数百万元、数千万元甚至数亿元以上。无论是开发者还是消费者，一般都难以依靠自身的资金进行房地产投资开发，因此，金融业的支持和介入，是发展房地产必不可少的条件。

4. 保值与增值性

一般物品在使用过程中因不断变旧、损耗、老化、损坏等原因不断减值，而土地却不同，在正常的市场条件下，从长期来看，土地的价值呈上升趋势。由于土地资源的有限性和固定性，从而制约了房地产不断膨胀的供给，而对房地产的需求却在不断增加，从而导致价格上涨。同时对土地的改良和城市基础设施的不断完善，使土地原有的区位条件改善，也会导致房地产升值。

5. 不易变现性

由于房地产位置的固定性、用途不易改变等，房地产不像股票和外汇那样可以迅速变现，其变现性较差。

6. 投资风险性

房地产使用的长期性和保值增值性使之成为投资回报率较高的行业，但同时，房地产投资风险也比较大。其投资风险主要来自以下三个方面：①是房地产位置的固定性和不易变现性导致的，如市场销售不对路、容易造成长期的空置、积压；②房地产的生产周期较长，从取得土地到房屋建成销售，通常需要 3~5 年的时间，如果影响到房地产发展的各种因素在此期间发生变化，就会对房地产的投资效果产生影响；③社会动荡、自然灾害、战争等，都会对房地产投资产生无法预见的影响。

7. 影响因素多样性和复杂性

房地产效用的发挥以及价值的实现要受到许多因素的制约和影响。除了房地产自身的、自然的、物理的、化学的因素以外，周边环境、经济发展状况、社会治安状况以及国家制定的房地产制度、城市规划、土地利用规划、土地用途管制、住房政策、房地产信贷政策、房地产税收政策等都会对房地产的价格产生直接或间接的影响。这些因素交叉作用、相互影响，形成一个复杂的影响因素体系。

二、房地产评估的原则

由于房地产本身的特殊性,决定了评估师在进行房地产评估时,除了要遵循供求原则、替代原则、贡献原则等一般原则外,还应遵循一定的专业性原则。房地产评估的专业性原则主要如下:

1. 合法性原则

所谓合法原则,是指房地产评估应以评估对象的合法产权、合法使用和合法处分等为前提进行,评估结果是被评估房地产在依法判定的权益下的价值,即被评估房地产在现行法律、法规、规章、政策及合同等约束下的权益价值。在分析房地产的最有效使用时,必须根据城市规划及有关法律的规定,依据规定用途、容积率、建筑高度与建筑风格等确定该房地产的最有效使用。房地产的合法取得通常是以房地产的合法产权证明文件为依据,合法使用一般以城市规划为准绳,合法交易和合法处分主要是以房地产有关法规以及文件、批件、合同、协议为依据。例如,测算房地产的净收益时,其经营用途应为合法用途,比如不能用作赌场。城市规划为居住用地的,评估该地块价值时,必须以居住用地作为其用途,不能用作工业用地或商业用地。

2. 最佳有效使用原则

最佳有效使用原则,是指房地产的评估应该以获利最大的使用用途来衡量其评估价值。但是房地产的这种最佳使用必须在法律、法规允许的范围内,必须受城市规划的制约。通常在房地产的用途最有效、生产要素的组合最有效、与环境的协调最有效三个方面加以体现。根据房地产价格最有效使用原则进行评估时,就不应该受现实使用状况的限制,而应该根据何种状况下才能最有效使用房地产作出正确的判断。最佳有效利用原则的基本要求是:对土地不同使用方案进行比较,选择与土地属性配合性最好的建筑方案;在土地使用性质既定的情况下,对不同的开发、改良方案进行比较,按最高收益方案进行房地产价值评估。

3. 不完全可替代性原则

具有相同使用价值的房地产商品之间存在可替代关系，例如，位于同一居民住宅区内的两宗房产，在面积、功能大致相同的情况下，就可以相互替代。但是，由于房地产商品特有的区域性和极强的个体差异性，决定了房地产商品不可能像其他商品那样具有近似完全可替代性，也就是说，房地产商品之间只存在不完全可替代性。可替代性表明运用市场法的可能，不完全可替代则为实施市场法指明了比较的方向。

在土地资产评估中，经常采用的市场法就是以替代原则为基础，通过调查同一市场供需圈内近期发生交易的、与待评估地块有替代可能的地价，通过与待评估地块进行比较来确定待评估地块价格。在使用替代原则时，由于土地的个别性等特征，在进行土地评估时很难找到性质、条件完全相同的替代品，所以要进行时间和其他条件的修正后，才能按照替代原则采用市场法确定待评估土地的价值。

4. 房地合一原则

房地产评估的房地分估合一原则是指评估时要针对房产和地产的不同特征分别进行分析评估，然后把二者进行综合分析，最终确定房地产的整体价值。这表现在以下几个方面：

（1）"房地两依"是房地产最终商品形成的基本特点。城市土地就其自然属性来看，可以不依建筑物而存在，但就其经济属性而言，必须有一部分用来构建房屋建筑物，而对这部分土地来说，只有完整的房地产才是最终商品。对于房产来说，它总是依托于一定的土地，土地开发成本蕴含在房产价值之中，土地使用价值也通过房产来实现。

（2）"房地配合"是房地产取得预期收益的保障。在闹市的街角建造商业大楼，就是利用了地段的地理优势；如果建住宅楼，就把地段优势变成了劣势，从而会使地价受损。如果灵活运用地段优势，提高建筑容积率，就可以进一步提高地价。

（3）土地使用价格与该地块上可建房产的收益有关。土地本无价，就城市来看，因房产需求而引起对土地的需求，这种需求越强烈，土地就越具有稀缺性。因而，不仅现实中的地产可以根据房地产整体价格扣除房产成本和报酬后得出土地使用权价格，而且开发中的地产使用权，也要根据特定功能房产形成的预期收益来确定价值。

房地合一原则，并不是要求任何时候都要房、地综合评价。在实际中，由于房产和地产价格的性质不同，而且房屋会折旧、毁损，价值会越来越低；而土地不存在折旧问题，反而随着社会经济的发展而升值。影响房产和地产评估价值的因素也不尽相同，所以在必要时可以将两者分开评估。

三、房地产评估的一般程序

房地产评估的一般程序就是要明确在接受一宗具体的房地产评估业务时，应该先做什么，后做什么。房地产评估程序应该反映整个评估过程中各项工作之间的内在逻辑关系。一般而言，房地产评估应该按照以下程序进行：

（一）明确评估基本事项

在进行房地产评估时，必须了解评估对象的基本情况，这是拟定房地产评估方案、选择评估方法的前提。评估基本事项包括以下内容：

1. 明确评估目的

不同的评估目的所评估的价值内涵也不完全相同。在受理评估业务时，评估人员需要委托方明确指出此次评估的目的，并将评估的目的明确写进委托协议或合同和评估报告上。

2. 了解评估对象

即对评估房地产的实体和权益状态进行了解。对房地产实体的了解包括：土地面积、土地形状、临路状态、土地开发程度、地质、地形及水文状况。建筑物的类型、面积、层数、朝向、平面布置、工程质量、新旧程度、装修和室内外的设施等。对房地产权利的了解包括：土地权益性质、权属、土地使用权的年限、建筑物的权属、评估对象设定的其他权利状况等。

3. 确定评估基准日

确定评估基准日，就是确定待评估对象的评估时点，通常以年、月、日表示。由于房地产价格经常处于变化之中，而且房地产价格随其影响因素的变化而变动，因此，必须事先确定所评估的是哪一具体时点的价值。

4. 签订评估合同

在明确评估基本事项的基础上，双方可以签订合同，以法律的形式保护各自的权益。评估合同是委托方和受理方就评估过程中双方的权利和义务达成的协议，包括评估对象、评估目的、评估时点、评估收费、双方责任、评估报告等事宜的约定。评估日期一般也要写入评估项目委托合同当中，一旦确定，评估工作必须按期保质完成。评估合同的内容必须明确双方的权利和义务以及违约的处理办法。合同签订后，任何一方不得随意更改合同内容。

（二）制订工作计划

制订工作计划，就是对评估工作日程、人员组织等作出安排。工作计划的合理制订，有助于提高工作效率和评估质量。

（三）实地勘察和收集资料

所谓实地勘察就是评估人员亲临房地产所在地，对被评估房地产进行实地调查，以充分了解房地产的特性和所处区域环境。实地勘察要做记录，形成工作底稿。由于房地产市场时地域性很强的市场，房地产交易都是个别交易，因此，非经实地勘察难以对房地产进行评估。所以，实地勘察是房地产评估工作的一项重要步骤。

评估资料的收集在评估过程中是一项耗时较长且艰苦细致的工作，其内容涉及选用评估方法和撰写评估报告所需要的一些资料数据，包括评估对象的基本情况、有关评估对象所在区段环境和区域因素资料、与评估对象有关的房地产市场资料（如，市场供需状况、建造成本、租赁价格、国家和地方涉及房地产评估的政策、法规和定额指标等）。上述资料除了委托方提供以外，主要通过现场勘查和必要的调查得到。

（四）测算被评估房地产的价值

在调查研究和资料分析的基础上，便可以根据选定的评估方法，进行价值测算。目前房地产评估的常用的基本方法包括：市场法、成本法和收益法。另外由这三种基本方法所派生的其他方法，如路线价法、假设开发法等也是目前常用的评估方法。由于被评估房地产的性质差异和材料取得的难易程度，并不是每一种评估方法都适用于各类具体条件下的房地产。要得到一个公平合理的价值，通常是以一种评估方法为主，同时以另一种或几种评估方法为辅，目的是为了相互对照和检验修正。无论采用哪种方法，评估师都要对收集到的数据、参数进行认真分析、检验，最后根据自己的判断作出最佳选择。

（五）综合分析确定评定结果

所谓综合分析是指对所选用的评估方法、资料及评估程序的各个阶段，做客观的分析和检查。在进行综合分析时，要特别注意以下几点：所选用的资料是否恰当；评估原则的运用是否恰当；对资料分析是否准确，特别是对影响因素权重的赋值是否恰当等。对于采用不同评估方法得到的评估值，可以采用简单算术平均值，也可采用加权平均值作为最后评估值。

（六）撰写评估报告

评估程序的最后一步就是撰写评估报告。评估报告是评估过程和评估成果的综合反映，通过评估报告，一方面可以得到房地产评估的最后结果，另一方面还能了解整个评估过程的技术思路、评估方法和评估依据。

四、房地产价格及其影响因素

（一）房地产价格的种类

由于房地产业务的性质不同，所涉及的权利不同，房地产的用途也多种多样，因而，房地产价格有多种表现形式，可从多个角度加以分类。

1. 按价格形成方式可分为市场交易价格和评估价格

市场交易价格是房地产在市场交易中实际成交的价格，一般具有交易双方收支价款的依据、缴纳契税和管理费的依据等作用。评估价格是对市场交易价格的模拟。由于评估人员的经验、对房地产价格影响因素的理解不同，同一宗房地产可能得出不同的评价估价，评估结果也可能不同。但在正常情况下，不论采用何种方法，评估结果不应有太大的差距。

2. 根据权益的不同可分为所有权价格、使用权价格和其他权利价格

房地产发生交易时，所针对的权益有所有权、使用权、抵押权、租赁权等。针对的房地产权益不同，其价格就不同，如房地产使用权价格、房地产抵押权价格、房地产租赁权价格等。房地产的使用权价格是指房地产使用权的交易价格。一般情况下，房地产所有权价格高于房地产使用权价格。抵押价格是为房地产抵押而评估的房地产价格。抵押价格由于要考虑抵押贷款清偿的安全性，一般要比市场交易价格低。

3. 按房地产的实物形态可划分为土地价格、建筑物价格和房地产价格

土地价格包括基准地价、标定地价和土地交易价格等。基准地价是按照城市土地级别或均质地域分别评估的商业、住宅、工业等各类用地和综合土地级别的土地使用权的平均价格，该价格评估以城市为单位进行。标定地价是市、县政府根据需要评估的，正常地产市场中具体宗地在一定使用年限内的价格。建筑物价格，是指纯建筑物部分的价格，不包含其占用的土地的价格。房地产价格，是指建筑物连同其占用的土地的价格。

4. 按房地产价格的表示单位可划分为总价格、单位价格和楼面地价

房地产总价格，是指一宗房地产的整体价格。房地产单位价格有

三种情况：对房地产而言，是指单位建筑面积的房地产价格；对土地而言，是指单位土地面积的土地价格；对建筑物而言，是指单位建筑面积的建筑物价格。房地产的总价格一般不能说明房地产价格水平的高低，而房地产的单位价格却能反映这一情况。楼面地价又称单位建筑面积地价，是指平均到每单位建筑面积上的土地价格。利用公式：楼面地价＝土地总价格/建筑总面积、容积率＝建筑总面积/土地总面积，可以得出楼面地价的另一种求解方法，即：楼面地价＝土地单价/容积率。

5. 其他价格类型

申报价格，是指房地产权利人向政府申报的房地产交易成交价格。公告价格，是政府定期公布的土地价格，在有些国家和地区，一般作为征用土地补偿和征收土地增值税的依据。

（二）房地产价格的特征

1. 房地产价格是权益价格

房地产的买卖、抵押等并不能转移房地产的物质实体本身，而只是转移与房地产有关的各种权益，如所有权、使用权、抵押权租赁权等。当发生经济行为时，因转移方式不同可能会形成不同的房地产权益，从而带来不同的房地产权益价格，所以，评估时必须对此加以考虑。

2. 房地产价格具有个别性

由于房地产的个别性，没有任何两宗房地产的条件完全一致，再加上在房地产价格形成中，交易主体间的个别因素也很容易起作用，所以房地产的价格形成具有个别性。

3. 房地产价格具有可比性

尽管房地产价格具有很多不同一般商品的特征，但并不意味着其价格之间互不联系。人们可以根据房地产价格形成的规律，对影响房地产价格的因素进行比较，据此比较房地产的价格。

4. 房地产价格与用途有关

和一般商品不同，同一宗房地产，在不同的用途下，产生的收益也不一样。尤其是土地，在不同的规划用途下，其使用价值是不同的，土地价格与其用途高度相关。例如，在市场经济条件下，一宗土地如果合法用于建设商业楼比建设住宅楼更有利，则其商业用途决定其价格。

(三) 房地产价格的影响因素

1. 一般因素

一般因素是指影响房地产价格的一般、普遍、共同的因素。它通常会对整个房地产市场产生全面的影响，从而成为影响房地产价格的基本因素。这些基本因素主要包括社会因素、经济因素和政治因素等，通过直接或间接影响房地产的供求来影响房地产的价格。

(1) 社会因素。社会因素主要包括：人口因素、家庭规模因素、房地产投机因素、教育科研水平和治安因素、社会福利因素等。人口的数量和素质直接决定了对房地产的需求程度。通常情况下二者与房地产价格的关系是正相关的。家庭规模，是指社会或某一地区家庭平均人口数。即使一个地区人口总数不变，家庭人口数的变化也将会影响居住面积的变化，从而影响房地产的需求，房地产的价格也就会发生变化。房地产投机因素会在一定程度上在短期内歪曲房地产的需求，造成房地产价格的大幅上涨或下降，但也不排除在上涨或下跌时投机者的相反判断而平衡房地产供求，从而稳定房地产的价格。教育科研水平和治安水平，主要是通过影响人们的居住环境来影响房地产的供求，从而影响房地产的价格。而社会福利的状态会影响社会文化生活水平，从而间接影响房地产价格水平。

(2) 经济因素。经济因素主要包括经济发展因素、财政金融因素、产业因素等。经济发展因素主要是通过国民经济增长速度、国民生产总值、居民收入水平物价指数等对房地产的价格产生影响。经济发展水平越高，居民收入和消费水平就越高，则相应物质生活就比较繁荣，人民对房地产的需求就会上升，在一定程度上会引起房地产价格的上涨。财政金融因素中的存贷款利率、物价上升指数、税率、贷款比率和土地资本化率等和房地产价格的形成有着密切的关系。物价变动如果呈现出通货膨胀趋势，人们为了对自有资产进行保值增值就会增加房地产的投资，促使房地产价格上升。储蓄和投资水平、财政收支和金融状况及利率的高低都会直接影响到房地产的供求。产业结构在这里主要是指第一、二、三产业在国民经济及 GDP 中的比例关系，以及房地产业在其所占的比重。通常情况下，第三产业所占的比重增大，房地产的价格就会上升。

（3）政策因素。政策因素通过对社会、经济等行为加以规范来影响房地产价格。政策因素主要包括：土地使用制度、住房制度、地价政策、城市规划、税收制度、城市发展战略、行政隶属关系变更以及交通管制等。土地制度将决定在房地产买卖中，特别是地产交易中，交易的权利类别，所以对于房地产价格的影响最大。税收、投资倾斜、优惠政策等国家宏观调控政策对某地区的倾斜会诱发该地区房地产价格的上涨。一个地区的行政隶属关系发生变更，也会影响其房地产价格水平。例如，将非建制镇升格为建制镇，将建制镇升格为市，或将经济落后地区规划为经济发达地区管理，都会导致房地产价格的上涨。

2. 个别因素

个别因素分为土地个别因素和建筑物个别因素。

（1）土地的个别因素。土地个别因素也叫宗地因素，是宗地自身的条件和特征对该地块价格产生影响的因素。主要包括区位、面积、形状、地貌、容积率、用途、土地使用年限等因素。区位包括自然地理区位和经济地理区位。当区位由劣变优时，地价会上升；相反，则地价会下降。一般来说，宗地面积必须适宜，规模过大或过小都会影响土地效用的充分发挥，从而降低单位地价。土地的形状也会影响地价，通常情况下，形状规则的价格要比不规则的高；特殊情况下，在街道的交叉口、三角形等不规则土地的地价也可能极高。土地肥沃程度、地质的优劣都与地价成正比。容积率也是影响地价的主要因素之一。虽然容积率越大，地价越高，反之，地价越低，但二者一般不呈线性关系。同一块土地，用途不同，地价就会有很大的不同。

一般情况下,对于同一宗土地而言,工业用地、居住用地、商业用地的地价是递增的。在年地租不变的前提下,土地使用年限越长,地价就越高。

(2)建筑物的个别因素。建筑物的面积、设计风格、施工质量、法律限制、建筑物所在位置、装修标准和设备配套情况等,都会在一定程度上影响房地产的价格。建筑物的建筑面积、居住面积、高度等不同,则建筑物的建设成本也不相同,从而影响建筑物的价格,通常情况下,建筑面积、居住面积和高度与建筑物价格呈正比;建筑物的设计风格、装潢应与建筑物的使用目的相适应,建筑物的设计、设备是否与其功能相适应,对建筑物价格有很大影响;施工质量的好坏、建筑架构的合理性会影响到建筑物以后的收益程度和收益期限,所以必然会影响到其价格;法律限制可能会影响到房地产的运营成本或收益,也会影响到房地产价格;而建筑物的位置会影响到是否与周围环境相协调,从而能否发挥最有效使用状态,如果不能充分发挥其使用效用,其价值自然会降低。

3. 区域因素

所谓区域因素,是指某一特定区域内的自然条件与社会、经济、行政、技术等因素相结合所产生的区域特性,对该区域内的各块土地的价格水平产生影响的因素。区域因素主要包括繁华程度、交通、城市设施、环境等因素。如果建筑物所在的地区商业、服务业等繁华程度比较高,则该地区的房地产价格水平也会比较高;通常情况下,所在地区的道路系统畅通程度越高,公共交通系统越完善便利,房地产价格水平也就越高;而基础设施完善度、生活设施完善度、文体娱乐设施完善度等指标一般都会对房地产价格形成正相关影响;若一个地区绿地较多、公园充足、环境优美,则该地区的房地产价格水平就比较高,反之,若环境污染比较严重,则房地产价格水平就比较低。

第二节

房地产评估的市场法

一、市场法在房地产评估中的应用

(一) 基本思路

市场法又称市场比较法、买卖实例比较法、交易实例比较法、现行市价法等,是指在求取一宗被评估房地产价值时,依据替代原理,将被评估房地产与类似房地产的近期交易价格进行对照比较,通过对交易情况、交易日期、房地产状况等因素进行修正,得出被评估房地产在评估基准日的价值。市场法是房地产评估方法中最常用的基本方法之一,也是目前国内外广泛应用的评估方法。

(二) 适用范围

市场法需要有合适的类似房地产交易案例,所以在房地产市场发达的情况下,市场法得到广泛应用。在同一地区或同一供求范围内的类似地区中,与待评估房地产相类似的交易实例越多,市场法的应用就越有效。但是,市场法在下列情况下往往难以适用:

(1) 没有房地产交易或很少有房地产交易发生的地区。

(2) 某种类型很少的房地产或交易实例很少的房地产,如古建筑等。

(3) 很难成为交易对象的房地产,如寺庙、教堂等。

(4) 风景名胜区土地。

(5) 图书馆、体育馆、学校用房等。

(三) 计算公式

市场法通过与近期交易的类似房地产进行比较,对两者之间在影响该地产的交易情况、交易日期、房地产状况因素,以及个别因素等的差别进行修正,以求得待评估房地产在评估日的价值。房地产状况修正可以分为区位状况修正、实物状况修正和权益状况修正。由于属于权益状况的容积率和土地使用年期的影响力较大,情况特殊,可以对其进行单独修正。

房地产评估市场法的基本计算公式如下:

$$P = P' \times A \times B \times C$$

式中:P—待评估房地产的评估价值;

P'—可比交易实例价值;

A—交易情况修正系数;

B—交易日期修正系数;

C—房地产状况修正系数。

其中,上述参数计算公式如下:

$$A = \frac{正常交易情况指数}{可比实例交易情况指数}$$

$$B = \frac{评估基准日价格指数}{可比实例交易时价格指数}$$

$$C = \frac{待估对象房地产状况指数}{可比实例房地产状况指数}$$

在实际评估工作中,由于通常将某一时点的价格指数定为100,所以市场法评估房地产的计算公式可以表现为

$$P = P' \times A \times B \times C$$
$$= P' \times \frac{100}{(\ )} \times \frac{(\ )}{100} \times \frac{100}{(\ )}$$

在上式中,P'、A、B的含义同前;C为以可比实例的房地产状况为基准即100,而确定被评估对象房地产状况的修正系数。

如果土地容积率、土地使用年限单独修正,则计算公式为:

$$P = P' \times A \times B \times C \times 容积率修正系数 \times 土地使用年期修正系数$$

需要注明的是,组成房地产状况因素的各个因子都可以独立地扩展出来进行单独修正。

（四）操作步骤

在应用市场法时，一般要经过收集交易资料、确定可比交易案例、因素修正、确定房地产价值等程序。由于土地容积率修正和土地使用年期修正这两个因素比较重要，通常单独列出。下面是操作步骤的具体介绍。

1. 收集交易资料

运用市场法进行房地产价值的评估时，必须有充分的交易材料，这是市场法运用的基础和前提条件。对于评估人员来说，必须时刻留意积累交易实例资料，而不是等需要时才去收集。在收集交易实例资料时，通常需要收集的内容有：房地产的位置、用途、交易价格、交易时间、交易双方情况、房地产状况、环境状况、交通状况等。值得注意的是，对于收集到的每一交易实例，对其每一项内容都要进行分析验证，保证做到准确无误，剔除虚假的内容。

2. 确定可比交易案例

可比实例选择是否恰当，直接影响到运用比较法评估的结果精度，因此对可比实例的选择应该特别慎重。在对房地产进行评估时，应该根据被评估房地产的特点，从平时收集的众多房地产交易实例中选择符合一定条件的交易实例作为参照物。

通常情况下，确定比较实例的要求如下：

（1）与被评估房地产所处的地区应相同，或在同一供求范围内的类似地区。

（2）比较实例应与被评估房地产的用途相同。这种用途主要是指大用途，例如工业、商业、住宅等，能做到小用途相同则更好。

（3）交易时间与待评估房地产评估日相近或可以进行比较修正，如果市场稳定，评估基准日与案例交易日期可相差较远，但所选的交易案例资料通常不应该超过三年。如果市场变动剧烈，变化快，则最好选取较近时期的交易实例，以两年以内为最佳。

（4）比较实例必须是正常交易或可修正为正常交易，即交易应服从公开、平等、自愿原则，其所形成的交易价格能够看作是对市场价格的反映。

(5) 比较实例应与待评估地块的交易类型相同，即同为买卖、租赁、抵押等形式。

3. 因素修正

因素修正包括：交易情况修正、交易日期修正、房地产状况修正、容积率修正、土地使用年限修正等。

(1) 交易情况修正。运用市场法进行房地产评估时，由于房地产价格的形成往往具有个别性，所以需要对选取的交易实例进行交易情况的修正，将交易中由于个别因素所产生的价格偏差予以剔除，使其成为正常价格。通过交易情况的修正，可以将可比实例价格修正为正常交易价格，其计算公式如下：

$$\text{交易情况修正后的正常价格} = \text{可比实例价格} \times \frac{\text{正常交易情况指数}}{\text{可比实例交易情况指数}}$$

$$= P' \times \frac{100}{(\ \ )}$$

如果可比交易实例交易时的价格高于正常情况下的交易价格，则分母大于100；反之，则小于100。

(2) 交易日期修正。交易实例的交易日期与待评估房地产的评估基准日通常相差一段时间。在此期间内，房地产市场可能不断发生变化，房地产的价格可能降低也可能升高。所以，就需要根据房地产价格的变动率，将交易实例房地产价格修正为评估基准日的房地产价格，这就是交易日期修正，也称为日修正。房地产价格变动率一般用房地产价格指数来表示，利用价格指数进行日期修正的公式如下：

$$\text{评估基准日价格} = \frac{\text{评估基准日价格指数}}{\text{可比实例交易时价格指数}} \times \text{可比实例价格}$$

(3) 房地产状况修正。通常情况下，被评估房地产和交易实例房地产的状况是不相同的，评估人员应将被评估房地产和交易实例房地产的状况加以比较，找出由于房地产状况的差异而引起的待评估房地产和交易实例房地产价格的差别,对交易实例房地产价格进行修正。

(4)容积率修正。容积率和地价并非是线性关系,需要根据具体区域的情况具体分析。在对房地产进行具体估价时,需要通过对容积率与地价水平的相关程度的分析,并根据容积率与地价的相关系数,编制容积率修正系数表,再按下面的公式进行计算。

$$\text{经容积率修正后价格} = \text{可比实例价格} \times \frac{\text{待估宗地容积率修正系数}}{\text{可比实例容积率修正系数}}$$

例如,某个城市土地的容积率修正系数表如表5-1所示。

表5-1 容积率修正系数表

容积率	0.1	0.4	0.7	1.0	1.1	1.3	1.7	2.0	2.1	2.5
修正系数	0.5	0.6	0.8	1.0	1.1	1.2	1.6	1.8	1.9	2.1

如果确定比较宗地地价为5000元/平方米,容积率为2.5,待评估宗地规划的容积率为2.0,则

经容积率修正后的可比实例价格 = 5000 × 1.8 ÷ 2.1 = 4285.7(元/平方米)

(5)土地使用年限修正。土地使用年限的长短会直接影响到土地的收益情况。在年收益确定以后,土地的使用年限越长,土地的总收益就越多,土地利用效益就越高,土地的价格也因此会越高。通过对土地年限的修正,可以消除由于使用年限不同而对房地产价格造成的影响。因为年限对土地的影响主要体现在未来收益的长短上,所以年限的修正实际上就是年限对总收益的影响。在年收益确定的情况下,年限对收益的影响可以通过年金现值系数这一概念来表达。所以,土地使用年期修正系数按下式计算:

$$k = \frac{1 - \dfrac{1}{(1+r)^m}}{1 - \dfrac{1}{(1+r)^n}} = \frac{PVIFA_{r,m}}{PVIFA_{r,n}}$$

式中：

k—将可比实例中使用年限修正到被评估对象使用年期的年期修正系数；

r—资本化率；

m—被评估对象的使用年限；

n—可比实例的使用年限；

$PVIFA_{r,m}$—资本化率为 r、年限为 m 的年金现值系数；

$PVIFA_{r,n}$—资本化率为 r、年限为 m 的年金现值系数。

土地使用年限修正后地价 = 比较实例价格 × k

【例 5 - 1】若选择的比较案例成交地价为 1000 元/平方米，而待评估宗地出让年限为 20 年，土地资本化率为 8%，

①若比较案例土地使用年期为 25 年，则

$$土地使用年限修正后的地价 = 1000 \times \frac{PVIFA_{8\%,20}}{PVIFA_{8\%,25}}$$

$$= \frac{1000 \times 9.8181}{10.6748} \approx 920 （元 / 平方米）$$

②若比较案例土地使用年限为 30 年，则

$$土地使用年限修正后的地价 = 1000 \times \frac{PVIFA_{8\%,20}}{PVIFA_{8\%,30}}$$

$$= \frac{1000 \times 9.8181}{11.2578} \approx 872 （元 / 平方米）$$

4. 确定房地产价值

经过以上的交易情况修正、交易日期修正、房地产状况修正、土地使用年期修正等后，就可以得到在评估基准日的待评估房地产的若干个价值。交易实例选取几个，就有几个价值，如果交易实例选取 3 个，就有 3 个价值。

通过计算公式得到的若干个价值不可能完全一致，而被评估的房地产价值只有一个，可以采用统计学的方法来求取最终的房地产价值，例如，可以求几个价格的加权算术平均数、简单算术平均数等。

二、市场法在建筑物评估中的应用

市场法在建筑物的评估中因参照物的选取不同而有多种形式。但市场法的基本评估思路是以市场上相同或类似建筑物的交易价格为参照，经过必要的调整修正来确定待评估建筑物的价值。其具体要求与土地使用权评估的市场法基本一致，也包括交易情况、交易时间、区域因素等的修正，只是建筑物比较时个别因素与土地使用权评估有所不同，不同点主要体现在以下几个方面：

（1）建筑物的平面布局。

（2）建筑物的结构类型。

（3）建筑物的装修标准，主要是指地板、门窗的用料情况，不同类型的房屋有不同的装修标准要求。

（4）房屋附属设施和设备，即房屋附属电梯、暖气设备、卫生设施、栅栏以及绿化状况。

（5）房屋的朝向、层次、临街状况等。

第三节　房地产评估的收益法

一、基本思路

收益法，又称收入资本化法、投资法、收益还原法，是求取评估对象未来的正常净收益，选用适当的资本化率将其折现到评估基准日后累加，以此估算房地产的价值的方法。该方法在国外被广泛地用于收益性房地产价值的评估中，在我国也是最常用的评估方法之一。

其基本思想是：房地产在交易时，伴随着房地产所有者权利的让渡，房地产的收益转归房地产购买者。而房地产所有者让渡出去的权利必然要在经济上得以实现，房地产购买者必须一次性支付一定的金额，补偿房地产所有者失去的收益。这一货币金额每年给房地产所有者带来的利息收入必须等于他每年能从房地产获得的纯收益，这个金额就是该收益性房地产的理论价格，可以用公式简单的表示为：房地产价值 = 净收益/资本化率。该理论的使用包含三个假设前提：（1）净收益每年固定不变；（2）资本化率固定；（3）收益为无限年期。在运用收益法评估房地产的价值时，首先要计算净收益，其通过总收益减去总费用获得；然后确定资本化率；最后借助合适的计算公式求得待评估房地产的价值。如果对房地产进行综合考虑，由于房地产有一定的使用年限，则需要将现值收益按实际未来可使用年限折现。

二、适用范围

收益法的适用对象是指能带来收益的房地产，如商场、写字楼、旅馆、公寓等，而对于政府机关、学校、公园、公益性房地产等，由于其不能带来收益，因此收益法很少使用。

三、计算公式

在使用收益法进行评估时，可以对土地的价值进行单独评估，也可以对建筑物的价值进行评估，还可以对房地合一的房地产价值进行评估，前提是只要待评估对象具有连续的、可预测的净收益。

计算公式：

$$房地产价值 = \sum_{t=1}^{n} \frac{待估房地产第 t 年带来的纯收益}{(1 + 资本化率)^t}$$

鉴于收益法的计算原理在前面章节已经论述，这里不再阐述。收益法在房地产评估中的具体应用如下。

1. 单独评估土地的价值

土地价值 = 土地净收益／土地资本化率

土地净收益 = 土地总收益 − 土地总费用
土地总费用 = 管理费 + 维护费 + 税金
土地价值 = 房地产价值 − 建筑物现值
其中，
建筑物现值 = 建筑物重置价 − 年贬值率 × 已使用年数

$$年贬值额 = \frac{建筑物重置价 - 残值}{耐用年限} = \frac{建筑物重置价 \times (1 - 残值率)}{耐用年限}$$

$$土地价值 = \frac{房地产净收益 - 建筑物净收益}{土地资本化率}$$

式中，建筑物净收益 = 建筑物现值 × 建筑物资本化率

2. 单独评估建筑物的价值

建筑物价值 = 房地产价值 − 土地价值

$$建筑物价值 = \frac{房地产净收益 - 土地净收益}{建筑物资本化率}$$

3. 评估房地合一的房地产价值

$$房地产价值 = \frac{房地产净收益}{综合资本化率}$$

式中，
房地产净收益 = 房地产总收益 − 房地产总费用
房地产总费用 = 管理费 + 维修费 + 保险费 + 税金

在上面的公式中，都是通过房地产总收益减去房地产总费用来求房地产净收益。值得注意的是，在求房地产净收益时，房地产总费用不包括房地产折旧费。上述提到，在使用上述公式进行计算时，假设条件是土地使用年限为无限期，但在实际操作中，应注意土地使用的年限性。

四、公式中各因素的确定

（一）净收益及其确定

所谓净收益，是指归属于房地产的除去各种费用后的收益，一般以一年为单位。在正常情况下，土地净收益通过总收益减去总费用获

得。但在确定房地产净收益时，要注意区分房地产的实际净收益和客观净收益。实际净收益，是指在现状下被评估房地产实际取得的净收益，该收益由于受到多种因素的影响，通常不能直接用于评估，而是根据房地产评估的最优使用原则，按照房地产最佳使用用途所能赚得的客观收益作为评估依据。例如，一块城市用地闲置不用，其净收益为0，这实际上是实际收益。同时，该块土地可以作为交易对象而收取租金，且收取租金是其最佳使用途径，那么租金减去相关的开支后的结余便是客观收益。因此，客观收益才是土地评估依据。由于客观收益是排除了实际收益中特殊的、偶然的影响因素后得到的一般正常收益，所以它才能作为评估的依据。

由于房地产的情形不同，其纯收益的具体求解方法也不同。一般企业用房地产，其净收益的计算公式为：净收益＝销售额－原材料价－运费－工资－税收（等成本）；出租用的房地产，其净收益＝租赁收入－折旧费－维修费－管理费－保险费－税收（等费用）；待开发房地产在求取其净收益时，可以采用类似假设开发法，假设待开发土地在最佳有效使用下可能取得的收益，房地产的净收益＝待开发土地在最佳有效使用下可能取得的收益－获取这一收益所付出的必要费用；自用房地产净收益采用间接法，也就是以相同地区或类似地区中房地产的纯收益为依据，进行地区因素和个别因素的修正，从而确定房地产的净收益。

（二）资本化率及其确定

所谓资本化率实际上就是土地投资报酬率。对投资行为而言，资本化率高，意味着投资风险大，在净收益不变的情况下房地产价值越低；反之，则越高。收益性房地产的购买实际上是一种投资行为，资本化率在一定程度上反映了投资收益率，因此，资本化率的大小同投资风险的大小是成正相关关系的。投资风险越小，利润率越低，而投资风险越大，利润率则越高。

五、应用举例

【例 5 – 2】 某房地产公司于 2010 年 2 月以出让方式取得一块土地 50 年使用权，并于 2012 年 2 月在此地块上建成一座钢混结构的写字楼，当时造价为每平方米 3800 元，经济耐用年限为 60 年。目前，该类型建筑的重置价格为每平方米 4200 元。该大楼总建筑面积为 5000 平方米，全部用于出租。据调查，当地同类型写字楼的租金一般为每天每平方米 2 元，空置率在 10% 左右，每年需支付的管理费用一般为年租金的 3.5%，维修费为建筑物重置价的 1.5%，房产税为租金收入的 12%，其他税为租金收入的 6%，保险费为建筑物重置价的 0.2%，资本化率为 8%。试根据以上资料评估该写字楼在 2015 年 2 月的价值。

（1）估算年有效总收入。

年有效总收入 = 2 × 365 × 5000 × （1 – 10%） = 3285000 （元）

（2）估算年营运费用。

年管理费 = 3285000 × 3.5% = 114975 （元）

年维修费 = 4200 × 5000 × 1.5% = 315000 （元）

年保险费 = 4200 × 5000 × 0.2% = 42000 （元）

年税金 = 3285000 × （12% + 6%） = 591300 （元）

年运营费用 = 114975 + 315000 + 42000 + 591300 = 1063275 （元）

（3）估算净收益。

年净收益 = 年有效总收入 – 年营运费用

= 3285000 – 1063275 = 2221725 （元）

（4）计算房地产价值。

房地产的剩余收益期限为 45 年，则：

房地产价值 = 2221725/8% × $[1 - 1/(1 + 8\%)^{45}]$ = 26901538 （元）

（5）评估结果。

该写字楼房地产在 2015 年 2 月的价值为 26901538 元，单价为每平方米 5380 元。

第四节

房地产评估的成本法

一、基本思路

成本法是以假设重新建造被评估房地产所需要的成本为依据而评估房地产价值的一种方法，也就是说，以重置一宗与被评估房地产可以产生同等效用的房地产，所需投入的各项费用之和为依据，再加上一定的利润和应纳税金来确定被评估房地产价值。该评估方法的理论基础是重置成本。

值得注意的是，在房地产评估中，房屋与其所依附的土地具有不同的自然和经济特性。对土地而言，因为具有保值增值的特性，所以仅仅对土地进行的评估不涉及各种贬值；而对于建筑物或土地与房屋合一的房地产，需要考虑其各种贬值率。

二、适用范围

成本法特别适用于房地产市场发育不成熟、成交实例不多，无法利用市场法、收益法等方法进行评估的情况。在对于那些既无收益又很少有交易情况的公园、学校、政府办公楼、图书馆、公共建筑、公益设施等特殊的房地产进行评估时也比较适用。

三、成本法在土地评估中的应用

在用成本法评估地价时，必须分析地价中的成本因素。用成本法计算土地的价值公式为：

土地价值 = 待开发土地取得费 + 土地开发费 + 利息 + 利润 + 税费 + 土地增值收益

用成本法评估地价的程序一般为：计算待开发土地取得费用，计算土地开发费用，计算投资利息，计算投资利润和税费，计算土地增值收益。然后将上述内容相加，即可得到用成本法评估的土地价值。

（一）计算待开发土地的取得费用

土地取得费是指为了取得土地而向原土地使用者支付的费用，可以分为两种情况：第一情况，国家征收集体土地而支付给集体土地所有者的费用，包括土地补偿费、地上附着物和青苗补偿费及安置补偿费等。关于征用耕地费用的各项标准，以《中华人民共和国土地管理法》为准，征用其他土地的补偿和安置及青苗补偿等标准，由省、直辖市、自治区参照征用耕地的土地补偿费和安置补偿费的标志规定；第二种情况，为取得已利用城市土地而向原土地使用者支付的拆迁补偿费用，这是对城市土地使用者在经济上的补偿，补偿标准各地有具体的规定。

（二）计算土地开发费用

土地开发费主要包括基础设施建设费和公共配套设施建设费等。

（1）基础设施配套费。基础设施配套通常概括为"三通一平"和"七通一平"。"三通一平"指通水、通路、通电和平整地面。"七通一平"是指通上水、通下水、通电、通信、通气、通热、通路和平整路面。

（2）公共事业建设配套费用。主要指邮电、图书馆、学校、公园、绿地等设施的费用，这与项目大小、用地规模有关，各地情况不一，要根据实际情况而定。

（3）小区开发配套费。同公共事业建设费类似，各地根据用地实际情况确定合理的项目标准。

（三）计算投资利息

投资利息就是指资金的时间价值。在用成本法对土地价格进行评估时，投资包括土地取得费和土地开发费两大部分。但两部分资金的投入时间和占用时间是不同的，土地取得费需要在土地开发动工前全部付清，在开发完成销售后方能收回，因此，计息期应为整个开发期和销售期。而土地开发费在开发过程中逐步投入，销售后收回，若土地开发费是均匀投入，则计息期为开发期的一半。

（四）计算投资利润和税费

税费可根据统计得到销售费用占销价的比例及根据国家有关税收政策和法规来确定。而利润计算的关键是确定利润率或投资回报率。利润率计算的基数可以是开发后土地的价格，也可以是土地取得费和土地开发费。在计算时要注意所用利润率的内涵。

（五）计算土地增值收益

土地增值收益主要是由于土地用途的改变或土地功能的变化所引起的。由于这种增值是土地所有权人允许改变土地用途带来的，应该归土地所有者所有。如果土地的性能发生了改变，而提高了土地的经济价值，使得土地收益能力增加，这个增加的收益，由于是由土地性能改变而带来的，同样应归土地所有者所有。根据计算公式，前四项之和即为成本价格，成本价乘以土地增值收益率就是土地所有权收益。目前土地增值收益率通常为10%至25%。

（六）计算土地价值

通过将前面的五项内容加总，即可得到用成本法评估的土地价值。

四、成本法在房地产评估中的应用

（一）新建房地产的成本法评估

新建房地产成本法评估的基本公式为：

新建房地产价值 = 土地取得费用 + 开发成本 + 管理费用 + 利息 + 销售收入 + 利润

由于新建房地产无须折旧，可直接用开发成本计算。其开发成本为房地产开发过程中所发生的各种费用，包括：土地征收及拆迁补偿费、前期工程费、基础设施费、建筑安装工程费、配套设施费和管理费用等。

(1)土地取得费用。土地取得费用要根据取得土地的不同途径来分别测算土地费用,应包括取得的手续费和税金。这些途径有征收、拆迁改造和购买等。

(2)开发成本。开发成本主要由五个方面构成:勘察设计和前期工程费;基础设施建设费;房屋建筑安装工程费;公共配套设施建设费;开发过程中的税费及其他间接费用。

(3)开发利润。利润率可根据开发类似房地产的行业平均利润率来确定。

(4)管理费用。管理费用主要是指开办费和开发过程中管理人员的工资等。

(5)投资利息。以土地取得费用和开发成本之和作为计算利息的基数。

(6)销售税费。销售税费主要包括三项内容:销售费用、销售税金及附加、其他销售税费。

(二)旧建筑物的成本法评估

在运用成本法对旧建筑物进行评估时,不能采用建筑物原来的建造成本,而应以评估时点的重新建造成本为基础,考虑评估对象的磨损和使用,扣除建筑物的贬值额。旧建筑物价值的现值可以通过下列公式计算得到:

建筑物价值 = 重置成本 - 年贬值额 × 已使用年限

或者

建筑物价值 = 建筑物重置成本 × 成新率

其中有关指标的计算依据如下:

(1)计算建筑物的重置成本。重置成本是采用新的建筑材料和工艺建造一个与原建筑功能基本相同的建筑物的成本,包括利息、利润和税费等。

(2)计算建筑物成新率。考虑成新率时,主要考虑功能性贬值因素和经济性贬值因素,同时,还要考虑建筑物的设计等级、设计部门等级、设防标准、施工单位等级和实际施工水平,更要考虑项目大修的情况，选用合适的成新率方法来进行估算。可以采用年限法，特别是年限平均法来计算建筑物的成新率。

（3）计算建筑物的年贬值额。对于建筑物而言，年贬值额的计算一般主要考虑建筑物的重置成本和房屋的使用寿命，一般采用平均年限法作为年度贬值率计算其年贬值额。

（4）计算建筑物价值。建筑物价值的计算公式：

建筑物价值 = 建筑物重置成本 × 成新率

五、应用举例

【例5-3】某市经济开发区内有一块土地，面积为20000平方米，该地块的土地征地费用（含安置、拆迁、青苗补偿费和耕地占用费）为每亩10万元，土地开发费为平方公里2亿元，土地开发周期为2年，第一年投入资金占总开发费用的35%，开发商要求的投资回报率为10%，土地出让增值收益率为15%，银行贷款年利率为6%，试评估该土地的价值。

由于该土地的各项投入成本均已知．可用成本法对其进行评估。

（1）计算土地取得费用。

土地取得费用 = 10（万元/亩） = 150元/平方米

（2）计算土地开发费用。

土地开发费用 = 2（亿元/平方公里） = 200（元/平方米）

（3）计算投资利息。

由于土地取得费的计息期为2年，土地开发费为分段均匀投入，则：

土地取得费利息 = $150 \times [(1+6\%)^2 - 1]$
= 18.54（元/平方米）

土地开发费利息 = $200 \times 35\% \times [(1+6\%)^{1.5} - 1] + 200 \times 65\%$
$\times [(1+6\%)^{0.5} - 1]$
= 6.39 + 3.84
= 10.23（元/平方米）

(4) 计算开发利润。

开发利润 = [(1) + (2)] × 10%
= (150 + 200) × 10%
= 35 (元/平方米)

(5) 计算土地价格。

土地单价 = [(1) + (2) + (3) + (4)] × (1 + 15%)
= (150 + 200 + 18.54 + 10.23 + 35) × (1 + 15%)
= 475.84 (元/平方米)

土地总价 = 475.84 × 20000
= 9516800 (元)

第五节 假设开发法

一、基本思路

假设开发法又称为剩余法、倒算法或预期开发法。在评估待开发土地价值时，剩余法运用得较为广泛。所谓假设开发法，是指将被评估地产开发后的预期价值，扣除正常投入费用、正常税金及合理利润后，依据该剩余值测算被评估地产价值的方法。

运用该方法评估地价时，首先估算开发完成后房地产正常交易的价格，然后扣除建筑物建造费用和建筑物建造、买卖相关的专业费、利息、利润、税收等费用，以其余额来确定被评估土地价值。不同的开发商，其对房地产的利用不同，其所投入的成本和要求的利润可能也不同。但无论如何，可以假设某房地产得到最合理的利用，取得最大的收益，然后扣除为达到最好用途所花费的代价，剩余的就是房地产投资商目前可以接受的最高价格。在这个价格上，开发商可以弥补成本，同时，还可以得到自己所想要的最低利润。因此，用假设开发法评估的价值应该是房地产购买者可以接受的最高价格。

二、适用范围

假设开发法主要适用于下列房地产的估价：

（1）待开发土地的估价。即用开发完成后的房地产价格减去建筑费、专业费等。

（2）将生地开发成熟地的土地估价。也就是用开发完成后的熟地价减去土地开发费用。

（3）待拆迁改造的再开发地产的估价。这时的建筑费还应包括拆迁费用。

三、计算公式

假设开发法的计算公式表现形式很多，但基本思路相同，其基本公式可以表示为：

$P = A - (B + C + D + E)$

式中：

P——土地价值；

A——开发完成后的房地产价值；

B——整个开发项目的开发成本；

C——投资利息；

D——开发商合理利润；

E——正常税费。

在实际评估中，常用的一个具体公式表示为：

地价 = 预期楼价 – 建筑费 – 专业费用 – 销售费用 – 利息 – 税费 – 利润

式中：利息 =（地价 + 建筑费用 + 专业费用）×利息率

利润 =（地价 + 建筑费用 + 专业费用）×利润率

四、操作步骤

根据假设开发法评估的基本思路,假设开发法评估程序通常包括六个步骤。

(1) 调查被评估房地产的基本情况;
(2) 确定被评估房地产的最佳开发利用方式;
(3) 预测房地产的售价;
(4) 估算各项成本费用;
(5) 确定开发商的合理利润;
(6) 估算待评估房地产的价值。

五、应用举例

【例 5 – 4】有一宗"七通一平"的待开发的建筑用地,土地面积为 2000 平方米,建筑容积率为 2.5,拟开发建设写字楼,建设期为 2 年,建筑费为 3000 元/平方米,专业费为建筑费的 10%,建筑费和专业费在建设期内均匀投入。该写字楼建成后即出售,预计售价为 9000 元/平方米,销售费用为楼价的 2.5%,销售税费为楼价的 6.5%,当地银行年贷款利率为 6%,开发商要求的投资利润率为 10%。试估算该宗土地目前的单位地价和楼面地价。

(1) 确定评估方法。

已知楼价的预测值和各项开发成本及费用,可以采用假设开发法进行评估,计算公式为:

地价 = 楼价 – 建筑费 – 专业费用 – 销售费用 – 利息 – 税费 – 利润

(2) 计算楼价。

楼价 = 2000 × 2.5 × 9000 = 45000000 (元)

(3) 计算专业费和建筑费。

建筑费 = 3000 × 2000 × 2.5 = 15000000 (元)

专业费 = 建筑费 × 10% = 15000000 × 10% = 1500000 (元)

(4) 计算销售费用和税费。

销售费用 = 45000000 × 2.5% = 1125000（元）
销售税费 = 45000000 × 6.5% = 2925000（元）

(5) 计算利润。

利润 =（地价 + 建筑费用 + 专业费用）× 利润率
　　 =（地价 + 16500000）× 10%

(6) 计算利息。

利息 = 地价 × [$(1+6\%)^2 - 1$] +（15000000 + 1500000）× [$(1+6\%)^1 - 1$]
　　 = 0.1236 × 地价 + 990000

(7) 求取地价。

地价 = 45000000 - 16500000 - 1125000 - 2925000 - 0.1 × 地价 - 1650000 - 0.1236 × 地价 - 990000。

地价 = 21810000/1.2236 = 17824452（元）

(8) 评估结果。

单位地价 = 17824452/2000 = 8912（元/平方米）
楼面地价 = 8912/2.5 = 3565（元/平方米）

第六节

路线价法

一、路线价法的含义

所谓路线价，是指对面临特定街道而接近距离相等的临街土地，设定标准深度，求取的该标准深度的若干宗地的平均单价；然后再根据此路线价，再配合深度指数表和其他价格修正率，来估算出临接该街道的各宗地价。

二、路线价法的适用范围

一般的土地评估方法适用于单宗土地的评估,而路线价法则适用于大量土地的评估,特别适用于土地课税、土地重划、征地拆迁等需要在大范围内对大量土地进行评估的场合。路线价法运用是否得当,还要依赖于较为完整的道路系统和排列整齐的宗地以及完善合理的深度修正率表和其他条件修正率。

三、路线价法的计算公式

路线价法的计算公式有不同的表现形式,下面是常用的一种表达方式:

宗地总价 = 路线价 × 深度百分率 × 临街宽度

如果宗地条件特殊,如宗地属街角地、两面临街地、三角形地、梯形地、不规则形状地、袋地等,则需依下列公式计算:

宗地总价 = 路线价 × 深度百分率 × 临街宽度 × 其他条件修正率

或:

宗地总价 = 路线价 × 深度百分率 × 临街宽度 ± 其他条件修正额

四、路线价法的程序

路线价法的操作步骤主要包括以下内容:路线价区段的划分、标准深度的确定、路线价的评估、深度百分率表的制作、土地宗地价值的计算。

1. 路线价区段的划分

一个路线价区段是指具有同一路线价的地段,在划分路线价区段时,一般以接近性为标准,接近性大致相等的地段划分为同一路线价区段。原则上是以地价有显著差异的地点作为两个路线价区段的界限,通常以一街廓长为准,街廓不同,路线也不同,但繁华街道有时需要将一街廓作多段划分,附设不同的路线价,而某些欠繁华的地段,同一路线价区段可以延长至数个街廓。

2. 标准深度的确定

标准深度，是指标准宗地的临街深度。临街深度，是指宗地离开街道的垂直距离。通常情况下，标准深度是路线价区段内临街各宗土地的深度的众数。如果不以众数的深度作为标准，则由此而制作的深度百分率表将使以后多数宗地的地价计算都要用深度百分率加以修正，这一方面加大了计算的工作量，另一方面还会使路线价失去其代表性。

3. 路线价的评估

路线价是设定在街道路线上标准宗地的单位价格，它通常是同一路线价区段内若干标准宗地单位价格的平均数或众数。路线价的决定，主要采用两种方法：第一种是由熟练的评估员依据买卖实例用市场法等基本的评估方法确定；第二种是采用评分方式，将形成土地价格的各种因素分成几类分别加以评分，然后合计，换算成附设于路线价上的点数。

4. 深度百分率表的制作

深度百分率又称深度指数，是地价随临街深度长短变化的比率。深度百分率表又称深度指数表，其制作是路线价法的难点和关键所在。路线价法在美国由来已久，长期以来根据丰富的实际资料，制定了各种路线价法则，如四三二一法则、苏穆斯法则、霍夫曼法则；英国的哈伯法则、爱迪生法则等。

5. 土地宗地价值的计算

根据路线价和深度百分率表及其他条件修正率表，运用路线价法计算公式，则可以计算出要评估的宗地的价值。由于路线价的表示方式、深度指数表的制作形式等的不同，路线价法的计算公式的具体运用也不相同。

五、深度百分率表

深度百分率有三种表现形式：单独深度百分率、累计深度百分率和平均深度百分率。单独深度百分率，是指将离街面一定深度的一地块的单位面积价格以百分率表示；累计深度百分率，是指从街道到某一深度的所有地块单位面积的价格的平均值；平均深度百分率，是指从街道到某一深度的地块单位面积价格的平均值。由于单位面积的价值随离街道的距离而递减，所以单独深度百分率呈递减趋势；累计深度百分率因为反映的是总的价值，所以呈递增趋势；平均深度百分率呈递减趋势。下面来介绍三者之间的关系。

图 5-1 是一块临街宽度为 m 米、深度为 n 米的长方形宗地，每平方米的平均价格为 A 元，则该宗地的总价格为 mnA 元。

根据道路的平行方向，可以将深度以某单位（如 1 米）划分成 n 块细片土地，从临街方向开始，每片土地的单位面积价格为 a_1，a_2，a_3，$\cdots a_{n-1}$，a_n；且 $a_1 > a_2 > \cdots > a_n$。因为土地越接近道路，利用价值越大，虽然同为 1 米之深，但地价却不同，表现在 $a_1 > a_2 > \cdots > a_n$，且 $a_1 - a_2 > a_2 - a_3 > a_3 - a_4 > \cdots > a_{n-1} - a_n$，其关系可以通过图 5-1（b）看出。

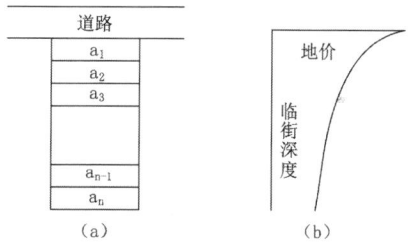

图 5-1　土地价值与地块临街深度的关系

由此，土地的总价值为：

$$mnA = ma_1 + ma_2 + \cdots + ma_{n-1} + ma_n$$

从而可以得出：

$$A = (a_1 + a_2 + \cdots + a_{n-1} + a_n)/n$$

式中，a_1，a_2，a_3，$\cdots$是单独深度百分率，A 是地块总的平均深度百分率。

三种深度百分率存在如下关系：

单独深度百分率表现为：

$a_1 > a_2 > \cdots > a_n$；

累计深度百分率表现为：

$a_1 < a_1 + a_2 < a_1 + a_2 + a_3 < a_1 + a_2 + \cdots a_n$

平均深度百分率和累计深度百分率之间的关系表现为：

平均深度百分率 = 累计深度百分率 × 标准深度 ÷ 宗地深度

制作深度百分表需要考虑以下几个方面的问题：

（1）确定标准深度；

（2）确定级距；

（3）确定单独深度百分率；

（4）根据需要采用累计或平均深度百分率。

依据深度百分率表的制作要求，以标准宗地的平均深度百分率（平均单价）作为100%，将单独深度百分率、平均深度百分率、累计深度百分率综合制成一表，即得到深度百分率表。

六、几种路线价法则介绍

（一）四三二一法则

四三二一法则（4-3-2-1 Rule）是将标准深度100英尺（30.48米）的临街土地划分为与街道平行的四等分。每分土地因其距街道深度不同，导致其价值的差别。它们的价值是这样划定的：从临街面算起，第一个25英尺（7.62米）土地价值占线路价值的40%，第二个25英尺土地占30%，第三个25英尺土地占20%，第四个25英尺土地占10%。如果宗地超过100英尺，则以九八七六法则补充，即超过100英尺的第一个25英尺，地价为线路地价的9%，第二个25英尺为8%，第三个25英尺为7%，第四个25英尺为6%。这种方法主要是根据宗地随临街深度不同价值有所差异的现象规定的一项衡量标准，并用其作为制定各深度宗地地价的百分率。该法则虽然简单易记，但因深度划分过于粗略，可能会出现评估不够精细的问题。

（二）苏慕斯法则

苏慕斯法则（Somers Rule）是苏慕斯（William A. Somers）凭借

多年的实践经验并经过对众多的买卖实例价格调查比较后创立的。其深度百分率表的分配原则：

每 100 英尺的土地价值中，临街前 50 英尺占全宗地价的 72.5%，后 50 英尺占 27.5%，若再深 50 英尺，则该宗地所增的价值仅为 15%。

（三）霍夫曼法则

霍夫曼法则（Hoffman Rule）是 1866 年纽约市法官霍夫曼（Hoffman）所创立，是较早被采用的对各深度之宗地的估价方法，其基本思想是，深度为 100 英尺的土地，头 50 英尺（15.24 米）的价值应占全宗地价值的三分之二，在此基础上，深度 100 英尺宗地，头 25 英尺价值为 37.5%，头 50 英尺价值为 67%，头 75 英尺价值为 87.7%，全部 100 英尺价值为 100%。

（四）哈柏法则

哈柏法则（Harper Rule）创立于英国，其要点是一宗土地的价值与其深度的平方根成正比，即深度百分率为其深度平方根的 10 倍，用公式表示为：

$$深度百分率 = (10 \times \sqrt{深度})\%$$

例如，一宗深度为 50（15.24 米）英尺的土地价值，相当于深度为 100 英尺（30.48 米）土地价值的 70%（$10 \times \sqrt{50}$）%。由于标准深度不一定为 100 英尺，所以经过修订后的哈柏法则认为：

$$深度百分率 = \frac{\sqrt{所给深度}}{\sqrt{标准深度}} \times 100\%$$

七、应用举例

【例 5 - 5】 现有临街宗地 A、B、C、D、E，深度分别为 25 英尺、50 英尺、75 英尺、100 英尺和 125 英尺，宽度分别为 30 英尺、30 英尺、20 英尺、20 英尺和 10 英尺。路线价为 1000 元/平方英尺，设标准深度为 100 英尺，试用"四三二一"法则，计算各宗地的价格。

解：$A = 1000 \times 0.4 \times 30 \times 25 = 300000$（元）
$B = 1000 \times 0.3 \times 30 \times 25 = 225000$（元）
$C = 1000 \times 0.2 \times 20 \times 25 = 100000$（元）
$D = 1000 \times 0.1 \times 20 \times 25 = 50000$（元）
$E = 1000 \times 0.09 \times 10 \times 25 = 22500$（元）

第七节 基准地价修正法

在房地产评估中，除了上述常用的方法之外，还有其他方法对房地产进行评估，这里主要介绍基准地价修正法在房地产评估中的运用。

一、基准地价的概念和特点

（一）基准地价的含义

所谓基准地价，是按照城市中土地级别或均质地域分别评估的商业、住宅、工业等各类用地和综合土地级别的土地使用权的平均价格。基准地价不同于宗地价格，它是特定区域的平均价格，表现为区片价和路段价。

（二）基准地价的特点

基准地价具有以下特点：
（1）基准地价是区域性价格；
（2）基准地价是土地使用权价格；
（3）由于基准地价是区域性价格，因而必定是平均价格；
（4）基准地价一般覆盖整个城市建成区；
（5）基准地价是单位土地面积的地价；
（6）基准地价具有现实性，是评估出的特定时点的价格。

二、基准地价修正法的概念和基本思路

(一) 基准地价修正法的定义

基准地价修正法，是我国土地估价中重要的应用估价方法之一，它是利用城镇基准地价和基准地价修正系数等评估成果，按照替代原理，将待评估宗地的区域条件和个别条件等与其所处区域的平均条件相比较，并对照修正系数表选取相应的修正系数对基准地价进行修正，从而求取待评估宗地在估价基准日价值的一种估价方法。

(二) 基准地价修正法的基本思路

基本原理是替代原理，在正常的市场条件下，具有相似土地条件和使用功能的土地，在正常房地产市场中应当具有相似的价格。基准地价既然是某级别或均质地域内分用途的土地使用权的平均价格，因此，与基准地价相对应的土地条件是土地级别与均质地域内该用途土地的平均条件。根据基准地价和基准地价修正系数表等评估成果，将被评估宗地的区域条件和个别条件等与其所处区域的平均条件相比较，并对照修正系数表选取相应的修正系数对基准地价进行修正求取被评估宗地在评估基准日的价值。

三、基准地价修正法的适用范围

基准地价修正法的适用范围主要体现在以下三个方面：

（1）适用于完成基准地价评估的城镇的土地估价；

（2）可在短时间内大批量进行宗地地价评估；

（3）一般在宗地地价评估中不作为主要的评估方法，而作为一种辅助方法。

四、基准地价修正法的计算公式

宗地地价 = 待评估宗地所处地段的基准地价 × 年限修正系数 × 交易日期修正系数 × 容积率修正系数 × 其他因素修正系数

五、基准地价修正法的评估程序

基准地价修正法的评估程序通常包括以下八个步骤：
（1）收集、整理土地定级估价成果资料；
（2）确定修正系数表；
（3）调查宗地地价影响因素的指标条件；
（4）制定被评估宗地因素修正系数；
（5）确定被评估宗地使用年期修正系数；
（6）确定交易日期修正系数；
（7）确定容积率修正系数；
（8）评估宗地地价。

第八节 在建工程评估

一、在建工程的含义及其特点

所谓在建工程，是指在评估时点尚未完工或虽然已经完工，但尚未竣工验收、交付使用的建设项目，以及为建设项目备用的材料、设备等财产物资。

在建工程的评估与单独的土地、已建成的房地产以及为工程准备的机器设备评估有一定的区别，其具有自身的特点，这些特点在评估时应予充分考虑。

（一）在建工程情况复杂

在建工程涉及的资产范围比较广，包括单项工程、配套工程及基建性质的整体工程等类型。以建筑工程为例，它不仅包括建设中的各种房屋和建筑物，而且还包括各种设备安装，其范围涉及许多行业，情况复杂，有较强的专业技术特点。

（二）在建工程之间可比性差

在建工程的工程进度差异较大，有的刚刚投资兴建，有的则已经完工但尚未交付使用。这些完工程度差异很大的在建工程，其资产功能的差异也很大，这就使在建工程之间的可比性很差，评估时很难找到合适交易的实例作为参照物。

（三）在建工程的投资不能完全体现在建工程的形象进度

由于在建工程的投资方式和会计核算要求，其账面价值往往包括预付材料和预付设备款，同时也记录在建工程的应付材料款和应付设备款等，因此，在建工程中的投资额和投资时间与实际工程进度或完工量之间，总是存在量差和时差。

（四）在建工程的建设工期长短差别较大

不同规模、不同性质的在建工程的建设周期长短差别很大。有的建设工程如厂区内的道路、基础设备等建设，通常工期较短；而有些建设项目，如高速公路、港口码头等的建设工期就较长。

（五）在建工程的价格受后续工程的影响

由于在建工程的工期长短差别很大，工期比较长的在建工程，建造期间的材料、工费价格、设计等都可能发生变化，使在建工程的成本以及建成后发挥的效益都具有很大的不确定性。因此，在建工程的价格与后续工程的进度和质量有着非常密切的联系。

二、在建工程评估的操作步骤

在建工程评估的基本操作步骤如下：

（1）收集待估在建工程的详细资料。

（2）审核、分析资料的真实性和正确性。

（3）全面清查、核实在建工程的进度。

（4）详细勘察工程质量。

（5）根据收集到的有关数据资料，选择适宜的方法对在建工程进行评估。

（6）确定评估结果并撰写评估报告。

三、在建工程评估的方法

在建工程情况复杂，必须根据具体的评估对象、评估目的等来确定评估方法。这里只介绍几种主要的在建工程评估方法。

（一）形象进度法

所谓形象进度法，是指选择足够的可比销售资料，根据在建工程建造完成后的房地产市场价格，结合工程形象进度评估在建工程价值。该方法在评估在建工程价值时的计算公式为：

在建工程价值 = 建造完成的房地产市场价值 × 工程形象进度百分比 × （1 - 折扣率）

$$\text{工程形象进度百分比} = \frac{\text{实际完成建筑工程量} + \text{实际完成安装工程量}}{\text{总工程量}} \times 100\%$$

其中，在建工程建造完成的房地产市场价值，通常可采用收益法或市场法评估。折扣率的确定应考虑营销支出、广告费和风险收益等因素。

（二）成本法

成本法，该方法是按在建工程客观投入的成本评估，也就是以开发或建造被估在建工程已经耗费的各项必要费用之和，再加上正常的利润和应纳税金来确定被估在建工程的价值。该方法在评估在建工程价值时的计算公式为：

在建工程价值 = 土地取得费用 + 专业费用 + 建造建筑物费用 + 正常利税

式中，土地取得费用是指为获得土地而发生的费用，包括相关手续费和税金；专业费用包括咨询、规划、设计等费用；建造建筑物费用是指在评估基准日在建筑工程已经耗费的各项必要建造费用之和；正常利税包括建造商的正常利润和营业税等。

（三）假设开发法

用假设开发法评估在建工程，是指在求取被估在建工程的价值时，将被估在建工程预计开发完成后的价值，扣除后续正常的开发费用、销售费用、销售税金后来确定被估在建工程价值的一种评估方法。该方法的计算公式如下：

在建工程价值 = 房地产预期售价 − (后续工程成本 + 后续工程费用 + 正常利税)

其中，房地产预售价可以用收益法或市场法进行评估。

四、在建工程评估方法的选择

在建工程在选择评估方法时，应该结合自身的特点，选用适用的评估方法。

1. 对于整个建设工程已经完成或接近完成，只是尚未交付使用的在建工程，可以采用工程形象进度法进行评估，按照在建工程建成后的房地产的市场价值结合工程形象进度做市场扣减作为其评估价值。

2. 如果在建工程实际完成工作量较少，则可以采用假设开发法或成本法进行评估。

3. 对于已经停建的在建工程，要查明停建原因，并且要考虑在建工程的功能性和经济性贬值，从而进行风险系数调整。

复 习 题 五

一、单项选择题

1. 容积率是指地块上的建筑面积与（　　）。
   A. 总面积之比　　　　　　B. 地块面积之比
   C. 地下面积之比　　　　　D. 绿化面积之比
2. 从理论上讲，效用相等的房地产经过市场的竞争，其价格

(   )。

　　A. 最终会基本趋于一致

　　B. 最终会扩大差别

　　C. 可能趋于一致，也可能扩大差别

　　D. 由有关部门确定

　　3. 运用市场比较法评估房地产价值，在因素修正时需要具有丰富经验的估价师来确定（   ）。

　　A. 土地还原利率　　　　　　B. 各有关修正系数

　　C. 如何计算容积率修正　　　D. 如何计算土地使用年期修正

　　4. 通过使用年期修正，可以消除对不动产价格造成的影响因素是（   ）。

　　A. 土地的估价期日

　　B. 土地的使用期限不同

　　C. 土地在不同时期的基准地价不同

　　D. 土地在不同时期的路线价不同

　　5. 房屋的商品租金构成因素是（   ）。

　　A. 折旧费、维修费、管理费、利息、税金、保险费

　　B. 折旧费、维修费、管理费、利息、税金、地租

　　C. 折旧费、维修费、管理费、利息、税金、保险费、地租、利润

　　D. 折旧费、维修费、管理费、利息、税金、地租、利润

　　6. 房屋重新建造成本中应包括（   ）。

　　A. 利息、利润　　　　　　　B. 利息、利润、税费

　　C. 利润、税费　　　　　　　D. 利息、税费

　　7. 剩余法在评估待开发土地中运用得（   ）。

　　A. 最少　　　　　　　　　　B. 最为广泛

　　C. 最难　　　　　　　　　　D. 最一般

　　8. 路线价估价法是一种评估大量土地的（   ）。

　　A. 迅速估价方法　　　　　　B. 较慢估价法

C. 简易法 　　　　　　　　D. 延迟法
9. 标准深度是指标准宗地的（　　）。
A. 街道宽度　　　　　　　B. 临街深度
C. 街道长度　　　　　　　D. 街道曲度
10. 基准地价的估算中，通过资料的收集、整理、修正，数据应具有（　　）。
A. 可比性　　　　　　　　B. 可替性
C. 可分性　　　　　　　　D. 可换性

二、多项选择题

1. 土地的价格是（　　）。
A. 地租的资本化　　　　　B. 由土地的生产成本决定的
C. 具有个别性　　　　　　D. 土地的权益价格
2. "三通一平"是指（　　）和平整地面。
A. 通水　　　　　　　　　B. 通路
C. 通电　　　　　　　　　D. 通邮
3. 影响房地产价格的一般因素包括（　　）。
A. 城市基础设施状况　　　B. 社会发展状况
C. 国民经济发展速度　　　D. 房地产价格政策
4. 运用基准地价评估宗地地价时，需修正的因素包括（　　）。
A. 土地出让金　　　　　　B. 土地使用年限
C. 土地等级　　　　　　　D. 容积率
5. 运用剩余法评估待拆迁改造的再开发地产时，其开发建筑成本费用包括（　　）。
A. 建筑承包商利润　　　　B. 拆迁费用
C. 建筑设计费　　　　　　D. 劳动安置费

三、判断题

1. 假设建筑物的价值损耗是均匀的，则建筑物每年的折旧额为：

建筑物的原始成本×折旧率。   (   )

2. 选择最佳开发利用方式时，最重要的是选择最佳的开发产品。
                                                   (   )

3. 建筑物在估价中的折旧基数是估价时点该建筑物的固定资产账面原值。   (   )

4. 路线价估价法认为土地价值随临街深度而递减。   (   )

5. 我国目前的基准地价表现形式为标准宗地的价格。 (   )

四、问答题

1. 房地产评估的特点是什么？
2. 影响房地产价格的因素有哪些？
3. 房地产评估有哪些方法？
4. 什么是基准地价和标定地价？
5. 容积率和房地产价格有什么关系？
6. 在建工程评估需要注意哪些问题？

五、计算题

1. 某砖混结构四层住宅，建筑面积 800 平方米，占地面积为 300 平方米，月租金 24000 元，土地还原利润为 6%，建筑物还原利率为 8%，建筑物评估时的剩余经济使用年限为 40 年，税金为年租金收入的 18%，管理费按年租金的 2.5% 计，年空置损失租金以半月租金计，维修费按年租金的 4% 计，年保险费 12000 元，另用市场法求得土地使用权价格为每平方米 2800 元（为楼面价格）。试用建筑物残余估价法评估该建筑物的价值。

2. 有一宗"七通一平"待开发建设用地，面积为 2000 平方米，使用期限为 50 年，容积率为 4，拟开发建设写字楼，建设期为 2 年，建筑费用为每平方米 4500 元，专业费用为建筑费用的 8%，建筑费用和专业费用在整个建设期内均匀投入，写字楼建成后拟对外出租，租金水平预计为每天每平方米 2.5 元，出租率为 90%，管理费用为年租金的3%，维修费用为建筑费用的1.5%，保险费用为建筑费的0.2%，税金为年租金的17.5%，银行一年期贷款利率为5%，房地产资本化率为7%，开发商要求的利润率为地价和开发成本（建筑费用+专业费用）之和的20%，试评估该宗地的价值。

第六章 长期投资及递延资产的评估

长期投资及递延资产也是企业资产的一个重要组成部分。长期投资及递延资产有其特殊的特点,其评估方法与机器设备评估、房地产评估有着明显的差异。在评估中一般主要涉及市场比较法和收益现值法。

第一节 长期投资的种类及特点

一、长期投资的含义、方式及种类

(一)长期投资的含义

长期投资是指以获取投资收益和投资权益为目的,持有时间超过一年以上,向非直接为本企业使用的项目投入资产以获得投资报酬的活动和行为。长期投资分为广义的长期投资和狭义的长期投资两种。

广义的长期投资:投入财力(包括本企业和企业以外的投资活动)、物力以期获得投资报酬的活动和行为,既有对内投资也有对外投资。

狭义的长期投资:向那些并非直接为本企业使用的项目投入资产,并以利息、使用费、分红、股息或租金收入等形式获得收益的活动和行为,仅指对外投资。

(二) 长期投资的方式

一般长期投资的方式分为两类:直接投资方式和间接投资方式。直接投资方式包括:以现金、有形、无形资产进行投资。间接投资方式包括通过市场购买其他企业的企业股票、债券。

(三) 长期投资的种类

1. 按照投资方式划分

(1) 货币资产的长期投资,是指投资方以持有的现金以及固定或可确定金额的货币类资产等投入其他企业运营。

(2) 实物资产的长期投资,是指投资方以实物资产方式,包括厂房、机器设备、材料等作为资产投入或参与其他企业运营。

(3) 无形资产的长期投资,是指投资方以自身拥有的无形资产,如专有技术、商标、土地使用权等作为资本投入其他企业。

2. 按投资性质划分

(1) 权益性投资,是指为获取其他企业的权益或净资产所进行的投资。

(2) 债权性投资,是指为取得债权所作的投资,如购买国库券、公司债券等。

(3) 混合性投资,是指将权益性投资和债权性投资结合。

3. 按投资形态划分

(1) 长期股权投资,指持有时间超过一年的对企业的股权投资,通过投资取得被投资单位的股份。

(2) 长期证券投资,是指投资期限超过一年的证券投资,如国债、公司债券投资及长期持有的股票投资等。

(3) 其他长期投资,是指流动资产、长期股权投资、持有至到期投资、固定资产、无形资产等以外的资产进行的投资。

4. 按投资主体与受资对象的关系划分

(1) 直接投资,是指以现金,有形、无形资产进行投资。

(2) 间接投资,是指通过市场购买其他企业的企业股票、债券。

二、长期投资与评估的特点

（一）长期投资的特点

长期投资的特点：作为投资者，从总的方面来看，长期投资的根本目的是为了获取投资收益及资本增值。表现形式可以是多样化的。

（1）投资只能按约定条件取得利息或股利或权益，到期或处置或经营终止收回本金或股本。

（2）投资可以转让，但在投资与被投资双方约定的期限内，一般不能要求被投资方提前归还本金。

（3）长期投资与其他投资一样，存在亏蚀和坏账的风险。

（二）长期投资评估的特点

长期投资评估的特点取决于长期投资的特点。

（1）长期投资评估是对资本的评估。虽然从投资形式上看，长期投资除货币投资外，还有实物投资和无形资产等形态的投资，但都是把自己的资产当成资本金投入到其他企业，都发挥着资本金的功能。

（2）长期投资评估是对被投资企业偿债能力（债权）和获利能力（股权）的评估。长期投资的目的在于获利，其价值取决于长期投资未来的收益，在很大程度上由被投资方持续经营下去的必要条件（偿债和获利能力）来决定。

（3）要针对具体情况，分别采用不同的评估方法和计价标准。长期投资有不同的目的、方式、类型，受让方情况也不尽相同，故评估时不能一概而论。

（三）长期投资资产的评估程序

1. 明确长期投资项目的具体内容

首先，在进行长期投资的评估时，应明确长期投资的种类、原始投资额、评估基准日余额、投资收益计算方法、历史收益额、长期股权投资占被投资企业实收资本的比例以及相关会计核算方法等。

2. 进行必要的职业判断（审核和鉴定）

在进行长期投资评估时，应审核鉴定长期投资的合法性和合规性，以及长期投资账面金额、各期投资收益计算的正确性和合理性，判断被评估的长期投资余额、投资收益率等参数的准确性。而这些参数的合理性是长期投资评估的基础和基本依据。

3. 根据长期投资的特点选择合适的评估方法

长期投资主要采用市场比较法与收益现值法进行评估。将长期投资分为可流通交易和不可流通交易两类，对于可以在证券市场上市交易的股票和债券一般应采用市场途径以及现行市价法进行评估，按评估基准日的收盘价确定评估值；对于不可以上市交易的股票和债券一般应先考虑采用收益途径及其相应的方法进行评估，当然也可采用评估人员认为其他可行的评估途径及其方法进行评估。

4. 测算长期投资价值，得出评估结论

根据影响长期投资价值的各种因素，选择相应的评估方法，通过分析判断得出评估结论。

第二节　有价证券价值的评估

一、债券投资的评估

（一）债券含义、特点及其分类

债券是债务人（筹资人）为了筹集资金，按照法定程序发行并向债权人（投资人）承诺于指定日期还本付息的有价证券。债券具有投资风险小，安全性较弱、到期还本付息，收益稳定、具有较强流动性的特点。

按债券发行的主体划分，可以归纳为以下三种：

（1）政府债券，是政府为筹集资金向出资者出具并承诺在一定时期支付利息和偿还本金的债务凭证。一般包括国债券即中央政府债券、地方政府债券和政府担保债券。

(2) 公司债券,是企业所发行的,在一定时期支付利息和偿还本金的债务凭证。

(3) 金融债券,是指银行及其他金融机构所发行的债券。

(二) 上市债券的评估

1. 上市债券的评估及其适用条件

(1) 如果该种债券可以在市场上流通买卖,并且市场上有该种债券的现行市价,则在正常情况下,上市债券的现行市场价格可以作为它的评估值。

(2) 当证券市场投机严重、债券价格严重扭曲、债券价格与其收益现值严重背离时,在这种非正常状况下,对上市债券的评估,可参照非上市债券的评估方法。

2. 需要注意的事项

(1) 上市交易的债券的现行价格,一般是以评估基准日的收盘价确定评估值。

(2) 评估人员应在评估报告中说明所用评估方法和结论,并申明该评估结果应随市场价格变动而予以调整。

(3) 应当强调指出,不论按什么方法评估,已上市债券的评估值一般不应高于证券交易所公布的同种债券的卖出价。

【例 6-1】 被评估债券为 1992 年发行,面值为 100 元,年利率 10%,3 年期。1994 年评估时,债券市场同种同期债券交易价,面值为 100 元的交易价为 110 元,试问该债券的评估值应为多少?

解:根据题意:被评估债券为上市流通债券,其评估值以评估基准日该债券的市场价格为准,故评估值应为 110 元。

注意:上市债券在正常情况下,以其评估基准日的现行市场价格作为它的评估值。

(三) 非上市债券评估

非上市债券,是指不能进入市场自由买卖的债券,无法通过市场取得现行市价,主要采用收益法进行评估。

1. 每年(期)支付利息、到期还本的债券评估

每年(期)支付利息、到期还本的债权评估,采用有限期的收益法。其公式为:

$$P = \sum_{i=1}^{n} \frac{E_i}{(1+r)^i} + \frac{P_0}{(1+r)^n}$$

式中:P——债券的评估值;

P_0——债券的面值;

E_i——债券在第 i 年的预期收益;

r——适用的折现率;

n——年份。

【例 6-2】 A 公司购有 B 公司 3 年期债券,本金 20000 元,按 15% 的利息率计算年息,每年付息一次,到期一次还本。评估时尚有 2 年到期,与评估时同期的 2 年期国库券利率为 10%,B 公司的风险报酬率为 2%。试求该债券的评估值。

解:(1)计算债券每年利息

20000 × 15% = 3000(元)

(2)折现率

r = 10% + 2% = 12%

(3)计算评估价值

$$P = \sum_{i=1}^{n} \frac{E_i}{(1+r)^i} + \frac{P_0}{(1+r)^n}$$

$$= \frac{3000}{(1+12\%)} + \frac{3000}{(1+12\%)^2} + \frac{20000}{(1+12\%)^2}$$

= 2678.57 + 2391.58 + 15943.88

= 21014.03(元)

2. 到期后一次性还本付息的债券评估

这类债券是指平时不支付利息,到期后连本带利一次性支付的债券。评估时,应将债券到期时一次性支付的本利和折现求得评估值。

其公式为：

$$P = \frac{F}{(1+r)^n}$$

式中：P——债券的评估值；
　　　F——债券到期的本金和整个存续期的利息合计；
　　　r——适用的折现率；
　　　n——年份。

注意：在计算利息时要区分单利、复利计息方式。

【例 6-3】 被评估企业持有某债券 50000 元，发行期为 4 年，一次性还本付息，年利率 10%，不计复利。评估时债券的购入时间已满 3 年，当时国库券利率为 7%。评估人员认为债券风险不大，按 2% 确定风险报酬率，折现率为 9%。

解：F = 50000 × (1 + 10% × 4) = 70000（元）

P = F/(1+r)^n = 70000 ÷ (1 + 9%) = 64220（元）

二、股票投资的评估

(一) 股票的定义及特征

股票是指股份有限公司分给股东（出资人）的股份所有权的书面凭证，证明其投资入股，并有权取得股息和红利收入的有价证券。具有高风险、高收益的特点。

股票的种类很多，按照不同的标准有以下分类：

(1) 按票面是否记名，分为记名股票和无记名股票。

(2) 按有无票面金额，分为面值股票和无面值股票。

(3) 按股利分配和剩余财产分配顺序，分为普通股、优先股和后配股。

①普通股：收益随公司盈利状况和分配政策变化，享有股东一切权力。

②优先股：固定股利，不享有企业公积金；股利分配和剩余分配优先于普通股；不参与经营，一般不参与表决权。

③后配股：派息和剩余财产分配顺序在最后，其他权利与普通股票一样。

（4）按股票是否上市，分为上市股票和非上市股票。

（5）按投资主体不同，可分为国家股、法人股、个人股和外资股。

股票不仅种类多，而且有多种价格，包括：

（1）票面价格：是指股份公司在所发行的股票票面上标明的票面金额。

（2）发行价格：是指股份有限公司出售新股票的价格。

（3）账面价格：是指净资产与发行在外股数的比值。

（4）清算价格：是指企业在清算时，每股股票所代表的真实价格。是公司清算时，公司净资产与公司股票总数的比值。

（5）内在价格：又称内在价值，是一种理论依据，是根据评估人员对未来收益预测而折算出来的股票现实价格。

（6）市场价格：证券市场上买卖股票的价格。

证券市场发育较成熟、市场环境稳定时用市场价格；否则用内在价格；短期投资用市场价格，长期投资用内在价格（同时参考市价）。

（二）股票评估的原则

1. 内在价值原则

内在价值原则所强调的是，在股票的评估过程中充分注意股票发行主体的经营绩效及预期收益。股票是典型的虚拟资本，股票的价格基础（内在价值）是股票发行主体的生产能力和获利能力。

2. 收益本金化原则

股票作为一种虚拟资本，它的重估价格就是股票预期收益的本金化价格。

3. 实际变现原则

实际变现原则是指对于上市流通的股票的评估，可以其变现值作为评估的依据。完善成熟的证券市场接近于理论上的完全竞争市场，股票作为在这个市场中交易的商品，其价值可根据股票的变现值来确定。

(三) 上市股票的评估

上市股票是指企业公开发行的,可以在证券市场上自由交易的股票。由于市场的情况不同,评估方法也有所不同。

正常市场条件下,可以采用市场法进行评估。这时股票的市场价格可以代表评估时点被评估股票的价值,所以被评估股票评估价值等于评估基准日该股票的收盘价。所谓正常市场条件是指股票市场发育正常,股票可以自由交易,不存在各种非法歪曲股票市场价格的情况。

非正常市场条件下,应采用与非上市交易股票相同的评估方法,即收益现值法进行评估。非正常市场条件主要是指存在政治、公众心理、人为的市场炒作等因素而使市场价格不能反映股票价值的情况,这时以股票的内在价值作为评估价值依据。

这里需要注意的是以控股为目的持有的上市公司股票。一般也用收益现值法来进行评估。

用现行市价法对上市股票进行评估的公式为:

股票评估值 = 股票股数 × 评估基准日该股票市场收盘价

【例 6-4】某企业持有 A 公司上市股票 60 万股,评估基准日该股票的收盘价为每股 12 元。

股票评估值 = 股票股数 × 评估基准日该股票市场收盘价
$$= 60 \times 12$$
$$= 720 \text{ (万元)}$$

(四) 非上市交易股票的评估

非上市交易的股票,一般采用收益现值法进行评估。股票带给投资者的现金流入包括两部分:股利收入和出售时的资本利得。因此,评估人员需要综合分析股票发行主体的经营状况及风险、历史利润水平和分红情况、行业收益水平等因素,合理预期股票投资的未来收益,并选择适宜的折现率进行折现来确定评估值。

非上市交易股票的评估要区分普通股和优先股来进行。

1. 优先股股票的评估

优先股股票是介于债券和普通股之间的证券品种,其股息一般是固定的,且债券收益高,但不享受公司利润增长的收益。它比普通股优先分配股息,在公司解散时,优先于普通股分配公司的剩余财产。其评估方法可以参考债券的评估,但由于优先股股票的投资风险相对于债券来说比较大,因此在折现率的确定时应充分考虑这个因素,而且优先股的收益一般包括:

(1) 按约定在普通股之前分派定额股息;

(2) 按约定在取得定额股息后,参加剩余利润的分配;

(3) 按约定条款转换为普通股所获得的收益;

(4) 公司终结时按约定分配财产。

优先股按其包含的权利不同,可以分为:

累积优先股,即本年未支付的股息,可累积到下年或以后的盈利年度支付,并且优先股股息未付清之前,普通股无权分发红利;

参与优先股,即不仅能按规定分得定额股息,而且还有权与普通股一起参与公司剩余利润的分配;

优先股评估主要考虑两大要素:一是评估优先股的风险;二是按优先股的性质和条款确定预期收益。由于优先股在发行时就已规定了股息率,所以对优先股风险的评估主要是判断股票发行主体是否有足够的税后利润用于优先股的股息分配。这种判断是建立在对股票发行企业全面了解与分析的基础之上的,包括股票发行企业生产经营情况、利润实现情况、股本构成中优先股所占比重及负债情况等。如果发行企业经营情况较好,且具有较强的支付能力,表明优先股基本上具备了"准企业债券"的性质。评估人员可根据事先确定的股息率,计算优先股的年收益额,然后进行折现,即可得出评估值。

若优先股股东不打算转让优先股,则优先股价值的计算公式为:

$$P = \sum_{i=1}^{\infty} \frac{R_i}{(1+r)^i} = \frac{A}{r}$$

式中:P——股票评估值;

R_i——第 i 年的股息；

A——优先股的年等额股息收益；

r——折现率；

i——持股期限。

【例 6-5】 某企业持有另外一家企业优先股 100000 股，每股面值为 20 元，年股息率为 10%，评估时，国债利率为 6%，评估人员经过调查分析，确定风险报酬率为 2%。根据上述资料，计算该优先股评估值。

解：$P = \sum_{i=1}^{\infty} \frac{R_i}{(1+r)^i} = \frac{A}{r} = \frac{100000 \times 20 \times 10\%}{6\% + 2\%} = 2500000$（元）

若优先股股东打算持有若干年后转让其持有的优先股，则计算公式为：

$$P = \sum_{i=1}^{n} \frac{R_i}{(1+r)^i} + \frac{p_{n+1}}{(1+r)^{n+1}}$$

式中：P——股票评估值；

R_i——第 i 年的股息；

P_{n+1}——预期优先股的变现价格；

r——折现率；

n——优先股的持有期限。

【例 6-6】 A 企业持有 B 公司发行的优先股 500 万股，每股面值 600 元，股息率为 15%。假设市场无风险报酬率为 8%，B 公司的风险报酬率为 2%。A 企业打算持有 3 年后将这些优先股出售，试评估该优先股的价值。

解：由于优先股是定额股息，在企业盈利相对稳定情况下，假设该股息能够一直持续下去，因此可以采用永续年金折现的方法来评估优先股 3 年后的市场价格。

即：$P = \sum_{i=1}^{n} \frac{R_i}{(1+r)^i} + \frac{p_{n+1}}{(1+r)^{n+1}}$

$P_{n+1} = \frac{600 \times 15\%}{8\% + 2\%} = 900$（元）

$$P = \sum_{i=1}^{3} \frac{5000000 \times 600 \times 15\%}{(1+8\%+2\%)^i} + \frac{5000000 \times 900}{(1+8\%+2\%)^{3+1}}$$

$= 450000000 \times 2.4869 + 4500000000 \times 0.6830$

$= 1119105000 + 3073500000$

$= 41926050000$（元）

2. 普通股股票的评估

对非上市普通股的评估，实际上是预测普通股的预期收益，并将预期收益折算成评估时点的价值。所以最主要的就是确定普通股的预期收益和折现率。为此，要对股票发行企业有一个客观、全面、准确的了解与分析，具体包括：

第一，股票发行企业的经营历史，包括盈利水平、收益分配情况等；

第二，股票发行企业的发展前景，包括资产负债结构状况、资产质量、创利能力、市场竞争力、管理人员素质和创新能力等；

第三，股票发行企业所在行业和宏观经济的现状、前景、经营风险，这有助于折现率的确定；

第四，股票发行企业的股利分配政策。

股票发行企业的股利分配政策通常划分为固定红利模型、红利增长模型和分段模型，股利分配政策直接影响着被评估股票的价值，不同类型的分配政策的评估具体方法不相同。

（1）固定红利模型（也称零增长模型）。固定红利模型股利分配模型是假定股票发行企业每年分配的股利是固定，并且在今后也能保持原有水平固定不变。因此该模型适用于生产经营一直比较稳定，红利派发也比较稳定的企业的普通股价值评估。在这种假设条件下，普通股股票评估应采用年金法。其公式为：

$$P = \sum_{i=1}^{\infty} \frac{D}{(1+r)^i} = \frac{D}{r}$$

式中：P——股票评估值；

　　　D——股票每期的固定股利；

r——折现率；

i——持股期限。

【例6-7】A企业持有B企业发行的非上市普通股股票1000股，每股面值10元，评估人员经过分析调查了解到，B企业生产经营状况比较稳定，企业所处的行业也相对比较稳定，在今后若干年内，股利分配能保持稳定，预计今后收益率能维持在平均16%的收益率，当前国库券预计利率为4%，考虑到通货膨胀等因素确定风险报酬率为4%，则确定的折现率为8%，计算股票的评估价值。

解：$P = \sum_{i=1}^{\infty} \dfrac{D}{(1+r)^i} = \dfrac{D}{r} = \dfrac{1000 \times 10 \times 16\%}{8\%} = 2000$（元）

（2）红利增长模型。红利增长模型股利分配政策是指股票发行企业有很大的发展潜力，在今后若干年，股票的收益率逐渐提高，红利呈增长趋势。这一政策的假设前提是股票发行企业并未将全部的剩余收益以红利的形式分配给股东，而是将一部分用于追加投资扩大生产经营规模，增加企业获利能力，从而使股东的潜在获利能力增大，红利呈增长趋势。红利增长模型适用于成长型的企业。在这种假设前提下，普通股股票价值评估应考虑将股票收益的预期增长率包含在资本化率中。股票评估值的计算公式为：

$$P = \dfrac{D_1}{r-g} = \dfrac{D_0(1+g)}{r-g} \quad (r > g)$$

式中：P——股票评估值；

D_1——未来第一年该股票的股利；

D_0——本年该股票的股利；

r——折现率；

g——股利增长率。

【例6-8】某企业拥有另一企业发行的非上市普通股股票1万股，每股面值100元，发行企业前三年的股票年收益率分别为15%、17%、18%。评估人员经过分析调查了解到，B企业经过三年的发展，目前生产经营状况比较稳定，企业所处的行业也相对比较稳定，预计今后能保持每年平均 16% 的收益率，当前国库券预计利率为 10%，考虑到通货膨胀等因素确定风险报酬率为 4%，折现率为 14%，则股票的评估价值为：

$$P = \frac{10000 \times 100 \times 16\%}{14\%} = 1142857 （元）$$

上例中如果预计下一年股票收益为 16%，以后每年以 2% 的比率增长，则股票的评估价值为：

$$P = \frac{10000 \times 100 \times 16\%}{14\% - 2\%} = 1333333 （元）$$

（3）分段模型。固定红利模型强调红利波动模型很小，红利增长模型强调不断增长，两种模型都太过于模式化，与实际情况不符，很难适用所有的股票评估。在实际中可能出现这种情况，股利波动较大，又没有呈现出不断增长的趋势。针对实际情况，采用分段模型就比较客观。其基本思路是：将股票的收益期分为两个阶段。收益不稳定时期为前期，分别预测每年的收益并折现；在收益进入稳定期后，可按照固定红利模型或红利增长模型计算永续收益的现值；将前后两期的现值相加即为评估值。

【例 6-9】甲企业持有乙企业非上市普通股 20000 股，每股面值 1 元。经评估人员调查了解，乙企业在未来 3 年中因各种原因收益极不稳定，预计第一年红利收益率为 10%，第二年红利收益率为 5%，第三年红利收益率为 8%。从第四年起，因生产销售步入正轨，产品进入成熟期，因此红利收益率可达到 12%，并将持续下去。当前国债利率为 8%，乙企业风险报酬率为 2%。则该普通股的评估值计算如下：

P = 前三年收益的折现值 + 第四年后的收益折现值

$$= 20000 \times 1 \times \left[\frac{10\%}{1+10\%} + \frac{5\%}{(1+10\%)^2} + \frac{8\%}{(1+10\%)^3} + \frac{12\%}{10\% \ (1+10\%)^3} \right]$$

$= 20000 （0.0909 + 0.0413 + 0.0601 + 0.9016）$

$= 20000 \times 1.0939$

$= 21878 （元）$

第三节 递延资产的评估

一、递延资产及其确认

递延资产是指不能计入当期损益,应当在以后若干会计年度内分期摊销的各项费用支出,包括开办费、租入固定资产的改良支出,公司新股发行费、产品开发费用等。

递延资产评估的特点:

(1) 不能单独对外交易或转让;

(2) 与费用支出形成的资产和权利有关,与摊余值无关;

(3) 在相关的资产评估中(如固定资产)计算过就不能重复计算。

递延资产评估的根本标准是在评估基准日后,只有能为新的产权产生利益时,且与其他评估对象没有重复的资产和权利时,才能界定为递延资产的评估对象。

二、递延资产的评估

对递延资产进行评估,其主要依据有三个:

(1) 递延资产未来要产生效益的时间,应作为对其评估的主要依据。如果在评估基准日后,没有尚存的资产和权利时,只是因为数额过大才采用分期摊销的办法,不应计算其评估值。

(2) 递延资产在未来单位时间内(每年、月)可产生的效益或可节约的货币支出额,取决于:①递延资产发生时预付费用的数额;②预付费用取得某项服务权利持续的时间;③评估基准日后该项服务权利尚剩余的时间。

(3) 递延资产在评估基准日后所能产生的效益，是否需要考虑其货币时间价值，主要应根据新的产权主体在未来受益期的长短。一般来说，在一年以内的不予考虑；超过一年的，视其具体内容、数额大小，以及市场行情变化趋势而定。

递延资产评估的原则：

(1) 无尚存的资产和权利对应的递延资产不计算评估值；

(2) 有尚存的资产和权利对应的递延资产，按账面余额计算评估值；

(3) 已经在其他资产中体现的递延资产（大修或改良费用），不能重复计算；

(4) 如果确定有尚存的资产和权利作用期和效益（如预付租金、保险金和书包订阅费等），根据实际内容选择合适的方法评估。

【例 6-10】某被评估企业因产权变动，涉及递延资产评估，截止到评估基准日，企业递延资产科目账面借方余额为 136 万元，其中营业室装饰性费用 82 万元；预付房租 36 万元，租期 3 年，租赁期尚余 2 年，已摊销 20 万元，账面余额 16 万元；长期借款利息 38 万元。

评估人员经过调查分析，根据评估基准日能否产生经济效益为标准，对其递延资产进行评估。

(1) 营业室装饰性费用，已在固定资产价值中体现，本项目评估值为零。

(2) 预付房租，租期 3 年，使用权尚剩余 2 年，则：

评估值 = 36 ÷ 3 × 2 = 24（万元）

(3) 借款利息属期间费用，其效益在评估基准日以前也已经体现，应按零评估值处理。

评估结论：企业递延资产评估价值为 24 万元。

【例 6-11】某企业因产权变动需要进行整体评估。该企业递延资产余额 68 万元，其中：办公楼装修摊余费用 46 万元，租入固定资产改良支出摊余 12 万元，设备大修费 10 万元。根据评估人员调查了解，办公楼装修费和设备大修费已经计算在相应固定资产中；租入固定资产改良费用发生额为 18 万元，已经摊销 6 万元，租赁期为 3 年，已租入 2 年，根据上述资料，计算该企业递延资产的评估值。

评估结论：递延资产评估值 =（18÷3）×1 = 6（万元）。

复习题六

一、单项选择题

1. 站在资产评估的角度，在股市发育不全、交易不规范的情况下，作为长期投资中的股票投资的评估值应以股票的（　　）为基本依据。

　　A. 市场价格　　　　　　　B. 发行价格
　　C. 理论价值　　　　　　　D. 票面价格

2. 被评估企业以无形资产向 A 企业进行长期投资，协议规定投资期 10 年，A 企业每年拟运用无形资产生产的产品的销售收入的 5% 作为投资方的回报，10 年后投资方放弃无形资产产权。评估时此项投资已满 5 年，评估人员根据前 5 年 A 企业产品销售情况和未来 5 年市场预测，认为今后 5 年 A 企业产品销售收入保持在 200 万元水平，折现率为 12%，该项无形资产的评估值最有可能是（　　）元。

　　A. 180240　　　　　　　　B. 72099000
　　C. 360480　　　　　　　　D. 500000

3. 从资产评估的角度来看，长期投资是指投资期限超过一年的（　　）。

　　A. 对内投资　　　　　　　B. 对外投资
　　C. 全部投资　　　　　　　D. 对内或对外投资

4. 企业的长期投资是指（　　）的长期投资。

　　A. 实物资产　　　　　　　B. 证券资产
　　C. 无形资产　　　　　　　D. 前 3 种情况全包括

5. 可上市交易的债券的现行价格，一般是以评估基准日的

（　　）确定评估值。

A. 开盘价　　　　　　　　B. 收盘价

C. 平均价　　　　　　　　D. 最低价

6. 在正常情况下，上市债券的（　　）可以作为它的评估值。

A. 发行价格　　　　　　　B. 票面价格

C. 内在价格　　　　　　　D. 现行市场价格

7. 被评估债券为 1993 年发行，面值 100 元，年利率为 10%，3 年期。1995 年评估时，债券市场上同种同期债券的交易价为 110 元，则该债券的评估值为（　　）。

A. 120 元　　　　　　　　B. 100 元

C. 98 元　　　　　　　　　D. 110 元

8. 非上市债券的评估主要采用（　　）进行。

A. 成本法　　　　　　　　B. 比较法

C. 收益法　　　　　　　　D. 市盈率法

9. 被评估债券为 4 年期一次性还本付息债券，面值总额为 10000 元，年利率为 8%，不计复利，评估时该债券的购入时间已满 3 年，当年的国库券利率为 10%，评估人员通过对债券发行企业了解认为，应该考虑 2% 的风险报酬率。则该债券的评估值最可能是（　　）。

A. 15400 元　　　　　　　B. 17200 元

C. 11800 元　　　　　　　D. 15338 元

10. 递延资产的评估通常是发生在（　　）。

A. 递延资产转让时　　　　B. 企业财务检查时

C. 企业整体产权变动时　　D. 企业纳税时

11. 递延资产评估的主要依据是（　　）。

A. 递延资产是否已经摊销

B. 递延资产未来可产生效益的时间

C. 递延资产是否存在

D. 递延资产是否真实、准确

12. 某企业预付销售门市部房租 32 万元，租期为 2 年，承租时间为一年前，已摊销 12 万元，账面余额为 20 万元，则该预付房租的评估值为（　　）。

A. 12 万元　　　　　　　B. 20 万元
C. 18 万元　　　　　　　D. 16 万元

13. 投资者要求的报酬率是进行股票评价的重要标准。可作为投资者要求的报酬率的有（　　）。

A. 股票的长期平均收益率
B. 债券收益率加上一定的风险报酬率
C. 市场利率
D. 债券利率

14. 下列哪些因素会影响到债券的评估价值（　　）。

A. 票面价值　　　　　　B. 票面利率
C. 折现率　　　　　　　D. 付息方式

二、判断题

1. 公司在可转换债券中设置赎回条款，可以保护债券投资人的利益，因而更有利于投资者。　　　　　　　　　　　　（　　）

2. 国债由于政府的信用担保，所以不存在任何风险。（　　）

3. 在市场利率大于票面利率时，债券的发行价格大于其面值。
　　　　　　　　　　　　　　　　　　　　　　　（　　）

4. 某财务公司 20×5 年 1 月 1 日欲购入面值为 20 万元的债券，该债券的票面利率为 8%，20×6 年 1 月 1 日，到期一次还本付息，现该债券的价格为 18 万元，该债券的折现率为 10%，则该财务公司应该购入该债券。　　　　　　　　　　　　　　　（　　）

5. 长期债券与短期债券相比，其投资风险比较大。（　　）

6. 由于优先股在分配公司盈利、剩余财产权等方面有优先权，所以一般来说，其收益要高于普通股。　　　　　　　　（　　）

7. 累积优先股不仅能按规定分得额定股息，而且还有权与普通股一并参与公司剩余利润的分配。　　　　　　　　　　（　　）

8. 如果不考虑影响股价的其他因素，零增长股票的价值与市场利率成反比，与预期股利成正比。　　　　　　　　　　（　　）

9. 某股票的未来股利不变，当股票市价低于股票价值时，则预期报酬率高于投资人要求的最低报酬率。　　　　　　（　　）

10. 投资者要求的报酬率是进行股票评价的重要标准，而市场利率由于其无风险性，所以可作为投资者要求的报酬率。（　　）

三、问答题

1. 简述长期投资的风险。
2. 长期投资评估具有哪些特点？
3. 普通股评估时，需要了解企业哪些情况？
4. 优先股和普通股的区别。
5. 市场法评估债券与股票价格的前提条件？
6. 收益现值法评估债券时，影响债券评估值的因素。
7. 股票的内在价格和市场价格，在评估时该如何选择？
8. 递延资产作为评估对象界定的依据是什么？
9. 直接投资收益分配的形式主要有哪些？
10. 如何评估企业的长期待摊费用？

四、计算与分析题

1. 被评估债券为 1992 年发行，面值 100 元，年利率为 10%，3 年期。1994 年评估时，债券市场上同种同期债券交易价，面值为 100 元的交易价为 110 元，试问该债券的评估值应为多少？

2. 被评估债券为非上市债券，3 年期，年利率为 17%，按年付息到期还本，面值 100 元，共 1000 张。评估时债券购入已满一年，第一年利息已经入账，当时一年期国库券利率为 10%，一年期银行储蓄利率为 9.6%，该被评估债券的评估值应是多少？

3. 被评估债券为 4 年期一次性还本付息债券 10000 元，年利率 18%，不计复利，评估时债券的购入时间已满 3 年，当年的国库券利率为10%，评估人员通过对债券发行企业了解认为应该考虑2%的风险报酬率，试评估该债券的评估值。

4. 被评估企业以机器设备向B企业直接投资，投资额占B企业资本总额的20%，双方协议联营10年，联营期满B企业将机器设备折余价值20万元返还投资方。评估时双方联营已有5年，前5年B企业的税后利润保持在50万元水平，投资企业按其在B企业的投资额分享收益，评估人员认定B企业未来5年的收益水平不会有较大变化，折现率设定为12%，试评估被评估企业直接投资的价值。

5. 被评估企业以无形资产向A企业进行长期投资，协议规定投资期10年，A企业每年以运用无形资产生产的产品的销售收入的5%作为投资方的回报，10年后投资方放弃无形资产产权。评估时此项投资已满5年，评估人员根据前5年A企业产品销售情况和未来5年市场预测，认为今后5年A企业产品销售收入保持在200万元水平，折现率为12%，试评估该项长期投资的价值。

6. 被评估企业拥有M公司面值共90万元的非上市股票，从持股期间来看，每年股利分派相当于票面值的10%，评估人员通过调查了解到M公司只把税后利润的80%用于股利分配，另20%用于公司扩大再生产，公司有很强的发展后劲，公司的股本利润保持在15%水平上，折现率设定为12%，试运用红利增长模型评估被评估企业拥有的M公司股票。

7. 甲企业持有乙企业的普通股票10000股，每股面额1元，乙企业正处在收益成长阶段，过去几年有关数据见下表，市场利率为11%，乙企业风险报酬率为2%，试计算这批股票的评估值。

乙公司红利分配情况：

	第1年	第2年	第3年	第4年	评估年	评估下一年
每股红利	0.15	0.17	0.19	0.20	0.23	0.24
环比增长	100	113	118	105	115	104

8. 甲企业拥有乙企业1万股累积性、非参与优先股，每股面值1元，股息率为年息9%，评估时国库券利率6%，评估人员了解到乙企业的资本结构欠合理，可能会影响优先股的股息分配，所以评估人员确定了4%的风险报酬率。甲企业三年前与丙企业进行联营，协议约定联营期10年，按投资比例分配利润，甲企业投入现金20万，厂房建筑物作价30万，总计50万，占联营企业总资本的25%。期满时返还厂房投资，房屋的年折旧率5%，残值率5%，评估前三年甲企业分别取得利润5.5万、6万、7万。目前联营企业生产稳定，今后每年收益率能保持在13%，期满厂房折余价值15.3万，取折现率10%，对该企业的长期投资进行评估。

9. 甲企业购买了A企业发行的三年期一次还本付息债券，面值10000元，票面利率为7%，单利计息，评估日距到期日一年，当时国库券利率为6%，据评估人员分析调查，发行企业经营业绩较好，两年后有还本付息的能力，风险不大，取2%的风险报酬率。同时还投资了B企业的非上市普通股20000股，每股面值1元。在持股期间，B公司每年红利一直很稳定，收益率保持在16%左右，经评估人员调查分析，B企业经营比较稳定，预测今后收益率保持在12%是有把握的，取折现率10%。评估甲企业这两项长期投资。

10. 某企业因产权变动需对长期待摊费用进行评估，该企业长期待摊费用余额100万元，其中：办公楼装修摊余费用35万元；租入固定资产改良支出费用发生总额28万元，摊余15万元，租赁协议中固定资产租入期4年，已租入2年；设备大修理费用50万元。根据调查办公楼装修费已在房屋评估中体现，设备大修理费用体现在设备评估中。对该企业的长期待摊费用进行评估。

第七章 流动资产评估

流动资产单位价值较小,不同企业的流动资产具有相对性。流动资产种类繁多,形态各异,在评估方法上往往需要结合流动资产的具体形式与市场状态,分析并选择其评估方法。

第一节 流动资产的类别与特点

流动资产是企业进行生产经营的重要物质手段,它和企业的固定资产共同构成企业资产的基本部分。由于企业流动资产的表现形态多种多样,许多流动资产在短时间内的价值也会发生变化,因此在对企业进行资产评估时,流动资产的评估问题就不容忽视。本章将主要介绍和研究流动资产评估的有关问题。

流动资产是在生产经营活动中,由企业控制的可在一年或超过一年的一个营业周期内变现或耗用的资产,即经常改变其存在状态的那些资产。流动资产作为单独的评估对象,一个原因是它与固定资产存在不同的运动方式,其价值变化的规则是不同的,决定了评估的特点也就不同;另一个原因是它在会计报表中作为独立的计价账户,与流动负债配合,共同反映营运资金的概念,为投资者和债权人提供资产流动性的信息。此外,由于低值易耗品、包装物等资产使用时间较短、价值较低,具有跨越经营周期逐渐补偿和耗用的特点,所以,虽然它们在周转方式上与固定资产相类似,但通常也被划入流动资产范围。

一、流动资产的类别

在实际评估中,流动资产品种繁多、形态各异,为了更好地认识流动资产及其评估的特点,有针对性地做好流动资产评估工作,需要从不同的角度以适当的口径对流动资产加以分类。

(一)按照流动资产在企业生产经营中的形态和作用划分

1. 货币资金,包括人民币和外币现金、银行存款和其他形式的货币资金。

2. 应收及预付款项,包括应收票据、应收账款、其他应收款、预付货款和预付费用等。

3. 短期投资,指企业购入的各种能随时变现、持有时间不超过一年的投资,包括不超过一年的股票、债券等有价证券和其他投资。

4. 存货,指企业在生产经营过程中为销售或者耗用而储备的资产,包括产成品、库存商品、在产品、自制半成品、原料及主要材料(包括各种外协件)、辅助材料、燃料、修理用备件、包装物(库存物资)和低值易耗品等。根据存货在生产经营过程中所处的形态和用途的不同,又可以将其分为储备资产、生产资产和成品资产。

(1)储备资产,指从购买到投入生产为止,处于生产准备阶段的流动资产,包括原材料、辅助材料、燃料、修理用备件、低值易耗品、包装物、外购半成品等,它们均是直接为生产经营过程而进行的储备。

(2)生产资产,指从投入到产品制成入库为止,处于生产过程中的流动资产,包括在产品、自制半成品、待摊费用等。它们是企业生产过程之中占用的资产,正在实现或已经实现由劳动对象到劳动产品的转化。

(3)成品资产,指从产品入库到产品销售为止,处于产品待销过程中的流动资产，包括产成品和准备销售的半成品等。

5. 其他流动资产，从评估角度是指评估基准日应摊销或应延期摊销的费用。此外，也有不属于流动资产的递延资产（开办费），它受益期较长，是摊销期超出流动资产最长摊销期的待摊费用，可参照流动资产中的待摊费用进行评估。

（二）按照流动资产在资产评估中表现的不同形态划分

1. 货币形态的流动资产，指现金和各项存款等具有现金等价物性质的流动资产。它表现为一定的货币金额，评估时无须考虑物价变动的影响和货币购买力变化的影响。

2. 债权形态的流动资产，包括各种应收预付款项、短期投资和其他费用等具有债权性质的流动资产。它没有一定的实物形态，且其价值又不能直接以账面价值反映。

3. 实物形态的流动资产，通常又称为存货资产，指企业在生产经营过程中为销售或者耗用而储备的具有实物形态的资产。在物价变动的情况下，其价值不固定，将随着物价水平的升降而变动。包括产成品、库存商品、在产品、自制半成品、原料及主要材料（包括各种外协件）、辅助材料、燃料、修理用备件、包装物（库存物资）和低值易耗品等。

4. 其他流动资产，指除以上资产之外的流动资产。

（三）按照流动资产在再生产过程中所处的领域划分

流动资产不仅存在于企业内部生产领域，还存在于企业外部的社会流通领域。生产领域的流动资产包括储备资产和生产资产。流通领域的流动资产包括成品资产、结算资产和货币资产。结算资产包括发出商品和各种应收账款、应收票据等。货币资产包括银行存款、库存现金等。

（四）按照评估中的重要程度划分

企业的流动资产种类繁多，数目巨大，如果对每一种流动资产都详加评估，不但费时费力，而且还可能因头绪太多，造成对重点资产的忽视。为避免这一问题的产生，可以按流动资产的价值大小对其进行分类。在资产评估中突出重点,从而提高资产清查核实和评估工作的效率。

二、流动资产的特点

流动资产是企业资产的重要组成部分,不同于固定资产。流动资产评估方法的选择要取决于流动资产本身的独特性,这些特点主要表现在流动性或周转方式、变现能力、存在形式等方面。

(一) 流动性强

流动资产的主要特点就是流动性。流动资产在生产经营活动中不是固定在一种使用形态上,而是随着生产过程的进行,不断地由一种形态转化为另一种形态。这一特点要求在进行流动资产评估时,必须合理地确定评估时点,并且严格在规定时点上进行资产清算,确定被评估资产数量,避免发生重估、漏估的现象,以至影响评估的准确性。

(二) 周转速度快

各种流动资产除包装物和低值易耗品外,均只参加一次生产循环,其形态即发生改变,价值一次性地转移到产品中去,并最终通过销售得到补偿。它们存在于生产经营的不同阶段和领域,进行着不停息的循环和周转,并且每周转一次就会给企业带来增值。由于流动资产的价值在使用中是一次性全部转移的,一般不存在有形损耗,更无须考虑功能性贬值等因素。因此,在价格变化不大的情况下,流动资产的账面价值基本上就可以反映其现值。

(三) 变现能力强

根据定义,企业的流动资产是可以在一年内或者超过一年的一个营业周期内变现或者耗用的资产,都具有较强的变现能力,它是企业对外支付和偿债能力的手段和物质基础。按流动资产变现能力的强弱排序,首先是货币资金,其次是短期投资,再次是较易变现的债权类流动资产和可在短期内出售的存货,最后是在产品和准备耗用的其他物资。

(四) 形态多样化

流动资产存在的形态多种多样，特别是其实物形态十分复杂。流动资产在企业再生产循环中依次经过购买、生产、销售等环节，并分别以货币资产、储备资产、生产资产及产成品资产等形式存在。从行业来看，工业、交通、农业、商业、建筑等不同行业的企业中，流动资产的实物形态千差万别。即使在同一行业中，不同企业，甚至相同企业的不同部门，流动资产的实物形态也差别较大。因此，对于流动资产，应该按照单项资产进行评估，评估前还必须对流动资产进行认真仔细的资产清查，同时又要分清主次，掌握重点。

(五) 存量波动大

由于企业的流动资产一般要不断地经历购买和售卖的全过程，因此，它受市场商品供求变化和生产、消费的季节性影响较大。另外，它还会受到外部经济环境、经济秩序等因素的制约，从而导致其占用总量、形态以及构成比例呈现出波动性。

(六) 现行市价与原始成本比较贴近

由于流动资产除货币以外，从购进到耗用的期间较短，一般来说在企业滞存的时间不长，因而其原始成本与市场价格一般比较接近。在生产经营周期短、物价波动不大的情况下，更是如此。

(七) 具有相对性

流动资产的概念是相对的。同一种资产，无论其价值大小、形态如何，作为企业生产的对象或企业的产品时，就是该企业的流动资产；作为企业的劳动手段或劳动资料时，则是该企业的固定资产。如作为产成品的机器设备，在生产厂家属于流动资产，到了使用单位后就成了固定资产，但如果属于自用的机器设备，则当作固定资产来处理。当然也有例外，如低值易耗品、包装物等，虽然按流动资产评估，但在功能上更接近固定资产，在使用过程中不改变原有的物质形态，其价值也可以多次摊入成本。因此，在资产评估时，要注意划清固定资产与流动资产的界限。

第二节 流动资产评估的主要方法

选择流动资产评估的一般方法，一是基于评估目的，二是依据不同种类流动资产的特点。目前，我国的流动资产评估通常有以下四种评估计价标准和评估方法可供选择。

1. 历史成本标准。这种标准是以企业流动资产的账面净值作为重估价值。由于流动资产具有周转快、价值一次转移的特点，故在物价比较稳定或流动资产购进时间不长的情况下，可采用历史成本标准（账面净值）计价。这是固定资产评估与流动资产评估的重要区别。企业的长期资产，如固定资产、无形资产等，由于单位价值较大，变现周期长，历史成本与市场价值相差较大，一般不适合以历史成本作为评估的计价标准。

2. 重置成本标准。这种标准是以估价时该项资产的重置净值作为重估价值，重置成本法即是指按被评估资产的现时完全重置成本减去应扣损耗或贬值来确定被评估资产价值的一种评估方法。其核心是通过一系列运算得出被评估资产的现时成本。考虑到币值变化、技术进步等因素，因此在物价水平变化较大、币值不稳定的情况下，这种评估方法得出的评估结论具有真实性和公允性。

3. 现行市价标准。这种标准是以市场上同一种或同类的资产交易价格，作为重估价值。运用现行市价法一般应具备两个条件：首先，必须有一个充分发育、完善活跃的资产交易市场，且市场所反映的资产价格真实、准确、正常；其次，被评估资产的市场参照物及相比较的指标、技术参数等资料能够收集且比较经济。

4. 清算价格标准。这种标准是以企业在停业、清算或破产后，以企业破产清算时资产可变现的价格作为重估价值。它以资产清算的价格为依据，一般通过与市场售价比较来获得。在明确了流动资产评估的标准之后，可以在以上评估标准内，选择具体的流动资产评估方法。下面对若干流动资产评估方法逐一进行详细介绍。

一、历史成本法

历史成本法，亦称账面净值法。它是以企业流动资产的账面价值作为资产重估价值的主要依据。其优点是以会计记录为依据，具有可验证性，而且操作简单，节省时间。其缺点是只能在一定条件下应用，应用范围有限，一般只适用于下列情况：（1）市场价格变化不大；（2）购进时间较短，购进价接近于市场现行价格的流动资产。

1. 基本公式：

流动资产评估价值 = 流动资产账面价值 - 减值因素

2. 采用历史成本法对流动资产进行评估，应遵循以下步骤：

（1）清查资产，盘点待评估资产的准确数量，并鉴定其质量和其他损耗情况；

（2）确定账面价值；

（3）计算资产减值后，得出评估价值。

3. 历史成本法在各种形态流动资产中的应用：

（1）现金、银行存款直接以账面价值作为评估价值。

（2）材料可以用实际成本来估价。其中，外购的实际成本由买价和采购费用构成；自制的实际成本由制造过程中实际耗用的原材料、工资和有关制造费用构成；委托外单位加工的实际成本由加工前材料的实际成本、加工费和其他费用构成。

（3）流动资产中包装物的评估。对一次性使用的包装物，其评估价值的确定和材料价值的确定方法相同；对用作周转的包装物，应以实际成本按规定摊销后的剩余价值作为评估价值。

（4）流动资产中的低值易耗品的评估。对于在库低值易耗品，其价值的确定和材料价值的确定方法相同。对于在用的低值易耗品，则以实际成本和其新旧程度来评估。

二、重置成本法

重置成本法是一种从购买者角度出发,把待评估资产按现时条件进行重置来计算价值的方法。它是流动资产评估中最重要的方法之一,适用于价格变动较大、处于各种形态的流动资产的评估。基本公式为:

评估价值 = 重置成本 - 减值因素

其中,重置成本是指待评估资产在现时条件下,购买或制造在品种、规格、功能、用途等方面与原资产完全等同的流动资产的成本。减值因素是指流动资产由于有形损耗、质量变化、资产品种及市场供需变化等原因所造成的原有资产的现实价值与全新资产价值的差额。在实际评估中,根据被评估资产的类别及所处于的状态,重置成本法又可以分为以下情况进行计算。

1. 按市场近期交易价格确定评估值

适用范围:企业库存的原材料及燃料、外购产成品、包装物、外购商品、修理用配件、在库低值易耗品等。

基本计算公式为:

评估价值 = 资产的市场交易价格 + 采购运杂费 - 减值因素

其中,市场交易价格必须是代表一般水平的平均市价。

2. 按标准的制造成本(即社会平均成本)确定评估值

适用范围:企业的自制低值易耗品、自制半成品、在产品、产成品等,均可按此方法评估,如果社会制造成本难以求得,也可以用先进合理的工艺定额计算确定。

对不同形态的资产,基本计算公式如下:

(1)自制低值易耗品

评估价值 = 购进材料的近期市场价格 + 加工费 - 减值因素

(2)在产品

在产品定额成本资料健全时:

评估价值 = 在产品定额原料成本 + 在产品定额工资成本 + 在产品

定额费用成本在产品定额成本资料不健全时：

评估价值＝在产品数量×完工程度×产成品单位标准成本

（3）产成品

评估价值＝成品数量×产成品单位标准成本×（1＋成本利润率）－减值因素

3. 按照资产的物价变动指数确定评估值

适用范围：企业的储备材料、在用低值易耗品等。在品种数量繁多、价格变动不大时，可适当采用此法，简化操作。

基本思路是：利用国家公布的物价变动指数或评估人员调查掌握的数据，将被评估的资产的原始成本调整为重置成本。

基本评估公式是：

评估价值＝（原始成本×物价变动指数）－减值因素

物价变动指数是指相对于同一基准时间的评估时的物价指数与资产购置时的物价指数之比。即：

物价变动指数＝资产评估时的物价指数／资产购置时的物价指数

物价指数分为一般物价指数和特定物价指数两种，要视具体情况采用。在用物价指数调整法进行流动资产评估时一般应有以下步骤：

（1）盘点待评估资产的数量，并鉴定其技术质量状况；

（2）确定该项资产的形成时间和当时的物价指数；

（3）确定评估该资产时的物价指数；

（4）进行计算并确定减值因素。

采用一般物价指数计算，可以简化操作，节省时间和评估费用。在价格资料齐全、采用的物价指数准确时，基本上可以解决通货膨胀、物价上涨对资产价值的影响。但总的来说，它的准确性较差，可靠性不够。采用特定物价指数计算时，可以提高准确性，但要增加工作量，而且我国目前价格资料的收集也比较困难，因此选择时需要慎重。

三、现行市价法

现行市价法，亦称公允市价法。它是从卖者角度对被评估资产按现行市价所能获得多少变现值的角度来评定估算流动资产价值的一种评估方法。

这种评估方法适用于购置时间较长、市场价格变动幅度较大的流动资产的评估。其优点是简化操作，不受原始成本记录是否完备的限制，因而比较灵活。

现行市价法适用范围较大，同时考虑了市场变化的因素，评估结果比较真实。但是它在一定条件下也会受到市场资料以及能否找到评估参照资产等条件的限制。

基本公式：

资产评估价值 = 全新参照资产的市场价格 - 减值因素

现行市价法与重置成本法在评估流动资产价值时，都可以采用或参照市场现行市场价格。但两者是有区别的。

1. 现行市价法是从卖者的角度来考察被评估资产在全新情况下按现行市价能卖多少钱，而重置成本法则是从买者的角度来考察从现行市场上买到全新状态下的被评估资产需要多少钱。

2. 现行市价法计算的资产价值只是一个变现价值，而重置成本法计算的资产价值，不仅包括买价，还包含运杂费等费用，一般要高于现行市价。

3. 现行市价法可以脱离资产的原始记录而运用，而重置成本法中的某些计算方法则必须利用原始成本资料来计算资产的价值。

四、清算价格法

清算价格法是企业在破产清算时，以流动资产拍卖时可变现的价值作为重估价值。根据具体情况，应采用不同的估价方式。一般有两种情况：

1. 完全失去原有价值的流动资产，一般按废旧物资变价处理。

2. 具有使用价值的流动资产，一般通过市场售价比较来获得。由于破产企业的资产清理是有强制性的，一般要求在短期内完成。所以资产处理往往不具备完全的市场竞争，所以资产的清算价格，一般都低于现行市场价格。

第三节 产成品评估的方法

产成品是指企业已加工生产完成，可以直接对外销售的制成品。产成品包括企业正常生产的产品、试制成功可以对外销售的新产品和准备销售的自制半成品，以及代制品、代修品等。另外，还包括已完工并经过质量检验但尚未办理入库手续的产成品。对于产成品的评估方法，主要有成本法和市场法。

一、重置成本法

采用重置成本法对生产和加工企业的产成品进行评估，以确定产成品的可变现净值，可根据生产该种产品发生的全部正常合理的成本费用再加上适当的利润，确定其评估价值。具体又可分为以下几种情况：

1. 评估基准日与产成品完工时间接近，成本升降变化不大。同时，企业会计信息质量较高，其所反映的产成品成本水平与社会正常合理的平均成本水平基本一致。其评估公式为：

产成品的评估值＝产成品数量×产成品的账面单价

2. 评估基准日与产成品完工时间间隔较长，产成品成本费用变化较大，但是会计信息质量较可靠，能够反映出产成品完工时的社会平均正常合理的成本水平。其评估公式为：

产成品的评估值＝产成品实际成本×（材料成本比例×材料综

合调整系数 + 工资成本比例 × 工资综合调整系数 + 制造费用比例 × 制造费用综合调整系数）

其中，产成品实际成本是指产成品账面成本扣减不合理成本后的余额，对报废产成品的成本应全额扣减，对有质量缺陷的产品应按一定比例扣减。

【例 7-1】某公司现有产成品 200 件，每件实际成本为 140 元，经了解该成本水平基本反映了当时该种产品的社会平均成本水平。根据企业的会计核算资料，生产该产品的材料费用与工资、制造费用的比例为 2:3，根据目前价格变动情况和其他相关资料，确定材料综合调整系数为 1.25，工资、费用综合调整系数为 1.05。由此可确定该产品的评估值为：

产成品评估值 = 200 × 140 × （40% × 1.25 + 60% × 1.05）
= 31640 （元）

3. 企业会计核算所提供的会计信息质量很差，产品的账面成本不能反映出社会正常合理的成本水平。其评估公式为：

产成品的评估价值 = 产成品数量 × （合理材料工艺定额 × 单位材料现行市价 + 合理工时定额 × 单位小时合理工资成本 + 合理工时定额 × 单位小时合理制造费用成本）

【例 7-2】某公司对某类产成品进行评估。经核查，该产成品实有数量为 9000 件，合理材料工艺定额为 400 千克/件，合理工时定额为 20 小时。评估时，材料价格由原来的 50 元/千克涨至 70 元/千克，单位小时合理工资费用不变，仍为 20 元/小时。根据上述材料，可以确定该产成品的评估值为：

产成品评估值 = 9000 × （400 × 70 + 20 × 20） = 25560 （万元）

二、市场法

该方法适用于涉及所有权变动的资产交易。它的主要思路是以不含价外税的可接受的市场价格为基础,扣除相关费用后,计算被评估企业产成品评估值的一种方法。其中,工业企业的产品一般以卖出价为依据,商业企业一般以买进价为依据。在使用市场法评估产成品时,需特别注意以下几点:

(一)选择市场价格的原则

1. 产成品的使用价值,即根据对产品本身的技术水平和内在质量的技术鉴定结果,确定产品是否具有使用价值以及产成品的实际等级,以便选择合理的市场价格;

2. 所选择的价格必须是公开市场所形成的近期交易价格,非正常交易价格不能作为评估的依据;

3. 分析市场供求关系和被评估产成品的市场前景;

4. 若产成品外表存有不同程度的残缺,可根据其损坏程度,通过调整系数予以调整;

5. 听取有多年营销经验人员的意见,充分掌握买方和卖方的信息资料,并在此基础上作出价格的判断。

(二)正确处理现行市价中待实现的利润和税金

一般来说,企业产品不含税出厂销售价格的内容由制造成本、管理费用、财务费用、销售费用、销售税金及附加、所得税支出和税后利润部分组成。其中,制造成本、管理费用、财务费用之和构成企业产成品的完全成本。评估人员在进行评定估算时,应结合企业销售人员,对产成品的销售情况进行分类,分别不同类型进行评估。产成品的价值只有通过市场销售才能实现,在评估操作时,计算未实现的所得税和税后利润应遵循的原则以及计算公式是:

1. 对十分畅销的产品,在扣除销售费用、销售税金及附加和所得税后,将完全成本加税后利润作为评估值。其评估公式为:

产成品评估值 = 核实后实有数 × 不含税的出厂销售价 − (销售费用 + 销售税金及附加 + 所得税)

2. 对正常销售的产品,在扣除销售费用、销售税金及附加、所得税和适当税后利润后,将完全成本和一定税后利润作为评估值。其评估公式为：

产成品评估值 = 核实后实有数 × 不含税的出厂销售价 − （销售费用 + 销售税金及附加 + 所得税 + 适当税后利润）

3. 对勉强能够销售的产品，在扣除销售费用、销售税金及附加、所得税和税后利润后，只保留完全成本作为评估值。其评估公式为：

产成品评估值 = 核实后实有数 × 不含税的出厂销售价 − （销售费用 + 销售税金及附加 + 所得税 + 税后利润）

4. 对滞销、积压、降价销售的产品，应将完全成本进行一定折扣后作为评估值。其评估公式为：

产成品评估值 = 核实后实有数 × 不含税的出厂销售价 × （1 − 折扣率）

【例 7 − 3】某厂的产成品转让分为 A、B、C、D 四个系列的产品：

A 系列十分畅销，库存共 100 件，出厂价（含增值税）117 元/件；

B 系列正常销售，库存共 500 件，出厂价（含增值税）234 元/件；

C 系列勉强能够销售，库存共 100 件，出厂价（含增值税）351 元/件；

D 系列属积压产品，库存共 200 件，出厂价（含增值税）234 元/件。

假设所有产品的销售费用率均为 2%，销售税金及附加占销售收入的比例为 1%，利润率为 15% 适用的增值税税率为 17%，所得税率为 25%。计算该厂产成品的评估值。

A 产品畅销：

评估值 = 100 × 117/1.17 × （1 − 2% − 1% − 15% × 25%）
       = 9325（元）

B 产品正常销售，假设只保留 60% 的税后利润：

评估值 = 500 × 234/1.17 × （1 - 2% - 1% - 15% × 25% - 15% × 75% × 40%） = 88750（元）

C 产品勉强能够销售：

评估值 = 100 × 351/1.17 × （1 - 2% - 1% - 15%）
       = 24600（元）

D 产品积压，预计折扣率为 80%：

评估值 = 200 × 234/1.17 × （1 - 80%） = 8000（元）

故该厂全部产成品的评估值为：

9325 + 88750 + 24600 + 8000 = 130675（元）

第四节 在制品评估的方法

在产品是指原材料投入生产后，尚未最后完工的产品，它包括各生产阶段正在加工或装配的产品，以及已经完成一道或几道生产工序，还未完成整个生产过程，等待加工或装配的库存半成品。在产品评估应当结合在产品的特点，首先，在产品的数量不易清查核实；其次，在产品由于尚未加工或装配完毕，需要估计其完工程度。

一、重置成本法

由于企业的半成品一般并不对外销售，它的价值主要体现在企业内部，故而主要采用重置成本法对其进行评估，即根据技术鉴定和质量检测的结果，按评估时的相关市场价格及费用水平重置同类同等级在产品所需投入的合理的料、工、费来计算评估值。具体的计算方法主要有以下几种：

（一）按价格变动系数调整原成本

这种评估方法主要适用于生产经营正常、会计核算水平较高的企

业的在产品、自制半成品的评估。可参照实际发生的原始成本和材料价格在评估日时市场变动情况调整成重置成本,具体步骤如下:

1. 首先对被评估的在产品进行技术鉴定和质量检测,将其申超出正常范围的不合格产品成本从总成本中剔除,对在产品按不同级别进行分类。

2. 分析账面成本和市场变化情况,将非正常的不合理资产从总成本中剔除。

3. 测算出投入材料从其生产准备开始到评估基准日止市场价格变动情况,并测算出相应的价格变动系数。

4. 检查从开始生产日到评估基准日期间,账面成本中工资、燃料及动力等价格是否存在上涨事宜,并测算出调整系数。

5. 根据技术鉴定和等级分类结果,原账面成本分析和价格变动系数,调整账面成本,确定评估值,必要时还要从变现的角度修正评估值。基本计算公式为:

某项或某类在产品、自制半成品成本 = 原合理材料成本 × (1 + 价格变动系数) + 原合理制造费用 × (1 + 合理制造费用变动系数)

【例7-4】某公司准备继续生产已入库的某在产品,其累计账面总成本为200万元。该在产品有150件报废,账面成本为200元/件,估计可回收的废料价值为2000元,该在产品的工资成本占总成本的20%,该材料从其生产准备开始到评估基准日有180天,因工资调整,工资费用在半年内上涨了10%,另有前期漏转费用5万元计入本期成本。试计算在产品的评估值。

在产品评估值 = 200 - 0.02 × 150 - 5 + (200 - 0.02 × 150) × 20% × 10% + 0.2

= 200 - 35 + 3.94 + 0.2

= 196.14 (万元)

在评估操作中,也许由于原始成本不实或者由于材料价格上涨,也可能由于市场原材料价格变化,致使评估结论高于其应占销售价格的比例。如果按评估结果调整账面值,那么被评估资产的一部分价值在交换中便无法实现,产品销售定将出现亏损。在这种情况下评估人员不可硬性调低评估值,而应分析产品价格是否会随着材料价格的调整而调整,如果产品价格有上调的可能,也就没有必要再调低评估值。所以,初评结论还有必要根据变现的可能性进行修正。

(二)按社会平均工艺定额和现行市价计算评估值

这种方法是按重置同类资产的社会平均成本确定被评估资产的价值。采用这一方法,要求委托方提供较齐全的资料:

1. 被评估在产品的完工程度;
2. 被评估在产品有关工序的工艺定额;
3. 被评估在产品耗用原材料的近期市场购买价格;
4. 被评估在产品的合理工时费率(指在正常生产经营条件下生产的工时费率)。

计算评估值的基本公式为:

某种在产品评估值 = (该工序单件材料工艺定额 × 在产品实有数量 × 单位材料现行市价 + 该工序单件工时定额 × 在产品实有数量 × 正常小时工资费用) × (1 ± 调整系数) × 在产品完工程度

其中,工艺定额,如果有行业的平均物料消耗标准,可按行业的标准计算,没有行业统一标准的可按企业现行的工艺定额计算;调整系数是指市场前景透明度差,预计市场供求情况在未来会发生变化,而被估在产品又不能在短期内投放市场,因而被估在产品有潜在变现风险,需要设置调整系数。没有变现风险的可以不用此系数,调整系数的大小应依据产品生产周期、供求关系等与变现风险有关的因素来确定。

【例 7-5】某公司进行在产品 A 的评估。在产品 A 分布在三道工序上,其中工序一上有 200 件,工序二上有 170 件,工序三上有 150 件。主材料甲在工序一中投入使用,主材料乙在工序二中投入使用。在工序一上的在产品每件消耗主材料甲的定额为 40 公斤,现行市价为 40 元/公斤;在工序二上主材料甲的定额为 40 公斤,主材料乙的定额为 10 公斤，其现行市价为 35 元/公斤；工序三上消耗主材料甲、乙的定额与工序二相同，完成工序一、工序二、工序三的单位小时定额分别为 80 小时、60 小时和 40 小时。工资标准为 5 元/小时。制造费用定额标准为 1 元/小时。请计算在产品评估值为多少？

（1）工序一在产品的定额材料成本 = 200×40×40
　　　　　　　　　　　　　　 = 320000（元）
　工序一在产品的定额人工成本 = 200×（80/2）×5
　　　　　　　　　　　　　　 = 40000（元）
　工序一在产品的定额制造费用 = 200×（80/2）×1
　　　　　　　　　　　　　　 = 8000（元）
　工序一在产品的定额成本 = 320000 + 40000 + 8000 = 368000（元）

（2）工序二在产品的定额材料成本 = 170×（40×40 + 10×35）
　　　　　　　　　　　　　　 = 331500（元）
　工序二在产品的定额人工成本 = 170×（80 + 60/2）×5
　　　　　　　　　　　　　　 = 93500（元）
　工序二在产品的定额制造费用 = 170×（80 + 60/2）×1
　　　　　　　　　　　　　　 = 18700（元）
　工序二在产品的定额成本 = 443700（元）

（3）工序三在产品的定额材料成本 = 150×（40×40 + 10×35）
　　　　　　　　　　　　　　 = 292500（元）
　工序三在产品的定额人工成本 = 150×（80 + 60 + 40/2）×5
　　　　　　　　　　　　　　 = 120000（元）
　工序三在产品的定额制造费用 = 150×（80 + 60/2）×1
　　　　　　　　　　　　　　 = 24000（元）
　工序三在产品的定额成本 = 436500（元）

在产品评估值为各工序在产品的定额成本之和，即 368000 + 443700 + 436500 = 1248200（元）

（三）按在产品的完工程度计算评估值——约当产量法

在产品的最终结果是产成品，这种方法是将清查核实后的在产品数量，按照完工程度调整为约当产量，然后在计算产成品重置成本的基础上，按在产品的完工程度计算其评估值。在一些企业的成本核算中，在产品的完工率可以预先确定，可以根据在产品完成工序与全部工序比例、生产完成时间与全部生产时间比例确定。当然，在确定比例时应分析完成工序、完成时间与成本耗费的关系，即完工率应反映已发生成本与全部成本的比例。按在产品的完工程度计算评估值计算公式为：

在产品评估值 = 产成品重置成本 × 在产品约当产量（或完工率）

某种产品的当量产量等于各工序在产品数量乘以该工序的完工率。如果各道工序在产品的数量和加工量都相差不大，则可以把全部在产品的完工程度估计为 50%。因为按 50% 计算，对前面各工序多计算的加工量，可以抵补后面各工序少计算的加工量。各工序在产品完工率计算公式如下：

某道工序在产品完工率 =（上道工序的累计单位工时定额 + 该道工序的单位工时定额 × 50%）/ 产品单位工时定额 × 100%

值得注意的是，如果各道工序在产品的数量和加工量都相差很大，则不宜按 50% 计算，这时可采用有根据的方法，如分别工序计算当量产量，通过加总进行测定或估定。

采用当量产品方法，需要注意在产品的材料成本。若在产品的材料是在生产过程的开始时一次投入，那么材料成本应按照在产品的实际数量而不是约当产量进行计算。

【例 7-6】某产品需经过五道工序加工制成。原材料是在第一道工序一次投入。资产评估时，在每道工序上均有 10 件在产品，从第一道工序到第五道工序的完工率分别为 20%、40%、65%、80%、95%。该产品的单位定额成本为：材料 200 元，工资及附加费 50 元，其他各项费用 5 元，该产品在产品的评估价值为：

在产品当量产量 = 10 × 20% + 10 × 40% + 10 × 65% + 10 × 80% + 10 × 95% = 30（件）

在产品材料成本 = 50 × 200 = 10000（元）

在产品工资及附加费 = 30 × 50 = 1500（元）
在产品其他各项费用 = 30 × 5 = 150（元）
在产品评估价值 = 10000 + 1500 + 150 = 11650（元）

如果在产品的原材料不是一次投入，而是随着生产过程陆续投入，则应将原材料成本调整为当量产量来进行计算。

【例 7 – 7】 某电机厂在评估时，有甲产品在产品 10 台，甲产品在产品的材料已投入 75%，完工程度为 50%。甲产品的单位定额成本资料为：材料定额 2800 元，工资定额 300 元，费用定额 420 元。甲产品在产品的评估价值为：

在产品材料的当量产量 = 10 × 75% = 7.5（台）
在产品工资、费用当量产量 = 10 × 50% = 5（台）
甲产品在产品评估价值 = 7.5 × 2800 + 5 ×（300 + 420）
　　　　　　　　　　 = 24600（元）

二、市场法

市场法即按同类在产品和半成品的市价，扣除销售过程中预计发生的费用后计算评估价。这种方法适用于因产品下线，在产品和自制半成品只能按评估时的状态向市场出售的情况下进行的评估。一般情况下，被估资产通用性好，能够用于维修，评估价格可按市场现行接受价格确定。而对不继续生产、又无法通过市场调剂出去的专用配件和需报废的在产品，只能按废料回收价格进行评估。基本公式如下：

某在产品评估值 = 该种在产品实有数量 × 可接受的单位市场价格
　　　　　　　 – 预计在销售过程中发生的费用

如果在调剂过程中有一定的变现风险，则还要考虑设立风险调整系数，计算可变现的评估值。

报废的在产品评估值 = 可回收废料的重量 × 单位重量现行的回收
　　　　　　　　　　价格

第五节
债权类及货币类流动产品的评估

债权形态的流动资产,包括各种应收预付款项、短期投资和其他费用等具有债权性质的流动资产。货币类流动资产包括现金、银行存款和其他货币资金。货币资金本身就是价值尺度,只存在不同币种的折算、不同货币资金形态的转换问题,通常不存在评估问题。在评估时只需对各项货币资金进行核实确认,如有外币,按评估基准日的外汇牌价折算成人民币,最后以核实后的实有额作为评估价值汇总到企业评估价值总额中去。

一、应收账款及预付账款的评估

应收账款是指企业在经营过程中由于赊销原因而形成的尚未收回的款项;预付账款是指企业根据合同规定预付给供货单位的货款等。无论是否约定偿还期,到期偿还的债务额都是在事前约定的。这一经济特点决定了评估的特点,即不再需要评估债权是多少。但由于应收账款既非现金,又非实际可用于企业生产经营的资产,只有收回后才能作为实际的资产,在等待的这一段时间后,其价值就有可能会有不同,并且回收时间还具有不确定性,也存在着无法回收的风险。因此,评估应收账款时应当以其可变现收回的货币作为评估计价的依据,其计算公式为:

应收账款评估价值 = 应收账款账面价值 - 已确定坏账损失 - 预计坏账损失

应收账款的评估主要涉及账面价值和坏账损失的确定,评估的程序如下:

（一）清查核实应收账款的账面金额是否真实可靠

1. 核对总账、明细账是否相符，会计报表与总账项目余额是否相符。

2. 清查负债人的姓名、地址，由评估机构协同委托人向负债人发出询证函，要求负债人对函中所列债务的真实性作出明确的回答。

3. 根据反馈信息，进行复查，对应收账款项的可靠性作出评估。

（二）认定已确定的坏账损失

已确定的坏账是指评估时债务人已经伤亡或破产倒闭而确实无法回收的应收账款，对于确定的坏账损失，应严格按照有关经济合同法的相关条款进行。

（三）预计将要发生的坏账损失

预计将要发生的坏账损失是指对应收账款回收的可能性进行判断。首先，应根据企业与债务人的业务往来和债务人的信用情况进行定性分析，具体来说有以下四种情况。

1. 业务往来较多，对方结算信用好。这类应收账款一般能如期全部回收。

2. 业务往来少，对方结算信用一般。这类应收账款收回的可能性很大，但回收时间不确定。

3. 一次性业务往来，对方信用情况不太清楚。这类应收账款可能只能收回其中的一部分。

4. 长期拖欠或对方单位已撤销。这类应收账款可能无法收回。

以上的分类方法既对应收账款坏账损失的可能性作了判断，同时也为定量分析坏账损失作了准备。预计坏账损失的定量计算主要有应收账款余额百分比法及账龄分析法。

1. 应收账款余额百分比法

这种方法是根据会计期末应收账款的余额乘以估计坏账率即为当期应估计的坏账损失，据此提取坏账准备。估计坏账率可以按照以往的数据资料加以确定，也可根据规定的百分率计算。

其计算公式为：

坏账百分比 = 评估若干年前发生坏账数额合计数/评估若干年前应收账款余额合计数 × 100%

预计坏账金额 = 评估时应收项目余额 × 坏账百分比

【例7-8】评估公司拟对某企业进行资产评估，根据财务报表获悉，截至评估基准日，该企业应收账款余额为400万元，其中包含尚未在会计上确认的实际已发生坏账损失6万元。而企业前5年应收账款余额合计为2000万元，发生坏账损失合计数为50万元。试确定该企业应收账款评估值。

坏账百分比 = 50/2000 × 100% = 2.5%

预计坏账金额 = （400 - 6）× 2.5% = 9.85（万元）

应收账款评估值 = 400 - 6 - 9.85 = 384.15（万元）

2. 账龄分析法

该方法是指按应收账款拖欠时间的长短，分析判断可收回的金额和坏账。通常应收账龄越长，坏账损失的可能性越大。因此，可先将应收账款按账龄长短分成几组，例如未到期的、逾期半年以内的、逾期一年以上两年以内的、逾期超过两年的等，再按组分别估计发生坏账损失的可能性，进而计算坏账损失的金额。

【例7-9】某公司应收账款经核实后的账面值为50万元。经分类分析，账龄在4年以上的3万元，3~4年的为6万元，2~3年的为10万元，1~2年的为13万元，1年以下的为18万元。根据过去经验，账龄在4年以上的应收账款基本回收无望，3~4年账龄的回收率为40%，2~3年账龄的回收率为70%，1~2年账龄的回收率为85%，1年以下账龄的回收率为95%，试求坏账损失是多少？

预计坏账损失 = 3 + 6 × （1 - 40%）+ 10 × （1 - 70%）+ 13 × （1 - 85%）+ 18 × （1 - 95%）= 12.45（万元）

应该注意的是，当应收账款评估以后，账面上的"坏账准备"科目应按零值计算，评估结果中也不再有此项目。

二、应收票据的评估

(一) 票据的种类

票据是指出票人依法签发的由自己或指示他人无条件支付一定金额给收款人或持票人的有价证券。票据有记名的和有不记名的;有带息的和有不带息的;有由出票人支付的本票、银行本票或期票,也有由出票人通知另一方支付的本票或汇票;有见票即付的即期票据,也有按票面载明日期付款的远期票据。应收票据是指企业持有尚未兑现的各种票据,主要包括:

1. 顾客交来的自己签发的本票;
2. 顾客交来的他人签发的背书的本票和汇票;
3. 企业本身签发的、经付款人承兑的汇票。

(二) 评估方法

由于票据有带息和不带息之分,所以对不带息的票据,其评估值即是票面金额;对于带息票据,应收票据的评估值应由本金和利息两部分构成,本金是指出票人承诺的债务金额,利息则为债务到期时所应支付的资金使用成本。应收票据评估方法主要有本金加利息法和贴现法。

1. 本金加利息法

本金加利息法即为票据的到期值,其计算公式为:

应收票据评估值 = 本金 + 利息

【例 7-10】南岗公司收到期限 6 个月的商业汇票,本金为 50 万元,年利息率为 8%。截至评估基准日,离到期日还有 1 个月,计算该票据的评估值。

利息 = 50 × (6-1) ÷ 12 × 8% = 1.67 (万元)

应收票据评估值 = 50 + 1.67 = 51.67 (万元)

2. 贴现法

贴现法是指对企业拥有的尚未到期的票据,按评估基准日从银行可以获得的现金数量来计算确定其评估值的方法。其计算公式为:

应收票据的评估值 = 到期值 – 贴现息 = 到期值 – 到期值 × 贴现率 贴现期

其中：贴现期 = 到期天数 – 持票天数

【例7–11】 某企业流动资产中有一票据，面值为100万元，期限为3个月，票面利率为8%，至评估基准日，已持有1个月，贴现率为6%，计算该票据的评估值。

票据的评估值 = 100 × （1 + 8%/12 × 3） × （1 – 6% ÷ 12 × 2）
  = 100.98（万元）

三、待摊费用和预付费用的评估

费用本身并不是资产，是已耗用资产的反映，因此它本身并不是资产评估的对象。但是费用支出可以形成一定形式的实物资产和享用服务的权利以及其他无形资产，这种有形的、无形的资产只要存在，已付出的费用就是有价值的。这种未消逝的有形的或无形的资产就应作为费用评估的对象。

（一）待摊费用的评估

待摊费用是指已经支付或发生，但应由本期和以后各期分别负担的分摊期在一年以内的各项费用，不包括摊销期限在一年以上的按递延资产核算的待摊费用。它大致包括以下几类：

1. 属于预付费用性质的，如预付保险费、预付报刊杂志费等；

2. 属于均衡成本性质的，如一次性大量领用低值易耗品，为均衡成本按受益期摊销；

3. 属于无形资产性质的，如因引进生产线而开支的职工技术培训费等，由于没有涉及相应的无形资产科目，也反映在待摊费用之中；

4. 属于特殊性质的，如按规定分期摊入成本的融资租入固定资产的租赁费、固定资产购置费等。

对于待摊费用的评估，原则上应按其形成的具体资产价值来确定。比如待摊的机器设备修理费用，因为大修理费用已使机器设备的寿命延长或增加其作用功能，使机器设备的评估值增大，因此，这个部分的待摊费用已在机器设备的价值中得以实现，没有必要再在待摊费用中体现，故而评估值为零。

待摊费用的评估对象就是费用支出所形成的实体资产和权益，它只与资产和权益的存在相关，与摊余价值没有本质的联系。如果待摊费用所形成的资产和权益已经消失，无论摊余金额还有多少，待摊费用的价值均为零。

在存在资产和权益的情况下，待摊费用评估有两类方法，一类是待摊费用的作用很难界定，如引进技术、合作生产而开支的技术转让费和职工技术培训费等，只能按待摊费用余额确定；另一类预付费用的作用期限和效益是确定的，例如低值易耗品、预付租金等，要根据实际内容评估，其中低值易耗品的摊余价值和固定资产租金可分别参照低值易耗品和租赁权益评估，房屋租金可参照房地产评估，而不是以待摊费用余额为依据。

【例 7–12】某企业评估基准日为 2013 年 12 月 31 日，账面待摊费用余额 223 000 元，其中：2013 年 1 月 31 日预付未来一年的保险金 132000 元，已摊销 100000 元，余额 32000 元；2013 年 7 月 1 日预付未来一年的房租 180000 元，已摊销 100000 元，余额 80000 元；以前年度应结转的待摊费用 111000 元。试确定待摊费用的评估价值。

（1）预付保险金评估：

按照保险金全年支付数额计算每月应分摊数额为：

132000/12 = 11000（元）

待摊保险金评估值 = 132000 – （11 × 11000） = 11000（元）

（2）预付房租摊销评估：

按照预付一年房租 180000 元，每月应摊销 15000 元，2013 年 7~12 月应摊销 15000 × 6 = 90000 元。

待摊预付房租租金评估值 = 180000 – 90000 = –90000（元）

（3）以前年度结转费用的评估：

这部分待摊费用是应摊销而未摊销的部分，应按实际情况注销，不应评估,因此评估值为零。

待摊费用的评估结果为:11000 + 90000 + 0 = 101000(元)。

(二) 预付费用的评估

预付费用之所以作为资产,是因为这类费用在评估日之前企业已经支付,但在评估日之后才能产生效益。如预付的报纸杂志费、预付的保险金、预付的租金等,可将这类预付费用看作是取得未来服务的权利。

预付费用的评估主要依据其未来可产生效益的时间来进行。如果预付费用的效益已在评估日前全部体现,只因发生的数额过大而采用分期摊销的方法,这种预付费用不应在评估中作价。只有那些在评估日后仍能发挥作用的预付费用,才是评估的对象。

【例7-13】现对某公司预付费用进行单项评估,评估基准日为2012年6月30日。有关资料如下:企业截止到评估基准日账面费用余额为58.46万元(不含车间在制品成本),其中年初预付的1年期保险金15.12万元,已摊销3.78万元,余11.34万元,尚待摊销的低值易耗品余额8.34万元,预付的房租租金25万元,已摊销5万元,余20万元。根据租约,始租时间为2010年6月30日,租约终止期为2015年6月30日,以及以前年度应结转因成本高而未结转的费用10万元。

(1) 预付保险金的评估,根据保险金全年支付数额计算每月应分摊数额为:151200 ÷ 12 = 12600(元)

预付保险金评估值 = 12600 × 6 = 75600(元)

(2) 低值易耗品根据实物数量和现行市场价格评估,评估值为101530元。

(3) 租入固定资产的评估,按租约规定的租期和5年总租金计算,每年的租金为5万元,租赁的房屋尚有3年使用权。

评估值 = 5 × 3 = 15(万元)

(4) 以前年度应结转费用由于是应转未转费用,因此评估值为零。

（5）评估结果为：75600 + 101530 + 150000 = 327130（元）

四、短期投资的评估

短期投资是各种能够随时变现、持有时间不超过一年的有价证券以及不超过一年的其他投资。由于短期投资性质的有价证券经常在市场流通，可随时变现。因此，对短期投资有价证券的评估，应按评估基准日的市场收盘价为基础确定评估值。其计算公式如下：

短期投资有价证券评估价值 = Σ（有价证券股数 × 每股市场收盘价）

对于不能公开交易的有价证券，可按其本金加持有期间的利息计算评估值。

【例 7 - 14】甲企业以每股 10 元的价格购入上市公司 A 的股票 10000 股，目的是用于短期投资，至评估日收盘价每股 15 元，试确定股票的评估值。

A 股票投资的评估值 = 10000 × 15 = 150000（元）

复习题七

一、单项选择题

1. 流动资产的实体性贬值可能会出现在（　　）。
   A. 在产品　　　　　　　　B. 应收账款
   C. 在用低值易耗品　　　　D. 呆滞、积压物资
2. 对库存材料采用市场法评估时，需考虑的因素有（　　）。
   A. 市场价格的选择　　　　B. 被估材料变现成本
   C. 被估材料变现风险　　　D. 被估材料的成本
3. 产成品及库存商品的评估，一般可采用（　　）。
   A. 年金法　　　　　　　　B. 成本法

C. 市场法　　　　　　　　D. 分段法

4. 评估应收账款时，其坏账的确定方法有（　　）。

A. 坏账比例法　　　　　　B. 账龄分析法

C. 财务制度规定的 3‰~5‰　D. 信用分析法

5. 用市场法对在制品进行评估，应考虑的因素主要是（　　）。

A. 市场价格　　　　　　　B. 实体损耗

C. 管理费用　　　　　　　D. 变现费用

6. 对低值易耗品进行评估时，应考虑的因素主要有（　　）。

A. 市场价格　　　　　　　B. 实体性损耗

C. 功能性损耗　　　　　　D. 经济性损耗

7. 对于购进时间长，市场已脱销，没有准确市场现价的库存材料评估，可以采用的评估方法有（　　）。

A. 通过寻找替代品的价格变动资料来修正材料价格

B. 在市场供需分析的基础上，确定该项材料的供需关系，并以此修正材料价格

C. 把材料的账面价值作为评估值

D. 通过市场同类商品的平均物价指数进行评估

8. 在预付费用的评估中，正确的说法是（　　）。

A. 预付费用在评估基准日前已经支付，但在评估基准日后才能产生效益的价值，才能成为预付费用的评估值

B. 预付费用在评估基准日前已经支付，其产生的效益在评估基准日前已全部体现的，其预付费用的评估值应为零

C. 预付费用的评估应按核实后实际支付值为其评估值

D. 对评估基准日前已经支付的预付费用的评估，应区别其在评估基准日之前和之后发生效益的情况，分别按零值和预留值（评估值）进行评定

9. 关于流动资产的评估，下列说法正确的有（　　）。

A. 实物类流动资产的评估方法通常采用市场法和成本法

B. 通常情况下，货币类流动资产以账面原值作为评估值最为

合理

　　C. 债权类流动资产宜采用可变现净值法进行评估

　　D. 评估流动资产一般不需考虑资产的功能性贬值因素

10. 使用下列哪种会计计价方法，对于评估值没有影响（　　）。

　　A. 先进先出法　　　　　　B. 后进先出法

　　C. 加权平均法　　　　　　D. 移动平均法

11. 下列属于被评估企业流动资产的评估范围的有（　　）。

　　A. 外埠存款

　　B. 正处在生产过程中的在产品

　　C. 库存的外单位委托加工的材料

　　D. 代为其他企业保管的材料物资

12. 对流动资产评估无需考虑功能性贬值是因为（　　）。

　　A. 周转速度快　　　　　　B. 变现能力强

　　C. 形态多样化　　　　　　D. 库存数量少

13. 评估流动资产时，当价格变化不大的情况下，用（　　）作为流动资产的评估值最为合理。

　　A. 评估前账面值　　　　　B. 清查调整前账面值

　　C. 清仓查调整后账面值　　D. 账面原值

14. 适用于按债权类流动资产进行评估的具体内容包括（　　）。

　　A. 应收账款　　　　　　　B. 预收账款

　　C. 各项存款　　　　　　　D. 短期投资

　　E. 待摊费用

15. 在预付费用的评估中，正确的说法是（　　）。

　　A. 预付费用在评估基准日前已经支付，但在评估基准日后才能产生效益的价值，才能成为预付费用的评估值

　　B. 预付费用在评估基准日前已经支付，其产生的效益在评估基准日前已全部体现的，其预付费用的评估值应为零

　　C. 预付费用的评估应按核实后实际支付值为其评估值

　　D. 对评估基准日前已支付的预付费用的评估，应区别其在评估

基准日之前和之后发生效益的情况,分别按零值和预留值(评估值)进行评定

16. 企业某项低值易耗品,原值 960 元,按五五法摊销,账面余额 480 元,预计使用 1 年,现已用 4 个月,该低值易耗品现行市价 1200 元,其评估值应为( )元。

A. 600 B. 480
C. 640 D. 800

17. 2016 年 3 月 1 日对库存甲种材料进行评估,库存该材料共两批,2015 年 10 月购入 500 公斤,单价 1200 元,已领用 400 公斤,结存 100 公斤,2016 年 2 月购入 200 公斤,单价 1500 元,尚未领用。企业会计计价采用先进先出法,该库存材料评估值为( )元。

A. 450000 B. 420000
C. 360000 D. 390000

18. 被估企业账面递延资产余额 30 万元,系 3 年前租用营业门市房发生的租房费用摊销后的余额,按照租房合同规定租期为 4 年,总租金 50 万元,租期满房主收回房产,该被估的递延资产的评估值最有可能是( )万元。

A. 30 B. 25
C. 12.5 D. 0

二、判断题

1. 对流动资产评估要考虑其综合获利能力进行综合性价值评估。
( )

2. 评估流动资产时一般不需考虑资产的功能性贬值因素。
( )

3. 流动资产的评估清单可直接以企业的账面记录的数据填列。
( )

4. 对在产品,一般采用成本法或市场法进行评估。 ( )

5. 存货价值的评估结果受企业所采用的不同会计计价方法的影

响。   (　)
6. 低值易耗品的账面摊余价值可直接作为评估值。 (　)
7. 采用市场法评估缴纳增值税的产成品时，产成品的价格要包含其应纳的销项税额。   (　)
8. 已在评估基准日前全部体现效益的预付费用，其评估值为零。
 (　)

三、问答题

1. 什么是流动资产，流动资产的特点主要表现在哪些方面？
2. 流动资产评估的特点表现在哪些方面？
3. 简述流动资产评估程序。
4. 简述对应收账款进行评估的基本程序。
5. 采用市场法对产成品评估时，选择市场价格时应考虑哪些因素？
6. 对库存材料的评估应如何选择评估方法？
7. 为确定可能发生的坏账损失，对应收账款如何分类？
8. 如何判断预付费用是否是评估对象？

四、计算题

1. 企业中某材料两个月以前从外地购进，数量 300 公斤，单价 150 元，当时支付的运杂费为 1500 元。根据原始记录和清查盘点，评估时库存尚有 100 公斤这种材料。试评估该材料的价值。

2. 某企业要对其库存的某种钢材进行评估。该种钢材是分两批购进的，第一批购进时间是上年 10 月，购进 1000 吨，每吨 3800 元；第二批是今年 4 月购进的，数量 100 吨，每吨 4500 元。今年 5 月 1 日评估时，经核实去年购进的此种钢材尚存 500 吨，今年 4 月购进的尚未使用。因此，需评估的钢材数量是 600 吨，价格可按每吨 4500 元计算，试计算其评估值。

3. 某企业向甲企业售出材料，价款 1000 万元，商议 9 个月后收款，采取商业承兑汇票结算，该企业于 3 月 10 日开出汇票并将甲企业承兑。汇票到期日为 12 月 10 日。现对该企业进行评估，评估基准日为 6 月 10 日。贴现率为月利息 6‰，试评估该汇票的价值。

第八章 无形资产评估

无形资产是企业资产的重要组成部分,随着技术的进步,无形资产在企业评估中占据越来越重要的地位。因此,无形资产评估是企业资产评估不可或缺的部分。本章重点介绍无形资产评估的特点,资产评估的基本程序、方法以及不同类型的无形资产的评估方法等。

第一节 无形资产评估概述

一、无形资产概述

(一) 无形资产的概念

什么是无形资产?这是研究无形资产评估首先要解决的问题。世界上一些著名的会计学者如佩顿、杨汝梅等及国际会计准则委员会委员,以及我国的一些机构、组织都对无形资产有过明确的定义。

杨汝梅在《无形资产论》中写道:"无形资产是一种剩余价值,为附属于整个营业所有一切具有正常价值事物的全体,而为超出各项有形事物所具总值的余额。"

《国际会计准则第38号》:"无形资产是指为用于商品或劳务的生产或供应、出租给其他单位或管理目的而持有的、没有实物形态的、可辨认非货币性资产。"

我国《企业会计准则》："无形资产是指为用于商品或劳务的生产或供应、出租给其他单位、或管理目的而持有的、没有实物形态、可辨认非货币长期性资产。"

无形资产是经济社会中普遍存在现象，讨论和研究无形资产评估问题对确定企业无形资产的价值进而加强企业各类资产的管理具有重要的意义。按照通常的提法，无形资产实质特定权利主体拥有或控制，不具有实物形态，对生产经营或服务长期发挥作用，并能够在一定的时间内为其拥有者或控制者带来经济利益的经济资源。

我们认为，上述的概括比较确切，它表明了以下三个要点：

（1）没有被特定权利主体拥有或控制的无形资产不算是无形资产，例如中国内蒙古河套地区的小麦拥有相当的知名度，能够为当地小麦加工企业带来经济利益，属于企业的无形资产。

（2）无形资产能持续对企业的生产经营或服务发挥作用，但发挥作用的时间不是无期限的，这是由于无形资产的价值链随着社会经济条件的变化而变化，例如过去的驰名商标今天可能一文不值、今天的无名企业可能在将来升值。

（3）许多没有实物形态，但能够为其持有人带来经济利益的经济资源都可以被看作是无形资产。例如土地虽然是实物形态，但是其使用权在一些国家是企业的无形资产。

（二）无形资产的范围

无形资产是客观存在的，它有一定的表现形式，之所以称为"无形"，是因为它的存在形式不具有物质实体性。无形资产是社会发展到一定阶段的产物，它代表着一个国家和企业的经济实力，对促进经济增长和社会生产力发展有重要的作用。无形资产的范围非常的广泛，而且其外延（特别是资产评估中所实际承认的外延，即它具体包括的内容和范围）比较复杂，各国不尽相同。

现以美国为例，认为企业的无形资产应该包括以下内容：

（1）促销型资产（Marketing Assets），具体包括商标、顾客名单、包装、订单、广告资料、特许权、货架空位、许可证、经销网等。

（2）制造型资产（Manufacturing Assets），具体包括专利、配方、经营秘密、专有技术、非专有技术、图纸、供应合同、新产品研发等。

（3）金融性资产（Financial Assets），具体包括优惠融资、配套员工、软件、版权、核心存款、不竞争合同条款、租赁权、雇佣合同、数据库、超额年金计划、解雇率、商誉等。

另外，一些国家和地区把土地使用权也作为无形资产。

按照我国现行的法律和政策规定并参照国际惯例，无形资产的基本内容应包括：

（1）专利申请权和实施非专利技术与专利技术的发现权、发明权、使用权、转让权和其他科技成果商标专用权。

（2）厂商字号与名称和产品产地地名的使用权和转让权。

（3）商誉。

（4）版权的经济权益和计算机软件与集成电路布图设计等工业版权。

（5）租赁权、特许经营权、特许使用权、商业秘密、土地使用权等财产权。

（三）无形资产的特征

无形资产不是有形资产的对立物，而是一系列具有相同特征的资产的总称。无形资产的特征可以概括为以下几点：

1. 无形性

无形资产是没有物质实体的资产。它不像固定资产、流动资产等有形资产那样，人们能够一目了然地证实它的存在。无形资产的无物质实体性是人们对无形资产的习惯性认识。但是，需要指出的是，无形资产的无形性是相对的，它必须依附于一定的载体而存在，除商誉以外，如专利权是以专利证书形式存在，商标权是以注册的商品或服务标记形式存在，计算机软件是以光盘软盘等形式存在，非专利技术是以配方等书面资料形式存在，而商誉是由于地理环境、产品质量、管理思想、资金信誉、财务状况等多种因素影响而形成的超额收益能力，难以用某种有形载体表示。可见无形资产与有形资产的区别在于其物质形态的载体表现形式不同。

2. 不稳定性

不稳定性是指由于影响无形资产价值要素的易变性而导致无形资产价值的不确定性。无形资产价值大小取决于它能给企业创造的超额盈利。其价值之所以不稳定体现在：

（1）盈利能力受企业环境影响，包括国家政治、经济、法律、金融等外部环境及市场竞争能力、风险高低、对无形资产优势及垄断性的利用状况等内部环境。客观环境的变化会导致不同时期的收益上下波动，盈利能力受企业环境影响，包括国家政治、经济、法律、金融等。例如，某种品牌的产品获利很高，其他企业纷纷仿制，以假冒伪劣低成本、低价格的产品进入市场，若企业打假不力或管理措施跟不上，其收益势必下降。而对未来收益的预测是人为的估计与判断，具有极大的不确定性。

（2）无形资产的经济寿命很难确定，有的无形资产虽然规定了法定年限，但仍然存在着无形资产逾期发挥作用或者尚未到期已不复存在的现象。

（3）资本化率确定受很多因素的影响，如银行利率、证券收益率、风险系数、通货膨胀率等，诸多因素必然会给资本化率的确定带来很大困难。所以，未来收益、经济寿命、资本化率确定的复杂性使得无形资产价值具有不稳定性，从而影响到无形资产交易价格的不稳定性。这些都给无形资产价值管理带来极大的困难。

3. 无可比性

可比性是指无形资产的独占性使其没有可比的市场价值。每个企业无形资产由于其在同业中的垄断地位和优越程度不同，为企业带来的超额盈利水平各异，相同种类的无形资产，其价值是不同的。因此无形资产在市场上进行交易时，没有可比的市价为其转让价值的确定带来很大的困难，所以无形资产的变现性也是较差的。

4. 长期性

长期性是指无形资产可以在企业长期发挥作用，其价值转移及补偿方式是逐期进行的。通常在资产中，单位价值较少，周转期较短的叫流动资产；单位价值较大，周转期较长的是长期资产。这两种资产质的区别在于价值周转期限。固定资产与无形资产的本质相同，只是表现形式不同。无形资产的优越地位一旦形成，会在很长时间内发挥效用，所以其价值转移和补偿方式是分期逐渐进行的。

5. 垄断性

垄断性是由于企业独占某项无形资产而取得的获利优势。能够在同行业中形成垄断优势是无形资产的共同特征。无形资产价值存在是以超额获利为前提，形成该盈利的条件是企业拥有其他企业所没有的特权和优势，例如，某项专利、管理诀窍、消费者忠诚的某个商标等，倘若这些权利与优势公开化，其盈利能力将消失，无形资产本身则无任何价值，所以企业无形资产价值存在与否取决于该企业所拥有某种权利与优势在同行业中是否形成垄断，垄断性越高，其获利能力越强，无形资产价值越大。

6. 超额盈利性

超额盈利性是指无形资产使用能为企业带来超过一般企业的盈利水平。无形资产能够获得超额盈利，反映了无形资产最本质的特征。而超额盈利是由其垄断优势带来的。例如，两个相同的企业，投入相同的研制与开发成本，各自获得一项专利，一个企业的专利产品获利甚丰厚，而另外一个企业盈利一般，其无形资产价值大不相同。又如，许多科研单位投入大量人、财、物，开发并申请众多专利，但是它不能带来超额盈利，也就不形成无形资产。可见，无形资产价值不能用投入的多少来衡量，这种投入只是形成无形资产的辅助条件，因此，超额盈利性是无形资产所具有的重要特征。

7. 价值的难确定性

价值难以确定是指单项无形资产价值确定的困难性。以超额收益衡量标准的综合无形资产价值难以准确地分配到每个无形资产项目上，无形资产价值代表企业综合超额收益能力，难以准确衡量有多少收益是由商标权带来的，有多少收益是由专利权、非专利技术带来，或者有多少收益是由特许经营权、管理诀窍带来的，这是因为无形资产的各个因素具有互助性，例如，某企业有一项专利产品在市场上极为畅销，加上管理上的诀窍，使其商标的声誉日益增强，企业收益实质上是专利权、管理诀窍及商标权共同创造的。所以，无形资产价值还原是一个较困难的问题。任何事物的内涵既要考虑其共性，又要考虑其本身区别于其他事物的特性。无形资产的共性要体现资产的一般特征，即：首先，它是一项经济资源。这项经济资源单独或与其他资产相结合在一起时，可以直接或间接地为企业提供未来的经济利益。其次，它能够用货币来计量。从会计角度讲，一项资源不能用货币计量，企业就难以确认和计量它的价值，将来其费用的转化也难以计量。再次，它应是为企业所拥有和控制。拥有是指企业拥有所有权，控制是指虽没有所有权，但在一定时期内可以自主支配。某企业拥有的资产所取得的经济利益只能归于该企业，具有排他性。无形资产的本质特征是：在垄断优势的基础上，能为企业带来长期的、不稳定的、其价值难以确定的超额获利能力。

二、无形资产的分类

对无形资产进行必要的分类，不仅有利于把握和识别无形资产，还有利于我们了解无形资产的性质和作用范围，提高评估的科学性和准确性。对无形资产的分类可以从不同角度进行。

（一）按其能否独立存在

无形资产按其能否独立存在的性质分为可辨认无形资产和不可辨认无形资产。那些可以单独取得、转让或出售的无形资产，是可辨认无形资产，包括专利权、非专利技术、商标权、著作权、土地使用权、特许权等；不可单独取得，离开企业就不复存在的无形资产是不可辨认无形资产，商誉是不可辨认无形资产。

(二) 按其产生的来源

无形资产根据其产生的来源分为权利类、关系类和组合类无形资产。权利类无形资产是由书面或非书面契约的条款产生的，对于契约方具有经济利益，知识产权也属于权利类无形资产。关系类无形资产通常是非契约性，能短期存在，但对于关系方具有巨大的价值，如工作人员组合、与顾客的关系等；组合类无形资产是指从无形资产总体价中减去可辨认无形资产的价值后所剩余的价值。组合类无形资产通常被称为商誉。

(三) 按其自身性质、内容构成

无形资产按其自身性质、内容构成分为技术类无形资产和非技术类无形资产技术类无形资产包括专利权、非专利技术等，而其他诸如商标权、许可权、商誉等则是非技术类无形资产。

(四) 按其获得的方式

无形资产根据其获得的方式分为外购无形资产和自创无形资产。自创性无形资产是指企业自己开发研制的，或者靠企业自身努力获得的无形资产。例如自创的专利、专有技术、商誉、商标等。外购的无形资产是指企业以一定的代价从资产所有者处购入的无形资产，例如外购专利权、商标权以及土地使用权。

(五) 按有无专门法律保护

无形资产按有无专门法律保护可分为有专门法律保护的无形资产和无专门法律保护的无形资产。专门法律保护的无形资产包括专利、注册商标等，无专门法律保护的如非专利技术等。受法律保护的程度对于无形资产的价值具有重要影响，是评估中应当考虑的重要因素之一。

(六) 按其有效经济寿命的确定程度

无形资产根据其有效经济寿命的确定程度分为有明确有效经济寿命的可辨认无形资产、无明确有效经济寿命的可辨认无形资产和不可辨认无形资产，分类如图 8-1 所示。

无形资产的科学分类对无形资产评估具有重要的意义。例如将无

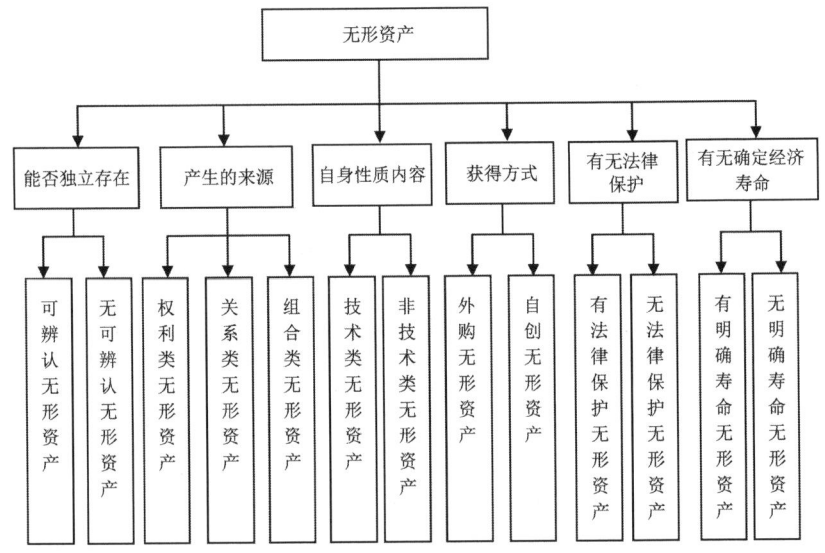

图 8-1 无形资产分类

形资产按其取得方式分类,对资产的无形资产就是充分考虑其自创的成本,评估的主要依据是企业的会计记录及相关资料;对外购的无形资产就要以购入价为基础,再综合考虑其他方面,作一些因素调整,以正确测算无形资产的价值。因此,合理的分类是正确评估的基础。

三、无形资产评估的特点

无形资产评估不同于其他资产的评估,它有其自身的内在特点和要求。无资资产评估的主要特点是:

(一) 独立性

独立性是指无形资产评估的对象是单一的、特定的、不是成批的;每项无形资产都不尽相同,无论是可以确指的无形资产还是不可确指的无形资产都有自身的特点。因此无形资产的评估应当根据具体评估对象、评估目的、交易方式的不同而选择不同的方法,这样,才能正确地反映特定评估对象的价值。

（二）复杂性

相对于有形资产评估而言，无形资产的评估具有复杂性。主要表现在：

一是无形资产项目多、种类多，而且同类无形资产的可比性较低；

二是预测无形资产的预期收益难，由于各种无形资产对象不同、功能不同，因而预期有效使用年限测定难度大，且收益预测甚为复杂；

三是由于客观经济环境与无形资产的作用的发挥有密切关系，因而也给无形资产评估增加了难度；

四是由于多数无形资产时间更替较快，而具体测定某一技术更替时间很难。这也增加了无形资产评估工作的复杂性。

（三）效益性

无形资产评估，绝大多数要认真测算该项无形资产在未来有效时间内能够获取的经济效益，并以此为主要依据评估无形资产的价值，这是因为其他形态的资产评估所少见的。所以，以效益为基础来评估无形资产价值，是无形资产评估中一个十分明显的特点。

（四）动态性

动态性是指无形资产评估是从动态的角度去考察评估对象和评价无形资产的价值。这是因为：

一方面，技术无形资产是处在发展过程中的，任何一项技术成果终会被另一种新的技术成果所替代；

另一方面，有些无形资产自身也有发展变化的可能，比如商誉、商标，或因某种原因而更完善，更出名，也会因某种原因向相反的方向变化。

同时，货币时间价值变化在无形资产评估中也显得特别突出。因而，从动态的角度评估无形资产价值是无形资产评估的一个基本要求。

四、无形资产评估的影响因素

（一）无形资产的收益能力

无形资产的价值是由未来收益期限内无形资产可实现的收益额折现而成的，包括有效寿命期间无形资产使用权的转让值、无形资产年收益评估值等。一项无形资产，在环境、制度允许的条件下，获利能力越强，其评估值越高；获利能力越弱，评估值越低。有的无形资产，尽管其创造成本很高，但不为市场所需，或收益能力低微，其评估值也很低。

（二）无形资产的使用期限

从价值本身而言，无形资产价值与该无形资产产生收益的年份密切相关，无形资产使用期限的长短，直接影响无形资产的评估值。所以无形资产的使用期限是影响无形资产评估值的一个重要因素。每一项无形资产，一般都有一定的使用期限。使用期限的长短，一方面取决于该无形资产的先进程度；另一方面取决于其无形损耗的大小。无形资产越先进，其领先水平越高，使用期限越长。同样的，其无形损耗程度越低，其具有实际超额收益的期限（或收益期限）越长。确定使用期限的原则和依据是：（1）受法律保护而不受有效时间影响的无形资产，以法律保护年限为无形资产的使用期限；（2）既受法律保护，也受经济年限限制的无形资产，以"孰短"的原则确定其使用年限；（3）不受法律保护的无形资产，由技术测定的有效经济收益年限为其使用年限；（4）有转让合同的无形资产，以合同规定期限为其使用年限。

（三）无形资产的科学价值和发展前景

科技成果都有一个发展—成熟—衰退的过程。成果技术水平越高，垄断性越强，使用期限越长，成果所获得的超额收益能力越强，其评估值越高；同时科技成果的成熟程度如何，直接影响到评估值高低，其开发程度越高，技术越成熟，运用该技术成果的风险性越小，评估值就会越高。另外，无形资产的损耗和贬值也会影响其评估价值。无形资产的更新换代越快,无形损耗越大,其评估值就越低。无形资产价值的损耗和贬值,不取决于自身的使用损耗,而取决于本身以外的更新换代情况。

(四) 无形资产的成本

无形资产与有形资产一样,也具有成本。只是相对有形资产而言,其成本确定不是十分明晰和易于计量。对企业无形资产来说,外购无形资产较易确定成本,自创成本计量更困难些。因为无形资产产生的一次性特点,使其在创造过程中所耗费的劳动不具有横向比较性。同时,无形资产的创造,与其投入、失败等密切相关,但这部分成本确定是很困难的。一般来说,这些成本项目包括创造发明成本、法律保护成本、发行推广成本等。

(五) 无形资产转让内容

从转让内容看,无形资产转让分为所有权转让和使用权转让。无形资产转让权利的大小直接关系到买卖双方的经济利益,通常是买受方获得的权利越大,无形资产的评估值越高。就所有权转让和使用权转让来说,所有权转让的无形资产评估值高于使用权转让的评估值,比如专利权的转让价格就比专利许可证的转让价格高得多。因为一项专利可以向多个厂家受让许可证,每个厂家只获得使用权,没有所有权,垄断性有限,转让价格就低,而且随着转让次数的增加其评估值呈降低的趋势。另外,在技术贸易中,同是使用权转让,由于其许可程度不同,也影响评估值的高低。

(六) 市场供需状况

无形资产的市场供需状况,一般反映在两个方面。一是无形资产市场需求情况;二是无形资产的适用程度。对于可出售、转让的无形资产,其评估值随市场需求的变动而变动,市场需求越大,则评估值就越高;市场需求越小,且有同类无形资产替代时,则其评估值就越低。同样的,无形资产的适用范围越广,适用程度越高,需求者越多,需求量越大,评估值就越高。

(七) 费用支付方式

技术转让费用支付常常贯穿转让的全过程，各种不同的支付方式对评估价值的确定有直接影响。无形资产转让时，如果价格的转让方式是一次性支付，则实施过程中的风险和投资后的经济风险，一般是由买方承担的，此时的评估值就应该定得低一些；如果价格的支付方式是采用多次支付，由于支付期限较长，评估值就应该高一些；采用技术入门费加上收益提成的支付方式，其评估值居中；而完全是依据收益进行提成的，其评估值最高。

此外，无形资产的价值还受到同行业价格因素的影响。在进行无形资产评估的过程中，应当认真分析研究同行业的有关资料。

通过上述分析可知，影响无形资产评估的因素有很多，而且这些因素并不是孤立的起作用，因此，在进行无形资产的评估过程中，要综合考虑各方面的因素，灵活恰当的选择方法对其进行评估。

通过上述分析可知，影响无形资产的因素不是单一的，在进行无形资产评估的过程中，要综合各方面的因素，对其价值进行科学可靠的评估。

五、无形资产评估的前提及评估对象

（一）无形资产评估应在特定的前提下进行

由于无形资产价值的特征，因此在评估它的价值时，必须首先确定它的价值。无形资产的价值前提是指它将参与何种经营活动，如转让、许可、质押及合资的规模包括生产规模、投资规模等。对无形资产而言，对应不同的价值前提，一般具有不同的价值。因此在说明无形资产的价值时，必须说明是在何种价值前提下做出的。

评估时，应当使用合理的假设前提。

（二）无形资产评估一般应以产权变动为前提

《资产评估准则——无形资产》中指出：当出现无形资产转让和投资、企业整体或部分资产收购处置及类似经济活动时，资产评估师可以接受委托，执行无形资产评估业务。这里强调无形资产评估业务

发生的两种常态:

1. 指无形资产的拥有者或控制者将无形资产的完全产权或者部分产权进行转让交易或对外投资,需要对无形资产进行评估,这种情况一般表现为单位无形资产的评估。

2. 指在企业整体或部分发生变动时,如企业股份制改造、合作、兼并等,对企业资产中包括的无形资产进行评估,这种情况可能要复杂一些。比如,企业股份制改造,往往账面资产没有列示无形资产,而改制时,要分析企业是否还存在无形资产。

(三) 无形资产评估是对其获利能力的评估

无形资产的价值从本质上来说,是能为特定持有主体带来经济利益的能力,亦即无形资产的获利能力。通常情况下,这种获利能力表现为能够给企业带来超额收益。因此,无形资产评估就是对其获利能力的评估。无形资产只有能给购买者带来新增收益,才能根据带来的新增收益确定无形资产的价值。需要说明的是,无形资产能够带来超额收益是一种理论抽象,即指在其他条件保持社会水平的情况下,能够获得高于社会平均水平的收益。而在实际生活中,由于评估参照对象不一定高于社会平均经营水平,因而超额收益也就不一定表现为高于社会平均水平的利润,往往表现为带来的追加利润。在实践中常有这种情形,获得和运用某无形资产是该企业正常运作必不可少的条件。在这类情况下,应根据无形资产对利润增长的影响来评估无形资产的价值。还有一种情形就是能够带来垄断利润,这是指购买方由于购入和运用无形资产形成垄断市场,通过垄断价格实现垄断利润。在这种情况下,就可以根据市场垄断的不同条件,通过利润的测算,评估无形资产的价值。

六、无形资产评估的程序

无形资产评估程序是评估无形资产的操作规程。评估程序既是评估工作规律的体现,也是提高评估工作效率、确保评估结果科学有效的保证,无形资产评估一般按下列程序进行:

（一）明确评估目的

无形资产因其评估目的不同，其评估的价值类型和选择的方法也不一样，评估结果也会不同。评估目的由发生的经济行为决定，一般来说无形资产评估须以产权利益主体变动为前提。从目前所发生的情况看，下述资产业务居多：

1. 无形资产的转让
2. 无形资产投资
3. 股份制改造中无形资产的作价
4. 合资、合作中无形资产的计价
5. 法律诉讼
6. 其他目的

在明确目的的同时，还须了解被评无形资产的转让内容及转让过程中的有关条款，这样评估人员才能确定无形资产的评估范围、基础数据及参数的选取。

（二）鉴定无形资产

对无形资产进行评估时，评估人员首先应对被评估的无形资产进行鉴定。这是进行无形资产评估的基础工作，直接影响到评估范围和评估价值的科学性。通过无形资产的鉴定，可以解决以下问题：一是确认无形资产存在，二是鉴别无形资产种类，三是确定无形资产有效期限。

1. 确认无形资产存在

主要是验证无形资产来源是否合法，产权是否明确，经济行为是否合法、有效。可以从以下几方面进行：

第一，查询被估无形资产的内容、国家有关规定、专业人员评价情况、法律文书（如专利证书、技术鉴定书等），核实有关资料的真实性、可靠性和权威性。

第二，分析无形资产使用所要求的与之相适应的特定技术条件和经济条件，鉴定其应用能力。

第三，确定无形资产的归属是否为委托者所拥有，要考虑其存在的条件和要求，对于剽窃、仿造的无形资产要加以鉴别，对于部分特殊的无形资产要分析其历史渊源，看其是否符合国家的有关规定。

2. 鉴别无形资产种类

主要是确定无形资产的种类、具体名称、存在形式。有些无形资产是由若干项无形资产综合构成，应加以确认和分离，避免重复评估和漏评估。

3. 确定无形资产有效期限

无形资产有效期限是其存在的前提。某项专利权，如超过法律保护期限，就不能作为专利权评估。有效期限对无形资产评估值具有很大影响，比如有的商标，历史越悠久，价值越高；有的商标历史并不悠久，也可能具有较高价值。

（三）搜集相关资料

收集无形资产的相关资料，一般来说这些资料的内容包括：

1. 无形资产的法律文件或其他证明材料

2. 成本

这里是指无形资产的自创（制）成本或外购成本。

3. 效益

这里是指使用无形资产给受益主体带来的经济效益。

4. 期限

这里是指无形资产的存续期、法定期限、受益年限、技术寿命期等。

5. 技术成熟程度

这里是指技术性无形资产在技术领域中所处的发展阶段、开发程度、领先程度以及替代技术的现状等。

6. 权属转让内容与条件

无形资产的转让有完全产权转让与部分产权转让，在转让过程中往往有相应条款规定，这些都是确定无形资产评估价值的重要因素，应详细了解。

7. 市场供需情况

这里是指同类无形资产在市场上的需求、范围、活跃程度、变动情况等。

8. 行业盈利水平及风险

根据无形资产评估的具体类型，还须有针对性地收集有关资料，确定行业的平均盈利水平以及投资无形资产的风险大小等。

（四）确定评估方法

应根据评估无形资产的具体类型、特点、评估目的及外部市场环境等具体情况，选用合适的评估方法。无形资产的评估方法主要包括市场法、收益法和成本法。

采用市场法评估无形资产，特别要注意被评估无形资产必须确实适合运用市场法的前提，确定具有合理比较基础的类似无形资产交易参照对象，搜集类似无形资产交易的市场信息和被评估无形资产以往的交易信息。当类似无形资产之间具有可比性时，根据宏观经济、行业和无形资产变化情况，考虑交易条件、时间因素和影响价值的各种因素的差异，调整确定评估值。

采用收益法评估无形资产时，要注意合理确定超额获利能力和预期收益，分析与之有关的预期变动，受益期限，与收益有关的资金规模、配套资产、现金流量、风险因素及货币时间价值。注意收益额的计算口径与被评估无形资产折现率口径保持一致，不要将其他资产带来的收益误算到被评估无形资产收益中；要充分考虑法律法规、宏观经济环境、技术进步、行业发展变化、企业经营管理，产品更新和替代等因素对无形资产收益期、收益额和折现率的影响，当与实际情况明显不符时，要分析产生差异的原因。

当被评估无形资产的确具有超额获利能力，但不宜采用市场法和收益法时，可采用成本法进行评估，但要注意根据现行条件下重新形成或取得该项无形资产所需的全部费用（含资金成本和合理利润）确定评估值，在评估中要注意扣除实际存在的功能性贬值和经济性贬值。

(五) 整理并撰写报告，作出评估结论

无形资产评估报告书，是无形资产评估过程的总结，也是评估者承担法律责任的依据。评估报告书要简洁、明确、避免误导。应当强调的是无形资产评估报告中要注重评估推理过程的陈述，明确阐释评估结论产生的前提、假设及限定条件，各种参数的选用依据，评估方法使用的理由及逻辑推理方式等。

第二节 收益法在无形资产评估中的应用

从理论上讲，无形资产评估所运用的方法主要有三大类，即收益法、成本法和现行市价法。下面我们将分别对其进行介绍。

一、无形资产评估的收益法

根据评估无形资产转让或许可使用选取参数的渠道不同，收益法在应用上可以采用下列方法进行计算：

$$\text{无形资产评估价值} = \sum_{i=1}^{n} \frac{k \times p_i}{(1+r)^t}$$

式中：

k——无形资产分成率；

p_i——第 i 年使用无形资产带来的收益；

r——折现率；

n——收益期限。

或者采用以下公式：

$$\text{无形资产评估值} = \sum_{i=1}^{n} \frac{R_i}{(1+r)^i}$$

式中：

R_i——被评估的无形资产第 i 年的超额收益;

r——折现率;

n——收益期限。

这两种计算方法,没有什么根本的不同,区别的在于归属于无形资产的纯收益的计算方式不同。

二、收益法应用中各项参数指标的确定

(一) 无形资产超额收益的确定

无形资产收益额的测算,是采用收益法评估无形资产的关键步骤。如前文所述,无形资产收益是由无形资产带来的超额收益。评估人员在估算无形资产的超额收益时,应当注意无形资产以外的其他因素所带来的超额收益。下面我们介绍几种估算方法:

1. 直接估算法

对使用无形资产前后收益情况进行对比分析,以确定无形资产带来的收益。通常情况下,我们根据无形资产为其持有主体带来的经济利益上看,可以将无形资产划分为收入增长型和成本节约型。

收入增长性无形资产是指无形资产应用于生产经营的过程中,能够使产品的收入大幅增长。其增长原因在于:

(1) 生产的产品能够以高出同类产品的价格销售;

(2) 生产的产品采用与同类产品相同价格的情况下,销售量大幅增加,市场占有率扩大,进而获得超额收益。

第一种原因,在销售量不变、单位成本不变的情况下,形成的超额收益可以参考下式:

$$R = (P_2 - P_1)Q(1 - T)$$

式中:

R ——超额收益;

P_2 ——使用被评估无形资产后单位产品的价格;

P_1 ——未使用被评估无形资产前单位产品的价格;

Q ——产品销售量;

T——所得税税率。

第二种原因，在单位价格和单位成本不变的情况下，形成的超额收益可以参考下式：

$$R = (Q_2 - Q_1)(P - C)(1 - T)$$

式中：

R——超额收益；

Q_2——使用被评估无形资产后产品的销售量；

Q_1——未使用被评估无形资产的产品销售量；

P——产品价格；

C——产品的单位成本；

T——所得税税率。

同时应该注意到，销售收入的增加，有可能引起收益的增加，由于存在税收因素，销售收入和收益一般不是同比例变动。

费用节约型无形资产是指无形资产的应用，产品生产费用降低，从而形成超额收益。当假设销售量、价格不变时，无形资产为投资者带来的超额收益可参考下列公式：

$$R = (C_1 - C_2)Q(1 - T)$$

式中：

R——超额收益；

C_1——未使用被评估无形资产的产品单位成本；

C_2——使用被评估无形资产的产品的单位成本；

Q——产品销售量（假定不变）；

T——所得税税率。

实际上，收入增长型和费用节约型的划分，是在假定其他资产因素不变的前提下，为了明确无形资产带来的超额收益的一种划分方法，通常情况下，无形资产应用后，其他资产因素也会发生变化，超额收益是各资产共同作用的结果，评估者应当根据实际情况灵活地加以运用，不能简单地将超额收益归为使有无形资产的结果。

2. 差额法

当无法将使用无形资产和未使用无形资产的收益情况进行对比分析时,采用无形资产和其他资产在经济活动中的综合收益与行业平均水平进行比较,可得到无形资产获利能力,即"超额收益"。

第一,收集有关使用无形资产的产品生产经营活动财务资料,进行盈利分析,得到经营利润率和销售利润率等基本数据。

第二,对上述生产经营活动中的资金占有情况进行统计。

第三,收集行业平均收益率等指标。

第四,计算无形资产带来的超额收益。

无形资产带来的超额收益 = 净利润 − 净资产总额 × 行业平均净利润率

再次应注意,这种方法得来的超额收益,有时不完全是由无形资产带来的(除非能够认定只有无形资产存在),往往是一种组合无形资产带来的超额收益,还需要分析处理。

3. 分成率法

无形资产收益通过分成率来获得,是目前国内技术交易中常用的一种实用方法。即:

无形资产收益额 = 销售收入(利润)× 销售收入(利润)分成率 × (1 − 所得税税率)

对于销售收入(利润)的测算比较简单,重要的是确定无形资产的分成率。

既然分成对象是销售收入或销售利润,那么就有两个不同的分成率,而实际上,由于销售收入与销售利润有内在联系,可以根据销售利润分成率推算出销售收入分成率,反之亦然。

因为:

收益额 = 销售收入 × 销售收入分成率 × (1 − 所得税税率)
     = 销售利润 × 销售利润分成率 × (1 − 所得税税率)

所以:

销售收入分成率 = 销售利润分成率 × 销售利润率

销售利润分成率 = 销售收入分成率 ÷ 销售利润率

分成方式按销售额分成，分成率一般为1%~5%，按销售利润分成，分成率一般为5%~30%。不同的行业分成率不相同。根据联合国贸易和发展组织的大量材料统计，一般情况下技术的分成率约为产品净销售额的0.5%~10%，绝大多数为2%~6%，常见的行业提成率统计数据见表8-1，在实际的技术评估工作中具有参考价值。

表8-1　　　　　　　　　常见行业的分成率

行业名称	分成率（%）	行业名称	分成率（%）
石油化学工业	0.5~2.0	日用消费品工业	1.0~2.5
机械制造业	1.5~3.0	制药业	2.5~4.0
电气工业	3.0~4.5	木材加工业	3.5~5.0
精密机器工业	4.0~5.5	汽车工业	4.5~6.0
光学及电子产品等高技术	7.0~10.0		

资料来源：Business International Corporation Investing Licensing and Trading Conditions (New York: Business International Corporation, 1985)。

4. 要素贡献法

有些无形资产，已经成为生产经营的必要条件，由于某些原因不可能或很难确定其带来的超额收益，这是可以根据构成生产经营的要素在生产经营活动中的贡献，从正常利润中粗略估计出无形资产带来的收益。我国理论界通常采用"三分法"，即主要考虑生产经营活动中的三大要素：资本、技术和管理。这三种要素在不同的行业是不一样的。

（二）收益期限的确定

无形资产收益期限取决于其寿命的长短，而无形资产寿命分为经济寿命和法定寿命。经济寿命是指无形资产能有效使用并创造收益的持续时间。法定寿命是指无形资产受法律保护的有效期限。许多无形资产都具有明确的法律和合同寿命，比如专利权、版权、租赁、供货和销售合同、专营权等等，由法律规定了其有效期和保护期。

无形资产的经济寿命和法定寿命两者关系紧密。前者决定无形资产的获利期限，后者决定无形资产的有效期限。由于折现期限必须同时满足有效与获利的双重约束，所以应遵守经济寿命和法定寿命孰短原则。

无形资产折现年限的确定方法包括以下三种：

1. 法定年限法。在无形资产中相当一部分是因为受到法律和合同的特定保护，才会形成企业控制的资产，如专利，所以法定保护年限就是它经济寿命的上限。合同规定效期的情形也是一样。一般来说，版权、专利权、专营权、进出口许可证、生产许可证、购销合同、土地使用权、矿业权、租赁权益等，均具有法定或合同规定的期限。这里关键的是分析法定（合同）期限内是否还具有剩余经济寿命。

2. 更新周期法。根据无形资产的更新周期评估其剩余经济年限，对部分专利权、版权和专有技术来说，是比较适用的方法。无形资产的更新周期有两大参照系：一是产品更新周期。在一些高技术和新兴产业，科学技术进步往往很快应用到产品的更新换代中。产品更新周期从根本上决定了依附其上的无形资产的更新周期。特别是针对产品的实用新型设计等，必然随着产品更新而更新。二是技术更新周期，新一代技术的出现替代现有的技术。采用更新周期法，通常是根据同类无形资产的历史经验数据，运用统计模型来分析。

3. 剩余寿命预测法。剩余经济寿命直接评估无形资产尚可使用的经济年限。这种方法是根据产品的市场竞争状况、可替代技术进步更新的趋势作出的综合性预测。十分重要的是要与有关技术专家和经验丰富的市场营销专家沟通，特别是企业的技术秘诀，依靠本企业的专家判断能比较接近实际。但需对判断中的片面因素进行修正。无形资产评估实践中，有时需要在对企业整体收益的剥离和调整的基础上，确定所评估无形资产的预期收益。企业作为可持续经营的经济组织，收益的确定可采用永续法，即收益期为无穷大，因此，不排除对无形资产收益期作无限期的处理。

(三) 折现率的确定

折现率的内涵是指与投资于该无形资产相适应的投资报酬率。需要说明的是，折现率一般包括无风险利率和风险报酬率，在预期有通货膨胀时，还需要考虑预期通货膨胀率。一般来说，无形资产投资收益高，风险性强，因此，无形资产评估中折现率往往要高于有形资产评估的折现率。评估时，评估者应根据该项无形资产的功能、投资条件、收益获得的可能性条件和形成概率等因素，科学地测算其风险利率，以进一步测算出其适合的折现率。另外，要注意折现率的口径应与无形资产评估中采用的收益额的口径应保持一致。

第三节 无形资产评估的成本法

一、无形资产成本特性

无形资产成本包括研制或取得、持有期间的全部物化劳动和活劳动的费用支出。其成本特性尤其就研制、形成费用而言，明显区别于有形资产。

(一) 不完整性

与自创无形资产相对应的各项费用是否计入无形资产的成本，是以费用支出资本化为条件的。在企业生产经营过程中，科研费用一般都是比较均衡地发生的，并且比较稳定地为生产经营服务，因而我国现行财务制度一般把科研费用从当期生产经营费用中列支，而不是先对科研成果进行费用资本化处理，再按无形资产折旧或摊销的办法从生产经营费用中补偿。这种办法简便易行，大体上符合实际，并不影响无形资产的再生产。但这样一来，企业账簿上反映的无形资产成本就是不完整的，大量账外无形资产的存在是不可忽视的客观事实。同时，即使是按国家规定进行费用支出资本化的无形资产的成本核算一般也是不完整的。

因为无形资产的创立具有特殊性，有大量的前期费用，如培训、基础开发或相关试验等往往不计入该无形资产的成本，而是通过其他途径进行补偿。

（二）弱对应性

无形资产的创建经历基础研究、应用研究和工艺生产开发等漫长过程，成果的出现带有较大的随机性和偶然性，其价值并不与其开发费用和时间产生某种既定的关系。如果在一系列的研究失败之后偶尔出现一些成果，由这些成果承担所有的研究费用显然不够合理。而在大量的先行研究（无论是成功还是失败）成果的积累之上，往往可能产生一系列的无形资产，然而，继起的这些研究成果是否应该以及如何承担先行研究的费用也很难明断。

（三）虚拟性

既然无形资产的成本具有不完整性、弱对应性的特点，因而无形资产的成本往往是相对的。特别是一些无形资产的内涵已经远远超出了它的外在形式的涵义，这种无形资产的成本只具有象征意义。例如商标，其成本核算的是商标设计费、登记注册费、广告费等，而商标的内涵是标示商品内在质量信誉。这种无形资产实际上包括了该商品使用的特种技术、配方和多年的经验积累，而商标形式本身所费的成本只具有象征性或称虚拟性。

二、无形资产评估中成本法的应用

采用成本法评估无形资产，其基本公式为：

无形资产评估值 = 无形资产重置成本 × 成新率

从这一公式看出，估算无形资产重置成本（或称重置完全成本）和成新率，从而科学确定无形资产评估值，是评估者所面临的重要工作。就无形资产重置成本而言，它是指现时市场条件下重新创造或购置一项全新无形资产所耗费的全部货币总额。根据企业取得无形资产的来源情况，无形资产可以划分为自创无形资产和外购无形资产。不同类型的无形资产，其重置成本构成和评估方式不同，需要分别进行估算。

（一）自创无形资产重置成本的估算

自创无形资产的成本是由创制该资产所消耗的物化劳动和活劳动费用构成的，自创无形资产如果已有账面价格，由于它在全部资产中的比重一般不大，可以按照定基物价指数作相应调整，即得到重置成本。在实务上，自创无形资产往往无账面价格，需要进行评估。其方法主要有两种：

1. 核算法

核算法的基本计算公式为：

无形资产重置成本＝直接成本＋间接成本＋资金成本＋合理利润

直接成本按无形资产创制过程中实际发生的材料量、工时消耗量、按现行价格和费用标准进行估算。即：

无形资产直接成本＝Σ（物质资料实际耗费量×现行价格）＋Σ（实耗工时×现行费用标准）

这里，评估无形资产直接成本不是按现行消耗量而是按实际消耗量来计算。究其原因有二：一是因为无形资产是创造性的成果，一般不能原样复制，从而不能模拟在现有生产条件下再生产的消耗量。二是无形资产生产过程是创造性智力劳动过程，技术进步的作用最为明显，如果按模拟现有条件下的复制消耗量来估价重置成本，必然影响到无形资产的价值形态的补偿，从而影响到无形资产的创制。从评估实务来说，由于无形资产开发的各项支出均有原始会计记录，只要按国家规定的范围计算消耗量，并按现行价格和费用标准计价就可以了。

自创无形资产重置成本计算中一般需要考虑合理利润，合理利润来源于自创无形资产的直接成本、间接成本和资金成本之和与外购同样的无形资产的平均市场价格之间的差额。基于一些特定的评估目的之上的无形资产重置成本计算可以不考虑合理利润。

2. 倍加系数法

对于投入智力比较多的技术型无形资产，考虑到科研劳动的复杂性和风险，可用以下公式估算无形资产重置成本：

$$无形资产重置成本 = \frac{C + \beta_1 V}{1 - \beta_2} \times (1 + L)$$

式中：C——无形资产研制开发中的物化劳动消耗；

V——无形资产研制开发中活劳动消耗；

B_1——科研人员创造性劳动倍加系数；

B_2——科研的平均风险系数；

L——无形资产投资报酬率。

（二）外购无形资产重置成本的估算

外购无形资产一般有购置费用的原始记录，也可能有可以参照的现行交易价格，评估相对比较容易。外购无形资产的重置成本包括购买价和购置费用两部分，一般可以采用以下两种方法：

1. 市价类比法

在无形资产交易市场中选择类似的参照物，再根据功能和技术先进性、适用性对其进行调整，从而确定其现行购买价格，购置费用可根据现行标准和实际情况核定。

2. 物价指数法

物价指数法是以无形资产的账面历史成本为依据，用物价指数进行调整，进而估算其重置成本。其计算公式为：

$$无形资产重置成本 = 无形资产账面成本 \times \frac{评估时物价指数}{购置时物价指数}$$

从无形资产价值构成来看，主要有两类费用，一类是物质消耗费用，另一类是人工消耗费用，前者与生产资料物价指数相关度较高，后者与生活资料物价指数相关度较高，并且最终通过工资、福利标准的调整体现出来。不同的无形资产两类费用的比重可能有较大差别，一些需利用现代科研和实验手段的无形资产，物质消耗的比重就比较大。在生产资料物价指数与生活资料物价指数差别较大的情况下，可根据两类费用的大致比例按结构分别适用生产资料物价指数与生活资料物价指数估算。两种价格指数比较接近，且两类费用的比重有较大倾斜时，可按比重较大费用类适用的物价指数来估算。

【例 8 – 1】某企业 2013 年外购的一项无形资产账面值 80 万元，2015 年进行评估，试按物价指数法估算其重置完全成本。

分析：经鉴定，该无形资产系运用现代先进的实验仪器经反复试验研制而成，物化劳动耗费的比重较大，可适用生产资料物价指数。根据资料，此项无形资产购置时物价指数和评估时物价指数分别为 120% 和 150%，故该项无形资产的重置完全成本为：

$$80 \times \frac{150\%}{120\%} = 100 \text{（万元）}$$

（三）无形资产成新率的估算

通常，无形资产成新率的确定，可以采用专家鉴定法和剩余经济寿命预测法进行。

1. 专家鉴定法

专家鉴定法是指邀请有关技术领域的专家，对被评估无形资产的先进性、适用性作出判断，从而确定其成新率的方法。

2. 剩余经济寿命预测法

它是由评估人员通过对无形资产剩余经济寿命的预测和判断，从而确定其成新率的方法。其计算公式为：

$$成新率 = \frac{剩余使用年限}{已使用年限 + 剩余使用的年限} \times 100\%$$

公式中，已使用年限比较容易确定，剩余使用年限应由评估人员根据无形资产的特征，分析判断获得。

成新率是运用成本法评估有形资产时使用的一个重要概念，无形资产不存在有形损耗，成本法评估无形资产时为了操作上的方便借用这一概念，因此它的运用也受到较大程度的限制，在评估实践中，一般选择综合考虑了被评无形资产的各种无形损耗（功能和经济方面的）后的折算比率。在确定适用的成新率时应注意无形资产使用效用与时间的关系，这种关系通常是非线性的。有的无形资产其效用是非线性递减（如技术型无形资产）的，有的无形资产其效用在一定时间内呈非线性递增（如商标、商誉等）。评估人员应对这种变化趋势进行分析并予以说明。

三、无形资产评估的市场法

虽然无形资产具有的非标准性和唯一性特征限制了市场法在无形资产评估中的使用，但这不排除在评估实践中仍有应用市场法的必要性和可能性。国外学者认为，市场法强调的是具有合理竞争能力的财产的可比性特征。如果有充分的源于市场的交易案例，可以从中取得作为比较分析的参照物，并能对评估对象与可比参照物之间的差异作出合适的调整，就可应用市场法。

如果需要使用市场法评估无形资产，评估人员应注意以下事项。

（一）具有合理比较基础的类似的无形资产

作为参照物的无形资产与被评估无形资产至少要满足形式相似、功能相似、载体相似及交易条件相似的要求。所谓形式相似，是指参照物与被评估资产按照无形资产分类原则，可以归并为同一类。所谓功能相似，是指尽管参照物与被评估资产的设计和结构不可避免地存在差异，但它们的功能和效用应该相同和近似。所谓载体相似，是指参照物与被评估资产所依附的产品或服务应满足同质性要求，所依附的企业则应满足同行业与同规模的要求。所谓交易条件相似，是指参照物的成交条件与被评估资产模拟的成交条件在宏观、中观和微观层面上都应大体接近。关于上述要求，国际资产评估准则委员会颁布的《无形资产评估指南》指出："使用市场法必须具备合理的比较依据和可进行比较的类似的无形资产。参照物与被评估无形资产必须处于同一行业，或处于对相同经济变量有类似反应的行业。这种比较必须具有意义，并且不能引起误解。"

（二）收集类似的无形资产交易的市场信息是为横向比较提供依据，而收集被评估无形资产以往的交易信息则是为纵向比较提供依据

关于横向比较，评估人员在参照物与被评估无形资产在形式、功能和载体方面满足可比性的基础上，应尽量收集致使交易达成的市场信息，即要涉及供求关系、产业政策、市场结构、企业行为和市场绩效的内容。其中对市场结构的分析尤为重要，即需要分析卖方之间，买方之间，买卖双方，市场内已有的买方和卖方与正在进入或可能进入市场的买方和卖方之间的关系。评估员应熟悉经济学市场结构作出的完全竞争、完全垄断、垄断竞争和寡头垄断的分类。对于纵向比较，评估人员既要看到无形资产具有依法实施多元和多次授权经营的特征，使得过去交易的案例成为未来交易的参照依据。同时也应看到，时间、地点、交易主体和条件的变化也会影响被评估无形资产的未来交易价格。

（三）作为市场法应用基础的价格信息应满足相关、合理、可靠和有效的要求

在这里，相关是指所收集的价格信息与需要做出判断的被评估无形资产的价值有较强的关联性；合理是指所收集的价格信息能反映被评估无形资产载体结构和市场结构特征，不能简单地用行业或社会平均的价格信息推理具有明显结构异质特征的被评估无形资产的价值；可靠是指所收集的价格信息经过对信息来源和收集过程的质量控制，具有较高的置信度；有效是指所收集的价格信息能够有效地反映评估基准日的被评估资产在模拟条件下的可能的价格水平。

（四）无论是横向比较，还是纵向比较，参照物与被评估无形资产会因时间、空间和条件的变化而产生差异，评估人员应对此作出言之有理、持之有据的调整

国际评估准则委员会颁布的《无形资产评估指南》强调指出："当以被评估无形资产以往的交易记录作为评估的参照依据时，则可能需要根据时间的推移、经济、行业和无形资产的环境变化进行调整。"

第四节

专利权和非专利技术评估

一、专利权的特点及其评估目的

(一) 专利权的特点

专利权是国家专利机关依法批准的发明人或其权利受让人对其发明成果,在一定期间内享有的独占权或专有权,任何人如果要利用该项专利进行生产经营活动或出售使用该项专利制造的产品,需事先征得专利权所有者的许可,并支付报酬。专利权一般包括发明专利、实用新型和外观设计。专利权具有以下特点。

1. 独占性,也称排他性。同一内容的技术发明只授予一次专利,对于已取得专利权的技术,任何人未经许可不得进行营利性活动。

2. 地域性。任何一项专利只在其授权范围内才有法律效力,在其他地域范围内不具有法律效力。

3. 时间性。依法在法定期限内取得的专利权,受法律保护。期满后,专利权人的权利自行终止。我国专利法规定,发明专利的保护期限为20年,实用新型和外观设计保护期限为10年。

4. 可转让性。专利权可以转让,登记和公告后生效,专利权一经转让,原发明者不再拥有专利权,购入者继承专利权。

(二) 专利权评估目的

由当事人订立合同,并经原专利登记机关或相应机构确认原发明者不再拥有专利权,购入者继承专利权。专利权评估依据专利权发生的经济行为,即特定目的确定其评估的价值类型和方法。不同情形下的专利权及转让形式不同,确定的评估方法也不相同。专利权转让一般有两种情形：一种是刚刚研究开发的新专利技术，专利权人尚未投入使用就直接转让给接受方；另一种情形是转让的专利已经过长期的或一段时间的生产，是行之有效的成熟技术，而且转让方仍在继续使用。

专利权转让形式很多，但总的来说，可以分为全权转让和使用权转让。使用权转让往往通过技术许可贸易形式进行，这种使用权的权限、时间期限、地域范围和处理纠纷的仲裁程序都是在许可证合同中加以确认的。

1. 使用权限

按技术使用权限的大小，可分为以下几种：

（1）独家使用权。是指在许可证合同所规定的时间和地域范围内卖方只把技术转让给某一特定买主，买方不得卖给第二家买主。同时卖主自己也不得在合同规定范围内使用该技术和销售该技术生产的产品。显然，这种转让方式的卖方索价会比较高。

（2）排他使用权，指卖方在合同规定的时间和地域范围内只把技术授予买方使用，同时卖方自己保留使用权和产品销售权，但不再将该技术转让给第三者。

（3）普通使用权，是指卖方在合同规定的时间和地域范围内可以向多家买主转让技术，同时卖方自己也保留技术使用权和产品销售权。

（4）回馈转让权，是指卖方要求买方在使用过程中对转让技术的改进和发展反馈给卖方的权利。

2. 地域范围

技术许可证大多数都规定明确的地域范围，如某个国家或地区，买方的使用权不得超过这个地域范围。

3. 时间期限

技术许可证合同一般都规定有效期限，时间的长短因技术而异。一项专利技术的许可期限一般要和该专利的法律保护期相适应。

4. 法律和仲裁

技术许可证合同是法律文件，是依照参与双方所在国家的法律来制定的，因此受法律保护。当一方违约时，另一方可依循法律程序追回损失的权益。

二、专利权评估程序

资产评估机构接受委托者委托以后，一般按下列程序进行评估。

（一）证明和鉴定专利权的存在

一般应搜集证明专利权存在的资料有：

1. 专利说明书；
2. 专权利要求书；
3. 专利证书；
4. 有关法律性文件等。

另外，应由有关专家鉴定该项专利的有效性和可用性，专利检索是实施鉴定的重要环节。

（二）确定评估方法、搜集相关资料

专利权评估最常用的评估方法是收益法。收益法的运用过程在前面已经详述，重要的任务是搜集相关资料，分析确定方法运用中的各项技术参数和指标。这些分析包括：

1. 技术状况分析，包括对技术先进性确认、技术成熟程度与寿命周期的分析等；
2. 收益能力分析，包括是否具有获利能力，获利表现为收入增长型或费用降低型等分析；
3. 市场分析，包括应用该专利技术的产品市场需求总量分析等；
4. 投资可行性分析。

通过分析确定各有关技术参数、指标，最后进行评定估算，确定评估值。

（三）完成评估报告，并加以详尽说明

评估报告是专利权评估结果的最终反映，但这种结果是建立在各种分析、假设基础之上的，为了说明评估结果的有效性和适用性，评

估报告中应详尽说明评估中的各有关内容,这些内容包括:

1. 专利技术成熟度。如该专利技术已经付诸实施,应说明其实施运用情况、技术本身先进程度、有无转让记录等;如该专利尚未实施,应说明评估值测定中的依托条件,包括技术本身、受让方条件、市场预测等。

2. 接受方可受度的分析。成熟的专利技术对接受方的要求,即可受度。包括对接受方基础设施、技术素质、投资规模、资金需求等方面的要求和预测。

这些分析不仅有助于说明评估结果的有效性和适用性,还可用以说明报告者承担法律责任和义务的区间,同时也为买卖双方提供分析依据。

三、专利权的评估方法

(一) 收益法

收益法应用于专利权评估,计算技巧已在前面的有关章节中作了详细介绍,根本的问题还是如何寻找、判断、选择和测算评估中的各项技术指标和参数,即专利权的收益额、折现率和获利期限。

专利权的收益额是指直接由专利权带来的预期收益,对于收益额的测算,通常可以通过直接测算超额收益和通过利润分成率测算获得。

专利权之所以有价值,关键在于它能够获得超额收益。如果一项专利权的应用根本无法产生超额收益,那么它很可能就不能形成无形资产,或者也就无法采用收益法估算其价值。我们可以通过分析将专利权划分为收入增长型专利和费用节约型专利来测算超额收益,也可以用分成率方法测算超额收益。

采用利润分成率测算专利技术收益额,即以专利技术投资产生的收益为基础,按一定比例(利润分成率)分成确定专利技术的收益。利润分成率反映专利技术对整个利润额的贡献程度。据联合国工业发展组织对印度等发展中国家引进技术价格的分析,认为利润分成率在

16%~27%之间是合理的,1972年在挪威召开的许可贸易执行协会上,多数代表提出利润分成率为25%左右较为合理,美国一般认为10%~30%之间是合理的。我国理论工作者和评估人员通常认为利润分成率在25%~33%之间较合适。这些基本分析在实际评估业务过程中具有参考价值,但更重要的是对被评估专利技术进行切合实际的分析,确定合理的、准确的利润分成率。

【例8-2】北京某科技发展公司5年前自行开发了一项大功率电热转换体及其处理技术,并获得发明专利证书,专利保护期20年。现在,该公司准备将该专利技术出售给京郊某乡镇企业,现需要对该项专利技术进行评估。

评估分析和计算过程如下:

(1) 评估对象和评估目的。由于北京某科技发展公司系出售该项专利技术的所有权。

(2) 专利技术鉴定,该项技术已经申请专利,该技术所具备的基本功能可以从专利说明书及有关专家鉴定书中得到。此外,该项技术已在北京某科技发展公司使用了5年,产品已进入市场,并深受消费者欢迎,市场潜力较大。因此,该项专利技术的功能较好。

(3) 评估方法选择。该项专利技术具有较强的获利能力,而且,同类型技术在市场上被授权使用情况较多,分成率容易获得,从而为测算收益额提供了保证。因此,决定采用收益法进行评估。

(4) 判断确定评估参数、根据对该类专利技术的更新周期以及市场上产品更新周期的分析,确定该专利技术的剩余使用期限为4年。根据对该类技术的交易实例的分析,以及该技术对产品生产的贡献性分析,采用对销售收入的分成率为3%。

根据过去经营绩效及对未来市场需求的分析,评估人员对未来4年的销售收入进行预测,结果如表8-2所示。

表8-2　　　　　　　预期销售收入预测结果　　　　　单位：万元

年份	销售收入
2011	600
2012	750
2013	900
2014	900

根据当期的市场投资收益率，确定该专利技术评估中采用的折现率。

（5）计算评估值。得出结论见表8-3。

表8-3　　　　　　　　评估值计算表　　　　　　　单位：万元

年份	销售收入①	分成额 ②=①×3%	税后净额 ③=②×(1-25%)	收益总额 (r=15%)
2011	600	18	13.5	11.74
2012	750	22.5	16.875	12.76
2013	900	27	20.25	13.31
2014	900	27	20.25	11.58
合计				49.39

因此，该专利技术的评估值为49.39万元。

专利权评估主要采用收益法，一些特殊情况下也可以采用成本法。

（二）成本法

成本法应用于专利技术的评估，关键在于分析计算其重置完全成本构成、数额及相应的成新率。专利分为外购和自创两种，外购专利技术的重置成本确定比较容易。自创专利技术的成本一般由下列因素组成。

1. 研制成本

研制成本包括直接成本和间接成本两大类。直接成本是指研制过程中直接投入发生的费用,间接成本是指与研制开发有关的费用。

直接成本是指研制过程中直接投入发生的费用,直接成本一般包括:

(1) 材料费用,即完成技术研制所耗费的各种材料费用;

(2) 工资费用,即参与研制技术的科研人员和相关人员的费用;

(3) 专用设备费,即研制开发技术所购置或专用设备的摊销;

(4) 资料费,即研制开发技术所需的图书、资料、文献、印刷等费用;

(5) 咨询鉴定费,即完成该项目发生的技术咨询、技术鉴定费用;

(6) 协作费,即项目研制开发过程中某些零部件的外加工费及使用外单位资源的费用;

(7) 培训费,即完成本项目委派有关人员接受技术培训的各种费用;

(8) 差旅费,即完成本项目发生的差旅费用;

(9) 其他费用。

间接成本主要包括:

(1) 管理费,即为管理、组织本项目开发所负担的管理费用;

(2) 非专用设备折旧费,即采用通用设备,其他设备所负担的折旧费;

(3) 应分摊的公共费用及能源费用。

2. 交易成本

发生在交易过程中的费用支出,主要包括:

(1) 技术服务费,即卖方为买方提供专家指导费;

(2) 交易过程中的差旅费及管理费,即谈判人员和管理人员参加技术洽谈会及在交易过程中发生的食宿及交通费等;

(3) 手续费,即指有关的公证费、审查注册费、法律咨询费等;

第八章 无形资产评估

(4) 税金,即无形资产交易、转让过程中应交纳的营业税。

由于评估目的不同,其成本构成内涵也不一样,在评估时应视不同情形考虑以上成本的全部或部分。

【例 8-3】利发实业股份有限公司由于经营管理不善,企业经济效益不佳,亏损严重,将要被同行业的利达股份有限公司兼并,需要对利发实业股份有限公司全部资产进行评估。该公司有一项专利技术(实用新型),两年前自行研制开发并获得专利证书。现需要对该专利技术进行评估。

评估分析和计算过程如下:

(1) 确定评估对象。该项专利技术系利发实业股份有限公司自行研制开发并申请了专利,该公司对其拥有所有权。被兼并企业资产中包括该项专利技术,因此确定的评估对象是专利技术的完全产权。

(2) 技术功能鉴定。该专利技术的专利权证书、技术检验报告书均齐全。根据专家鉴定和现场勘察,表明该项专利技术应用中对于提高产品质量,降低产品成本均有很大作用,效果良好。与同行业同类技术相比较,处于领先水平。经分析,企业经济效益不佳,产品滞销为企业管理人员素质较低,管理混乱所致。

(3) 评估方法选择。由于该公司经济效益欠佳,很难确切地预计该项专利技术的超额收益,同类技术在市场上尚未发现交易案例,因此决定选用成本法。

(4) 各项评估参数的估算。

首先,分析测算其重置完全成本。该项专利技术系自创形成,其开发形成过程中的成本资料可从企业中获得。具体如下:

材料费用	45000 元
工资费用	10000 元
专用设备费	6000 元
资料费	1000 元
咨询鉴定费	5000 元
专利申请费	3600 元

培训费	2500 元
差旅费	3100 元
管理费分摊	2000 元
非专用设备折旧费分摊	9600 元
合计	87800 元

因为专利技术难以复制，各类消耗仍按过去实际发生定额计算，对其价格可按现行价格计算。根据考察、分析和测算，近两年生产资料价格上涨指数分别为 5% 和 8%。因生活资料物价指数难以获得，该专利技术开发中工资费用所占份额很少，因此可以将全部成本按生产资料价格指数调整，即可估算出重置完全成本。

重置完全成本 = 87800 × (1 + 5%) × (1 + 8%) = 99565.20(元)

其次，确定该项专利技术的成新率。该项实用新型的专利技术，法律保护期限为 10 年，尽管还有 8 年保护期限，但根据专家鉴定分析和预测，该项专利技术的剩余使用期限仅为 6 年。由此可以计算成新率为：

$$成新率 = \frac{6}{2+6} \times 100\% = 75\%$$

（5）计算评估值，得出结论。

评估值 = 99565.20 × 75% = 74673.90（元）

最后，确定该项专利技术的评估值为 74673.90 元。

四、非专利技术的特点

非专利技术，又称专有技术、技术秘密，是指未经公开、未申请专利的知识和技术，主要包括设计资料、技术规范、工艺流程、材料配方、经营诀窍和图纸、数据等技术资料。非专利技术与专利权不同，从法律角度讲，它不是一种法定的权利，而仅仅是一种自然的权利，是一项收益性无形资产。从这一角度来说，进行非专利技术的评估，首先应该鉴定非专利技术，分析、判断其存在的客观性。这一判断要比专利权的判断略显复杂。

一般来说，企业中的某些设计资料、技术规范、工艺流程、配方等之所以能作为非专利技术存在，是根据以下特性判断：

1. 实用性。非专利技术存在价值取决于其是否能够在生产实践过程中操作，不能应用的技术不能称为非专利技术。

2. 新颖性。非专利技术所要求的新颖性与专利技术的新颖性不同，非专利技术并非一定要具备独一无二的特性，但它也决不能是任何人都可以随意得到的东西。

3. 获利性。非专利技术必须有价值，表现在它能为企业带来超额利润。价值是非专利技术能够转让的基础。

4. 保密性。保密性是非专利技术的主要特性，其自我保护是通过保密性进行的。

另外，非专利技术与专利技术的区别表现在以下几方面：

1. 非专利技术具有保密性，而专利技术则是在专利法规定范围内公开的。一项技术一经公开，获取它所耗费的时间与投资远远小于研制它所耗费的时间和投资，必须要有法律手段保护发明者的所有权。而没有专利权又不公开的技术，所有者只有通过保密手段进行自我保护。

2. 非专利技术的内容范围很广，包括设计资料、技术规范、工艺流程、材料配方、经营诀窍和图纸等，专利技术通常包括三种，即发明、外观设计和实用新型。

3. 专利技术有明确的法律保护期限，非专利技术没有法律保护期限。

4. 对专利技术的保护通常按《专利法》有关规定进行，对非专利技术实施保护的法律主要有《中华人民共和国合同法》、《中华人民共和国反不正当竞争法》等。

五、影响非专利技术评估值的因素

在非专利技术评估中，应注意研究影响非专利技术评估值的各项因素，主要有以下几方面：

1. 非专利技术的使用期限。非专利技术依靠保密手段进行自我保护，没有法定保护期限。但是，非专利技术作为一种知识和技巧，因技术进步或市场变化等原因，终究会被先进技术所替代。作为非专利技术本身，一旦成为一项公认的使用技术，它就不存在价值了。因此，非专利技术的使用期限应由评估者根据本领域的技术发展情况、市场需求情况及技术保密情况进行估算，也可以根据双方合同的规定期限、协议情况估算。

2. 非专利技术的预期获利能力。非专利技术具有使用价值和价值，使用价值是非专利技术本身应具有的，而非专利技术的价值则在于非专利技术的使用所能产生的超额获利能力。因此，评估时应充分研究分析非专利技术的直接和间接获利能力，这是确定非专利技术评估值的关键，也是评估过程中的困难所在。

3. 分析非专利技术的市场情况。技术商品的价格也取决于市场供求情况，市场需求越大，其价格越高，反之则越低。从非专利技术本身来说，一项非专利技术的价值高低取决于其技术水平在同类技术中的领先程度。在科学技术高速发展的情况下，技术的更新换代的速度加快，无形损耗加大，一项非专利技术很难持久处于领先水平；另外，非专利技术的成熟程度和可靠程度对其价值量也有很大的影响。技术越成熟、可靠，其获利能力越强，风险越小，卖价越高。

4. 非专利技术的开发成本。非专利技术取得的成本，也是影响非专利技术价值的因素。评估中应根据不同技术特点，研究开发成本和其获利能力的关系。

六、非专利技术的评估方法

非专利技术的评估方法与专利权评估方法基本相同。下面通过举例来说明非专利技术的评估方法。

（一）收益法

【例 8 - 4】某评估公司对中佳股份有限公司投入中外合资企业的一项非专利技术进行评估。根据双方协议，确定该非专利技术收益期限 5 年，试根据有关资料确定该非专利技术评估值。评估过程如下：

第一步，预测、计算未来 5 年的收益，假定评估基准日为 2015 年 12 月 31 日。预测结果见表 8-4。

第二步，确定折现率。根据银行利率确定安全利率为 6%；根据技术所属行业及市场情况确定风险报酬率为 14%；由此确定折现率为 20%（6% + 14%）。

表 8-4　　未来 5 年非专利技术收益预测表

项　　目	2016 年	2017 年	2018 年	2019 年	2020 年	合计
销售量（件）	35	45	45	45	45	215
销售单价（万元）	2.2	2.2	2.2	2.2	2.2	2.2
销售收入（万元）	77	99	99	99	99	473
减：成本、费用（万元）	21.84	27.935	27.935	27.935	27.935	133.58
利润总额（万元）	55.16	71.065	71.065	71.065	71.065	339.42
减：所得税（万元）	0	0	0	12.4425	12.4425	24.885
税后利润（万元）	55.16	71.065	71.065	58.623	458.0623	314.535
非专利技术分成率（%）	40	40	40	40	40	
非专利技术收益（万元）	20.064	28.426	28.426	23.449	23.449	125.814

第三步，计算确定评估值。

非专利技术评估值 = 各年预期非技术收益的折现值之和 = 22.064 × 0.833 + 28.426 × 0.694 + 28.426 × 0.579 + 23.449 × 0.482 + 23.449 × 0.402 = 75.29（万元）

（二）成本法

【例 8-5】某机械加工企业有 5000 张机械零部件工艺设计图纸，已经使用 5 年。经专家从工艺设计图纸的设计先进性和保密性等方面鉴定认为，有 4500 张图纸仍然可以作为有效的非专利技术资产，预计剩余经济使用年限为 4 年。根据该类图纸的设计、制作耗费估算，当前每张图纸的重置成本为 250 元。该批图纸的价值估算过程如下：

第一步：该批图纸的重置成本为 $4500 \times 250 = 1125000$（元）

第二步：该批图纸的成新率为 $\frac{4}{4+5} \times 100\% = 44\%$

第三步：该批图纸的价值为 $1125000 \times 44.44\% = 499950$（元）

第五节
商标权的评估

一、商标权的定义及类别

（一）商标的定义及其分类

商标是商品和商业服务的标记，是商品生产者或经营者为了把自己的商品区别于他人的同类商品或是商品服务者用以标明自己所提供的服务以区别于其他同类服务，在商品上使用的一种特殊标记。这种标记一般是由文字、图案或两者组合而成。

商标的主要作用是：区别同一种商品和服务的不同生产经营者和服务者；促进生产经营者和服务者保证商品和服务的质量；便于广告宣传；便于开展商品竞争；有利于开展国际贸易。

从经济学角度，商标的这些作用最终能为企业带来超额收益。从法律角度来说，保护商标也就是保护企业获取超额收益的权利。

商标的种类很多，可以依照不同标准予以分类。

1. 按商标是否具有法律保护的专用权，可以分为注册商标和未注册商标。我国《商标法》规定："经商标局核准注册的商标为注册商标，包括商品商标、服务商标和集体商标、证明商标；商标注册人享有商标专用权，受法律保护。"我们所说的商标权的评估，指的是注册商标专用权的评估。

2. 按商标的构成，可以划分为：文字商标、图形商标、符号商标、文字图形组合商标色彩商标、三维标志商标等。

3. 按商标的不同作用，可以分为商品商标、服务商标、集体商标和证明商标等。在这里，集体商标是指以团体、协会或者其他组织名义注册，供该组织成员在商业活动中使用，以表明使用者在该组织中的成员资格的标志。证明商标，是指由对某种商品或者服务具有监督能力的组织所控制，而由该组织以外的单位或者个人使用于其商品或者服务，用以证明该商品或者服务的原产地、原料、制造方法、质量或者其他特定品质的标志。

（二）商标权及其特点

商标权是商标注册后，商标所有者依法享有的权益，它受到法律保护，未注册商标不受法律保护。商标权是以申请注册的时间先后为审批依据，而不以使用时间先后为审批依据。

商标权一般包括有排他专用权（或独占权）、转让权、许可使用权、继承权等。排他专用权是指注册商标的所有者享有禁止他人未经其许可而在同一种商品劳务或类似商品劳务上使用其商标的权利。转让权是商标所有者作为商标权人，享有将其拥有的商标转让给他人的权利。我国《商标法》规定："转让注册商标的，转让人和受让人应当签订转让协议，并共同向商标局提出申请。受让人应当保证使用该注册商标的商品质量。""转让注册商标经核准后，予以公告。"许可使用权是指商标权人依法通过商标使用许可合同允许他人使用其注册商标。商标权人通过使用许可合同，转让的是注册商标的使用权。继承权是指商标权人将自己的注册商标交给指定的继承人继承的权利，但这种继承必须依法办理有关手续。2001年10月27日第九届全国人民代表大会常务委员会第二十四次会议通过了关于修改《中华人民共和国商标法》的决定，评估人员对经过重大修改的新《商标法》的内容应有所了解。例如，为遏制恶意抢注行为，新《商标法》放弃了"申请在先"原则，强调诚实信用。新《商标法》第三章第三十一条明确规定:"申请商标注册不得损害他人现有的在先权利,也不得以不正当手段抢先注册他人已经使用并有一定影响力的商标。"

商标权和专利权都属于知识产权中的工业产权,它和专利权一样需要经过申请、审批、核准、公告等法定程序才能获得。但取得商标权与专利权的实质性条件不同,表现在:第一,专利法规定取得专利权的技术要求是新颖性、创造性和实用性,而商标权取得的条件是具有显著性、不重复性和不违反禁用条款;第二,专利权有法定的有效保护期限,一般不准续展,而商标权尽管在注册时需要规定有效期,例如我国《商标法》规定有效期为 10 年,但可以按照每一期 10 年无限续展。

商标权的价值是由商标所带来的效益决定的,带来的效益越大,商标价值就越高,反之则低。而商标带来效益的原因,在于它代表的企业的产品质量、信誉、经营状况的提高。表面上看,商标价值来自于设计和广告宣传,但实际并非如此。尽管在商标设计、制作、注册和保护等方面都需要耗费一定的费用,广告宣传有利于扩大商标知名度,为此需支付很高的费用,但这些花费只对商标价值起影响作用,而不是决定作用。起决定作用的是商标所能带来的超额收益。

(三)商标评估的特点及其分类

简言之,商标评估就是评估人员采用科学的评估方法,依照法定的评估程序,对商标专用权的现时价值进行评定估算的过程。

1. 商标评估的特点

(1)商标的价值内容具有综合性。商标的价值是由多种因素构成的,因此评估时要多方面分析其构成因素,防止片面性。一般而言,商标价值构成的内容是商标创立时的初始成本(包括商标设计费、登记注册费等)、商标知名度提高过程中的发展成本(包括广告宣传费等)及商标应用中的获利能力等。

(2)商标的获利能力具有质的规定性。商标的获利能力是由商标自身质的规定性确定的,这种质的规定性主要表现为商品的质量精良、商品的物美价廉、商品的安全可靠、商品的包装精美等,因此评估商标的价值就要充分考虑商标所代表的产品质量。

（3）商标与商誉的紧密联系性。商标与商誉具有密切的关系，特别是当企业的名称与商标的名称合—且企业的产品比较单一时，两者的关联性就更大。因此，在评估商标的价值时，一般要把两者有效剥离，既不能把商誉的价值包括在商标的价值中，也不能把商标的价值包括在商誉的价值中。

2. 商标评估的分类

根据商标的分类方法，商标价值的评估也可以划分为不同的类别。

（1）按商标的来源划分，可分为自创商标价值的评估和外购商标价值的评估。两者的评估方法显然存在差别，前者必须充分考虑创立商标时投入的成本大小以及在市场上拓展商标的知名度时投入的广告等各种费用；后者则应该更多地考虑商标的购买价格的大小。当然，两者相同的地方是都需要充分考虑商标带来的超额收益。

（2）按商标转让的内容划分，可分为商标价值的评估和商标使用价值的评估。当转让方完全放弃商标的所有权、同时受让方完全得到商标的所有权时，商标的评估就是商标价值的评估；而当转让方转让商标后依然拥有该商标的使用权甚至还可以向第三方继续转让时，受让方实际得到的是商标的使用权，这意味着双方甚至第三方都可以同时使用该商标。这种转让形式也叫商标的特许使用。此时的商标评估实际上是指商标使用权价值的评估。商标价值评估一般采用收益现值法、成本收益法、相对值计价法、有效使用期超额利润法等评估方法。在商标交易过程中，商标使用价值评估采用什么样的评估方法，应根据评估的目的和交易双方的特定要求而定。

（四）商标转让和特许使用

商标转让是指转让方放弃商标权，商标转归受让方所有，是指所有权的转让；而商标特许使用是指转让方在不放弃所有权的前提下，允许他人按合同规定的条款使用商标。商标的转让和特许使用都要实行有偿原则，签订书面合同。

由于商标的经济价值主要来源于企业所拥有的专利、秘诀和其他资产的适用组合，因此，商标只有作为特定质量、性能、特点、服务等效用的标志时才有具体意义。可见，商标的转让并不是任意的，而必须伴随着其他要素如专利、秘诀、产品技术、性能、服务甚至管理等的转移。一般而言，商标转让和特许使用的基本特点是，商标用到哪里，形成商标内涵的各种要素，尤其是技术、技能和管理就必须跟到哪里，以保证所使用商标的商品的质量、性能、服务等效用指标不变，否则就变成单纯的"卖牌子"，直接损害转让方、受让方和消费者的经济利益。商标转让后，由于转让方不再享有商标权，故应由受让方保证使用商标的商品质量，制售商标使用许可证时，由许可人监督被许可人保证使用商标的商品质量。购买商标或商标许可证，通常要同时购买相应的专利、秘诀等的许可证。但是，购买专利、秘诀等的许可证，并不一定要同时购买商标或商标许可证。在商品质量得到充分保证的前提下，购买商标许可证的主要作用在于，利用著名商标的声誉，缩短进入市场的时间，降低市场风险，提高市场占有份额。

二、商标权评估的程序

商标权评估可按下列程序进行。

（一）明确评估目的

商标权评估目的即商标权发生的经济行为。从商标权转让方式来说，可以分为商标权转让和商标权许可使用。商标权转让是指转让方放弃商标权，转归受让方所有，实际上是商标所有权出售。商标权许可使用则是拥有商标权的商标权人在不放弃商标所有权的前提下，特许他人按照许可合同规定的条款使用商标。商标权转让方式不同，评估价值也不一样。一般来说，商标所有权转让的评估值高于商标权许可使用的评估值。从股份制企业商标权评估情况来说，一般包括：以商标权投资入股；商标权许可使用；商标权转让等等。在股份制改造或股份公司上市时，出于股本结构、出资要求等原因，往往将商标权许可使用，这样做既可以保证股份制企业正常生产经营，又不影响其股权结构和出资规定。在这种情况下,不仅要对商标权进行评估,还应评估出年许可使用费标准,作为签订许可使用合同的依据。

(二) 向委托方收集有关资料

收集的资料包括:

1. 委托方概况(包括经营历史、现状),经营业绩(包括前 3~5 年财务报表)。

2. 商标概况,包括商标注册有关的法律性证件、注册时间、注册地点、注册证书号、保护内容、商标的适用范围、商标的种类、商标的法律诉讼情况、商标的知名度、商标有无其他协议等。

3. 商标产品的历史、现状与展望,包括市场环境、同行业情况、商标产品的信誉、市场占有率情况等。

4. 商标的广告宣传等情况。

5. 委托方未来经营规划。

6. 未来财务数据预测,包括:①生产、销售预测;②成本费用预测;③损益预测。

7. 相关产业政策、财税政策等宏观经济政策对其影响。

(三) 市场调研和分析

主要内容包括:

1. 产品市场需求量的调研和分析;

2. 商标现状和前景的分析;

3. 商标产品在客户中的信誉、竞争情况的分析;

4. 商标产品市场占有率的分析;

5. 财务状况分析,主要分析判断商标产品现有获利能力供依据;

6. 市场环境变化的风险分析;

7. 其他相关信息资料的分析。

(四) 确定评估方法,搜集确定有关指标

商标权评估较多采用收益法,但也不排斥采用市场法和成本法。由于商标的单一性,同类商标价格获取的难度,使得市场法应用受到限制;商标权的投入与产出具有弱对应性,有时设计创造商标的成本费用较低，其带来收益却很大，相反，有时为设计、创造某种商标成本费用较高，比如为宣传商标投入了巨额的广告费，但带来的收益却不高，因此采用成本法评估商标权时必须慎重。

收益法评估商标权主要是分析确定收益额、折现率和收益期限三项指标。收益额、折现率的分析测算前面已述及。收益期限的确定是商标权评估时十分重要的问题。按照《商标法》的规定，商标权法律保护期限（注册）是10年，到期后可以续展。因此，评估实践中，有人主张商标权收益期限为10年，有人则认为商标权收益期限应为无限长。其实，上述两种做法都是欠妥的。商标权之所以有价值，是因为通过它能够带来超额收益，如果注册商标所代表的产品并不能带来超额收益，该商标同样不值钱。因此，确定商标权未来获利期限的依据是其获得超额收益的时间，注册年限仅供分析参考，不宜作为直接依据。

（五）计算、分析、得出结论，完成评估报告

依据特定的数据资料，按照商标权评估的计算方法，评定估算出商标权的价值，完成相应的商标权评估报告。

三、商标权评估方法

商标权评估采用的方法一般为收益法，下面主要介绍该方法。

（一）商标权转让价值的评估

【例8-6】某饮料厂将其已经使用了25年的金浪啤酒注册商标转让。根据历史资料，该企业近5年使用这一商标的啤酒比市场上同类啤酒售价每吨高出500元，该企业目前每年生产5000吨，市场供求基本平衡；预计该品牌能够获取超额利润的时间是10年，前4年基本可以维持当前水平，由于其他品牌的竞争力提高，后6年其每吨高出其他品牌的幅度会下降为300元，不过产量可能会扩大到5400万吨。该商标的转让价值评估过程如下：

预期前4年的年超额利润为：$500 \times 0.5 = 250$（万元）。

预期后6年的年超额利润为：$300 \times 0.54 = 162$（万元）。

第八章 无形资产评估

根据该企业的资金成本率及相应的风险率,确定其折现率为 10%。

该商标权的转让价值为:$\left[250\times(1+10\%)^4 - \dfrac{1}{10\%\times(1+10\%)^4} + 162\times(1+10\%)^6 - \dfrac{1}{10\%\times(1+10\%)^6}\right]\times\dfrac{1}{(1+10\%)^4}\times(1-25\%)$ = $(792.47+481.90)\times 75\%$ = 955.78(万元)。

(二)商标权许可使用费的评估(商标使用权评估)

【例 8 – 7】某农用运输车生产企业所生产的"巨力"(已经注册商标)牌三轮车,在同类产品中享有较好的声誉,平均每辆三轮车的超额售价为 80 元。现有一集团公司拟介入农用三轮车的生产经营领域,为了降低其经营风险,该集团公司与农用运输车生产企业协商有关使用"巨力"商标的事宜。经双方协商,集团公司近 5 年内每年可在 1500~1600 辆三轮车上使用"巨力"商标,但需要标明其真实生产厂家,且每年按照其使用"巨力"商标的车辆销售收入的 4% 缴给该农用运输车生产企业,作为使用"巨力"商标的许可使用费,企业所得税率为 25%。现评估该许可使用费的现值。估算过程如下:

1. 预计集团公司使用"巨力"商标的三轮车平均售价为 2500 元/辆,5 年内可生产销售的三轮车数量分别为 1450 辆、1500 辆、1550 辆、1600 辆、1600 辆。因而,5 年内的销售收入预计分别为:

第 1 年:$1450\times 2500 = 3625000$(元)。

第 2 年:$1500\times 2500 = 3750000$(元)。

第 3 年:$1550\times 2500 = 3875000$(元)。

第 4 年:$1600\times 2500 = 4000000$(元)。

第 5 年:$1600\times 2500 = 4000000$(元)。

2. 确定分成率为 4%。确定折现率为 10%。

3. 许可使用费的现值为:

$4\%\times\left[\dfrac{3625000}{1.1^1} + \dfrac{3750000}{1.1^2} + \dfrac{3875000}{1.1^3} + \dfrac{4000000}{1.1^4} + \dfrac{4000000}{1.1^5}\right]\times(1-$

25%)] = 435651.36（元）

第六节 商誉的评估

商誉是一种重要的无形资产，是企业形象的重要特征。企业在经营中应注意建立和提高它的商誉价值。从会计和管理的角度来看，它本身就是一项资产，并能给企业带来超额的收益。因此应把商誉的特性、计价和评估作为一个重要的课题进行深入的研究，使得在企业管理或经营活动中对它予以正确的反映，防止这一无形资产的贬值或流失。

一、商誉的特性

商誉的经济含义是企业收益水平与行业平均收益水平差额的资本化价格。它是由顾客形成的良好声誉、企业管理卓著、经营效率较好、生产技术的垄断以及地理位置的天然优势所产生的。

商誉具有下列特性：

1. 商誉能为企业创造间接的经济效益。它之所以作为一项资产具有价值，正是因为它的这种效益性特征。它是企业收益水平与按社会平均收益率计算的差额的资本化价格。人们通常采用资本化率把企业超额收益还原求得商誉价值的，而资本化率实际上又是投资（投入资本）报酬率，企业超额收益经过还原所得的就是创造这种超额收益的资本额。所以，应把商誉的价值看作为资本化价格。商誉的价值一般为正值，但当企业亏损时，或企业收益水平低于本行业平均获利水平时，商誉也可为负值。

2. 商誉是一种不可确指的无形资产，它不能独立存在，它具有附着性特征,与企业的有形资产和企业的环境紧密相联。它既不能单独转让、出售,也不能作为独立的一项资产进行投资,不存在单独的转让价值。它只能依附于企业整体,商誉的价值是通过企业整体收益水平来体现的。

3. 按未入账资产理论,商誉是计量了未入账资产的结果。商誉属于自创的无形资产,其开发成本很难从账簿中完整地反映出来。而且它的功能与其开发成本之间的关系也很不确定,没有一个统一的标准。

4. 影响企业商誉形成的因素很复杂,企业经营管理水平起了重要的作用,在此,人的因素是第一位。由于企业具有良好的声誉,获得客户信赖;或由于严密的组织,生产效率显著。

二、商誉的计价

商誉的计价,即商誉的价值计量。会计的基本概念之一,是各项资产应从取得的成本计价入手,所以,只有购得整体企业的过程中,商誉才能记入一个实体的会计记录。一般企业在合并过程中才假定有商誉的购买而登记入账。资产作为转让对象,是因为它能够带来额外收益,它的计价从本质上说是收益现值。因而商誉价值的计算原则是:根据过去和对未来超额收益计算而得。

商誉价值的计算,可采用下列各种具体方法:

1. 按商誉购买前一定年限的平均超额收益计算

这一方法,以购买前一定年限的平均收益计算若干年超额收益的收款差额。

假定某一企业的购买者和出让者商定,各项有形资产共值 500000 元。最近 5 年的净收益从购受日前 5 年的 65000 元,依次为 68000 元、69000 元、62000 元、61000 元,即平均为 65000 元。商誉根据购受前 4 年的超额收益计算,每年的正常收益为全部资产的 10%。则商誉的价值为:

过去 5 年的平均收益: 65000 元

减：500000×10%： 50000 元
超额收益： 15000 元
乘：购买前 4 年的年数： 4
商誉价款总额： 60000 元

2. 按超额收益的本金化金额计算

其实质是将企业超额利润资本化，即企业获得的超额利润相当于投入了多少资本。正常的投资收益率为 10%，商誉可使用该企业合理而正常之本金化比率，将超额收益予以本金化求得，即企业收益与按社会平均收益率计算的收益之间的差额的本金化价格。

根据上例年超额收益为 15000 元，商誉即为 15000 元 ÷ 10% = 150000 元。

3. 按超额收益现值计算

仍如前例，假定年超额收益为 15000 元，估计商誉将会持续 5 年，投资收益率为 10%，则商誉价值为：15000 × 3.790787 = 56861.81（元）

4. 按收益本金化金额减净资产额计算

假定正常的投资收益率为 10%，并确定根据过去五年的平均收益作为计算基础。净资产是指总资产（不包括商誉的价值）减去负债所得，负债为 50000 元。沿用上例，则商誉的价值为：

过去五年的平均收益： 65000 元
收益本金化金额 65000 ÷ 10%： 650000 元
减：净资产额（不包括商誉 500000 − 50000）： 450000 元
商誉价值： 200000 元

5. 割差法

商誉是企业整体价值与企业所有有形资产和可确指的无形资产的价值之和的差。用公式表示为：

商誉的价值 = 企业整体价值 − 企业各单项资产价值之和（包括有形和可确指的无形资产）

三、商誉的评估

商誉的评估是资产评估的一种。资产评估是由专门的机构和人员,依照国家规定的标准、程序和方法,对被评估资产的现时价值进行评定和估算。

资产评估有单项与部分资产的评估。单项资产评估是对一项资产、一项发明专利价值的评估。部分资产评估是对一类或几类资产价值的评估,一般是为了出售其所有权或出让使用权而进行的评估。

资产评估还有一类是整体资产评估。所评估的对象是参与某项经营活动中的全部资产,包括有形资产和无形资产。整体评估实际上是对某项经营活动中全部资产综合运用效果的评估。进行整体评估,不仅是对单项资产价值分别进行评估,然后加以汇总,还必须将这些资产视为一个资产系统,也就是把它作为一个具有一定获利能力的整体去考察。系统论的基本观点之一,是整体大于各孤立部分之代数和,各单项资产价格加总后并不等于整体资产价格。在综合评估企业的整体价格时,除了对单项资产进行评估外,还必须考察企业的管理水平、技术水平、竞争能力、发展能力、盈利水平等因素。只有将这些因素综合起来评估才能正确判断企业的整体价值。

商誉的评估方法取决于对商誉含义的理解,商誉价值量的大小是通过企业的收益水平来体现的,而它又属于集合性、附着性强的一种无形资产,只能采取整体的方法进行计算,而不能像其他可确指的无形资产那样单项进行计算。

商誉的整体评估可采用超额收益资本化法和割差法。

(一) 超额收益资本化法

这一方法是运用企业收益超过行业平均收益部分并加以资本化来对商誉的价值进行估算。

可按下列程序进行估算:

第一,对企业单项有形资产和单项可确指无形资产进行评估,将它们加总而得出企业单项资产值总和;

第二,收集估算行业平均资金收益率;

第三,把企业单项资产评估值总和乘以行业平均资金收益率,得出按行业平均的收益水平计算的企业各单项资产总和所创造的收益值;

第四,以企业过去若干年收益为依据,预测未来的年平均收益值;

第五,用企业未来的年平均收益值减去企业各单项资产总和所创造的收益值,就是企业由商誉创造的超额收益;

第六,选用适用的资本化率把企业年超额收益还原,就是创造这种超额收益的资产额,即商誉的评价值。如用公式列示可为:

$$商誉的价值 = \frac{企业预期年收益 - 该企业单项资产评估值之和 \times 行业平均资金净利润率}{适用的资本化率}$$

公式中行业平均资金净利润率可以采用下列算式表示:

$$行业平均利润 = \frac{\sum 各企业的利润总额}{\sum \left(\begin{array}{c} 各企业固定资产及 \\ 其他长期资产平均总值 \end{array} + \begin{array}{c} 各企业流动资 \\ 产平均总值 \end{array} \right)}$$

$$行业平均净利润率 = \frac{\sum 各企业的税后利润总额}{\sum \left(\begin{array}{c} 各企业固定资产及 \\ 其他长期资产平均总值 \end{array} + \begin{array}{c} 各企业流动 \\ 资产平均总值 \end{array} \right)}$$

公式中适用的资本化率考虑无风险利率(一般应不低于国库券利率)、风险报酬率及通货膨胀率。适用的资本化率可采用以下两种方法进行测算。

第一,加权平均资本化率。企业的资产可以用投入资金总额来衡量。投入资金总额包括所有有形资产和无形资产减去流动负债后的净额,即净流动资产、固定资产和其他长期资产总和,与之相对应的是企业的长期负债与资本金。如果能知道企业投入资金的构成比例,以及各组成部分资金的投资报酬率(资金成本),就可算出加权平均资金成本,求得资本化率。现在我们用公式列示如下:

加权平均资本化率＝长期负债占全部投入资金比重×长期负债成本＋资本金（自有资金）占全部投入资金的比重×资本金（自有资金）要求的投资报酬率

第二，累加法。就是根据影响资本化率的若干因素，在无风险报酬率的基础上，将被评估企业所在行业的各种风险因素所要求的风险报酬率或通货膨胀率相加，构成资本化率。

超额收益资本化法的基本思路是基于商誉的基本定义，即直接用企业超过行业平均收益的部分来对商誉进行估算。在采用这一方法进行评估时需注意：

（1）商誉是企业收益与按行业平均收益率计算的企业收益之间的差额的本金化价格，而不是企业收益与行业平均收益之间的差额。

（2）商誉的价格可以是正值，也可以是负值。商誉价格是正还是负取决于企业收益额是大于或小于按社会平均收益率计算的收益额。

这种方法运用的前提条件是必须要能搜集到行业的平均资金净利润率的资料，即近年来同行业各企业的税后利润总额和同行业各企业平均资金的占用额资料。有了同行业同类型企业的平均资金净利润率，才能顺利地计算超额收益的数值。

（二）割差法

有的学者指出：从企业收益与企业资产价值的关系角度来进行分析，可以明显看出企业收益存在着层次性，这样的层次性显示了资产的价值水平。当企业收益水平处于很低的第一种层次，很难持续经营，企业投资者如对企业资产进行清算变卖，投资者只能获得变现残值或高于残值的收入，这时企业资产的价值相当于变现残值或比残值稍高，即有形资产的清偿价值。当企业收益水平达到一定程度，处于第二种层次，这种收益水平足以支持企业有形资产继续经营，这时企业资产的价值相当于有形资产重置成本价值。当企业收益水平达到较高程度，处于第三种层次，这种收益水平超过有形资产获利能力，这时企业资产价值相当于有形资产和可确指无形资产的价值。当企业收益水平达到更高程度，处于第四种层次，这种收益水平超过了全部有形资产和可确指无形资产的获利能力，这时企业资产价值相当于有形资产重置价值，可确指无形资产的价值以及商誉的价值。所以企业收益体现资产价值的顺序首先是有形资产，其次是可确指无形资产，最后是商誉。

以上的分析构成了割差法的基本原理，也形成了此种方法的顺序：

（1）运用整体评估的方法评估出企业整体资产价值；

（2）运用单项评估的方法评估各类有形资产的价值和单项可确指的无形资产价值；

（3）把整体评估值减去各单项评估资产价值之和即是企业商誉的价值。

运用这一方法来对商誉进行评估应注意，只有当企业的收益水平足以支持其各项有形资产和可确指无形资产后还有余额时，它才可以用来计量企业的商誉价值。另外采用这一方法要经过企业整体资产评估，还要经过各类有形资产和可确指的无形资产的单项评估，最后才能用割差的方法评估商誉的价值。所以，这种方法的计算量大，方法较为繁琐。这种方法运用的前提条件是必须先要有各类有形资产和可确指的无形资产单项评估的正确的评估值，否则将影响商誉的评估。

复习题八

一、单项选择题

1. 在下列无形资产中，不可确指的无形资产是（　　）。
   A. 商标权　　　　　　　　B. 土地使用权
   C. 专营权　　　　　　　　D. 商誉

2. 下列选项中，（　　）不属于无形资产。

第八章 无形资产评估

  A. 商标   B. 专利权
  C. 计算机软件   D. 非专利技术
  3. 对占有单位外购无形资产,可以根据（ ）及该项资产具有的获利能力评定重估价值。
  A. 购入成本   B. 形成时所需实际成本
  C. 市场价格   D. 账面净值
  4. 采用收益法评估无形资产时采用的折现率应包括（ ）。
  A. 资金利润率、行业平均利润率
  B. 银行贴现率
  C. 超额收益率、通货膨胀率
  D. 无风险利率、风险报酬率和通货膨胀率
  5. 下列公式能够成立的是（ ）。
  A. 销售收入分成率 = 销售利润分成率/销售利润率
  B. 销售利润分成率 = 销售收入分成率/销售利润率
  C. 销售利润分成率 = 销售收入分成率×销售利润率
  D. 销售收入分成率 = 1 - 销售利润分成率
  6. 某发明专利权已使用了4年,尚可使用2年,目前该无形资产的成新率为（ ）。
  A. 25%   B. 66.796%
  C. 33.3%   D. 50%
  7. 企业存在不可确指的无形资产,分别按单项评估加总的方法和整体评估的方法所得到的评估结果会有差额,这个差额通常被称作（ ）。
  A. 商标   B. 专利权
  C. 专营权   D. 商誉
  8. 无形资产包括法律保护无形资产和无法律保护无形资产。这种分类是按（ ）标准进行的。
  A. 可辨识程度   B. 取得渠道
  C. 有无法律保护   D. 内容构成

9. 某企业的预期年收益额为 15 万元,给企业的各单项资产的重估价值之和为 60 万元,企业所在行业的平均收益率为 20%,以此作为适用本金化率计算出的商誉的价值为（　　）。

　　A. 75 万元　　　　　　　　B. 12 万元
　　C. 15 万元　　　　　　　　D. 45 万元

10. 无形损耗对无形资产的（　　）产生影响。
　　A. 实体　　　　　　　　　　B. 已使用价值
　　C. 价值和使用价值　　　　　D. 已使用年限

11. 某企业的预期年收益额为 320 万元,该企业的各单项资产评估价值之和为 1200 万元,其中专利权价值为 400 万元,该企业所属行业的平均收益率为 10%,适用本金化率为 10%,其商誉的评估值为（　　）万元。

　　A. 800　　　　　　　　　　B. 400
　　C. 2000　　　　　　　　　 D. 2400

12. 某企业 5 年前获得一项专利,法定寿命为 10 年,现对其进行价值评估。经过专家估算,截至评估基准日,其重置成本为 120 万元,尚可使用 3 年,则该项专利的评估价值为（　　）万元。

　　A. 45　　　　　　　　　　　B. 50
　　C. 60　　　　　　　　　　　D. 72

13. 下列阐述中正确的为（　　）。
　　A. 商誉是能够离开企业而单独存在的
　　B. 商标可以转让其使用权,但不能够转让其所有权
　　C. 商标可以转让其所有权,也可以转让其使用权
　　D. 商誉是产品的标志

14. 预期某企业未来 5 年的净收益分别为 13 万元、14 万元、11 万元、12 万元、15 万元,第 6 年起的净收益保持在 15 万元左右。采用对各单项资产价值进行评估加总的方式确定企业价值为 90 万元,折现率为 10%。该企业的商誉价值为（　　）万元。

　　A. 100　　　　　　　　　　B. 142

C. 52　　　　　　　　　　D. 130

二、多项选择题

1. 无形资产能独立于其载体存在的前提是（　　）。
   A. 能带来正常利润　　　　B. 能带来超额利润
   C. 能带来垄断利润　　　　D. 能带来潜在利润
2. 通过无形资产的鉴定，可以解决的问题是（　　）。
   A. 证明无形资产存在　　　B. 确定无形资产种类
   C. 确定其获利能力　　　　D. 确定其有效期限
3. 无形资产评估目的有（　　）。
   A. 无形资产转让　　　　　B. 无形资产投资
   C. 无形资产摊销
4. 适用于无形资产评估的方法有（　　）。
   A. 市场法　　　　　　　　B. 成本法
   C. 收益法
5. 商誉的特征包括（　　）。
   A. 形成商誉的个别因素不能单独计价
   B. 商誉是企业整体价值扣除全部有形资产以后的差额
   C. 商誉不能与企业可确指的资产分开出售
   D. 商誉是企业长期积累起来的一项价值
6. 下列（　　）情况会造成无形资产贬值。
   A. 无形资产再生产费用下降
   B. 传播面逐渐扩大，社会普遍接受和掌握
   C. 新的、更为先进的无形资产出现
7. 无形资产的成本特性表现为（　　）。
   A. 弱对应性　　　　　　　B. 共益性
   C. 积累性　　　　　　　　D. 虚拟性
8. 无形资产的功能特性有（　　）。
   A. 不完整性　　　　　　　B. 替代性

C. 附着性　　　　　　　　D. 共益性

三、判断题

1. 无形资产单独不能获得收益，必须附着于有形资产才能产生收益。（　　）
2. 无形资产评估一般只能采用收益法，这是由无形资产的特征决定的。（　　）
3. 商标未必有价值，但注册商标肯定有价值，必须予以评估。（　　）
4. 劳动人事管理权、所有权等作为特殊权利，均应作为无形资产进行评估。（　　）
5. 市场法不适用于无形资产评估。（　　）
6. 采用成本法评估无形资产时，不需要扣除其功能性贬值和经济性贬值。（　　）
7. 无形资产剩余经济寿命应主要根据其带来的额外收益的时间来评估。（　　）
8. 通常，无形资产的有效期限要比它们的法定保护期限短得多，评估时应严格按照法定保护期限进行。（　　）

四、问答题

1. 影响无形资产评估价值的因素有哪些？
2. 如何采用收益法评估无形资产？
3. 如何采用成本法评估无形资产？
4. 如何理解资产评估中无形资产的内涵？
5. 无形资产评估有哪些方法？
6. 资产中商誉评估的目的是什么？

第九章 企业价值评估

企业整体资产评估是现代市场经济的产物,在企业改制、公司上市、企业购并和跨国经营等经济活动中,常常需要对企业的整体资产进行评估,为整体企业转让、投资等提供价值依据。由于评估对象的特殊性和复杂性,企业整体资产评估成为一项涉及面较广和技术性较强的资产评估业务。本章主要介绍企业价值评估的特点、企业整体资产评估范围的界以及企业价值评估的基本方法等。

第一节 企业价值评估的概述

一、企业及企业价值

(一) 企业及其特点

企业是为满足社会需求成立并以盈利为目的、独立核算、自主经营、自主盈亏,具有法人资格的经济组织。企业具有独立性、社会性、持续经营性、营利性、整体性等特征。

1. 独立性

独立性是指企业根据市场变化自主地组织生产和经营活动,而不受某种组织和机构的约束,具体表现为实行自主经营和独立核算。

2. 社会性

社会性是指企业作为社会经济力量的基础，不仅要生产满足社会需求的产品，还要承担劳动就业、环境保护、社会公益等社会责任乃至政治责任。

3. 持续经营性

企业要获取盈利，就必须进行经营，持续经营是企业在可以预见的将来按照适当的经营规模和经营类型继续经营。企业要在经营过程中努力降低成本和费用，因此企业要对各种生产经营要素进行有效组合并保持最佳利用状态。而从企业价值评估的角度来看，企业的持续经营性是企业价值评估的一般前提。

4. 整体性

整体性是指企业以其生产经营范围为依据，以生产经营活动为主线，将若干要素资产有机组合而形成功能完整、配置有效的有机整体。实际上，即使构成企业的每个要素资产的个性功能都良好，但是如果它们之间的功能不匹配，由此组合而成的企业整体功能也未必能达到最佳。

（二）企业价值及表现形式

企业价值是一种市场价值，是企业属性、功能能够满足主体需要的关系，是企业对主体的一种效用，是企业效率的一个最好的评判指标。企业的价值评估服从于企业的产权转让和交易。

企业价值可以从不同角度来看待和定义。按照劳动价值论的观点，企业价值是由凝结在企业中的社会必要劳动时间决定的。按照效用价值论的观点，企业的价值是由企业对投资者的效用，即企业的获利能力所决定的。

根据评估目的，以及评估结果的不同用途，企业价值的表现形式有企业的资产价值、企业的投资价值和企业的股东权益价值等，不过在很多情况下需要对企业的投资价值和权益价值进行评估。企业的资产价值是企业所拥有的所有资产（包括各种权益和负债）的价值总和。企业的投资价值是企业所有的投资人所拥有的对企业资产索取权价值的总和，它等于企业的资产价值减去无息流动负债价值，或等于权益价值加上付息债务价值。企业权益价值代表了股东对企业资产的索取权，它等于企业的资产价值减去负债价值。

（三）影响企业价值的因素

1. 企业所处的经济环境和社会环境

企业所处的经济环境和社会环境，是指企业外部的客观条件，例如企业及其商品在国民经济中的地位与作用、企业所处的产业结构、产业布局调整以及由此造成的资金流向等方面的变动等。这些因素涉及整个国民经济的发展战略和国家的方针政策，是外部的客观因素，因此，在对企业整体资产进行评估时，并不直接计算这部分因素对企业价值的影响。但是，这些因素最终影响企业产权的交易价格。

2. 企业的技术装备

在两个企业各单项资产总价值量相同的情况下，技术较为先进或者其设备的成新率较高的企业，整体评估价值较高。这是因为技术进步有利于企业提高产品质量，提高生产效率，从而获得较多的竞争优势和利润。企业整体的技术情况主要体现在企业中的可移动长期资产方面，因为社会技术进步对不动产的影响相对较小。

3. 企业全部资产价值量的大小

一般而言，随着竞争的加剧，社会资产利润率逐渐平均化。在这种情况下，企业资产价值量与企业的获利能力呈正相关关系，即企业资产价值量越大，企业的获利能力越强。企业全部资产价值量的大小既可以通过单项资产评估价值的加总得到，也可以通过把账面净值利用物价指数调整的方法得到。

4. 企业资产的匹配状况

也就是企业的资源配置效率，是指企业各类资产通过一定的匹配方法能否最大限度的发挥出生产能力。只有企业各项资源实现了有效配置，才会最大限度地降低生产成本，提高生产效率，使得生产、财务、销售、管理等各部门运转流畅，避免不必要的浪费，使得企业具有较强的获利能力。资源配置效率是企业经营管理中一个非常重要的问题。企业资产匹配主要包括两方面的含义：一是企业中各类资产的匹配状况，如流动资产、固定资产、无形资产等的匹配状况；二是各类资产内部的匹配状况，如固定资产中的机器设备和房屋建筑物资产的匹配状况，流动资产中库存和流动现金的匹配状况等。这两方面匹配状况直接影响着企业资源配置效率的高低。

5. 企业经营者及员工的素质

它主要包括企业经营管理者的经营管理思想策略、领导方式以及员工的思想觉悟、文化修养和技术水平等。由于人是企业中最活跃的因素，也是最为重要的生产因素，所以他们的素质直接关系到企业的竞争力和活力。因此，企业经营者及其员工的素质直接关系到企业的竞争能力、应变能力、技术开发能力和扩大再生产能力。

6. 企业文化及企业信誉

企业文化是指企业长期形成的一系列价值观念和行为规范。良好的企业文化能显著加强企业的凝聚力，极大调动员工的工作积极性，为企业创造出更大的价值。企业信誉是企业生产经营或提供商品、劳务在客户心目中的形象，它是企业商誉的重要来源之一。企业商誉主要包括商品信誉和经营信誉两个方面。企业以优异的商品质量对客户提供周到的服务并恪守与供应商的合作、按时缴货等，都会为企业带来更高的商业利润。

7. 其他因素

主要包括国家政策、企业所处的地理环境、企业所处的宏观经济形势等因素。企业所处的地理位置和交通条件直接影响着企业的运输成本和其他额外成本，而产业政策则直接影响着企业未来的发展潜力和获利能力。

二、企业价值评估的特点

（一）企业价值评估的性质

企业整体价值是企业总资产价值减去企业负债中的非讨息债务价值后的余值，或用企业所有者权益加上企业的全部付息债务价值表示。企业股东全部权益价值就是企业的所有者权益价值或净资产价值。企业部分权益价值其实就是企业一部分股权的价值，或股东全部权益价值的一部分。

企业价值评估的对象是由多个或多种单项资产组成的资产综合体。整体资产涉及实物的有机组合、技术的有机组合、劳动要素的有机组合、企业战略的有机组合等整体性问题。

（二）企业价值评估的目的

企业价值评估的目的可以分为两类：一是购并活动中对目标企业价值的评估，着眼点是确定合理的购并价格；二是管理当局对企业战略价值的评估，着眼点是决策行动的合理性。第一类是企业价值评估的一般目的，是为企业产权转让服务的。第二类是企业价值评估的特殊目的，实际上是对企业价值的一种管理预期，企业价值的高低取决于目前管理决策的争取与否。

（三）企业价值评估特点

但是当把企业作为一个整体来评估其价值时，其评估原理方法与单项资产的评估原理和方法有着相当大的差异，其评估价值不能被简单地看作是所有单项资产的评估价值的加总。企业价值评估具有以下几个特点：

1. 从评估对象来看，企业价值评估的对象是作为多个或多种单项资产组成的企业，它是按特定生产工艺或经营目标有机组合起来的资产综合体，而不是单项资产。

2. 从质的规定性来看，企业价值评估是将企业作为一个不可分割的、能够带来一定收益的有机整体资产，通过对其未来获利能力的分析而获得企业的评估价值。其经济含义是企业的收益现值。而对企业各单项资产的价值进行评估,然后利用加总的方法所获得的企业全部资产的重估价值,其经济含义或者性质仅仅是指在现行价格水平基础上重新构建此企业所有单项资产所需花费的成本是多少,而不能真正反映出企业对于各类收益索偿权人的效用,即企业价值量。

3. 从评估的方法来看,单项资产评估可以根据被评估对象的基本特点采用多种方法进行评估,如现行市场法、重置成本法、收益现值法、清算价格法或历史成本法。但企业价值评估则一般采用收益法和市场法进行评估。

4. 从评估结果来看,由于企业价值评估和单项资产评估值加总在评估对象、评估考虑的因素等方面存在差异,所以两种评估结果也会有很大的差别。这突出表现在企业价值评估中包括了组织资本等不可确指的无形资产。

第二节 企业整体资产评估的范围界定

一、企业价值评估的一般范围

企业价值评估的范围应该是企业的全部资产,包括企业经营权主体自身占用及经营的部分,以及企业经营权所能控制的部分(如全资子公司、控股子公司)以及非控股公司中的投资部分。企业价值评估的一般范围由以下几个部分组成:

1. 企业的现实存量资产。企业的现实存量资产是指企业所拥有的可确指的全部资产,包括固定资产、流动资产、对外资产、可确指的无形资产和自然资源资产等。它是对企业整体资产进行评估首先需要做的工作,是企业价值评估的基础。

2. 企业的预期收益资产。企业的预期收益资产是指将企业的现实存量资产作为一个整体，通过生产经营活动可能带来的预期收益而形成的资产。这是企业价值评估所要解决的根本问题，是企业价值评估的主要内容。

3. 企业的全部无形资产。采用收益法对单项无形资产进行评估时，必须有效地剥离待定的无形资产在总收益中的贡献。这是一个比较难解决的问题，如果我们采用收益法首先评估出企业的价值，在此基础上减去企业单项有形资产的价值总和，就可以得到无形资产的价值总和；在此基础上再减去所有可确指的无形资产的评估价值，就可以得到企业商誉的价值。因此，通过对企业价值的评估，可以衡量出企业商誉的价值。商誉的价值在单项无形资产中是无法触及的。

二、企业价值评估的具体范围

企业评估的具体范围是评估人员具体实施评估的资产范围，即有效资产范围。它是在评估的一般范围的基础上，经合理必要地重组后的评估范围。企业的价值及其高低决定于企业的获利能力，而企业的获利能力是企业中有效资产共同作用的结果。将企业中的有效资产与非有效资产进行合理必要地划分，是进行企业价值评估的重要前提。

在划定企业评估的具体范围时，应注意以下两点：

1. 对于在评估时点一时难以界定的产权或因产权纠纷暂时难以得出结论的资产，应划为"待定资产"，暂不列入企业评估的资产范围。

2. 产权界定范围内，对企业中存在的生产能力闲置或浪费以及某些局部资产的功能与整体企业的总体功能不一致等情况，按照效用原则，应提醒委托方进行企业资产重组，重新界定企业评估的具体范围，以避免造成委托人的权益损失。

企业的资产重组主要有两种形式，其一是"资产剥离"，即将企业的闲置资产、无效资产在进行企业评估以前剥离出去，不列入企业评估的范围。其二是对企业生产经营能力的"填平补齐"，即针对影响企业生产经营能力的薄弱环节，进行必要的改进，以保证企业生产的协调和平衡，使企业形成一个完整的生产能力和获利能力的载体。

但应注意的是,不论是"资产剥离"或是"填平补齐,"都应以企业正常的设计生产经营能力为限,不可以人为地缩小或扩大企业的生产经营能力和获利能力。

第三节 企业价值评估的市场法

一、企业价值评估市场法及其局限性

企业价值评估的市场法就是在市场上找出一个或几个与被评估企业相同或相似的参照系企业,分析、比较被评估企业和参照系企业的重要指标,在此基础上,修正、调整参照系企业的市场价值,最后确定被评估企业的价值。其理论依据就是"替代原则"。

企业价值评估市场法的应用,首先必须在市场上寻找与被评估企业类似的企业的交易实例,通过对所寻找到的交易实例中类似企业的交易价格与经营业绩、财务状况等指标关系的分析,从而确定被评估企业的交易价格,即被评估企业的市场公允价值。由于每一个企业都存在不同的特性,除了所处行业、规模大小等可确认的因素各不相同外,影响企业形成营利能力的无形因素更是纷繁复杂。因此,很难找寻到能与被评估企业直接进行比较的类似企业。即使存在能与被评估企业进行直接比较的类似企业,要找到能与被评估企业的产权交易相比较的交易实例也相当困难。由于存在以上困难,采用市场法评估企业价值的合理性便取决于参照企业选择的可比性。

二、企业价值评估市场法的应用

由于受到企业交易实例缺乏的影响,运用市场法对企业价值进行评估,一般不能基于直接比较的简单思路,而要通过间接比较,分析

影响企业价值的相关因素,从而确定可比系数。用公式表示如下:

$$\frac{V_1}{X_1} = \frac{V_2}{X_2}$$

即 $V_1 = X_1 \times \dfrac{V_2}{X_2}$

式中:V_1——被评估企业价值;

V_2——参考企业价值;

X_1——被评估企业与企业价值相关的可比指标;

X_2——参考企业与企业价值相关的指标。

在应用市场法进行企业价值评估中常用的系数主要有:

1. 价格/收益。即市盈率乘数,这是最常用和最为人们熟悉的。分子为普通股的价格,分母为税后利润。这种方法适用于被评估企业与可比企业的资产结构相类似、生产经营比较稳定、有盈利的企业价值评估。

2. 价格/收入。这种方法假定具有相同性质的企业,可以合理预期产生比较一致的收入。在应用这种方法时应注意分子与分母的可比性。一般情况下,分子往往用股权价格,而分母用债权与股权一起取得的回报,但这样的计算会导致分子、分母缺乏可比性。

因此,在应用时,可通过计算投入资本的市场价值与收入之比,从而得出投入资本的价值。

3. 价格/现金流量。应用这种方法的时候应注意,现金流量应是总的现金流量,即净利润加上折旧和摊销,而不是净现金流量。这是因为要搜集和确定可比企业的净现金流量是非常困难的。

4. 价格/账面价值。这种方法常用于银行业。账面价值是指资产负债表中所有者权益的数量。

【例9-1】假定评估企业的价值,评估人员从市场上选择了A、B、C三个相似的公司,然后分别计算各公司的市场价值与收入的比率、账面价值的比率以及与现金流量的比率,即为可比系数(V/X),如下表所示:

项目	A公司	B公司	C公司	平均
市价/收入	1.2	1.0	0.8	1.0
市价/账面价值	1.3	2.0	1.2	1.5
市价/现金流量	20	15	25	20

如果甲公司的年销售额为1亿元，账面价值为6000万元，现金流量为700万元，通过从上表中得到的3个可比系数计算出该公司的初始价值，然后将这3个初始价值进行算术平均，如下表所示：

单位：万元

项目	甲公司的相关参数	可比系数	甲公司的价值
收入	10000	1.0	10000
账面价值	6000	1.5	9000
现金流量	700	20	14000
甲公司的评估价值			11000

即甲公司的评估价值为11000万元。

第四节 企业价值评估的收益法

一、收益法的基本要点

收益法是指通过估算被评估企业未来预期收益并折成现值，借以确定被评估资产价值的一种评估方法。按照收益法的基本原理，企业价值反映了企业持续经营条件下潜在的或预期的投资获利能力,它是企业整体资产的一种市场交换价值,等于企业未来预期收益的现在价值。

收益法的基本要点如下:

1. 企业价值由客观的预期收益决定,而不是由现实的收益决定。

2. 企业价值通常是企业的权益人对企业预期收益的要求,企业的未来预期收益反映了企业的可持续发展能力。

3. 对未来预期收益进行折现所采用的折现率,反映了企业投资者对企业未来风险程度的认识。

采用收益法对企业价值进行评估,所确定的价值是取得预期收益权利所支付的货币总额。因此,从投资人及企业的角度来说,收益法是评估企业价值的最直接、最有效的方法。因为企业价值的高低主要取决于其未来整体资产的获利能力,而不是现在或过去的收益的多少。收益法在运算过程中需要求出预期收益、折现率和获利持续时间的长短。

二、收益法的计算公式及其说明

(一)企业持续经营假设前提下的收益法

1. 年金法

年金法的计算公式为 $P = \dfrac{A}{r}$

式中:P——企业评估价值;

A——企业每年的年金收益;

r——资本化率。

用于企业价值评估的年金法,是将已处于均衡状态,其未来收益具有充分的稳定性和可预测性的企业的收益进行年金化处理,然后再把已年金化的企业预期收益进行收益还原,估测企业的价值。因此,公式又可以写成:

$$P = \sum_{i=1}^{n}\left[R_i \times (1+r)^{-i}\right] \div \sum_{i=1}^{n}\left[(1+r)^{-i}\right] \div r$$

式中：$\sum_{i=1}^{n}[R_i \times (1+r)^{-i}]$——企业前 n 年预期收益折现值之和；

$\sum_{i=1}^{n}[(1+r)^{-i}]$——年金现值系数；

r——资本化率。

【例 9-2】待估企业预计未来 5 年的预期收益额分别为 100 万元、120 万元、110 万元、130 万元、120 万元，假定资本化率为 10%，使用年金法估测待估企业价值。

$P = \sum_{i=1}^{n}[R_i \times (1+r)^{-i}] \div \sum_{i=1}^{n}[(1+r)^{-i}] \div r$

　$= (100 \times 0.9091 + 120 \times 0.8264 + 110 \times 0.7513 + 130 \times 0.683 + 120 \times 0.6209) \div (0.9091 + 0.8264 + 0.7513 + 0.683 + 0.6209) \div 10\%$

　$= (91 + 99 + 83 + 89 + 75) \div 3.7907 \div 10\%$

　$= 1153 \text{（万元）}$

2. 分段法。

分段法是将持续经营的企业的收益预测分为前后段，对于前段企业的预期收益采取逐年预测折现累加的方法，而对于后段的企业收益，则针对企业具体情况假设它按某一规律变化，并按企业收益变化规律，对企业后段预期收益进行还原及折现处理，将企业前后两段收益现值加在一起便构成了整体企业的收益现值。

假设以前段最后一年的收益作为后段各年的年金收益，分段法的公式可写成：

$P = \sum_{i=1}^{n}[R_i \times (1+r)^{-i}] + \frac{R_n}{r} \times (1+r)^{-n}$

假设从 n+1 年起的后段，企业预期年收益将按一固定比率（g）增长，则分段法的公式可写成：

$P = \sum_{i=1}^{n}[R_i \times (1+r)^{-i}] + \frac{R_n(1+g)}{r-g} \times (1+r)^{-n}$

【例 9-3】待估企业预计未来 5 年的预期收益额为 100 万元、

120万元、150万元、160万元、200万元,根据企业的实际情况推断,从第6年开始,企业的年收益额将维持在200万元的水平上,假定资本化率为10%,使用分段法估测企业的价值。

$$P = \sum_{i=1}^{n} [R_i \times (1+r)^{-i}] + \frac{R_n}{r} \times (1+r)^{-n}$$

$= (100 \times 0.9091 + 120 \times 0.8264 + 150 \times 0.7513 + 160 \times 0.683 + 200 \times 0.6209)$

$+ \frac{200}{10\%} \times 0.6209$

$= 1778$(万元)

(二)企业有限持续经营假设前提下的收益法

1. 关于企业有限持续经营假设的适用。对企业而言,它的价值在于其所具有的持续的营利能力。一般而言,对企业价值的评估应该在持续经营前提下进行。只有在特殊的情况下,才能在有限持续经营假设前提下对企业价值进行评估。如:企业章程已对企业经营期限作出规定,而企业的所有者无意逾期继续经营企业,则可在该假设前提下对企业进行价值评估。评估人员在运用该假设对企业价值进行评估时,应对企业能否适用该假设作出合理判断。

2. 企业有限持续经营假设是从最有利于回收企业投资的角度,争取在不追加资本性投资的前提下,充分利用企业现有的资源,最大限度地获取投资收益,直至企业无法持续经营为止。

3. 对于有限持续经营假设前提下企业价值评估的收益法,其评估思路与分段法类似。首先,将企业在可预期的经营期限内的收益加以估测并折现;其次,将企业在经营期限后的残余资产的价值加以估测并折现;然后,将两者相加。其公式可表达为:

$$P = \sum_{i=1}^{n} [R_i \times (1+r)^{-i}] + P_n \times (1+r)^{-n}$$

式中:P_n——第n年企业资产的变现值;
其他符号含义同前。

三、企业收益的预测

(一) 企业收益的界定

企业收益是运用收益现值法评估企业价值或整体资产价值的关键数据。在评估中,必须准确界定企业收益范围,做到既不遗漏也不扩大。通常要注意以下两个问题:一是,不归企业权益主体所有的企业纯收入,不能作为企业评估中的企业收益。如税收,不论是流转税还是所得税都不能视为企业收益。二是,凡是归企业权益主体所有的企业收支净额,均可视为企业收益。无论是营业收支、资产收支,还是投资收支,只要形成净现金流入量,就应视同为收益。

(二) 企业收益指标的选择

由于多种指标可用来表示企业收益,在评估中,应根据评估的特定目的和评估中的实际情况,作出合理选择。一般而言,在收益现值法评估中主要采用净利润和净现金流量这两个指标来表示企业收益,而采用最多的是净现金流量指标。因为该指标能较客观地反映企业的价值和企业利润,其他收益指标最终都表现为现金流量,并由现金流量的大小反映收益大小;另外,采用净现金流量指标的可信度、可靠性更高因为企业净现流量是企业实际收支的差额,不易被更改,而企业利润的计算需要通过一系列复杂的会计程序,而且易受到多种因素的影响,容易失真。

(三) 未来收益预测

对企业收益的历史和现实状况的分析和判断,是预测企业未来收益的主要途径,尤其对那些有着悠久历史并且收益稳定的企业。通过对企业的历史资料的分析和判断,可直接得到可信度较高的收益指标。通常对企业收益的预测,可采取以下三个步骤:首先,对审计后的财务报表进行非正常因素的调整,剔除偶尔发生的收入与支出,计算出在评估基准日时点反映企业正常情况下的收益能力的净现金流量。其次,通过对企业的内部管理和市场需求状况等因素的分析和判断,把握企业预期收益的变动趋势。要求评估人员深入企业现场和市场进行考察调研，了解企业的生产工艺状况、设备性能、生产能力和经营管理水平以及企业产品在市场的需求、价格情况，使预期的企业收益更符合实际发展趋势。最后，运用技术方法和手段，对企业未来收益进行预测。企业未来收益可以用有限年限收益额和无限年限的年金两种形式来表示，或两者结合的形式来表示。在掌握企业历史收益的平均收益变化趋势基础上，结合影响企业收益实现的主要因素在未来预期的变化情况，采用适当的方法进行估测，常用方法主要有综合调整法、产品周期法、实践趋势法等。

（四）折现率和本金化率的估测

折现率是将未来收益还原或转换为现值的比率。它在资产评估业务中有着不同的称谓：资本化率、本金化率、还原利率等。但其本质是相同的，都属于投资报酬率。作为投资报酬率通常由两部分组成：一是正常投资报酬率；二是风险投资报酬率。正常报酬率亦称为无风险报酬率，它取决于资金的机会成本，即正常的投资报酬率不能低于该投资的机会成本。这个机会成本通常以政府发行的国库券利率和银行储蓄利率作为参照依据。风险报酬率的高低主要取决于投资的风险的大小，风险大的投资，要求的风险报酬率就高。

在运用收益现值法评估整体资产价值时，折现率起着至关重要的作用，它的微小变化都会对评估结果产生较大的影响。因此在选择和确定折现率时，必须注意以下几个方面的问题：

1. 折现率不低于投资的机会成本。在存在着正常的资本市场和产权市场的条件下，任何一项投资的回报率都不应低于该投资的机会成本。在现实生活中，政府发行的国库券利率和银行储蓄利率可以作为投资者进行其他投资的机会成本。由于国库券的发行主体是政府，几乎没有破产或无力偿付的可能，投资的安全系数大。虽然银行大多数属于商业银行，但我国的银行仍然属于国家垄断或严格监控的，其信誉也非常高，储蓄也是一种风险极小的投资。因此，国库券和银行储蓄利率可以看成是其他投资的机会成本，相当于无风险投资报酬率。

2. 行业基准收益率不宜直接作为折现率，但行业平均收益率可以作为确定折现率的重要参考指标。我国的行业基准收益率是基本建设投资管理部门为筛选建设项目，从拟建项目对国民经济的净贡献方面，按照行业统一制定的最低收益率标准，不得推行投资收益率低于行业基准收益率的拟建项目，只有投资收益率高于行业基准收益率的拟建项目才有可能得到批准进行建设。行业基准收益率旨在反映拟建项目对国民经济的净贡献的高低，包括拟建项目可能提供的税收收入和利润，而不是对投资者的净贡献，因此不宜直接将其作为企业产权变动时价值评估的折现率。另外，行业基准收益率的高低也体现着国家的产业政策。在一定时期，属于国家鼓励发展的行业，其行业基准收益率可以相对低一些，属于国家控制发展的行业，国家就可以适当调高其行业基准收益率，以达到限制项目建设的目的。因此，行业基准收益率不宜直接作为企业评估中的折现率。而随着我国证券市场的发展，行业的平均收益率日益成为衡量行业平均营利能力的重要指标，可作为确定折现率的重要参考指标。

3. 贴现率不宜直接作为折现率。贴现率是商业银行对未到期票据提前兑现所扣金额（贴现息）与期票票面金额的比率。贴现率虽然也是将未来值换算成现值的比率，但贴现率通常是银行根据市场利率和贴现票据的信用程度来确定的，且票据贴现大多数是短期的，并无固定期间、周期。从本质上讲，贴现率接近于市场利率，而折现率是针对具体评估对象的风险而生成的期望投资报酬率。从内容上讲，折现率与贴现率并不一致。简单地把银行贴现率直接作为企业评估的折现率是不妥当的。但也要看到，在有些情况下，如对采矿权评估所使用的贴现现金流量法，正是以贴现率折现评估价值的。但就是在这种情况下，所使用的贴现率也包括安全利率和风险溢价两部分，与真正意义的贴现率也不完全一样。

4. 在折现率的测算过程中，无风险报酬率的选择相对比较容易一些，通常是以政府债券利率和银行储蓄利率为参考依据。而风险报酬率的测算相对比较困难，它随评估对象、评估时点的不同而不同。

就企业而言，在未来的经营过程中要面临着经营风险、财务风险、行业风险、通货膨胀风险等。从投资者的角度来看，要使投资者承担一定的风险，就要有相对应的风险补偿。风险越大，要求补偿的数额也就越大。风险补偿额相对于风险投资额的比率被称为风险报酬率。

第五节 企业价值评估的成本加和法

一、成本加和法在企业价值评估中的局限性

企业价值评估应该紧紧围绕企业的获利能力进行，应用于企业价值评估的成本加和法是指将构成企业的各项资产进行评估，然后将各项资产评估值汇总确定企业资产价值的方法。成本加和法不是通常所说的成本法，它只是单项资产评估值汇总过程的简称。采用成本加和法评估整体企业价值，存在很大的局限性。因为成本加和法是从投入角度，即从购建资产的角度来计算的，没有考虑资产的实际效能和企业运行效率，在这种情况下，无论企业效益好坏，在同类型企业中，只要原始投资额相同，其评估值就趋向一致。而且，效益差的企业的评估值还会高于效益好的企业的评估值，因为效益差的企业的资产可能是不满负荷运转甚至是闲置，故而其损耗低、成新率高。此外，采用成本加和法确定的企业评估值，只包含了有形资产和可确指无形资产的价值，作为不可确指的无形资产——商誉，却无法体现和反映出来。

二、成本加和法的应用

加和法是实现企业重建思路的具体技术手段，是指将构成企业的各种要素资产的评估值加总求得企业整体价值的方法。企业重建并不

是对被估企业的简单复制，而主要是对企业生产能力和获利能力的重建。因此，将加和法与收益法配合使用，可以起到互补的作用。这样既便于评估人员对企业营利能力的把握，又可使企业的预期收益预测建立在较为坚实的基础上。因此，在运用加和法评估持续经营企业时，在对构成企业的各单项资产进行评估时，不能只见树木不见森林。下面列举了对企业某些单项资产评估时应注意的问题：

1. 现金。除对现金进行清点外，还要通过对现金及企业运营的分析，判断企业的资金流动能力和短期偿债能力。

2. 应收账款及预付款，从企业财务的角度看，应收账款及预付款都构成企业的资产。而从企业资金周转的角度看，企业的应收账款必须保持一个合理比例。企业应收账款占销售收入的比例，以及账龄的长短大致可以反映一个企业的产品销售情况、产品质量、产品结构、市场需求及企业经营管理能力。同时，也为企业预期收益预测提供了某些启示。

3. 存货。存货本身的评估并不复杂，通过对存货进行评估，可以了解企业的经营状况，以产成品为例，通过产成品的评估，至少可以了解企业产品在市场中的竞争地位。畅销产品、正常销售产品、滞销产品和积压产品的比重，将直接折射出企业在市场上的竞争地位，并为预测企业预期收益提供了一个基础。

4. 机器设备与建筑物。机器设备和建筑物是企业进行生产经营和保持营利能力的基本物质基础。设备的新旧程度、技术含量、维修保养状况、利用率等，不仅仅决定了机器设备本身的价值，同时还对企业未来的营利能力产生重大影响。按照机器设备及建筑物对企业营利能力的贡献评估其现时价值，是持续经营假设前提下运用加和法评估企业单项资产的主要特点。

5. 无形资产。企业拥有无形资产的多寡，以及研制开发无形资产的能力，是决定企业市场竞争能力的决定性因素。在评估过程中，要弄清每一种无形资产的应用潜力，以便为企业收益预测打下坚实的基础。

第九章 企业价值评估

在对以上单项资产实施评估并将评估值加和后,再运用收益法评估整个企业价值,便可以将两种评估思路及评估途径下的评估结果进行分析比较,以判断企业是否存在着商誉或经济性贬值,以及企业的最终评估价值。

复习题九

一、单项选择题

1. 在企业价值评估中,对企业资产划分为有效资产和无效资产的主要目的是（   ）。
   A. 选择评估方法　　　　　　B. 界定评估价值类型
   C. 界定评估具体范围　　　　D. 明确企业盈利能力

2. 运用市盈率作为乘法评估出的是企业的（   ）。
   A. 资产价值　　　　　　　　B. 投资价值
   C. 股权价值　　　　　　　　D. 债券价值

3. 假定社会平均资金收益率为10%,无风险报酬率为5%,被评估企业所在行业平均风险与社会平均风险的比率为1.2,则用于企业评估的折现率应选择（   ）。
   A. 12%　　　　　　　　　　B. 11%
   C. 10%　　　　　　　　　　D. 13.5%

4. 当收益额选取企业的净利润,而资本化率选择净资产收益率时,其还原值应为（   ）。
   A. 投资资本现值　　　　　　B. 资产总额现值
   C. 所有者权益现值　　　　　D. 实收资本现值

二、判断题

1. 上市公司的企业价值应该等同于该公司全部股票市值之和。
   （   ）

2. 企业整体资产是企业各项可确指资产的汇集，其价值等于各项可确指资产价值之和。（　　）

3. 企业的唯一性和产权交易市场的有限性，决定了企业价值评估应采用非市场价值基础。（　　）

4. 企业价值取决于其要素资产组合的整体盈利能力，不具备现实或潜在盈利能力的企业也就不存在企业的价值。（　　）

三、计算题

1. 假定社会平均资金收益率为 7%，无风险报酬率为 4%，被评估企业所在行业的平均风险与社会平均风险的比率是 1.2，求被评估企业适用的折现率。

2. 某企业预计未来 5 年的预期收益额为 10 万元、11 万元、12 万元、12 万元、13 万元，并从第 6 年开始，企业的年收益额将在第 5 年的水平上以 1% 的增长率增长。假定本金化率为 10%，试估测该企业持续经营条件下的企业价值。

3. 假定社会平均资金收益率为 8%，无风险报酬率为 4%，被评估企业所在行业的平均风险与社会平均风险的比率是 1.5，被评估企业长期负债占全部投资资本的 40%，平均利息率为 6%，所有者权益占投资资本的 60%，试求用于评估该企业投资资本价值的资本化率。

四、问答题

1. 企业价值评估的对象是什么？
2. 如何把握企业预期收益的基础？
3. 为什么贴现率不宜直接作为折现率？

第十章 资产评估报告

资产评估报告是资产评估师依据有关规定向委托方出具的反映其评估结果的书面文件。资产评估报告具有固定的格式和内容要求,总体上来说资产评估报告由正文和附件两大部分构成。编制评估报告是评估人员必须掌握的一种技能。本章主要介绍了资产评估报告的概念、资产评估报告的内容、资产评估报告的编制要求及其应用等内容。

第一节 资产评估报告的基本概念和基本制度

一、资产评估报告的基本概念

资产评估报告,是指资产评估师遵照相关法律、法规和资产评估准则,在实施了必要的评估程序对特定评估对象价值进行估算后编制并由其所在评估机构向委托方提交的反映其专业意见的书面文件。它是按照一定格式和内容来反映评估目的、假设、程序、标准、依据、方法、结果及适用条件等基本情况的报告书。广义的资产评估报告还是一种工作制度,它规定评估机构在完成评估工作之后必须按照一定程序的要求,用书面形式向委托方及相关主管部门报告评估过程和结果。狭义的资产评估报告即资产评估结果报告书,既是资产评估机构与资产评估师完成对资产作价后就被评估资产在特定条件下价值所发表的专家意见,也是评估机构履行评估合同情况的总结,还是评估机构与资产评估师为资产评估项目承担相应法律责任的证明文件。资产评估报告包括正文和附件两部分,是评估机构完成评估工作后出具的具有公正性的结论报告,该报告经过确认后生效。

二、资产评估报告书的作用

资产评估报告书的作用主要体现在以下几个方面:

(一) 它为被委托评估的资产提供作价意见

资产评估报告书是经具有资产评估资格的机构根据被委托评估资产的特点和要求组织评估师及相应的专业人员组成的评估队伍,遵循评估原则和标准,按照法定的程序,运用科学的方法对被评估资产价值进行评定和估算后,通过报告书的形式提出作价的意见,该作价意见不代表任何当事人一方的利益,是一种独立专家估价的意见,具有较强的公正性与客观性,因而成为被委托评估资产作价的重要参考依据。

(二) 资产评估报告书是反映和体现资产评估工作情况,明确委托方、受托方及有关方面责任的依据

资产评估报告书用文字的形式,对受托资产评估业务的目的、背景、范围、依据、程序、方法等过程和评定的结果进行说明和总结,体现了评估机构的工作成果。同时,资产评估报告书也反映和体现受托的资产评估机构与执业人员的权利与义务,并以此来明确委托方、受托方有关方面的法律责任。资产评估报告书也是评估机构履行评估协议和向委托方或有关方面收取评估费用的依据。

(三) 对资产评估报告书进行审核,是管理部门完善资产评估管理的重要手段

资产评估报告书是反映评估机构的评估人员职业道德、执业能力水平以及评估质量高低和机构内部管理机制完善程度的重要依据。有

第十章 资产评估报告

关管理部门通过审核资产评估报告书,可以有效地对评估机构的业务开展情况进行监督和管理。

(四)资产评估报告书是建立评估档案,归集评估档案资料的重要信息来源

评估机构和评估人员在完成资产评估任务之后,都必须按照档案管理的有关规定,将评估过程中收集的资料、工作记录以及资产评估过程的有关工作底稿进行归档,以便进行评估档案的管理和使用。

三、资产评估报告书的种类

资产评估报告书可以根据不同的依据划分为不同类型,目前我国主要采取以下几种划分形式:

(一)按资产评估的范围划分

按照资产评估的范围可划分为整体资产评估报告书和单项资产评估报告书。凡是对整体资产进行评估所出具的资产评估报告书称为整体资产评估报告书;凡是仅对某一部分、某一项资产进行评估所出具的资产评估报告书称为单项资产评估报告书,如无形资产评估报告,机器设备评估等。

(二)按评估对象划分

按照评估对象可划分为资产评估报告书、房地产评估报告书、土地估价报告书等。资产评估报告书是以资产为评估对象所出具的评估报告书,这里的资产可能包括负债和所有者权益,也可能包括房屋建筑物和土地;房地产评估报告书则只是以房地产为评估对象所出具的估价报告书;土地估价报告书是以土地为评估对象所出具的估价报告书。

(三)按评估目的划分

按照评估目的可划分为以产权变动为内容的资产评估报告和产权不发生变动的资产评估报告。以产权变动为内容的资产评估报告是为资产出售、转让、拍卖、重组等产权变动服务所出具的评估报告;产权不发生变动的资产评估报告包括抵押、风险、征纳税等产权不发生变动情形所出具的评估报告。

（四）按评估报告书所提供信息资料的内容详细程度划分

按照评估报告书所提供信息资料的内容详细程度可划分为完整评估报告和简明评估报告。在完整评估报告中资产评估师应当详细说明以下内容：评估范围和评估对象的基本情况、评估目的、评估程序实施过程和情况，并重点说明评估业务承接过程和情况；进行资产勘查、收集评估资料的过程和情况；分析、整理评估资料的过程和情况；选择评估方法的过程和依据、评估方法的基本原理、相关参数的选取和运用评估方法进行计算、分析、判断过程；对初步评估结论进行综合分析、形成最终评估结论的过程。在简明评估报告中资产评估师应当简要说明评估范围和评估对象的基本情况，评估目的的表述应当清晰和具体，不得引起误解，简要说明评估程序实施过程和情况。

四、资产评报告的基本要素

资产评估报告一般应包括以下基本要素：

1. 评估报告类型；
2. 委托方、资产占有方及其他评估报告使用者；
3. 评估范围和评估对象基本情况；
4. 评估目的；
5. 价值类型；
6. 评估基准日；
7. 评估假设和限制条件；
8. 评估依据；
9. 评估方法；
10. 评估程序实施过程和情况；
11. 评估结论；
12. 声明；
13. 评估报告日；
14. 评估机构和资产评估师签章；

15. 附件。

五、资产评估报告的基本制度

资产评估报告的基本制度是指与资产评估报告有关的法律、法规以及行业规范，规定了资产评估机构完成资产评估工作后由相关国有资产管理部门或代表单位对评估报告进行核准、备案的制度。

(一) 资产评估报告基本制度的产生与发展

1991年，国务院以91号令颁布的《国有资产评估管理办法》规定，资产评估机构对委托单位（国有资产占有单位）被评估资产的价值进行评定和估算，要向委托单位提出资产评估结果报告书，委托单位收到资产评估机构的资产评估报告书后，应报其主管部门审查，主管部门同意后，报同级国有资产管理行政主管部门确认资产评估结果。经国有资产管理行政主管部门授权和委托，国有资产占有单位的主管部门也可以确认资产评估结果。该文件还规定国有资产管理行政主管部门应当自收到占用单位报送的资产评估结果报告书之日起45日内组织审核、验证协商、确认资产评估结果，并下达确认通知书。这就是我国最早的资产评估报告制度。

1993年，原国家国有资产管理局制定和发布了《关于资产评估报告书的规范意见》，1995年，原国家国有资产管理局又制定和颁布了《关于资产评估立项、确认工作的若干规范意见》，1996年5月7日，国资办发〔1996〕23号文件转发了中国资产评估协会制定的《资产评估操作规范意见（试行）》，规定了资产评估报告书及送审专用材料的具体要求，以及资产评估工作底稿的项目档案管理，进一步完善了资产评估报告制度。1999年，财政部财评字〔1999〕91号文件颁布的关于印发《资产评估报告基本内容和格式的暂行规定》的通知，对原有的资产评估报告有关制度作了进一步修改完善。使资产评估报告制度不仅适应国有资产评估，也同样适用于非国有资产的评估。2000年，财政部财企〔2000〕256号文件提出了《关于调整涉及股份有限公司资产评估项目管理权的通知》。其中对涉及股份有限公司资产评估项目的受理审核事权在财政部和省级财政部门之间进行分工。2001年12月31日，国务院办公厅以国办发〔2001〕102号《国务院办公厅转发财政部关于改革国有资产评估行政管理方式加强资产评估监督管理工作意见的通知》，对资产评估项目管理方式进行了重大改革，取消对国有资产评估项目的立项确认审批制度，实行核准制和备案制，并加强对资产评估活动的监管。

（二）资产评估报告的基本制度

根据我国资产评估报告的有关制度规定：

1. 评估人员及评估机构必须按照我国相关法规和行业规范出具评估报告。评估报告的撰写必须以《资产评估准则——评估报告》（自2008年7月1日施行）以及国家有关法律法规为依据。资产评估报告的基本内容和格式必须按照财政部关于《资产评估报告基本内容与格式的暂行规定》及《资产评估报告基本内容与格式的补充规定》执行。

2. 资产评估机构接受委托、开展资产评估活动后，应按照有关规定向委托方出具评估过程、方法、结论、说明及各类备查文件等资产评估报告书。

3. 资产评估报告书应包括资产评估报告书正文、资产评估说明、资产评估明细表以及相关附件。

4. 资产评估机构向委托人交付资产评估报告书后，还应报存报告底稿并建档。档案内容包括资产评估业务约定书、资产评估报告书、资产评估工作底稿、立项和审核确认文件等，并保存规定的保存期限。

5. 资产评估报告书使用方应根据国家相关法律、法规及行业规范的有关规定，正确使用资产评估报告书。

第二节 资产评估报告书的制作

一、资产评估报告编制的编制要求

资产评估报告的编制应严格依据国家有关规定和相应原则,采用标准的形式和准确地陈述以达到评估的目的。

(一) 资产评估报告书的基本要求

资产评估师应根据评估业务具体情况,提供能够满足委托方和其他评估报告使用者合理需求的评估报告,在编制资产评估报告的过程中,应符合以下基本要求:

1. 客观公正、实事求是

评估人员在接受委托后应秉着客观公正的原则,深入了解待估资产的真实情况,运用科学合理的方法进行评估,不得受他方意志违背实事求是的原则。

2. 坚持一致性原则

报告书文字、内容前后要一致,摘要、正文、评估说明、评估明细表内容与格式、数据要一致。

3. 及时、准确、保密

评估机构应按照业务约定书约定的时间向委托人提交资产评估报告,并尽可能是评估值接近真实值,同时,还应对有相关要求的评估数据和资料进行保密,特别是涉及商业秘密和技术秘密时更应遵循保密原则。

(二) 资产评估报告书的技术要求

资产评估报告书的技术要求是指在资产评估报告书编制过程中应符合的技能方面的要点,具体分为文字表达、格式和内容、评估报告书的复核及反馈三方面的技术要求。

1. 文字表达方面的技术要求

资产评估报告既是评估机构和评估人员对被评估资产价值发表专业咨询意见的文书，也是用来明确资产评估机构和评估人员工作责任的书面依据，所以对于文字表达方面的技术要求是用词必须清楚、准确，不得使用模棱两可的措辞；陈述必须简明扼要，不带有任何诱导、恭维和推荐性的陈述。

2. 格式和内容方面的技术要求

资产评估报告的格式和内容方面的技术要求主要应遵循财政部颁发的《资产评估报告基本内容与格式的暂行规定》以及由中国资产评估协会发布的《资产评估准则——评估报告》的要求。另外在评估报告的披露要求等方面还应符合相应法规和准则的要求，比如《资产评估准则——无形资产》、《企业价值评估指导意见（试行）》等。

3. 评估报告书的复核及反馈方面的要求

目前我国对资产评估报告采取的是多级复核和交叉复核的制度，并与委托人和资产评估报告使用者搭建信息交流与反馈的平台，同时对于反馈意见中的正确部分，应积极听取并改正，不断提升评估业务能力和综合能力。

二、资产评估报告编制的步骤

为了保证评估报告书达到委托人的要求，体现评估质量，一般应按照以下步骤进行：

1. 整理工作底稿和归集有关资料

评估人员在编写评估报告前，首先应该整理和归集评估过程中涉及的相关资料，包括：被评估资产的有关背景资料、现场勘察和技术鉴定情况资料、市场询价资料、评定估算的资料等，对现场未予确认的事项，还需进一步落实和查询。对于比较复杂的评估项目，还需按照分工情况将所有资料集中整理，包括评估作业分析表的审核、分类明细表的编制、评估依据的说明。

2. 评估明细表的数字汇总

为了避免分项评估的重复或者遗漏，以及调整不同评估方法的差异，应将之前收集的分类数据进行逐级汇总。一般应按照明细表的不同级次，先进行明细表汇总，再进行分类汇总，最后进行总体汇总。

3. 评估初步数据的分析和讨论

得出初步评估数据后，为了得出综合性的有效评估结论，应对初步数据进行分析和讨论，主要包括：将分项结论汇总为评估对象的综合结论；将由多种方法评估出来的结果进行修正调整，确定最终评估值。

4. 编写评估报告书

编写评估报告书又可分两步：第一步，在完成资产评估初步数据的分析和讨论，对有关部分的数据进行调整后，由具体参加评估各组负责人员草拟出各自负责评估部分资产的评估说明，同时提交全面负责、熟悉本项目评估具体情况的人员草拟出资产评估报告书。第二步，将评估基本情况和评估报告书初稿的初步结论与委托方交换意见，听取委托方的反馈意见后，在坚持独立、客观、公正的前提下，认真分析委托方提出的问题和建议，考虑是否应该修改评估报告书，对评估报告中存在的疏忽、遗漏和错误之处进行修正，待修改完毕即可撰写出资产评估正式报告书。

5. 资产评估报告书的签发与送交

当评估人员按照程序编制完评估报告书的正文后，应送交有关负责人审核，审核无误后先交由负责该项目的资产评估师（两名或两名以上）签章，然后再由复核人审核签章，最后由评估机构负责人审定签章并加盖机构公章。完成以上程序后，评估机构则可以将完整的评估报告书交付给委托人。

第三节
国外资产评估报告简介

美国《专业评估执业统一准则》(USPAP)为目前国际上影响最大的资产评估准则之一,2008年版《专业评估执业统一准则》包括定义、引言、职业道德规定、胜任能力规定、工作范围规定、允许偏离规定、司法例外规定、增补标准规定、10个准则、10个准则说明(SMT)和29个咨询意见(AO)。

《专业评估执业统一准则》规定不动产评估书面报告的类型必须是完整型评估报告、简明型评估报告、限制型评估报告这三种类型中的一种,并且必须在评估报告中明确列示所采用的报告类型,而且报告的实质性内容决定了报告采用何种形式、格式或者类型。

美国规定了每份书面或口头不动产评估报告的基本要求:

1. 清晰、准确、客观地反映评估价值,不得误导使用者;

2. 评估报告中应包括足够的信息,使期望获得评估报告或者依赖评估报告的人能够正确理解评估报告;

3. 对影响评估的特别假设或者逆向假设作出明确说明,并说明它们对评估价值的影响。

每份书面不动产评估报告必须说明采用的是哪种评估报告。当预期的使用者是除了客户以外的其他方时,评估人员必须提供完整型评估报告或者简明型评估报告。当预期的使用者不是除了客户以外的其他方时,评估人员必须提供限制型评估报告。三种评估意见的根本区别在于报告所提供信息资料的内容和详细程度。

下面具体说明几种类型的评估报告的特点。

一、完整型评估报告的特点

完整型评估报告的内容必须与报告的预期用途相一致，并且至少包括以下内容：

1. 明确说明客户和预期使用者的身份，包括姓名和类型，评估人员在明确客户的身份时必须小心谨慎，既要清楚明确，又要遵守职业道德条款的保密性规定。

2. 明确评估的预期用途。

3. 明确并用充分的信息资料描述被评估的不动产，并详细描述相关财产的物理和经济方面的特性。

4. 明确说明被评估的不动产权益。

5. 明确说明评估的目的，包括对被评估的价值定义、类型及来源。

6. 明确评估生效日和报告日期。

7. 明确叙述足以向评估客户和评估结果使用者说明评估的工作范畴的信息。

8. 明确说明影响评估分析、意见及结论的所有假设、逆向假设和限制性条件。

9. 明确描述评估中所考虑的信息，所采用的程序和支持其分析、意见及结论的推理过程。

10. 明确描述评估日期现存不动产的用途，以及明确描述在评估报告中反映出来的不动产的用途；以及当评估业务的目的是要得出市场价值时，明确描述评估人员对不动产最佳用途的分析意见的合理性和推理过程所用的论据。

11. 经评估人员签署的证明文件。

总之，完整型评估报告应包含所有对解决评估问题具有重要意义的信息。"描述"是区别完整型评估报告与其他报告的术语，要求用足够的信息对进行评估业务所涉及的工作范畴向客户和评估的期望使用者加以说明。

二、简明型评估报告的特点

1. 简明型评估报告应该包含对解决评估问题具有重要意义的信息作出概略说明。

2. "概略说明"是简明型评估报告区别于其他评估报告的重要术语。要求用足够的信息对进行评估业务所涉及的工作范畴向客户和评估的期望使用者加以概略说明。

3. 简明型评估报告的阅读者可以期望在表格或简单叙述中发现所有重要数据。

三、限制型评估报告的特点

1. 限制型评估报告是仅仅为客户使用的。

2. 限制型评估报告应该包含对解决评估问题具有重要意义的信息的简短陈述。

3. "陈述"是限制型评估报告区别于其他评估报告的重要术语。要求对数据的收集、核实和报告过程的范围予以简单说明或者摘引保存在评估人员工作底稿中描述所进行的评估工作范畴的评估协议内容。

4. 限制型评估报告的阅读者不应期望所有的重要数据都被报告。

5. 报告必须注明存有支持评估人员的观点和结论的专门资料档案，而且该档案的内容应当足以使评估人员编制一个简明型评估报告。该工作文档应该可供客户（或客户的代理人，比如客户聘请进行评估复核工作的评估人员）查阅，也可供国家有关部门以及通过法律程序授权的第三方和经过适当授权的专业审查委员会审查。

第四节 资产评估报告书的应用及披露

一、资产评估报告的应用范围

评估机构按合法程序完成评估报告后便可以出具资产评估报告书交给委托方，有关各方便可以按使用规定合理利用评估报告书。其中评估报告使用者包括委托方（如企业、个人等）；资产评估的行政管理部门（如各级财政部门）和行业管理部门（如各级评估协会）；债权人或其他利益相关者（如银行、其他金融机构和有关部门等）；投资人或潜在的投资人（如合作伙伴、股东等）；评估机构自身等。

（一）委托方对资产评估报告书的使用

委托方在收到受托评估机构送交的正式评估报告书及有关资料时，可以依据评估报告书所揭示的评估目的和评估结论，合理使用资产评估结果。根据有关规定，委托方可以用于以下几种具体的用途：

1. 根据评估目的，作为资产业务的作价基础，包括：

（1）整体或者部分改建为有限责任公司或股份有限公司；

（2）以非货币资产对外投资；

（3）合并、分立、清算；

（4）除上市公司以外的原股东股权比例变动；

（5）除上市公司以外的整体或部分产权（股权）转让；

（6）资产转让、置换、拍卖；

（7）整体资产或部分资产租赁给非国有单位；

（8）确定涉讼资产价值；

（9）国有资产占有单位收购费国有资产；

（10）国有资产占有单位与非国有资产单位置换资产；

（11）国有资产占有单位接受非国有资产单位以实物资产偿还债务；

（12）法律、行政法规规定的其他需要进行评估的事项。

2. 作为企业进行会计记录或调整账项的依据。委托除了可以根据评估目的合理使用资产评估报告资料之外，还可以依据有关规定，根据资产评估报告书提供的有关数据资料进行会计记录或者调整有关财务账项。但是若按照评估值调整原会计账目，须经过财政部批准。

3. 作为履行委托协议和支付评估费用的主要依据。当委托方收到评估机构出具的评估报告书以及有关资料后，如没有异议，则应根据委托协议，将评估结果作为计算支付评估费用的主要依据，履行支付评估费用的承诺及其他相关协议。

4. 作为调解纠纷和法院裁决的举证材料。当事人发生经济纠纷时可以资产评估报告书确认的财产价格进行举证。

同时，委托方及有关各方在使用资产评估报告书及有关资料时也应注意以下几个方面：

1. 只能按报告书所揭示的评估目的使用报告，一份评估报告书只允许按一个特定用途使用。

2. 只能在报告书的有效期内使用报告，过期无效。若要继续使用评估报告书，须由评估机构调整有关数据，并得到相关部门认可后才能使用。

3. 在报告书有效期内，资产评估数量发生较大变化时，应由原评估机构或者资产占有单位按原评估方法做相应调整后才能使用。

4. 涉及国有资产产权变动的评估报告书及有关资料必须经过国有资产管理部门或者授权部门核准或备案后方能使用。

5. 作为企业会计记录和调整企业账项使用的资产评估报告书及有关资料，必须根据国家相关法规执行，由财政部门批准或认可后生效。

（二）资产评估行政管理部门和行业协会对资产评估报告书的使用

我国的资产评估行政管理部门主要是指各级财政部门，行业协会是指依法接受财政部和民政部的指导和监督的自发组织成立的各级评估协会。各级行政管理部门和行业协会对资产评估报告的使用主要有以下情况：

1. 通过对资产评估机构出具的资产评估报告书的检查和考核，衡量该资产评估机构的业务能力、组织管理水平以及工作质量，并提供行业管理的依据。

2. 通过资产评估报告直接客观评价资产评估结果质量的好坏与准确度，加强对评估机构和评估人员的有效管理。

3. 通过对国有资产评估报告的分析，服务于国有资产管理。方便管理人员及时了解国有资产的占有、使用、增减值、收益等情况。

4. 作为存档以备为评估后各种纠纷提供第一手的资料。

（三）其他有关部门对资产评估报告书的使用

随着我国经济体制的逐渐转型和日趋成熟，政府管理部门在行政管理工作中有时也需要使用资产评估报告书，主要表现为以下几种形式：

1. 国有资产监督管理部门：在对国有资产管理的过程中，通过对国有资产评估项目的核准和备案，可以加强国有产权的有效管理，规范国有产权的转让行为。

2. 证券监督管理部门：对申请上市的公司有关申报材料及招股说明书的审核，对上市公司定向发行股票、公司并购、资产收购、以资抵债等重大资产重组行为时的评估定价行为的审核。另外，根据有关规定，公开发行股票公司信息披露至少要列示以下各项资产评估情况：按资产负债表大类划分的公司各类资产评估前账面价值及固定资产净值；公司各类资产评估净值；各类资产增减值幅度；各类资产增减值的主要原因。此外，公开发行股票的公司采用非现金方式配股，其配股说明书的备查文件必须附上资产评估报告。

3. 工商行政管理部门：对公司设立、公司重组、增资扩股等经济行为时，对资产定价进行依法审核。

除此之外，商务管理部门、保险监督管理部门、税务管理、金融和法院等部门也都能通过对资产评估报告书的运用来达到实现其管理目的。

（四）投资者对资产评估报告书的使用

投资者在作出正确的投资决策过程中往往由于信息不对称受到干扰，这个时候就会参考第三方评估机构出具的客观评估报告书，以此了解企业内部状况，获得更多准确信息，减小投资风险，比如上市公司披露的资产评估报告。

（五）评估机构对资产评估报告书的使用

评估机构接受的每一个委托以及评估对象虽然不一样，但是在类似的评估案例中积累起来的经验对新项目还是有一定的借鉴作用，这样可以成为评估机构自身的无形资产。另外，评估报告也可以作为评估机构内部管理的重要标准，以此考核评估人员的工作业绩、评估师的工作能力、组织评估项目的经验和水平以及各方面的能力，有利于机构内部人力资源管理和业绩管理，提升整体评估水平，促进评估机构更加快速高效地发展。

二、资产评估报告的信息披露

资产评估报告是由第三方专业人员出具的专业报告，其信息披露程度以及准确度将直接影响资产评估报告使用者及相关当事人的决策。信息披露不仅要本着公平公正公开的原则，还要使评估报告使用者能得到最客观信息以便作出正确的决策。

在评估实务中，一般信息披露要考虑四个方面：第一，应对评估报告中出现的重要资产评估专业概念进行解释，有利于评估报告书使用者更加清楚正确理解评估结果的含义。第二，对评估价值量和资产环境及性质作出解释，比如对两笔相同评估值的应收账款要根据收款时间的不同予以区分，时间较长的一笔的评估值风险较大，价值稍低。另外,评估基准日、评估目的、被评估资产概况及相关环境、资产性质(如是否抵押)等方面的信息也应及时披露。第三,应对评估过程中的过程、方法、原则、依据等予以说明,并应披露评估主体自身有关的信息,如评估机构的声誉、评估资格等级等。第四,评估报告书中还应明确显示评估报告的有效期、用途、特别事项说明、资产权属等。

附:资产评估报告实例

A 公司拟转让所持 B 公司股权项目
资产评估报告书
＊＊评报字〔2015〕第 268 号

评估报告声明:

本资产评估报告,是在评估人员对纳入评估范围的全部资产进行了认真的清查核实、评定估算等必要评估程序的基础上作出的,针对本评估报告,我们特作如下申明:

(一)资产评估师在执行本资产评估业务中,遵循了相关法律法规和资产评估准则,恪守了独立、客观和公正的原则,根据在执业过程中掌握的事实,出具评估报告,并按照相关法律规定承担相应的责任。

(二)资产评估师已根据评估准则的要求进行了现场勘查,对评估对象的法律权属状况给予必要的关注,对评估对象法律权属资料进行查验,但无法对评估对象的法律权属真实性做任何形式的保证;在此已提请企业完善产权以满足出具评估报告的要求,并关注该事项可能对评估结果产生的影响。

(三)资产评估师出具的评估报告中的分析、判断和结论受评估报告中假设和限定条件的限制,评估报告使用者应当充分关注评估报告中载明的特别事项说明及其对评估结论的影响。

（四）资产评估师对评估对象的价值进行估算并发表的专业意见是经济行为实现的参考依据。评估报告及其所披露的评估结论仅限于评估报告载明的评估目的，仅在评估结论使用有效期限内使用，因使用不当造成的后果与评估机构及签字资产评估师无关。

（五）资产评估范围与经济行为所涉及的资产范围一致，未重未漏。

（六）评估方法选用恰当，选用的参照数据、资料可靠。

（七）影响资产评估价值的因素考虑周全。

（八）资产评估价值公正、准确。

（九）评估工作中，评估工作未受任何人干预并独立进行。

（十）本次评估人员与委托方、产权持有者及资产占有方均不存在利害关系。

A公司：

ZZ资产评估有限公司接受贵公司的委托，根据国家有关资产评估的法令、法规和评估准则，本着独立、客观、科学的工作原则和产权利益主体变动原则、替代性原则等有关经济原则，按照公认的资产评估方法，对四川大通燃气开发股份有限公司所持成都银行股份有限公司股权进行了评估。评估人员按照必要的评估程序对委托评估的资产实施了实地勘察、市场调查与询证，对委托评估资产在2015年3月31日所表现的市场价值做出了反映。现将资产评估情况及评估结果报告如下：

一、委托方、产权持有者及其他报告使用者

（一）委托方概况

公司名称：A公司

（二）被评估企业概况

1. 基本情况

2. 历史沿革

3. 经营范围

二、评估目的

根据 2015 年 7 月 18 日，A 公司第八届董事会第五次会议决议，A 公司拟转让其持有 B 公司 1243.88 万股权。本次评估目的是反映 B 公司 1243.88 万股权于评估基准日的市场价值，为 A 公司拟转让其持有 B 公司 1243.88 万股权，提供价值参考意见。

三、评估价值类型

依据本次评估目的，确定本次评估的价值类型为市场价值。市场价值是指自愿买方和自愿卖方在各自理性行事且未受任何强迫压制的情况下，资产在基准日进行正常公平交易的价值估计数额。

四、评估范围和对象

本次评估范围和具体对象是 A 公司持有的 B 公司 1243.88 万股权。以上评估范围与委托评估时确定的资产范围一致。

五、评估基准日

本项目资产评估的基准日是 2015 年 3 月 31 日。考虑到尽可能与本次评估目的实现日接近，与财务报告期间的一致性以及完成评估工作的现实可能，确定评估基准日为 2015 年 3 月 31 日。资产评估中的一切取价标准均为评估基准日有效的价格标准。

六、评估依据

本次资产评估工作中，所遵循的评估依据有以下主要内容：

（一）主要法律法规

1.《中华人民共和国公司法》（2005 年 10 月 27 日第十届全国人民代表大会常务委员会第十八次会议修订）；

2.《企业国有资产监督管理暂行条例》（国务院第 378 号令，2003 年）；

3.《国有资产评估管理办法》（国务院第 91 号令，1991 年）；

4.《企业国有资产评估管理暂行办法》（国务院国有资产监督管理委员会令第 12 号，2005 年 8 月 25 日）；

5.《企业国有产权转让管理暂行办法》（国资委、财政部第 3 号令，2003 年 12 月 31 日）；

6.《国有资产评估管理办法实施细则》（国资办发〔1992〕第

36号）；

7.《财政部关于改革国有资产评估行政管理方式，加强资产评估监督管理工作的意见》（国办发〔2001〕102号，2001年）；

8.《资产评估操作规范意见（试行）》（中国资产评估协会，1996年5月7日发布）；

9.《资产评估师关注评估对象法律权属指导意见》（中国会计师协会，2003年）；

10.《资产评估准则——基本准则》（财企〔2004〕20号）；

11.《资产评估职业道德准则——基本准则》（财企〔2004〕20号）；

12.《资产评估准则——评估报告》（中国资产评估协会，2007年7月18日发布）；

13.《资产评估准则——评估程序》（中国资产评估协会，2007年7月18日发布）；

14.《资产评估准则——业务约定书》（中国资产评估协会，2007年7月18日发布）；

15.《资产评估准则——工作底稿》（中国资产评估协会，2007年7月18日发布）；

16.《企业会计准则》（2006）、《企业会计制度》（2001）。

（二）经济行为文件

2015年7月18日，A公司第八届董事会第五次会议决议。

（三）取价标准依据

1. B公司2013年度、2014年度报告及审计报告，2015年1季度报表；

2. wind资讯金融终端；

3.《投资估价》（〔美〕Damodanran著，〔加〕林谦译，清华大学出版社2004年版）；

4.《价值评估：公司价值的衡量与管理》（第3版）（〔美〕Copeland, T.等著，郝绍伦、谢关平译，电子工业出版社2002年

版);

5.《公司价值评估:有效评估与决策的工具》([美]布瑞德福特·康纳尔著,张志强、王春香译,华夏出版社2001年版);

6.《企业价值评估中股权缺乏流通性减值折扣研究》,《中国资产评估》2002(1),赵强、苏一纯著;

7.《国有股权转让折价:流动性限制与控制权收益》江峰著;

8. 评估人员收集的其他参考资料。

七、评估方法

(一)评估方法

通常企业价值或股权价值估算的方法主要有市场法、收益法和资产基础法。

计算公式为:

全部股权评估价值 = 可比公司的市净率(P/B)× 企业基准日净资产 × 流动性折价   (1)

少数股权评估价值 = 全部股权评估价值 × 股权数量所占比例 × [1 - 少数股权折价(非控股权折价)]   (2)

(二)评估值的估算

八、评估过程

整个评估工作分四个阶段进行

(一)评估准备阶段

1. 2015年6月28日,与委托方就本次评估的目的、评估基准日、评估范围等问题协商一致,并制订出资产评估工作计划。

2. 2015年6月30日,评估人员开始了解委托评估资产的情况,并按照资产评估操作规范及资产评估工作的需要,收集资产评估所需文件资料。

(二)评估阶段

本阶段的时间是2015年7月1日至2015年7月10日。主要工作如下:

1. 搜集和了解委托评估资产的历史及现状,相关财务资料;

2. 根据委托评估资产的实际状况和特点，制订与之相适应的评估方法；

3. 在确定评估方法的基础上，对评估对象进行初步评估测算。

（三）评估分析处理阶段

2015年7月11日至7月16日，对评估初步结果进行分析，并对其进行必要的调整、修改和完善。

（四）提交报告阶段

本阶段工作时间为2015年7月19日至7月19日，在上述工作的基础上，起草资产评估报告书，与委托方就评估结果交换意见，在全面考虑有关意见后，按公司内部资产评估报告三审制度和程序对报告进行审核，最后出具正式资产评估报告书。

九、评估结论

经实施上述资产评估程序和方法，A公司拟转让所持有B公司股权1243.88万股，股权评估值为3764.55万元。

十、特别事项说明

（一）本评估结果是依据本次评估目的和特定的参照样本，以持续经营和公开市场为前提而确定的市场价值，没有考虑可能承担的抵押、担保事宜，以及特殊的交易方式可能追加付出的价格等对其评估价值的影响，也未考虑宏观经济环境发生变化以及遇有自然力和其他不可抗力对资产价格的影响。

（二）本次评估采用的相关上市公司的财务指标由该上市公司提供并经沪深证券交易所公告，本次评估假设这些数据是真实和完整的。

（三）评估对象于公开市场的股权评估值仅供委托方在资产处置时参考，并非是对评估对象成交价格的决定，对其处置行为的可实现性也不承担责任。

十一、评估报告评估基准日期后重大事项

（一）评估基准日后至本报告提交日，没有对评估值产生较大影响的重大期后事项。

第十章 资产评估报告

（二）在评估基准日后有效期以内，如果资产数量及作价标准发生变化时，应按以下原则处理：

1. 当资产数量发生变化时，应根据原评估方法对资产额进行相应调整；

2. 当资产价格标准发生变化对资产评估价产生明显影响时，委托方应及时聘请有资格的评估机构重新确定评估值；

3. 对评估基准日后资产数量、价格标准的变化，委托方在资产实际作价时应给予充分考虑，进行相应调整。

十二、评估报告使用限制说明

（一）本评估结论系专业评估机构和评估专业人员依据国家有关规定出具的意见，同时，根据国家有关规定，需要经过企业财产主管部门备案后，才具有法律规定的效力；

（二）本评估报告的结果自评估基准日起1年内使用有效，即评估结果使用有效期为2015年3月31日至2015年3月30日止。当本评估目的在评估基准日后1年内实现时，可以本评估结果作为交易底价或作价依据，超过1年，其评估值失去效用，如继续实现原目的，需重新进行资产评估。

（三）本评估报告书的使用权归委托方所有，未经委托方许可，评估报告的全部或部分内容不得向其他单位和个人提供，也不得见诸公开媒体。

十三、评估报告提出日期

本次评估报告提出日期为2015年7月19日。

ZZ评估有限公司

评估机构法定代表人：CC

资产评估师：DD

复习题十

一、单项选择题

1. 资产评估报告书原则上应在确定的评估基准日（　　）提出。
   A. 1个月内　　　　　　B. 2个月内
   C. 3个月内　　　　　　D. 半年内

2. 资产评估报告书是建立评估档案，归集评估档案资料的（　　）。
   A. 重要信息来源　　　　B. 主要内容
   C. 一个环节　　　　　　D. 重要目的

3. 广义的资产评估报告是（　　）。
   A. 一种工作制度　　　　B. 资产评估报告书
   C. 公证性报告　　　　　D. 法律责任文书

4. 按有关规定，资产评估说明中的进行资产评估有关事项的说明是由（　　）提供的。
   A. 委托方　　　　　　　B. 受托方
   C. 资产占有方　　　　　D. 以上均可

二、多项选择题

1. 按现行规定，资产评估报告书应包括（　　）。
   A. 资产评估报告书正文　　B. 资产评估说明
   C. 资产评估明细表及相关附件　D. 资产评估结果确认书

2. 按目前规定，资产评估明细表样包括以下几个层次（　　）。
   A. 资产评估结果汇总表　　B. 资产评估结果分类汇总表
   C. 各项资产清查评估汇总表　D. 各项资产清查评估明细表
   E. 资产评估过程表

3. 资产评估报告书的基本要素一般包含（　　）。

A. 评估方法 B. 评估目的
C. 评估基准日 D. 委托方与资产占有方简介
E. 资产评估立项通知书
4. 资产评估报告书正文应列的内容有（　　）。
A. 评估范围及对象 B. 评估原则
C. 特别事项说明 D. 资产评估明细表

三、问答题

1. 资产评估报告的基本要素有哪些？
2. 资产评估报告的技术要求有哪些？
3. 资产评估报告的制作步骤是什么？
4. 资产评估报告的使用对象有哪些并如何应用？

第十一章 资产评估师职业道德

职业道德是资产评估师在执业过程中必须恪守的职业道德规范,也是资产评估师应履行的义务。能否严格遵守职业道德,是资产评估师能否提供公平、公正服务的前提。本章主要介绍资产评估师的责任、风险及其类型,资产评估师的风险防范;道德及资产评估师的道德规范、资产评估师的职业道德准则等。

第一节 资产评估师的风险

随着市场经济的发展,资产交易行为越来越频繁,资产评估可以对资产的顺利交易起到促进和保证,而资产评估师是资产评估活动的主体,资产评估师的工作能力和经验对评估结果有一定的影响,作为委托方维权意识加强,资产评估师的责任风险也在不断加剧,认识资产评估师所面临的责任与风险,有效识别风险,加强风险防范意识,才能保护资产评估师的利益。

一、资产评估师的责任概述

(一) 资产评估师责任的概念

资产评估是专业机构和人员按照国家法律、法规以及资产评估准则，根据特定目的，遵循评估原则，依照相关程序，选择适当的价值类型，运用科学方法，对资产价值进行分析、估算并发表专业意见的行为和过程。资产评估成果不仅对资产评估业务有关当事人的利益具有直接影响，在一定情形下对其他第三人的利益也会产生重要影响，因此，资产评估机构和人员负有严格的责任。资产评估师责任由专业责任和法律责任组成，专业责任是指评估人员违反行业有关专业规定和要求而承担的责任，法律责任是资产评估人员违反法律、法规所必须承担的责任。

(二) 各国资产评估师责任借鉴

美国为了整顿不动产交易活动中的评估行为，维护联邦金融秩序，联邦政府颁布了《金融机构改革、复原和强制执行法令》。该法令是美国联邦政府有关资产评估的最具代表性的法律文件。根据该法令，美国的各个州都制定了不动产评估师方面的法律，一般都规定了评估师的管理部门、条件、程序、考试以及后续教育要求，违法行为等。因此，各州的不动产评估师法与美国的其他相关法律共同规定了不动产评估师的法律责任，包括行政责任和民事责任。

澳大利亚各州根据法律规定由州政府对评估师实行管理。具体有行政处罚，民事和刑事处罚构成。其中行政处罚由公平交易局总干事以命令形式给予处罚。包括谴责或警告、一定期限内暂停执业、一定期限内取消执业资格，之后经申请视情况可以恢复。民事和刑事处罚，如果未按照该而作为评估人员执业，或者为本人做广告声称自己具备评估资格，最高处罚可达5个单位数额的罚款，或者判处6个月的监禁。

我国资产评估师的执业责任可以分为专业责任和法律责任。专业责任是指评估师对其违反行业规范或职业道德的行为所承担的责任。法律责任是指评估师对其违反法律法规的行为所承担的责任。评估执业过程中因评估行为而引起的法律责任分为行政责任、民事责任和刑事责任三种形式。行政责任是指当事人因实施法律法规和规章禁止的行为所必须承担的法律后果，行政责任适用于未构成犯罪的行政违法行为，体现了国家对社会经济生活的行政干预，由国家行政机关进行行政处罚。民事责任是指民事主体违反合同或不履行其他义务而承担的法律后果，其最大的特点是补偿性，以此使受害人受到侵害的合法权益能够得到恢复或补偿，民事责任主要分为违反合同的民事责任和侵权的民事责任两种类型。刑事责任是指当事人因实施法律禁止的行为所必须承担的法律后果，也就是犯罪行为所要受到的刑事制裁，由司法机关依法追究刑事责任。

二、资产评估师评估责任的风险类型

（一）法律法规和准则规范不健全引起的风险

由于我国的法治化工作正在完善过程中，各种法律法规之间的协调、评估准则和规范的科学性也在完善过程中，由此，不可避免地会给评估工作带来一定风险。例如之前资产评估师在现场查勘阶段，在整理评估资料时对资产权属的关注上就有不同的认识，一种观点认为评估师应对资产权属负完全责任。另一种观点则相反，认为资产是否属于委托方所有以及委托方是否具有完全的处置权利，属于委托方的部分，由此而引起的后果属于委托方的责任。评估师的责任就是运用科学的方法确定资产的价值。随着准则规范不断健全，这一问题也得到了确认，即资产评估师在资产权属上没有鉴定的职能，也不必对其权属鉴定负责，但是，评估师应该明确知道评估对象的法律权属对评估结论具有重要影响，应在评估过程中给予关注，并在评估报告中进行恰当披露。

（二）专业能力有限引起的风险

由于评估对象的广泛性、复杂性和专业性，评估师必须具备与评估对象相关的足够的专业知识。如果不具备这方面的专业能力，应该向有关专家咨询，或与其他评估师共同完成。评估机构承担无力承担的评估项目，导致评估结果失真或对客户产生误导，由此而造成的损失，就会引起风险。

第十一章 资产评估师职业道德

(三) 违反职业道德造成的风险

评估机构或评估人员为谋求不正当利益,不遵循客观公正原则,任由委托单位摆布,投其所好,无原则地高评或低评资产价值,一旦败露,给有关当事人造成损失,评估机构和评估人员将要承担经济赔偿责任,严重的会被追究法律责任。

(四) 评估人员工作马虎引起的风险

如果评估人员在资产价值估算时工作不到位,缺少必要的工作环节或选取参数有误,致使评估的资产价值扭曲,给有关各方面造成损失,风险就难以避免。

三、资产评估师责任的风险防范

资产评估的风险是一种客观存在,其得以产生的条件又普遍存在,这使得资产评估必须把评估风险防范放在首位,牢固树立风险意识。然而,评估风险只不过是一种可能性,它并非是一种必然性。防范得好,资产评估风险是完全可以避免的。防范资产评估风险可以采取如下对策:

(一) 加强资产评估法制建设,增强法制观念

一方面是国家和行业主管部门应加快资产评估法制建设的步伐,出台和完善资产评估准则和资产评估业务指南,使资产评估事业的发展得到规范。另一方面,资产评估机构和评估人员必须依法办事,严格按法定标准和法定程序进行资产评估。

(二) 提高评估人员的执业水平,做好后续教育工作

评估人员业务水平的高低直接关系着评估风险发生的可能性的大小,同时也反映出评估人员风险意识的强弱。评估人员要提供高质量的专业服务,必须具备较强的业务能力和高水平的职业判断能力。要不断接受后续教育,更新和提高专业知识和专业技能,熟悉并掌握现行各种相关的法律法规及专业准则,不断提高执业能力。

(三) 加强职业道德修养

每个专业评估人员都必须加强职业道德修养,遵守职业道德。对

于不讲道德的行为，资产评估机构内部必须严肃处理，绝对不能只顾眼前蝇头小利，而姑息养奸、酿成大患。

（四）资产评估机构要加强自我建设，努力使资产评估过程规范化

资产评估机构必须健全各种制度、规范各种评估操作，从签订资产评估业务约定书开始，诸如制定评估计划、编制工作底稿、进行现场勘查、评估报告撰写、评估档案管理等都有制度都有规范。

第二节 资产评估师道德准则

一、资产评估职业道德概述

（一）道德及其功能

1. 道德的定义

道德是指衡量行为正当与否的观念标准。可社会都有社会公认的道德规范。只涉及个人、个人之间、家庭等的私人关系的道德，称为私德；涉及社会公共部分的道德，称为社会公德。道德和文化有密切关系，有些时代又打上意识形态的烙印。人类的道德虽有共通性，但在不同的时代，不同的社会，往往有一些不同的道德观念。不同的文化中，所重视的道德元素及其优先性、所持的道德标准也往往有所差异，即所谓的"性相近，习相远"。同样一种道德，在不同文化社会背景中的外在表现形式、风俗习惯上往往也相去甚远。

道德一词，在汉语中可追溯到先秦思想家老子所著的《道德经》一书。老子云："道生之，德畜之，物形之，势成之。是以万物莫不尊道而贵德。道之尊，德之贵，夫莫之命而常自然。"其中，"道"指自然运行与人世共通的客观真理，即自然界的构造、运动、变化等规律，社会的客观发展和变化规律，人的生老病死等规律，是自然存在和发展的规律。它的客观存在，左右着社会和人类的发展，顺应它去发展，社会才能健康和谐，民众才会健康幸福，自然界才会长足存在。而"德"是指人世的德行、品行、王道，其本意即为顺应自然，社会和人类需要发展，在不违背自然规律的前提下，去改造自然、发展社会、发展自己的事业，也是遵循不违背"道"去适应自然，改造自然，从而使社会，自然界和人类能长久发展、和谐共存。

"道"和"德"统一在一起就是"道德"，即人们按"道"的规律去做事、处事，就是有"道德"。

综上所述，道德是调整个人之间以及个人和社会组织之间相互关系的行为规范的总和。道德一般是以善和恶、正义和邪恶、公正和偏私、诚实和虚伪等为标准来评价人们的各种行为，调整人们之间的社会关系，并通过各种形式的教育和社会舆论的力量，使人们逐渐形成一定的信仰、习惯和传统。道德由一定社会经济基础所决定并为之服务。

2. 道德的功能

道德的功能，又称"道德的职能"，是指道德作为系统基于其内部结构而具有的对社会生活的功效和作用。道德作为社会上层建筑的组成部分，作为人把握现实世界的一种特殊方式，对社会生活有着多种功能。归纳起来，道德主要具有五个方面的功能：

（1）认识功能。道德是引导人们追求至善的良师。它教导人们认识自己，对家庭、对他人、对社会、对国家应负的责任和应尽的义务，教导人们正确认识社会道德生活的规律和原则，从而正确地选择自己的行为和生活道路。

（2）调节功能。道德是社会矛盾的调节器。人生活在社会中，总要和他人发生这样那样的关系。因此，不可避免地要发生各种矛盾，这就需要通过社会舆论、风俗习惯、内心信念等特有形式，以自己的善恶标准去调节社会中人们的行为、指导和纠正人们的行为，使人与人之间、个人与社会之间的关系臻于完善与和谐。

（3）教育功能。道德是催人奋进的引路人。它培养人们良好的道德意识、道德品质和道德行为，树立正确的义务、荣誉、正义和幸福等观念，使受教育者成为道德纯洁、理想高尚的人。

（4）评价功能。道德是公正的法官。道德评价是一种巨大的社会力量和人们内在的意志力量。道德是人以评价来把握现实的一种方式，它通过把周围社会现象判断为"善"与"恶"而实现。

（5）平衡功能。道德不仅调节人与人之间的关系，而且平衡人与自然之间的关系。它要求人们端正对自然的态度，调节自身的行为。环境道德是当代社会公德之一，它教育人们应当有造福于而不贻祸于子孙后代的高度责任感，从社会的全局利益和长远利益出发，开发自然资源，发展社会生产，维持生态平衡，积极治理和防止对自然环境的人为性的破坏，平衡人与自然之间的正常关系。

（二）职业道德及其作用

1. 职业道德的定义

职业道德的概念有广义和狭义之分，广义的职业道德，是指从业人员在职业活动中应该遵循的行为准则，涵盖了从业人员与服务对象、职业与职工、职业与职业之间的关系。狭义的职业道德是指在一定职业活动过程中应遵循的、体现的一定职业特征的、调整一定职业关系的行为准则和规范。职业道德既是从业人员在进行职业活动时应遵循的行为规范，同时又是从业人员对社会所应承担的道德责任和义务。不同职业的人员在特定的职业活动中形成了特殊的职业关系、职业利益、职业活动范围和方式，由此形成了不同职业从业人员的道德规范。

每个从业人员，不论是从事哪种职业，在职业活动中都要遵守道德。要理解职业道德，需要把握以下四点：

（1）在体现的内容方面。职业道德总是要鲜明地表达职业义务、职业责任以及职业行为上的道德准则。它不是反映社会道德和阶级道德的要求，而是要反映职业、行业以至产业特殊利益的要求；它不是在一般意义上的在社会实践基础上形成的，而是在特定的职业实践的基础上形成的，它往往表现为某一职业特有的道德传统和道德习惯，表现为从事某一职业的人们所特有的道德心理和道德品质。甚至造成从事不同职业的人们在道德品貌上的差异。如人们常说,某人有"工人性格"、"农民意识"、"干部派头"、"学生味"、"学究气"、"商人习气"等。

（2）在表现的形成方面。职业道德往往比较具体、灵活、多样,它总是从本职业的交流活动的实际出发,采用制度、守则、公约、誓言、条例,甚至是标语口号等形式,这些灵活的形式不但易于为从业人员所接受和实行,而且易于形成一种职业的道德习惯。

（3）从调节的范围来看。职业道德一方面是用来调节从业人员内部关系,加强职业、行业内部人员的凝聚力；另一方面,它也用来调节从业人员与其服务对象之间的关系,用来塑造本职业从业人员的形象。

（4）从产生的效果来看。职业道德既能使一定的社会或阶级的道德原则和规范"职业化",又能使个人道德品质"成熟化"。职业道德虽然是在特定的职业生活中形成的,但它绝不是离开阶级道德或社会道德而独立存在的道德类型。在阶级社会里,职业道德始终是在阶级道德和社会道德的制约和影响下存在和发展的；职业道德和阶级道德或社会道德之间的关系,就是一般与特殊、共性与个性之间的关系。任何一种形式的职业道德,都在不同程度上体现着阶级道德或社会道德的要求。同样,阶级道德或社会道德,在很大范围上都是通过具体的职业道德形式表现出来的。同时,职业道德主要体现在实际从事一定职业的人员的意识和行为中,是道德意识和道德行为成熟的阶段。职业道德与各种职业要求和职业生活结合,具有较强的稳定性和连续性,形成比较稳定的职业心理和职业习惯。

2. 职业道德的内容

职业道德是道德在职业实践活动中的具体体现。我国《公民道德建设实施纲要》提出,职业道德的主要内容是：爱岗敬业、诚实守信、办事公道、服务群众、奉献社会。

（1）爱岗敬业。就是对自己的职业、工作认真负责,热爱自己的本职工作,以恭敬、严肃的态度对待自己的职业,对本职工作一丝不苟、尽心尽力、忠于职守,为实现职业的目标而奋斗努力。一个人要做好自己的本职工作,没有爱岗敬业的职业精神是不行的,现代社会人与人之间只是分工不同,职业无贵贱之分,这是职业道德倡导的首要规范。

(2) 诚实守信。就是实事求是地为人做事,讲信用、守诺言,这是职业道德的最基本准则。

(3) 办事公道。就是指处理各种职业事务时要公道正派、客观公正、不偏不倚、公开公平;对不同的对象一视同仁,秉公办事;不因职位高低、贫富、亲疏的差别而区别对待。

(4) 服务群众。是指听取群众意见,了解群众需要,端正服务态度,改进服务措施,提高服务质量,这是职业道德的重要原则。

(5) 奉献社会。就是要履行对社会、对他人的职业义务,自觉努力地为社会为他人做出贡献,这是职业道德的出发点和归宿。当社会利益与局部利益、个人利益发生冲突时,要求每一个从业人员把社会利益放在首位。

3. 职业道德的特点

通过上述分析不难看出,职业道德既是从业人员在进行职业活动时应遵循的行为规范,又是从业人员对社会所应承担的道德责任和义务,它具有以下特点:

(1) 职业道德具有适用范围的有限性。每种职业都担负着一种特定的职业责任和职业义务。由于各种职业的职业责任和义务不同,从而形成各自特定的职业道德的具体规范。

(2) 职业道德具有发展的历史继承性。由于职业具有不断发展和延续的特征,不仅其技术世代延续,其管理员工的方法、与服务对象打交道的方法,也有一定的历史继承性。如"有教无类"、"诲人不倦",从古至今都是教师的职业道德要求。

(3) 职业道德表达形式具有多样性。由于各种职业道德的要求都较为具体、细致,因此其表达形式多种多样。

(4) 职业道德兼有强烈的纪律性。纪律也是一种行为规范,但它是介于法律和道德之间的一种特殊的规范。它既要求人们能自觉遵守,又带有一定的强制性。就前者而言,它具有道德色彩;就后者而言,又带有一定的法律色彩。也就是说,一方面遵守纪律是一种美德,另一方面,遵守纪律又带有强制性,具有法令的要求。例如,工人必须执行操作规程和安全规定;军人遵守严明的纪律等等。因此,职业道德有时又以制度、章程、条例的形式表达,让从业人员认识到职业道德又具有纪律的规范性。

4. 职业道德的作用

职业道德是社会道德体系的重要组成部分,它一方面具有社会道德的一般作用,另一方面又具有自身的特殊作用,具体表现在:

(1) 调节职业交往中从业人员内部以及从业人员与服务对象间的关系。职业道德的基本职能是调节职能。它一方面可以调节从业人员内部的关系,即运用职业道德规范约束职业内部人员的行为,促进职业内部人员的团结与合作。如职业道德规范要求各行各业的从业人员,都要团结、互助、爱岗、敬业、齐心协力地为发展本行业服务。另一方面,职业道德又可以调节从业人员和服务对象之间的关系。如职业道德规定了制造产品的工人要怎样对用户负责;营销人员怎样对顾客负责;医生怎样对病人负责;教师怎样对学生负责等。

(2) 有助于维护和提高本行业的信誉。一个行业、一个企业的信誉,就是它们的形象、信用和声誉,是指企业及其产品与服务在社会公众中的信任程度,提高企业的信誉主要靠产品的质量和服务质量,而从业人员职业道德水平高是产品质量和服务质量的有效保证。若从业人员职业道德水平不高,很难生产出优质的产品和提供优质的服务。

(3) 有利于促进本行业的发展。行业、企业的发展有赖于良好的经济效益,而良好的经济效益源于良好的员工素质。员工素质主要包括知识、能力、责任心三个方面,其中责任心是最重要的。而职业道德水平高的从业人员其责任心是极强的,因此,职业道德能够促进本行业的发展。

有助于提高全社会的道德水平。职业道德是整个社会道德的主要内容，职业道德一方面涉及每个从业者如何对待职业、如何对待工作，同时也是一个从业人员的生活态度、价值观念的表现；是一个人的道德意识、道德行为发展的成熟阶段，具有较强的稳定性和连续性。另一方面，职业道德也是一个职业集体，甚至一个行业全体人员的行为表现，如果每个行业、每个职业集体都具备优良的道德，那么将对整个社会道德水平的提高发挥重要的作用。

二、资产评估职业道德及要素

资产评估职业道德，是指资产评估师及其评估机构在从事资产评估职业活动中应当遵守的职业道德准则和规范。资产评估职业道德属于经济鉴证类社会中介职业道德。加强资产评估职业道德建设，既是发展和完善资产评估业、提高资产评估的专业队伍素质的迫切需要，又是加强资产评估人员从事资产评估工作的职业责任感、整顿行业不正之风的客观需要。

资产评估职业道德的基本要素主要包括以下几个方面：

1. 资产评估师的职业理想。职业理想是对待职业的一种总体认识、态度及追求。也就是说，职业理想是资产评估师在从事资产评估事业上依据社会要求和个人条件，借想象而确立的奋斗目标，即个人渴望达到的职业境界。它是资产评估师实现个人生活理想、道德理想和社会理想的手段，并受社会理想的制约。职业理想是资产评估师对职业活动和职业成就的超前反映，与人的价值观、职业期待、职业目标密切相关，也与世界观、人生观密切相关。

2. 资产评估师的职业态度。从本质上讲，职业态度就是工作态度。职业态度是指个人职业选择的态度，包括选择方法、工作取向、独立决策能力与选择过程的观念。简而言之，资产评估师的职业态度就是指从事资产评估工作的个人对资产评估这一职业选择所持的观念和态度。

3. 资产评估师的职业责任。职业责任是人们从事某项工作所应承担的义务，职业责任作为一种工作职责，是"应该做的"。这种"应该做的"只有变成劳动者的内心要求时，才能"自觉地履行"。一个劳动者，只要他认识和理解了职业和人民赋予自己的光荣使命，具有较高的道德觉悟和高尚的道德境界，他就能够在履行职业责任中获得道德自由。资产评估师在从事资产评估活动时，享有行使资产鉴定、估值的权利，也要为其行为承担责任。

4. 资产评估师的职业技能。良好的职业技能已经成为广大从业者对社会应尽的职业道德义务。也就是说，每个从业者不仅要把热爱科学、提高职业技能作为自己的权利，而且应该将其看作自己义不容辞的职业责任，为社会发展和进步发挥自己的聪明才智。资产评估师的职业技能，体现了资产评估师的职业胜任能力，是资产评估师必须具备的从事资产评估职业的专业技术和业务能力，使其能在专业技能范围内承揽、接受并进行资产评估业务。

5. 评估师的职业纪律。职业纪律是从业者在进行与其具体职业有关的活动时应当遵循的行为规范。职业纪律作为一种行为规范，要求从业者在职业生活中遵守秩序、执行命令和履行责任，它是调节从业者与职业、社会以及职业生活中局部与全局关系的重要方式。对资产评估师来说，在开展资产评估工作中，必须遵守与资产评估相关的法律规范。

6. 资产评估师的职业良知。职业良知是指职业劳动者对职业责任的自觉意识。职业良知是潜藏在从业者内心深处的一种意识活动。如果说职业道德责任是从业者自觉意识到的道德义务，那么，职业良知就是从业者对职业责任的自觉意识。资产评估师的职业良知在从事资产评估的行业中具有重要的作用。

7. 资产评估师的职业荣誉。职业荣誉包含两个方面的内容，一是对从业者履行职业责任的道德行为的赞扬；二是指从业者在职业良知中所包含的自爱和自尊。概括起来，所谓职业荣誉，就是对职业行为的社会价值所作的公认的客观评价和正确的主观认识，是职业责任和职业良知的价值尺度。资产评估师的职业荣誉,是从事资产评估工作的人员在从事资产评估中形成的职业形象、尊严和良好的声誉,以及为保持其职业形象、尊严和良好声誉应当遵守的有关职业道德行为规范。

三、资产评估职业道德准则的基本规范

我国资产评估职业道德规范的依据主要是中国资产评估协会在2004年制定发布的《资产评估职业道德准则——基本准则》和1995年制定发布的《资产评估执业人员自律守则》。资产评估职业道德基本规范的内容和要求,主要是指具体体现在《资产评估职业道德准则——基本准则》的总则、基本要求、专业胜任能力、与委托方和相关当事方的关系、与其他资产评估师的关系等五章所规定的职业道德基本规范中的主要精神实质,并贯穿在整个资产评估业务全过程中。资产评估师要遵循的基本道德规范,主要包括以下几个方面:

(一) 资产评估师遵纪守法的要求

资产评估师不仅要遵守资产评估师执业有关准则,还要遵守国家相关的法律、规范。

1. 要独立地进行专业判断,不得以委托方或相关当事方预先设定的价值量作为评估结果;

2. 不得利用工作之便为自己或他人谋取不正当利益;

3. 应当遵守保密守则,除法律、法规和有关制度另有规定外,未经委托方书面许可,不得对外提供在执业过程中获知的各种商业秘密和相关业务资料;

4. 不应同时在两家或两家以上评估机构执业,也不得以个人名义从事资产评估业务活动;

5. 对参与评估人员的工作进行指示、督促和复核,保证评估人员执行职业标准、程序和遵守职业道德规范;

6. 要维护评估行业的职业形象,不得从事与资产评估师身份不符或可能损害该职业形象的活动;

7. 在每个具体的工作过程中形成能够支持评估结论的工作底稿,并按照有关规定管理和保存好评估工作档案;

8. 要自觉接受中国资产评估协会的管理,积极履行对资产评估行业协会的义务。

(二) 资产评估师应恪守独立、客观、公正的要求

1. 恪守独立性原则的要求。资产评估师在执业过程中,应当在实质上和形式上独立于外部组织和所服务的对象,包括实质上的独立和形式上的独立。

2. 恪守客观性原则的要求。资产评估师在执业过程中应当始终站在客观立场,坚持以客观事实为依据,开展和完成资产评估工作,避免用个人主观臆断来代替客观实际。

3. 恪守公正性原则的要求。资产评估师在执业过程的各个具体环节中,应始终不偏不倚、公平地对待资产评估业务中的各利益相关方。

(三) 资产评估师在承接业务过程、评定价值过程、评估结论披露过程的职业道德规范的要求

1. 在承接业务过程中应遵守的基本职业道德规范。主要包括:①不得以个人名义进行评估业务的承揽工作;②在承揽和接受业务时,与委托方或相关当事方有利害关系时,应主动回避;③在接受资产评估业务时,应实事求是地介绍自己的业务能力和经验,并与委托方签订规范的委托合同(协议),不得采用欺诈、利诱、强迫等不正当手段招揽业务。

2. 在评定价值过程中应遵守的职业道德规范。主要包括:①严格执行资产评估执业标准和执业程序,不得随意降低执业标准,不得随意删减、简化执业程序;②独立进行专业判断,不得以委托方或相关当事方预先设定的价值量作为评估结果;③使用合理的假设;④应当获取足够的相关资料和数据,并对获取的资料、数据和评估有关事宜进行充分分析;⑤对参与评估人员的工作进行指示、督促和复核,保证评估人员执行执业标准、程序和遵守职业道德规范;⑥有时还需

要聘请有关专家协助工作；⑦在每个具体的工作过程中形成评估工作底稿。

3. 在进行评估结论披露时应遵守的职业道德规范。主要包括：①根据相关法律、法规和资产评估准则出具评估报告；②在评估报告中充分披露评估所依据的假设、限制条件和评估相关的必要信息；③引导报告使用者恰当使用评估报告；④不签署自己未参与或不了解项目的评估报告，也不得允许他人以本人名义签署评估报告。

（四）资产评估师专业胜任能力的要求

资产评估职业道德规范中的专业胜任能力要求包括：

1. 应当经过专门的教育和培训，具备相应的专业知识和经验，能够胜任所执行的评估业务；

2. 应当接受后续教育，保持和提高专业胜任能力；

3. 应当如实声明其具有的专业胜任能力和执业经验，不得对其专业胜任能力和执业经验进行夸张、虚假和误导性宣传；

4. 在执行资产评估业务时，可以聘请专家协助工作，但要采取必要措施以确定专家工作的合理性。

（五）资产评估师与委托方和相关当事方的关系的要求

资产评估师在从事资产评估业务的过程中要严格遵守资产评估技术规范的要求，认真执行资产评估的有关准则、评估程序和评估质量控制标准，做好资产评估业务的各项具体工作。对资产评估师与委托方和相关当事方的关系的要求，主要包括：

1. 与委托方或相关当事方之间存在可能影响资产评估师公正执业的利害关系时，应当回避；

2. 执行资产评估业务，不得对委托方和相关当事方进行误导和欺诈；

3. 履行业务约定书中规定的义务，竭诚为委托方服务；

4. 不得向委托方或相关方索取约定服务费之外的不正当利益；

5. 与委托方进行必要的沟通，提示评估报告使用者合理理解并恰当使用评估报告，并声明不承担相关当事人决策的责任。

(六) 资产评估师与其他资产评估师的关系的要求

资产评估师与其他资产评估师的关系，是指资产评估师在从事资产评估业务过程中，应当做好与同行之间的沟通与协作，以诚相待，保持良好的工作关系，共同维护和增进本行业的职业信誉和形象。资产评估师与其他资产评估师的关系的要求，主要包括：

1. 在执行资产评估业务过程中，应当与其他资产评估师保持良好的工作关系；

2. 不得贬损或诋毁其他资产评估师；

3. 不得以恶意降低服务费等不正当手段与其他资产评估师争揽业务。

四、资产评估执业人员自律守则的道德规范

资产评估执业人员自律守则相关条款的道德规范，是由中国资产评估协会于1995年制定的，它是我国资产评估行业最早的职业道德规范。它是资产评估人员（资产评估师）和协助执行资产评估业务的其他人员在承揽业务、接受业务、评定价值、信息披露过程中应当遵循的职业道德规范。与《资产评估职业道德准则——基本准则》的规定不完全相同，但它对目前的资产评估师和协助执行资产评估业务的其他人员的职业道德规范仍有意义。它的主要内容归纳如下：

1. 资产评估执业人员在资料收集、调查、判断和意见表达时应当实事求是，不以主观好恶或个人偏见行事，不允许因成见或偏见影响评估结果的客观性、资产评估执业人员承接业务，均应由所在评估机构统一受理。

2. 资产评估执业人员在执行业务过程中，应诚实、公平、不偏不倚地对待评估业务中有关各方，不以牺牲一方利益为条件而使另一方受益；不得以任何方式从委托单位接受或向委托单位索取贿赂和其他好处；不得为了给本人或所在评估机构谋取不正当利益而接受委托单位的不合理要求、抬高或压低评估价值，不得出具不真实的评估报告；应熟悉和掌握国家有关政策和法规、行业管理制度及有关技术标准，注意收集与资产评估有关的业务信息，以提供完善的服务；对管理部门要求填报的情况，应如实填报，不得弄虚作假。

3. 资产评估执业人员与委托单位存在以下利害关系时，应向所在的评估机构声明并实行回避：①曾在委托单位任职，离职后未满两年的；②持有委托单位股票、债券或与委托单位有其他经济利益的；③与委托单位的负责人和主管人员、董事或委托事项的当事人有近亲关系的；④其他为保持独立性而回应回避的事项。

4. 资产评估执业人员在执行业务时，应严肃认真，采用恰当科学的评估方法，按照法定的评估程序，完成承接的资产评估业务，履行资产评估协议书中规定的各项职责。

5. 资产评估执业人员对资产评估结果和撰写的评估报告必须提供可靠、充实的依据，财产核实、实地勘察、技术鉴定、评定估算等评估过程均应形成文字工作底稿，采用的数据信息资料均注明来源渠道。

6. 资产评估机构与委托单位在承接和委托业务上，应实行双向选择。资产评估执业人员应以良好的服务质量赢得客户，而不得以任何方式限制、利诱或干预委托单位对资产评估机构的选择，也不得采取回扣、提成、压价竞争和抬高自己贬低他人等不正当手段招揽业务。

7. 资产评估执业人员有权要求委托单位提供执业评估业务所需的资料。由于委托单位不提供资料或提供资料不全面、不真实，造成评估结果失实的，资产评估执业人员不承担相应责任。

8. 协助执行资产评估业务的其他人员应具有一定的评估专业知识。协助执行资产评估业务的其他人员对所接受的评估工作向其协助执行业务的资产评估机构负责。

资产评估执业人员违反资产评估执业人员自律守则，由中国资产评估协会视其情节轻重，给予警告、通报批评、暂停执业甚至取消执业资格等处罚。触犯法律的，依有关法律追究责任。资产评估协会会同有关部门负责监督检查守则执行情况。

五、资产评估师违反职业道德的行业自律

资产评估师违反职业道德的行业自律，主要是指资产评估行业协会针对违反职业道德的资产评估师采取的一些追究相关责任和严肃行业纪律的措施，主要包括强制培训，谈话提醒，公开批评或谴责，限期整改，不予或撤销、开除会员资格等在内的具体带有惩戒性的非法律性质的行业自律措施，并对违法行为，依法转交有关部门调查处理。

目前，我国资产评估行业协会对资产评估师违反职业道德的行业自律惩戒措施，主要体现在两个方面：一是对涉嫌违反相关法律、法规的中国资产评估师实行资产评估行业谈话提醒制度；二是对违反资产评估师管理暂行办法规定的申请人和有关的资产评估师实行不予、撤销、通报批评等惩戒措施。

1. 谈话提醒制度

为了强化行业自律机制，进一步规范会计师、资产评估师的职业行为，保证执业质量，防范职业风险，中国会计师协会于 2002 年 1 月 14 日根据《中华人民共和国会计师法》、《中国会计师职业道德基本准则》和《中国资产评估师职业道德规范》等有关规定，制订了《会计师、资产评估行业谈话提醒制度（试行）》。该制度规定了对涉嫌违反相关法律、法规和中国资产评估职业道德基本准则的资产评估机构和有关的资产评估师实行谈话提醒制度。

2. 实行管理制度

为规范对资产评估师的管理，中国会计师协会于 2002 年 7 月 2 日发布了《资产评估师管理暂行办法》，该办法规定了资产评估师从业条件、需要提交的材料、申请和审批的程序，以及对违反资产评估师管理暂行办法规定的申请人和有关的资产评估师实行不予、撤销、通报批评等惩戒措施。

六、职业道德准则

1. 职业道德准则

职业道德准则包括基本准则和具体准则两个部分。

职业道德基本准则对资产评估师职业道德方面的基本要求、专业胜任能力、资产评估师与委托方和相关当事方的关系等进行概要规范；职业道德具体准则根据评估实践中存在的与职业道德有关的问题和职业基本准则中的一些重要内容（如独立性、保密要求等）作进一步规范。

2. 业务准则

准则包括基本准则、具体准则、评估指南和指导意见。基本准则是评估师针对各种评估业务进行评估的基本规范；具体准则包括体现过程控制的程序性准则和体现不同资产类型、不同评估要求的实体性准则；评估指南是对特定目的评估业务以及某些重要事项的规范；指导意见是针对评估业务中的某些具体问题的指导性文件。

2009年12月18日，中国资产评估协会又发布了《资产评估准则——珠宝首饰》和《投资性房地产评估指导意见》两项准则。此后，财政部和中国资产评估协会在5年多的时间内，又先后制定了15项准则。中国资产评估准则体系建设工作取得了令人瞩目的成绩。

2016年7月2日，第十二届全国人民代表大会常务委员会第二十一次会议通过了《中华人民共和国资产评估法》，首次以法的形式规范各类资产评估行为，表明我国资产评估事业正式迈入法制化管理的阶段。

复习题十一

一、单项选择题

1. 教导人们正确地认识社会道德生活的规律和原则，是道德的

第十一章 资产评估师职业道德

（　　）的体现。

　　A. 调节功能　　　　　　B. 认识功能
　　C. 教育功能　　　　　　D. 平衡功能

2.（　　）是职业道德的出发点和归宿。

　　A. 爱岗敬业　　　　　　B. 诚实守信
　　C. 服务群众　　　　　　D. 奉献社会

3. 应当如实声明其具有的专业胜任能力和执业经验，体现了资产评估师（　　）的要求。

　　A. 遵守国家相关的法律、法规　B. 与其他资产评估师
　　C. 专业胜任能力　　　　　　　D. 与委托方和相关当事方的关系

4. 1993年原国家国有资产管理局颁布了（　　）文件，开始对资产评估提出遵守职业道德的规定。

　　A. 中国资产评估师职业道德规范
　　B. 资产评估执业人员自律守则
　　C. 中国资产评估师行为规范指南
　　D. 资产评估师执业资格制度暂行规定
　　E. 国有资产评估暂行办法

5. 资产评估执业标准是指资产评估行业根据资产评估活动的特征和实践制定的，用来规划资产评估行为的行业执行标准。它通常包括（　　）。

　　A. 资产评估业务的国家标准　　B. 资产评估业务的行业标准
　　C. 资产评估人员的精神标准　　D. 资产评估人员的机构标准
　　E. 资产评估业务技术标准和资产评估人员的行为标准

二、多项选择题

1. 依据各国有关法律规定，对违反职业道德纪律的资产评估师实施的惩戒措施主要有（　　）。

　　A. 警告　　　　　　　　B. 谴责
　　C. 罚金　　　　　　　　D. 暂停营业

E. 留用察看

2. 资产评估师的责任要求主要包括（　　）。

A. 对客户责任要求　　　　B. 对评估助理的责任要求

C. 对评估业务的责任要求　D. 对社会的责任要求

E. 对同业的责任要求

3. 目前的资产评估机构管理主要包括（　　）。

A. 资产评估项目管理

B. 一般资产评估资格管理

C. 特殊资产评估资格管理

D. 从事证券业务资产评估资格管理

E. 从事非证券业务资产评估资格管理

4. 道德具有（　　）。

A. 认识功能和教育功能　　B. 调节功能

C. 评价功能　　　　　　　D. 平衡功能

5. 我国《公民道德建设实施纲要》提出，职业道德的主要内容是（　　）。

A. 爱岗敬业　　　　　　　B. 诚实守信

C. 办事公道　　　　　　　D. 服务群众和奉献社会

6. 职业道德具有以下特点（　　）。

A. 职业道德具有适用范围的有限性

B. 职业道德具有发展的历史继承性

C. 职业道德表达形式多种多样

D. 职业道德兼有强烈的纪律性

7. 资产评估师应恪守（　　）的要求。

A. 独立　　　　　　　　　B. 客观

C. 公正　　　　　　　　　D. 咨询

8. 从资产评估准则体系横向关系上划分，资产评估准则包括（　　）。

A. 业务准则　　　　　　　B. 职业道德准则

C. 实体性准则　　　　　　D. 资产评估指南

9. 《资产评估准则——基本准则》是从资产评估的（　　）等方面对各类资产评估业务进行了规范。

A. 基本要求　　　　　　　B. 操作原则
C. 报告准则　　　　　　　D. 职业责任

三、判断题

1. 道德一般是以善和恶、正义和邪恶、公正和偏私、诚实和虚伪等为标准来评价人们的各种行为，调整人们之间的社会关系。
（　　）

2. 诚实守信是职业道德所要倡导的首要规范。（　　）

3. 资产评估师应当在专业技能范围内承揽、接受并进行资产评估业务。（　　）

4. 职业道德和阶级道德或社会道德之间的关系，就是一般与特殊、共性与个性之间的关系。（　　）

四、问答题

1. 什么是道德？道德有哪些功能？
2. 什么是职业道德？职业道德一般包括哪些内容？
3. 什么是资产评估职业道德？资产评估职业道德的要素包括哪些？
4. 资产评估职业道德的主要规范有哪些？

附 录

中华人民共和国资产评估法

(2016年7月2日第十二届全国人民代表大会常务委员会第二十一次会议通过)

第一章 总 则

第一条 为了规范资产评估行为，保护资产评估当事人合法权益和公共利益，促进资产评估行业健康发展，维护社会主义市场经济秩序，制定本法。

第二条 本法所称资产评估（以下称评估），是指评估机构及其评估专业人员根据委托对不动产、动产、无形资产、企业价值、资产损失或者其他经济权益进行评定、估算，并出具评估报告的专业服务行为。

第三条 自然人、法人或者其他组织需要确定评估对象价值的，可以自愿委托评估机构评估。

涉及国有资产或者公共利益等事项，法律、行政法规规定需要评估的（以下称法定评估），应当依法委托评估机构评估。

第四条 评估机构及其评估专业人员开展业务应当遵守法律、行政法规和评估准则，遵循独立、客观、公正的原则。

评估机构及其评估专业人员依法开展业务，受法律保护。

第五条 评估专业人员从事评估业务，应当加入评估机构，并且只能在一个评估机构从事业务。

第六条 评估行业可以按照专业领域依法设立行业协会，实行自律管理，并接受有关评估行政管理部门的监督和社会监督。

第七条　国务院有关评估行政管理部门按照各自职责分工，对评估行业进行监督管理。

设区的市级以上地方人民政府有关评估行政管理部门按照各自职责分工，对本行政区域内的评估行业进行监督管理。

第二章　评估专业人员

第八条　评估专业人员包括评估师和其他具有评估专业知识及实践经验的评估从业人员。

评估师是指通过评估师资格考试的评估专业人员。国家根据经济社会发展需要确定评估师专业类别。

第九条　有关全国性评估行业协会按照国家规定组织实施评估师资格全国统一考试。

具有高等院校专科以上学历的公民，可以参加评估师资格全国统一考试。

第十条　有关全国性评估行业协会应当在其网站上公布评估师名单，并实时更新。

第十一条　因故意犯罪或者在从事评估、财务、会计、审计活动中因过失犯罪而受刑事处罚，自刑罚执行完毕之日起不满五年的人员，不得从事评估业务。

第十二条　评估专业人员享有下列权利：

（一）要求委托人提供相关的权属证明、财务会计信息和其他资料，以及为执行公允的评估程序所需的必要协助；

（二）依法向有关国家机关或者其他组织查阅从事业务所需的文件、证明和资料；

（三）拒绝委托人或者其他组织、个人对评估行为和评估结果的非法干预；

（四）依法签署评估报告；

（五）法律、行政法规规定的其他权利。

第十三条 评估专业人员应当履行下列义务：

（一）诚实守信，依法独立、客观、公正从事业务；

（二）遵守评估准则，履行调查职责，独立分析估算，勤勉谨慎从事业务；

（三）完成规定的继续教育，保持和提高专业能力；

（四）对评估活动中使用的有关文件、证明和资料的真实性、准确性、完整性进行核查和验证；

（五）对评估活动中知悉的国家秘密、商业秘密和个人隐私予以保密；

（六）与委托人或者其他相关当事人及评估对象有利害关系的，应当回避；

（七）接受行业协会的自律管理，履行行业协会章程规定的义务；

（八）法律、行政法规规定的其他义务。

第十四条 评估专业人员不得有下列行为：

（一）私自接受委托从事业务、收取费用；

（二）同时在两个以上评估机构从事业务；

（三）采用欺骗、利诱、胁迫，或者贬损、诋毁其他评估专业人员等不正当手段招揽业务；

（四）允许他人以本人名义从事业务，或者冒用他人名义从事业务；

（五）签署本人未承办业务的评估报告；

（六）索要、收受或者变相索要、收受合同约定以外的酬金、财物，或者谋取其他不正当利益；

（七）签署虚假评估报告或者有重大遗漏的评估报告；

（八）违反法律、行政法规的其他行为。

第三章 评估机构

第十五条 评估机构应当依法采用合伙或者公司形式，聘用评估专业人员开展评估业务。

合伙形式的评估机构，应当有两名以上评估师；其合伙人三分之二以上应当是具有三年以上从业经历且最近三年内未受停止从业处罚的评估师。

公司形式的评估机构，应当有八名以上评估师和两名以上股东，其中三分之二以上股东应当是具有三年以上从业经历且最近三年内未受停止从业处罚的评估师。

评估机构的合伙人或者股东为两名的，两名合伙人或者股东都应当是具有三年以上从业经历且最近三年内未受停止从业处罚的评估师。

第十六条　设立评估机构，应当向工商行政管理部门申请办理登记。评估机构应当自领取营业执照之日起三十日内向有关评估行政管理部门备案。评估行政管理部门应当及时将评估机构备案情况向社会公告。

第十七条　评估机构应当依法独立、客观、公正开展业务，建立健全质量控制制度，保证评估报告的客观、真实、合理。

评估机构应当建立健全内部管理制度，对本机构的评估专业人员遵守法律、行政法规和评估准则的情况进行监督，并对其从业行为负责。

评估机构应当依法接受监督检查，如实提供评估档案以及相关情况。

第十八条　委托人拒绝提供或者不如实提供执行评估业务所需的权属证明、财务会计信息和其他资料的，评估机构有权依法拒绝其履行合同的要求。

第十九条　委托人要求出具虚假评估报告或者有其他非法干预评估结果情形的，评估机构有权解除合同。

第二十条　评估机构不得有下列行为：

（一）利用开展业务之便，谋取不正当利益；

（二）允许其他机构以本机构名义开展业务，或者冒用其他机构名义开展业务；

（三）以恶性压价、支付回扣、虚假宣传，或者贬损、诋毁其他评估机构等不正当手段招揽业务；

（四）受理与自身有利害关系的业务；

（五）分别接受利益冲突双方的委托，对同一评估对象进行评估；

（六）出具虚假评估报告或者有重大遗漏的评估报告；

（七）聘用或者指定不符合本法规定的人员从事评估业务；

（八）违反法律、行政法规的其他行为。

第二十一条　评估机构根据业务需要建立职业风险基金，或者自愿办理职业责任保险，完善风险防范机制。

第四章　评　估　程　序

第二十二条　委托人有权自主选择符合本法规定的评估机构，任何组织或者个人不得非法限制或者干预。

评估事项涉及两个以上当事人的，由全体当事人协商委托评估机构。

委托开展法定评估业务，应当依法选择评估机构。

第二十三条　委托人应当与评估机构订立委托合同，约定双方的权利和义务。

委托人应当按照合同约定向评估机构支付费用，不得索要、收受或者变相索要、收受回扣。

委托人应当对其提供的权属证明、财务会计信息和其他资料的真实性、完整性和合法性负责。

第二十四条　对受理的评估业务，评估机构应当指定至少两名评估专业人员承办。

委托人有权要求与相关当事人及评估对象有利害关系的评估专业人员回避。

第二十五条　评估专业人员应当根据评估业务具体情况，对评估对象进行现场调查，收集权属证明、财务会计信息和其他资料并进行核查验证、分析整理，作为评估的依据。

第二十六条 评估专业人员应当恰当选择评估方法，除依据评估执业准则只能选择一种评估方法的外，应当选择两种以上评估方法，经综合分析，形成评估结论，编制评估报告。

评估机构应当对评估报告进行内部审核。

第二十七条 评估报告应当由至少两名承办该项业务的评估专业人员签名并加盖评估机构印章。

评估机构及其评估专业人员对其出具的评估报告依法承担责任。

委托人不得串通、唆使评估机构或者评估专业人员出具虚假评估报告。

第二十八条 评估机构开展法定评估业务，应当指定至少两名相应专业类别的评估师承办，评估报告应当由至少两名承办该项业务的评估师签名并加盖评估机构印章。

第二十九条 评估档案的保存期限不少于十五年，属于法定评估业务的，保存期限不少于三十年。

第三十条 委托人对评估报告有异议的，可以要求评估机构解释。

第三十一条 委托人认为评估机构或者评估专业人员违法开展业务的，可以向有关评估行政管理部门或者行业协会投诉、举报，有关评估行政管理部门或者行业协会应当及时调查处理，并答复委托人。

第三十二条 委托人或者评估报告使用人应当按照法律规定和评估报告载明的使用范围使用评估报告。

委托人或者评估报告使用人违反前款规定使用评估报告的，评估机构和评估专业人员不承担责任。

第五章 行业协会

第三十三条 评估行业协会是评估机构和评估专业人员的自律性组织，依照法律、行政法规和章程实行自律管理。

评估行业按照专业领域设立全国性评估行业协会，根据需要设立地方性评估行业协会。

第三十四条　评估行业协会的章程由会员代表大会制定，报登记管理机关核准，并报有关评估行政管理部门备案。

第三十五条　评估机构、评估专业人员加入有关评估行业协会，平等享有章程规定的权利，履行章程规定的义务。有关评估行业协会公布加入本协会的评估机构、评估专业人员名单。

第三十六条　评估行业协会履行下列职责：

（一）制定会员自律管理办法，对会员实行自律管理；

（二）依据评估基本准则制定评估执业准则和职业道德准则；

（三）组织开展会员继续教育；

（四）建立会员信用档案，将会员遵守法律、行政法规和评估准则的情况记入信用档案，并向社会公开；

（五）检查会员建立风险防范机制的情况；

（六）受理对会员的投诉、举报，受理会员的申诉，调解会员执业纠纷；

（七）规范会员从业行为，定期对会员出具的评估报告进行检查，按照章程规定对会员给予奖惩，并将奖惩情况及时报告有关评估行政管理部门；

（八）保障会员依法开展业务，维护会员合法权益；

（九）法律、行政法规和章程规定的其他职责。

第三十七条　有关评估行业协会应当建立沟通协作和信息共享机制，根据需要制定共同的行为规范，促进评估行业健康有序发展。

第三十八条　评估行业协会收取会员会费的标准，由会员代表大会通过，并向社会公开。不得以会员交纳会费数额作为其在行业协会中担任职务的条件。

会费的收取、使用接受会员代表大会和有关部门的监督，任何组织或者个人不得侵占、私分和挪用。

第六章 监督管理

第三十九条 国务院有关评估行政管理部门组织制定评估基本准则和评估行业监督管理办法。

第四十条 设区的市级以上人民政府有关评估行政管理部门依据各自职责，负责监督管理评估行业，对评估机构和评估专业人员的违法行为依法实施行政处罚，将处罚情况及时通报有关评估行业协会，并依法向社会公开。

第四十一条 评估行政管理部门对有关评估行业协会实施监督检查，对检查发现的问题和针对协会的投诉、举报，应当及时调查处理。

第四十二条 评估行政管理部门不得违反本法规定，对评估机构依法开展业务进行限制。

第四十三条 评估行政管理部门不得与评估行业协会、评估机构存在人员或者资金关联，不得利用职权为评估机构招揽业务。

第七章 法律责任

第四十四条 评估专业人员违反本法规定，有下列情形之一的，由有关评估行政管理部门予以警告，可以责令停止从业六个月以上一年以下；有违法所得的，没收违法所得；情节严重的，责令停止从业一年以上五年以下；构成犯罪的，依法追究刑事责任：

（一）私自接受委托从事业务、收取费用的；

（二）同时在两个以上评估机构从事业务的；

（三）采用欺骗、利诱、胁迫，或者贬损、诋毁其他评估专业人员等不正当手段招揽业务的；

（四）允许他人以本人名义从事业务，或者冒用他人名义从事业务的；

（五）签署本人未承办业务的评估报告或者有重大遗漏的评估报告的；

（六）索要、收受或者变相索要、收受合同约定以外的酬金、财物，或者谋取其他不正当利益的。

第四十五条 评估专业人员违反本法规定，签署虚假评估报告的，由有关评估行政管理部门责令停止从业两年以上五年以下；有违法所得的，没收违法所得；情节严重的，责令停止从业五年以上十年以下；构成犯罪的，依法追究刑事责任，终身不得从事评估业务。

第四十六条 违反本法规定，未经工商登记以评估机构名义从事评估业务的，由工商行政管理部门责令停止违法活动；有违法所得的，没收违法所得，并处违法所得一倍以上五倍以下罚款。

第四十七条 评估机构违反本法规定，有下列情形之一的，由有关评估行政管理部门予以警告，可以责令停业一个月以上六个月以下；有违法所得的，没收违法所得，并处违法所得一倍以上五倍以下罚款；情节严重的，由工商行政管理部门吊销营业执照；构成犯罪的，依法追究刑事责任：

（一）利用开展业务之便，谋取不正当利益的；

（二）允许其他机构以本机构名义开展业务，或者冒用其他机构名义开展业务的；

（三）以恶性压价、支付回扣、虚假宣传，或者贬损、诋毁其他评估机构等不正当手段招揽业务的；

（四）受理与自身有利害关系的业务的；

（五）分别接受利益冲突双方的委托，对同一评估对象进行评估的；

（六）出具有重大遗漏的评估报告的；

（七）未按本法规定的期限保存评估档案的；

（八）聘用或者指定不符合本法规定的人员从事评估业务的；

（九）对本机构的评估专业人员疏于管理，造成不良后果的。

评估机构未按本法规定备案或者不符合本法第十五条规定的条件的，由有关评估行政管理部门责令改正；拒不改正的，责令停业，可以并处一万元以上五万元以下罚款。

第四十八条　评估机构违反本法规定，出具虚假评估报告的，由有关评估行政管理部门责令停业六个月以上一年以下；有违法所得的，没收违法所得，并处违法所得一倍以上五倍以下罚款；情节严重的，由工商行政管理部门吊销营业执照；构成犯罪的，依法追究刑事责任。

第四十九条　评估机构、评估专业人员在一年内累计三次因违反本法规定受到责令停业、责令停止从业以外处罚的，有关评估行政管理部门可以责令其停业或者停止从业一年以上五年以下。

第五十条　评估专业人员违反本法规定，给委托人或者其他相关当事人造成损失的，由其所在的评估机构依法承担赔偿责任。评估机构履行赔偿责任后，可以向有故意或者重大过失行为的评估专业人员追偿。

第五十一条　违反本法规定，应当委托评估机构进行法定评估而未委托的，由有关部门责令改正；拒不改正的，处十万元以上五十万元以下罚款；情节严重的，对直接负责的主管人员和其他直接责任人员依法给予处分；造成损失的，依法承担赔偿责任；构成犯罪的，依法追究刑事责任。

第五十二条　违反本法规定，委托人在法定评估中有下列情形之一的，由有关评估行政管理部门会同有关部门责令改正；拒不改正的，处十万元以上五十万元以下罚款；有违法所得的，没收违法所得；情节严重的，对直接负责的主管人员和其他直接责任人员依法给予处分；造成损失的，依法承担赔偿责任；构成犯罪的，依法追究刑事责任：

（一）未依法选择评估机构的；

（二）索要、收受或者变相索要、收受回扣的；

（三）串通、唆使评估机构或者评估师出具虚假评估报告的；

（四）不如实向评估机构提供权属证明、财务会计信息和其他资料的；

（五）未按照法律规定和评估报告载明的使用范围使用评估报

告的。

前款规定以外的委托人违反本法规定，给他人造成损失的，依法承担赔偿责任。

第五十三条 评估行业协会违反本法规定的，由有关评估行政管理部门给予警告，责令改正；拒不改正的，可以通报登记管理机关，由其依法给予处罚。

第五十四条 有关行政管理部门、评估行业协会工作人员违反本法规定，滥用职权、玩忽职守或者徇私舞弊的，依法给予处分；构成犯罪的，依法追究刑事责任。

第八章 附 则

第五十五条 本法自2016年12月1日起施行。

资产评估师职业资格制度暂行规定

第一章 总 则

第一条 为加强资产评估专业人员队伍建设，提高资产评估专业人员素质，规范资产评估行业管理，根据《国务院机构改革和职能转变方案》和国家职业资格证书制度的有关规定，制定本规定。

第二条 本规定适用于从事资产评估业务的专业人员。

第三条 国家设立资产评估师水平评价类职业资格制度，面向全社会提供资产评估师能力水平评价服务，纳入全国专业技术人员职业资格证书制度统一规划。

第四条 资产评估师职业资格实行考试的评价方式。

资产评估师英文为：Public Valuer（简称PV）。

第五条 通过资产评估师职业资格考试并取得职业资格证书的人员，表明其已具备从事资产评估专业岗位工作的职业能力和水平。

第六条 人力资源社会保障部、财政部共同负责资产评估师职业资格制度的政策制定，并按职责分工对资产评估师职业资格制度的实施进行指导、监督和检查。中国资产评估协会具体承担资产评估师职业资格的评价与管理工作。

第二章 考 试

第七条 资产评估师职业资格增设珠宝评估专业，其资格名称为资产评估师（珠宝）。资产评估师（含珠宝评估专业）职业资格（以下统称资产评估师职业资格）实行全国统一大纲、统一命题、统一组织的考试制度。

第八条 中国资产评估协会负责资产评估师职业资格考试的组织

和实施工作。组织成立资产评估师职业资格考试专家委员会，研究拟定资产评估师职业资格考试科目、考试大纲、考试试题和考试合格标准。

第九条 人力资源与社会保障部、财政部对中国资产评估协会实施的考试工作进行监督和检查，指导中国资产评估协会确定资产评估师职业资格考试科目、考试大纲、考试试题和考试合格标准。

第十条 遵守国家法律、法规，恪守职业道德，并符合下列相应条件之一的人员，可申请参加资产评估师职业资格考试。

（一）取得管理学、经济学、理学、工学学科门类专业的大学专科学历，工作满5年，从事资产评估相关专业工作满3年；

（二）取得管理学、经济学、理学、工学学科门类专业的大学本科学历，工作满3年，从事资产评估相关专业工作满1年；

（三）取得管理学、经济学、理学、工学学科门类专业硕士学位或者第二学士学位、研究生班毕业，工作满1年；

（四）取得管理学、经济学、理学、工学学科门类专业的博士学历（学位）；

（五）取得其他学科门类专业上述学历（学位）的人员，从事资产评估相关专业工作年限相应增加2年；

（六）通过国家统一组织的经济、会计、统计、审计专业初级资格考试，取得相应专业技术资格证书，从事资产评估相关专业工作满5年。

第十一条 资产评估师职业资格考试合格，由中国资产评估协会颁发人力资源社会保障部、财政部监制，中国资产评估协会用印的《中华人民共和国资产评估师职业资格证书》（以下简称资产评估师职业资格证书）。该证书在全国范围有效。

第十二条 对以不正当手段取得资产评估师职业资格证书的，按照《专业技术人员资格考试违纪违规行为处理规定》（人力资源社会保障部令第12号）处理。

第三章 职业能力

第十三条 取得资产评估师职业资格证书的人员,应当遵守国家法律、法规及资产评估行业相关制度准则,恪守职业道德,秉承客观公正原则,维护国家和社会公共利益。

第十四条 取得资产评估师职业资格证书的人员,应当具备的职业能力:

(一)熟悉资产评估行业相关法律、法规和行业制度、准则;

(二)跟踪国内外评估技术方法和评估市场的发展趋势,具有较强的开拓创新能力;

(三)运用评估专业理论与方法,较好完成资产评估业务;

(四)独立解决资产评估业务中的疑难问题。

第十五条 取得资产评估师职业资格证书的人员,应当按照国家专业技术人员继续教育以及资产评估行业管理的有关规定,参加继续教育,不断更新专业知识,提高职业素质和业务能力。

第四章 登记

第十六条 资产评估师职业资格证书实行登记服务制度。登记服务的具体工作由中国资产评估协会负责。

第十七条 中国资产评估协会定期向社会公布资产评估师职业资格证书的登记情况,建立持证人员的诚信档案,并为用人单位提供取得资产评估师职业资格证书人员的信息查询服务。

第十八条 取得资产评估师职业资格证书的人员,应自觉接受中国资产评估协会的管理,其在工作中违反相关法律、法规、规章或者职业道德,造成不良影响的,由中国资产评估协会取消登记,并收回其职业资格证书。

第十九条 各级资产评估师职业资格登记服务机构在工作中,应当严格遵守国家和本行业的各项管理规定以及协会章程。

第五章 附 则

第二十条 通过考试取得资产评估师职业资格证书,且符合《经济专业人员职务试行条例》经济师职务任职条件的人员,用人单位可根据工作需要择优聘任经济师专业职务。

第二十一条 本规定施行前,依据原人事部、原国家国有资产管理局《关于印发〈注册资产评估师执业资格制度暂行规定〉和〈注册资产评估师执业资格考试实施办法〉的通知》(人职发〔1995〕54号)和原人事部、财政部《关于在注册资产评估师执业资格中增设珠宝评估专业有关问题的通知》(人发〔2003〕19号)规定,已取得的注册资产评估师执业资格证书,与按照本规定要求取得的资产评估师职业资格证书的效用等同。

第二十二条 本规定自2015年5月1日起施行。

资产评估师职业资格考试实施办法

第一条　人力资源与社会保障部、财政部按照职责分工负责指导、监督和检查资产评估师职业资格考试的实施工作。

第二条　中国资产评估协会具体负责资产评估师职业资格考试的实施工作。

第三条　资产评估师职业资格考试设《资产评估》、《经济法》、《财务会计》、《机电设备评估》和《建筑工程评估》5个科目。《资产评估》科目的考试时间为3小时,其他4个科目的考试时间均为2.5小时。资产评估师职业资格考试原则上每年举行一次。

第四条　资产评估师(珠宝)职业资格考试设《资产评估》、《经济法》、《珠宝鉴定与分级》、《珠宝评估方法》和《珠宝评估案例分析》5个科目。其中《资产评估》和《经济法》2个科目纳入资产评估师职业资格统一考试;《珠宝鉴定与分级》科目纳入珠宝玉石质量检验师资格统一考试;《珠宝评估方法》和《珠宝评估案例分析》科目考试原则上每两年举行一次。

《珠宝评估方法》科目的考试时间为2.5小时,《珠宝评估案例分析》科目的考试时间为3小时。

第五条　资产评估师(含珠宝评估专业)职业资格考试成绩实行5年为一个周期的滚动管理办法。在连续5年内,参加全部(5个)科目的考试并合格,可取得相应资产评估师职业资格证书。

第六条　符合《资产评估师职业资格制度暂行规定》(以下简称《暂行规定》)第十条考试报名条件之一的人员,均可申请参加资产评估师(含珠宝评估专业)职业资格考试。

第七条　符合《暂行规定》第十条考试报名条件,并具备下列一项条件的人员,可免试相应科目。

（一）按照国家有关规定评聘为高级经济师（或本专业副教授、副研究员及以上）专业技术职务，可免试资产评估师职业资格《经济法》科目，只参加《资产评估》、《财务会计》、《机电设备评估》和《建筑工程评估》4个科目的考试。

（二）按照国家有关规定评聘为高级工程师（或本专业副教授、副研究员及以上）专业技术职务，可免试资产评估师职业资格《建筑工程评估》科目或者《机电设备评估》科目，只参加《资产评估》、《经济法》、《财务会计》和《机电设备评估》（或者《建筑工程评估》）4个科目的考试。

（三）按照国家有关规定评聘为高级会计师、高级审计师（或本专业副教授、副研究员及以上）专业技术职务，可免试资产评估师职业资格《财务会计》科目，只参加《资产评估》、《经济法》、《机电设备评估》和《建筑工程评估》4个科目的考试。

（四）通过全国统一考试取得珠宝玉石质量检验师职业资格证书，可免试资产评估师（珠宝）职业资格《珠宝鉴定与分级》科目，只参加《资产评估》、《经济法》、《珠宝评估方法》和《珠宝评估案例分析》4个科目的考试。

（五）通过全国统一考试取得资产评估师职业资格证书，可免试资产评估师（珠宝）职业资格《资产评估》和《经济法》2个科目，只参加《珠宝鉴定与分级》、《珠宝评估方法》和《珠宝评估案例分析》3个科目的考试。

免试部分科目的人员在报名时，应当提供相应证明文件。

第八条 免试部分科目人员的考试成绩，以应试科目数量确定其合格成绩管理滚动有效期限。参加4个科目考试其合格成绩以4年为一个滚动管理周期；参加3个科目考试其合格成绩以3年为一个滚动管理周期。免试部分科目的人员，必须在连续4年或者3年内取得应试科目的合格成绩，方可取得相应资产评估师职业资格证书。

第九条 参加考试由本人提出申请，按当地考试管理机构有关考试报名的规定办理手续。考试管理机构按照规定的程序和报名条件审核合格后,核发准考证。参加考试人员凭准考证和有效证件在指定的日期、时间和地点参加考试。

中央和国务院各部门及所属单位、中央管理企业的人员按属地原则报名参加考试。

第十条 资产评估师(含珠宝评估专业)职业资格考试的考点,原则上设在直辖市和省会城市的中、高等学校或者高考定点学校。如确需在其他城市设置考点,须经中国资产评估协会批准。考试日期原则上在每年的第三季度。

第十一条 坚持考试与培训分开的原则。凡参与考试工作(包括命题、审题与组织管理等)的人员,不得参加考试,也不得参加或者举办与考试内容相关的培训工作。应考人员参加培训坚持自愿原则。

第十二条 考试实施机构及其工作人员,应当严格执行《人事考试工作人员纪律规定》(人社部发〔2013〕36号)和考试工作的各项规章制度,遵守考试工作纪律,切实做好从考试试题的命制到使用等各环节的安全保密工作,严防泄密。

对违反考试工作纪律和有关规定的人员,按照《专业技术人员资格考试违纪违规行为处理规定》(人力资源社会保障部令第12号)处理。

复利现值系数表(PVIF表)

n	1%	2%	3%	4%	5%	6%	8%	10%	12%	14%	15%	16%	18%	20%
1	0.99	0.98	0.97	0.961	0.952	0.943	0.925	0.909	0.892	0.877	0.869	0.862	0.847	0.833
2	0.98	0.961	0.942	0.924	0.907	0.889	0.857	0.826	0.797	0.769	0.756	0.743	0.718	0.694
3	0.97	0.942	0.915	0.888	0.863	0.839	0.793	0.751	0.711	0.674	0.657	0.64	0.608	0.578
4	0.96	0.923	0.888	0.854	0.822	0.792	0.735	0.683	0.635	0.592	0.571	0.552	0.515	0.482
5	0.951	0.905	0.862	0.821	0.783	0.747	0.68	0.62	0.567	0.519	0.497	0.476	0.437	0.401
6	0.942	0.887	0.837	0.79	0.746	0.704	0.63	0.564	0.506	0.455	0.432	0.41	0.37	0.334
7	0.932	0.87	0.813	0.759	0.71	0.665	0.583	0.513	0.452	0.399	0.375	0.353	0.313	0.279

续表

n	1%	2%	3%	4%	5%	6%	8%	10%	12%	14%	15%	16%	18%	20%
8	0.923	0.853	0.789	0.73	0.676	0.627	0.54	0.466	0.403	0.35	0.326	0.305	0.266	0.232
9	0.914	0.836	0.766	0.702	0.644	0.591	0.5	0.424	0.36	0.307	0.284	0.262	0.225	0.193
10	0.905	0.82	0.744	0.675	0.613	0.558	0.463	0.385	0.321	0.269	0.247	0.226	0.191	0.161
11	0.896	0.804	0.722	0.649	0.584	0.526	0.428	0.35	0.287	0.236	0.214	0.195	0.161	0.134
12	0.887	0.788	0.701	0.624	0.556	0.496	0.397	0.318	0.256	0.207	0.186	0.168	0.137	0.112
13	0.878	0.773	0.68	0.6	0.53	0.468	0.367	0.289	0.229	0.182	0.162	0.145	0.116	0.093
14	0.869	0.757	0.661	0.577	0.505	0.442	0.34	0.263	0.204	0.159	0.141	0.125	0.098	0.077
15	0.861	0.743	0.641	0.555	0.481	0.417	0.315	0.239	0.182	0.14	0.122	0.107	0.083	0.064

年金现值系数表（PVIFA 表）

n	1%	2%	3%	4%	5%	6%	8%	10%	12%	14%	15%	16%	18%	20%
1	0.99	0.98	0.97	0.961	0.952	0.943	0.925	0.909	0.892	0.877	0.869	0.862	0.847	0.833
2	1.97	1.941	1.913	1.886	1.859	1.833	1.783	1.735	1.69	1.646	1.625	1.605	1.565	1.527
3	2.94	2.883	2.828	2.775	2.723	2.673	2.577	2.486	2.401	2.321	2.283	2.245	2.174	2.106
4	3.901	3.807	3.717	3.629	3.545	3.465	3.312	3.169	3.037	2.913	2.854	2.798	2.69	2.588
5	4.853	4.713	4.579	4.451	4.329	4.212	3.992	3.79	3.604	3.433	3.352	3.274	3.127	2.99
6	5.795	5.601	5.417	5.242	5.075	4.917	4.622	4.355	4.111	3.888	3.784	3.684	3.497	3.325
7	6.728	6.471	6.23	6.002	5.786	5.582	5.206	4.868	4.563	4.288	4.16	4.038	3.811	3.604
8	7.651	7.325	7.019	6.732	6.463	6.209	5.746	5.334	4.967	4.638	4.487	4.343	4.077	3.837
9	8.566	8.162	7.786	7.435	7.107	6.801	6.246	5.759	5.328	4.946	4.771	4.606	4.303	4.03
10	9.471	8.982	8.53	8.11	7.721	7.36	6.71	6.144	5.65	5.216	5.018	4.833	4.494	4.192
11	10.367	9.786	9.252	8.76	8.306	7.886	7.138	6.495	5.937	5.452	5.233	5.028	4.656	4.327
12	11.255	10.575	9.954	9.385	8.863	8.383	7.536	6.813	6.194	5.66	5.42	5.197	4.793	4.439
13	12.133	11.348	10.634	9.985	9.393	8.852	7.903	7.103	6.423	5.842	5.583	5.342	4.909	4.532
14	13.003	12.106	11.296	10.563	9.898	9.294	8.244	7.366	6.628	6.002	5.724	5.467	5.008	4.61
15	13.865	12.849	11.937	11.118	10.379	9.712	8.559	7.606	6.81	6.142	5.847	5.575	5.091	4.675

年金终值系数表（FVIFA 表）

n	1%	2%	3%	4%	5%	6%	8%	10%	12%	14%	15%	16%	18%	20%
1	1.000	1.000	1.000	1.000	1.000	1.000	1.000	1.000	1.000	1.000	1.000	1.000	1.000	1.000
2	2.010	2.020	2.030	2.040	2.050	2.060	2.080	2.100	2.120	2.140	2.150	2.160	2.180	2.200
3	3.030	3.060	3.091	3.122	3.153	3.184	3.246	3.310	3.374	3.440	3.473	3.506	3.572	3.640
4	4.060	4.122	4.184	4.246	4.310	4.375	4.506	4.641	4.779	4.921	4.993	5.066	5.215	5.368
5	5.101	5.204	5.309	5.416	5.526	5.637	5.867	6.105	6.353	6.610	6.742	6.877	7.154	7.442
6	6.152	6.308	6.468	6.633	6.802	6.975	7.336	7.716	8.115	8.536	8.754	8.977	9.442	9.930
7	7.214	7.434	7.662	7.898	8.142	8.394	8.923	9.487	10.089	10.730	11.067	11.414	12.142	12.916
8	8.286	8.583	8.892	9.214	9.549	9.879	10.637	11.436	12.300	13.233	13.727	14.240	15.327	16.499
9	9.369	9.755	10.159	10.583	11.027	11.491	12.488	13.579	14.776	16.085	16.786	17.519	19.086	20.799
10	10.462	10.950	11.464	12.006	12.578	13.181	14.487	15.937	17.549	19.337	20.304	21.321	23.521	25.959
11	11.567	12.169	12.808	13.486	14.207	14.972	16.645	18.531	20.655	23.045	24.349	25.733	28.755	32.150
12	12.683	13.412	14.192	15.026	16.917	16.870	18.977	21.384	24.133	27.271	29.002	30.850	34.931	39.581
13	13.809	14.680	15.618	16.627	17.713	18.882	21.495	24.523	28.029	32.089	34.352	36.786	42.219	48.497
14	14.947	15.974	17.086	18.292	19.599	21.015	24.215	27.975	32.393	37.581	40.505	43.672	50.818	54.196
15	16.097	17.293	18.599	20.024	21.579	23.276	27.152	31.772	37.280	43.842	47.580	51.660	6.965	72.035

参考文献

1. 王斌：《资产评估理论与方法》，社会科学文献出版社2011年版。
2. 蒋国发：《资产评估学》，清华大学出版社2011年版。
3. 张小芳："资产评估师责任风险及防范"，《网友世界》，2013年版。
4. 于艳芳、松风轩：《资产评估理论与实务》，人民邮电出版社2010年版。
5. 熊晴海：《资产评估学》，清华大学出版社2009年版。
6. 朱云松、聂新田：《资产评估学》，经济管理出版社2010年版。
7. 乔志敏、宋斌：《资产评估学教程》，中国人民大学出版社2003年版。
8. 唐建新、周娟：《资产评估教程》，清华大学出版社2004年版。
9. 于鸿君：《资产评估教程》，北京大学出版社2000年版。
10. 杨汝梅：《无形资产论》，中国财经出版社1993年版。
11. 国际会计准则委员会：《国际会计准则》，中国财政经济出版社2002年版。
12. 中国注册会计师协会：《资产评估准则无形资产释义》，经济科学出版社2002年版。
13. 姜楠：《资产评估原理》，东北财经大学出版社2010年版。
14. 郝净："无形资产评估方法若干问题研究"，《中国优秀博硕士学位论文全文数据库》，2004年第4期。
15. 朱萍：《资产评估学教程》，上海财经大学出版社2008年版。
16. 李海波、刘学华、吴保忠：《资产评估》，立信会计出版社2007年版。

17. 全国注册资产评估师考试用书编写组：《资产评估》，中国财政经济出版社2014年版。

18. 高立法、孙建南、吴贵生：《资产评估》，中国时代经济出版社2002年版。

19. 徐兴恩：《高等院校会计学专业精品系列教材——资产评估学》，首都经济贸易大学出版社2005年版。

20. 王永盛：《汽车评估》，机械工业出版社2005年版。

21. 曹辉树："财政部发布中国资产评估准则体系情况综述"，《行政事业资产与财务》，2007年第6期。